국제물류관리론

INTERNATIONAL LOGISTICS MANAGEMENT

한낙현 · 정준식

탑북스

머리말

과거 물류는 수출입관련 기업들의 경영활동에 있어서 필요악으로 취급된 적이 있었다. 어디까지나 물류는 생산 및 판매의 부수적 요인에 불과했으며 경영진의 관심사는 오직 물류비용의 절감뿐이었다. 새로운 수출판로 · 판매방법의 수단 정도 밖에 다루어지지 않고 있었다. 그러나 이와 같이 홀대받던 물류가 최근 기업의 경쟁력을 고조시키기 위한 전략상의 중요한 무기로 많은 주목을 받고 있다. 대량의 상품이 생산되고 있지만 판매가 바라는 만큼 증가하고 있지 않고 있는 상황에서, 비용측면에서만 물류를 취급하고 있는 수출입관련 기업은 생존할 수 없는 상황이 되어 버렸다. 원재료의 매입에서부터 생산, 수출 및 배송에 이르기까지 기업 활동 전반에 있어서 물류 성공 여부가 수출입관련 업체의 성공 자체를 좌우하는 시대를 맞이하게 되었다.

저자는 대학강단에서 국제무역 관련 과목들을 강의하면서, 국제물류에 관한 학생들의 관심이 높음을 절실하게 깨달았다. 그래서 어떻게 하면 동 분야에 대한 전반적인 체계를 잡아줄 수 있을까를 생각하고, 여러 전문 서적들을 참고서적으로 하여 강의하기 시작하였다. 그러나 세부적인 내용을 바로 설명하다 보니 학생들이 이해하지 못하는 부분이 너무나 많았다. 특히 물류에 대해 처음 공부하는 학생들에게 전문용어를 사용한 책을 이해시키는데 어려움이 많다는 사실을 깨달았다. 또한 저자는 이 분야에 대한 무역 · 물류학과 학생들의 수요에 비해 관련분야에 대한 무역측면에서 서술한 교재의 부족으로 강의하는데 많은 어려움을 겪어왔다. 이러한 배경이 국제물류론을 저술해야겠다는 동기였다.

저자는 대학에서 강의와 연구를 통하여 인지된 내용에 근거하여 기업체 물류현장에 종사하기를 희망하는 학도들이 필수적으로 습득해야 할 분야를 중심으로 본서를 저술했다. 본서는 국제물류를 공부하는데 이해해야 할 이론과 실무에 대한 기본 분야를 광범위하게 다루었다. 저자는 몇 권의 책으로 심도 깊게 담아야할 핵심 내용을 한권으로 집약해서 함축해서 표현하려고 노력하였다. 그리고 그것을 이해하기 쉽게 체계적으로 정리하는데 많은 노력을 경주하였다.

본서의 특징은 물류관련 과목의 교재와 물류관리사 수험서로 동시에 사용가능하도록 서술되어 있다고 할 수 있다. 또한 본서는 국제물류를 처음 공부하는 학생이나 관련 분야 종사자들에게 도움이 될 만한 책이라고 생각한다. 오랜 기간 동안 본서를 쓰는 과정에서 저자는 많은 분들의 지원과 도움을 받았다. 여기서 저자는 본서가 2021년도 경남대학교 학술저서발간 연구비의 지원으로 이루어졌음을 밝히는 바이다. 저자는 이 책을 출판해 주신 탑북스 김광식 사장님께 사의를 표하는 바이다.

차례

제1부 물류의 개요

제1장 물류의 기초

제2장 물류의 영역과 하부시스템

제2부 공급사슬관리, 제3자물류와 제4자물류

제3장 공급사슬관리

제4장 제3자물류와 제4자물류

제3부 물류관리조직과 물류비의 관리

제5장 물류관리조직

제6장 물류비의 관리

제4부 물류시스템관리

제7장 화물수송

제8장 화물보관

제9장 화물하역

제10장 화물포장

제11장 화물정보

PART

1

물류의 개요

제1장 물류의 기초

제1절 물류의 태동

Ⅰ. 미국에서의 물류의 태동

물류라는 용어가 최초로 사용된 것은 마케팅 분야라고 할 수 있다. 문헌상에서 처음으로 물류(physical distribution)라는 말이 거론된 것은 1912년 미국의 경영학자 Shaw 교수에 의해서였는데, 그는 자신의 저서 『*Some Problem in Marketing Distribution*』에서 경영활동을 생산, 유통, 조성활동으로 구분하였다. 그는 유통활동의 구성요소로서 수요창조활동(상류)와 물적 공급활동(물류) 두 가지를 들고 있는데, 그가 말하는 '물적 공급활동'이 바로 오늘날 우리가 말하는 판매물류를 지칭하는 것으로 해석된다.

한편, 1922년에 Clark교수는 'physical distribution'이란 용어를 사용하였다. 그는 자신의 저서 『*Principle of Marketing*』에서 마케팅기능을 교환기능(function of exchange), 물적 공급기능(function of physical supply), 보조적 및 조성기능(auxiliary function)으로 구분하고, "물적 공급기능(물류기능)을 교환기능에 상대되는 유통의 기본적 기능"으로 설명하였다.

제2차 세계대전 중(1939~1945)에 군수물자의 보급측면에서 Operation Research(OR)와 함께 Logistics(병참술)가 연구・활용되기 시작하였다. 1950년대에 접어들면서 군사작전에서 사용되던 Logistics가 기업경영에 도입, 응용되어 Business

Logistics로 발전하였으며, 이 시대에 물류관리(physical distribution), 자재관리(material management), 공급관리(supply management)라는 용어들이 상용되기 시작하여 물류의 기초적인 사항에 대한 연구가 이루어졌다. 그 후 미국에서는 제2차 세계대전 중에 발달한 병참술을 바탕으로 발달한 물류활동을 어떻게 하나의 시스템으로 통합할 수 있는가에 대한 많은 연구와 노력이 있었고, 물류활동은 기업의 중요한 경쟁전략으로 간주되어 물류와 관련된 학문적 발전이 급속히 진전되었다.

Ⅱ. 일본에서의 물류의 태동

일본에서 물류에 대한 인식이 싹트기 시작한 것은 1956년 일본에서 미국에 파견된 '일본생산본부'의 유통기술전문시찰단이 'Physical Distribution'의 내용을 처음으로 일본에 소개했을 때라고 볼 수 있다. 일본은 경제근대화 추진의 일환으로써 미국에 사절단을 파견하여 산업시찰을 하게 하였으며, 그 결과를 토대로 일본생산성본부에서 발행된 보고서의 출판을 기점으로 하여 물류근대화의 기초가 다져지기 시작하였다. 그러나 그 당시는 물류를 '유통기술'이라고 부르고 있었기 때문에 시찰단의 보고서에서도 '물류'라고 하는 용어는 보이지 않고 '유통기술'이라고 하는 표제를 달고 있었다. 여기에서 유통기술은 제조, 포장, 하역, 저장, 수송을 가리키는 용어였다.

물적 유통의 개념을 '유통기술'이란 용어로 불러오다가 1961년부터 Physical Distribution의 머리글자를 딴 'P.D.'라는 약칭으로 바뀌어 불리어 오기 시작하였다. P.D.라고 한 이유는 Physical Distribution의 적절한 번역이 없었기 때문에 P.D.라고 지칭한 것이다. 그러다가 1963년 이후에는 일부 전문가들 사이에서 P.D.를 '물리적 유통', 혹은 '물적 유통'이라는 용어로 병용되기 시작하였다. 물적 유통이라는 용어가 공식적으로 처음 사용된 것은 1965년 1월에 각료회의에서 결정된 중기경제계획에서인데, 거기서 물적 유통의 근대화가 강조되었다. 1960년대에는 물적 유통이라고 하는 말이 지배적이었지만, 1970년대로 접어들면서 물류라는 용어와 같이 사용되기 시작하였다. 그러던 중 "물적 유통은 의미가 애매하고, 물(物)의 흐름을 대상으로 한다는 의미에서 물류하고 부르는 편이 단순명료하다."라는 의견이 지배적이었던 이유로 물류라는 용어가 통용되기 시작하였다.

제2절 물류의 정의

Ⅰ. 미국에서의 물류의 정의

미국에서는 물류를 개별 기업적 관점에서 이윤추구를 위한 마케팅의 한 기능으로 보고 있는데, 지금까지 언급된 물류의 주요 정의들을 살펴보면 다음과 같다.

1948년에 미국마케팅협회(American Marketing Association : AMA)는 물류를 마케팅의 부수적인 기능으로 인식하고 생산의 단계에서 소비 및 이용의 단계에 이르기까지의 상품의 이동 및 취급을 관리하는 것으로 물류의 정의를 내리고 있다. 미국마케팅협회의 정의는 물류를 개별기업의 입장에서 접근하여 재화의 이동과 취급에 따른 관리 측면을 강조하고 있다는 데 그 특징이 있으며, 또한 물류활동을 생산물류(production distribution)활동과 판매물류(physical distribution)활동에 국한해서 보고 있다는 데 그 특징이 있다.

1962년에는 미국물류관리협의회(National Council of Physical Distribution Management : NCPDM)는 물류를 "생산라인의 종료시점에서 완제품을 능률적으로 소비자에게 이동시키고, 또한 경우에 따라서는 원자재를 공급원천에서 생산라인의 시발점까지 이동시키는 것을 포함하는 광범한 활동을 나타내기 위해 제조 및 상업부분에 쓰이는 용어로, 이 활동에는 화물수송, 보관, 하역, 시장예측 및 고객서비스가 포함된다."라고 정의하였다. 물류관리협의회의 정의는 완제품을 소비자에게 이전하는 판매물류활동과 원재료 공급원으로부터 생산라인까지의 조달물류활동을 물류활동에 포함시키고 있지만, 공장 내에서의 생산물류활동을 포함하고 있지는 않다.

이후 물류는 보다 광범위한 입장에서 정의되었다. 1985년 물류협의회(Council of Logistics Management : CLM)에서는 기존의 물류개념을 확대한 물류의 개념을 사용하였다. 이 기관은 물류란 고객의 요구조건에 부합하기 위해 생산지점에서 소비지점에 이르기까지 원재료, 반제품, 완성품 및 관련 정보의 흐름과 보관을 효율적이면서 비용을 최소화하기 위한 계획 입안, 실시, 통제하는 과정이라고 정의하였다. 이러한 용어의 정의는 물류의 범위를 원자재 조달에서 생산과정을 거쳐 완제품이 최종소비지점에 이르기까지의 판매까지 그 범위를 확대하고 있는데 특징이 있다.

이후 미국에서는 물류의 영역을 포괄적인 공급사슬관리(Supply Chain Management : SCM)의 영역에 포함시켜 정의를 내렸다. 과거 물류에 대한 이론과 실체를 완성해 온 물류협의회(CLM)는 2005년 협회명칭을 'SCM전문가 협의회'(Council of SCM Professional : CSCMP)로 개정한 이후 물류관리에 대한 새로운 정의를 내렸다. 이 기관에 따르면 "물류는 SCM의 한 부분이며, 고객의 요구사항을 충족시킬 수 있는 효율적이고 효과적인 물류 및 역물류, 상품 보관, 서비스 및 관련 정보를 계획・실행・통제하는 것"으로 정의를 하였다. 즉 CSCMP에서는 물류관리의 범위를 출화, 운송관리, 차량관리, 물류센터관리, 원료취급, 주문실행, 물류네트워크 디자인, 재고관리, 공급수요계획수립, 제3자물류업체관리 등을 포함하고 있을 뿐만 아니라 마케팅, 영업, 제조, 회계, IT 등 다른 업무와 기능을 모두 통합하고 있다는 데 그 특징이 있다.

Ⅱ. 일본에서의 물류의 정의

일본에서는 국가나 정부기관이 물류행정을 실시하고, 물류의 효율적인 관리를 위해 물류통계를 작성할 목적으로 물류의 개념이 설명되고 있다. 즉, 일본에서는 국민경제적 관점에서 국가의 총비용을 절감하기 위한 수단으로 물류를 보고 있다는 점에서 미국과 차이가 있으며, 그러한 관점에서 주요 물류의 정의는 다음과 같다.

1965년 일본통계심의회의 「물자유통 소비에 관한 통계의 정비에 관하여」라는 보고서에서는 물류를 "물리적 및 사회적인 '물(物)의 흐름'에 관한 경제활동"으로 정의를 내리고 있다. 이 보고서는 물(物)의 흐름에서 물(物)을 유형·무형의 경제재로 간주하고, 여기에 물자유통과 정보유통이 포함된다고 설명하고 있다. 통계심의회의 정의는 물류에 관한 개념과 범위에 대하여 일본 최초로 명확히 하였다는 데 그 의의가 있다고 하겠다.

통산성 물류조사위원회는 물류에 관한 보다 구체적인 정의를 내리고 있다. 1965년 「물적 유통의 현상과 문제점」이란 보고서에 따르면 "물적 유통이란 제품을 물리적으로 생산지에서부터 최종수요자에게 이전하는 활동을 말하며, 구체적으로는 포장, 하역, 보관 및 통신의 제반활동을 내용으로 한다."고 정의를 내리고 있다.

1965년 산업구조심의회는 「물적 유통의 기본정책에 대해서」라는 보고서에서 "물적 유통이란 유형 또는 무형의 물리적인 재(財)가 공급자에서부터 수요자에 이르는 실물적인 흐름으로써 구체적으로 수송, 포장, 보관, 하역 및 통신의 제반 활동을 지칭하고 있으며, 물류활동은 상거래에서도 물리적인 재의 공간·시간적 가치창조에 공헌하고 있다."라고 하여 양 보고서의 내용에 추가하여 정의하고 있다. 산업구조심의회의 정의는 물류를 재화의 흐름이란 측면에서만 보지 않고 효용(utility)이란 측면에서도 물류를 해석하고 있다는 점이 특징이다.

Ⅲ. 종합적인 관점에서의 물류의 정의

물류의 개념은 논자의 입장에 따라 상이하며, 시대의 변천에 따라 해석상의 변화가 이루어져 왔다. 그러나 위에서 기술되어 있는 물류의 정의들을 살펴보면 다음과 같은 두 가지 특징이 있음을 알 수 있다.

첫째, 물류에 대한 정의는 그 역할 및 중요성이 변화함에 따라 점차 광의의 개념으로 변천해 가고 있다. 초기 물류에 대한 정의는 생산물류 혹은 판매물류에 초점을 맞추어 정의를 내렸으나, 최근에는 점차 그 의미를 확대해서 원자재의 조달에서부터 시작하여 생산과정을 거쳐 완제품이 최종소비자에게 이르기까지의 상품의 흐름뿐만 아니라 상품의 사후처리를 포함시켜 물류를 종합적인 관점에서 해석하고 있다.

둘째, 물류는 하나의 독창적·학문적인 영역 내에서 그 개념이 점차 변천해 오고 있음을 알 수 있다. 초기에 마케팅이라는 학문의 관점에서 해석되어 왔던 물류에 대한 정의는 시간이 지남에 따라 '물류학'이라는 학문의 정립과 더불어 발전 및 구체화되어가고 있음을 알 수 있다.

이러한 학문적 특징과 기존의 정의들을 종합하여 본 책자에서는 물류를 다음과 같이 정의를 내리고자 한다. 여기서는 물류를 "원료의 조달에서부터 최종소비에 이르기까지 물(物)의 흐름과 상품의 사후관리를 기술적으로 통제·관리라는 활동"이라고 정의하기로 한다.

제3절 물류의 목적

물류의 본질은 인간생활을 풍요롭게 하고 인간으로 하여금 노동으로부터 해방시켜 인간 본래의 활동을 할 수 있도록 하며, 물류 합리화를 통하여 소비자 물가를 안정시켜 소비자의 생활을 윤택하게 하는 데 있다.

다시 말해 산업혁명 이후 기계문명과 물질문명에 의해서 소외되기 쉬운 인간성을 회복시켜 인간을 인간 본래대로 되돌리는 것, 즉 인간의 가치를 제고시키는 데 그 의의가 있다고 하겠다.

이렇게 물류의 본질이 인간가치의 제고에 있기는 하지만, 이러한 물류의 기본이념은 조직에 따라 조금씩 다르게 표출되기도 한다. 예를 들어 국가의 입장에서는 주로 "원가절감과 이를 통한 물가상승의 억제에 물류의 목표를 두고 있다."고 할 수 있으며, 기업측에서는 "필요한 물품을 적정한 가격으로, 필요할 때, 필요한 장소에 전달"하는 것에 그 목적을 두고 있다.

개별기업은 물류관리를 통해서 최소비용으로 고객서비스를 최대화시키는 것이고 최종적으로는 소비자의 일상생활의 향상을 도모한다. 또한 하역, 수·배송, 보관, 포장 및 정보활동 등의 물적 활동이라는 관점에서 본다면 물류관리의 목표는 "사람의 단순노동력을 배제시키는 에너지 절약"에 역점을 두고 있다.

이와 같이 어떠한 조직이 물류를 어떻게 적용하느냐에 따라 물류의 목표는 다르게 표출되지만, 물류는 서비스 향상과 비용절감을 추구하되 인간을 노동으로부터 해방시키고 인간의 생활수준을 향상시킨다는 '인간중심'에 그 궁극적인 목적이 있음은 부인할 수 없는 사실이다.

제4절 물류의 기능

사회·경제적 관점에서의 물류의 주요 기능은 [그림 1-1]에서 보는 바와 같이, ① 장소기능, ② 시간기능, ③ 수량기능, ④ 품질기능, ⑤ 가격기능, ⑥ 인적거리 조정기능이 있다.

[그림 1-1] 물류의 기능

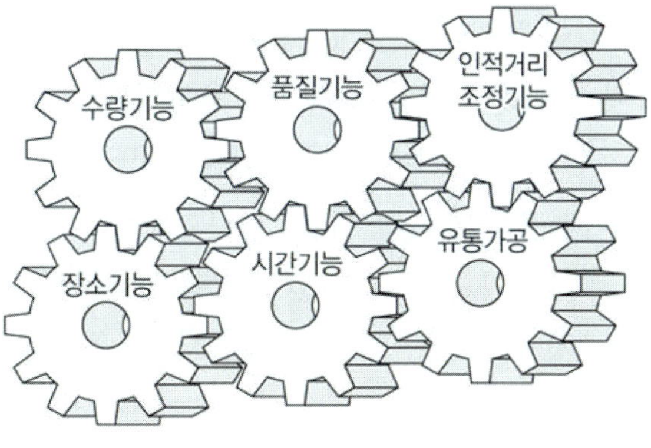

장소기능(수송)이란 생산과 소비의 장소적 거리조정기능을 말한다. 상품이 생산된 장소와 그것을 필요로 하는 장소 간에는 언제나 거리가 존재하는데, 여기서 말하는 장소적 기능이란 이러한 장소의 격차를 조정하기 위해 상품의 장소적인 이동을 담당하는 기능을 말한다. 만약 한 장소에 있는 재화가 다른 지역에 있는 실수요자에게 이동되지 않는다면 그 재화는 아무런 가치나 효용을 갖지 못한다. 물류의 기능 중 특히 수송은 생산과 소비의 장소적 거리를 조정하는 기능이 있다고 할 수 있다.

시간기능(보관)은 생산과 소비의 시간적 거리를 조정하는 기능을 말한다. 만일 어떤 제품이 적기에 판매될 수 없다면 그 제품은 판매감소, 소비자 불만의 증대 등으로 제품의 가치나 효용의 감소를 감수해야 할 것이다. 다시 말해, 물류는 장소적 가치 및 효용의 감소를 방지함으로써 기간적인 효용과 가치를 새롭게 창출한다고 볼 수 있다. 물류의 기능 중 특히 보관은 이러한 시간적 거리를 조정하는 기능이 있다.

수량기능(집배송)이란 생산과 소비의 수량적 거리를 조정하는 기능을 말한다. 생산시점에서는 대량으로 상품이 생산되나 소비시점에서는 여러 곳으로 분산되어 소량으로 소비되기 때문에, 생산자의 생산단위 수량과 소비자의 소비단위 수량과는 차이가 자주 발생하게 된다. 이때 대량생산된 재화를 소단위로 분해 및 결합하여 생산과 소비의 불일치를 해소하는 것이 무엇보다도 필요하다고 할 수 있는데, 이러한 역할을 집배송이 담당한다.

품질기능(가공, 조립, 포장)은 생산자가 제공하는 재화의 품질과 소비자가 소비하는 재화의 품질이 동일하게 유지되도록 하는 기능을 말한다. 생산자가 제공하는 재화와 소비자가 요구하는 재화는 그 품질이 반드시 일치하지 않는 경우가 많다. 특히 후기산업사회에 들어서면서 인간의 욕구가 다양화, 개성화, 고도화되고 있고, 소비자의 욕구는 과거 대량소비사회에서의 일관되고 정형화된 소비형태에서 다양화, 개성화가 진행되고 있다. 그렇기 때문에 이러한 시대에 있어서는 품질적 차이를 조정하는 기능이 중요하다고 할 수 있는데, 이런 기능은 가공, 조립, 포장을 통하여 이루어지게 된다.

가격기능은 생산과 소비의 가격적 거리를 조정하는 기능을 말한다. 가격이 시장 메커니즘에 의해서 수요와 공급에 따라 자동적으로 조정이 된다면, 물류활동을 통해서는 제품가격이 보다 효율적으로 조정된다. 즉 물류활동을 통해서 생산자와 소비자 간의 장소적·시간적 효용을 높여 제품원가를 절감시킬 수 있으며, 물류비용의 절감으로 시장에서의 제품가격이 효과적으로 조정된다.

인적거리조정기능(수송, 상거래)은 생산자와 소비자 간의 인격적 거리의 조정을 통해 이들을 인격적·유기적으로 결합시키는 기능을 말한다. 산업사회에서 생산은 분업을 통해 이루어지고 있다. 또한 생산자와 소비자는 서로 다른 인격을 지니고 있기 때문에 생산자와 소비자가 결합된 유통구조는 더욱 더 복잡해지고 있다. 따라서 생산자와 소비자를 인적으로 결합하여(생산자와 소비자를 서로 만나게 하여) 유기적으로 생산, 유통, 소비를 도모하는 기능이 필요한데, 이 기능은 운송이나 상거래기능을 통해 달성될 수 있다.

제5절 물류활동의 원칙

앞에서 말한 바와 같이 개별 기업적 측면에서 물류의 목표는 "필요한 물품을 적절한 가격으로, 필요할 때, 필요한 장소에 전달함으로써 고객서비스를 극대화시키는 데 있다."고 할 수 있다. 이러한 목적을 실현시키기 위해서는 다양한 방법이 모색될 수는 있겠으나, 그러한 여러 가지 방법은 다음과 같은 2가지 원칙으로 압축될 수 있다. 그 중에 첫 번째 원칙이 3S1L원칙인데, 이는 "신속하게(speedy), 안전하고(safety), 확실하게(surely) 그리고 싸게(lowly)" 물품을 고객에게 전달해야 기업이 추구하는 물류의 목적을 달성시킬 수 있다는 원칙이다([그림 1-2] 참조).

[그림 1-2] 3S1L 원칙

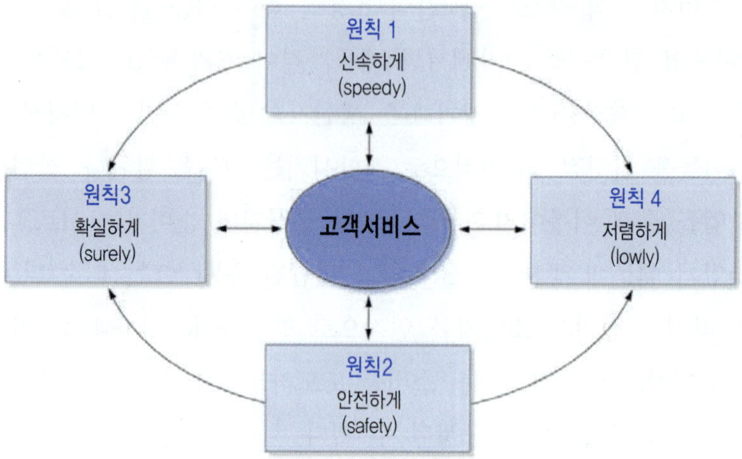

한편 3S1L 원칙 외에 물류의 원칙으로서는 고객서비스 측면을 보다 강조하고 있는 7R 원칙이 있다. 미시간대학의 Smykey 교수는 물류의 목적을 달성하기 위해 고객서비스를 대상으로 하여 물류활동의 원칙을 제창하였는데, 그의 주장에 따르면 물류의 목적은 "고객이 요구하는 상품(right commodity)을, 고객이 요구하는 상품의 품질(right quality)을 유지하며, 고객이 원하는 수량(right quantity)만큼, 고객이 요구하는 시기(right time)에, 고객이 요구하는 장소(right place)에, 좋은 인상(right impression)을 주면서, 적절한 가격(right price)으로 고객에게 전달함으로써 달성될 수 있다."고 하였다([그림 1-3] 참조). 기업이 이 7R원칙을 잘 실행하기 위해서 고객의 입장과 기업 자신의 입장을 동시에 고려하면서 물류활동을 수행해야 한다. 고객의 욕구를 충족시키기 위해서 기업은 우선 수송, 보관, 하역, 포장, 정보, 유통가공과 같은 물류의 구성요인들이 고객서비스의 개선을 위한 방향으로 유도 및 관리해야 할 것이며, 기업 자신을 위해서는 서비스 극대화를 통해서 소요되는 비용을 최소화 시키는 방안을 모색해야 할 것이다.

[그림 1-3] 7R원칙

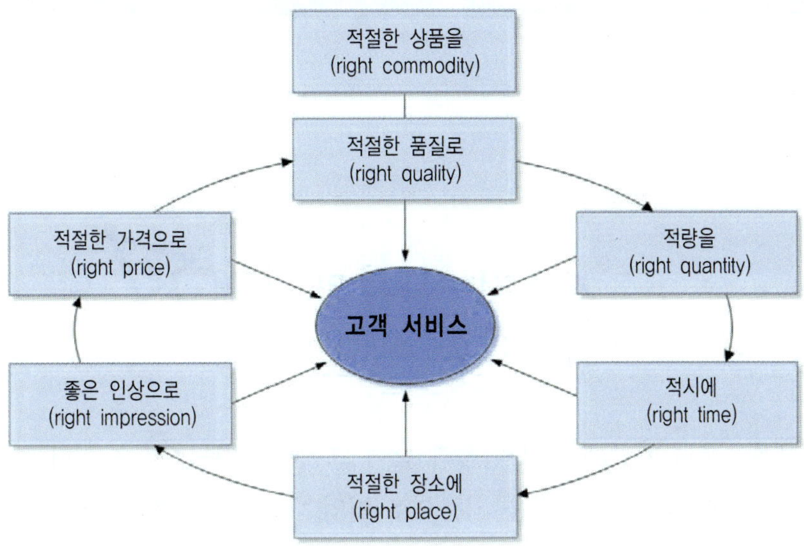
적절한 상품을
(right commodity)
적절한 품질로
(right quality)
적절한 가격으로
(right price)
적량을
(right quantity)
고객 서비스
좋은 인상으로
(right impression)
적시에
(right time)
적절한 장소에
(right place)

제2장

물류의 영역과 하부시스템

제1절 물류의 영역

물류는 분류기준에 따라 다음과 같이 그 영역을 분류할 수 있다. 첫째, 국내영역에서 물류의 진전 상황을 기준으로 기업 내의 물류, 기업 간의 물류, 산업 간의 물류, 지역·사회 간의 물류로 구분할 수 있으며, 둘째, 국제화의 진전단계측면에서 국내물류와 국제물류로 분류할 수 있고, 셋째, 물류의 내용에 따라 조달물류, 생산물류, 판매물류로 구분할 수 있다.

이와 같이 분류기준에 따라 물류는 다양한 영역으로 구분될 수 있는데, 이 중 조달, 생산, 판매물류가 물류의 기본적 영역, 혹은 전통적 영역으로 간주되고 있다([그림 2-1] 참조). 그리고 최근 물류의 범위가 확장됨에 따라 기본적 물류의 범위에 [그림 2-2]와 같이 새로운 영역(반품, 회수, 폐기물류)이 추가되어 물류의 영역을 분류하고 있는 추세이다.

물류의 내용에 따른 물류의 영역을 보다 구체적으로 살펴보면 다음과 같다.

조달물류(supply distribution)는 기업이 원자재, 부품 및 중간가공품을 공급지역에서 기업 내의 자재창고로 입화시키는 과정에서 이루어지는 포장, 수송, 하역, 보관, 정보 등의 물적 유통활동을 말한다. 즉, 물류의 시발점(원재료의 공급자 혹은 외주처)으로부터 생산에 필요한 부품이나 원자재를 반입한 후 생산자의 매입물자 보관창고에 입고, 관리되고 생산공정에 투입되기 직전까지의 물류활동을 말한다.

[그림 2-1] 조달, 생산, 판매물류의 영역

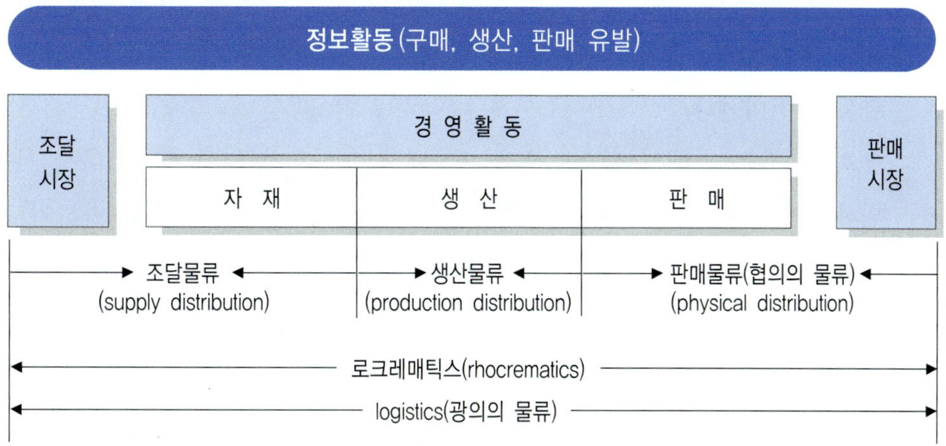

일반적으로 기업은 조달물류활동을 수행함에 있어서 원·부자재의 조달에서부터 자재창고에서의 보관 및 자재관리의 효율성 제고에 중점을 두어야 하겠지만, 제품의 원가구성면에서 재료비가 많이 차지하는 자동화 산업이나 기계 및 장치 산업의 경우에는 더욱 더 조달물류에 중점을 두어야 할 것이다.

생산물류(production distribution)란 원자재나 중간재를 사용하여 제품을 생산하는 과정에서 수행되는 물류활동을 말한다. 즉 자재창고의 출고작업에서부터 시작하여 생산공정으로 운반하고 생산된 완제품을 보관창고에 입고하기까지 수반되는 운반, 보관, 하역, 재고관리 등 사내에서 이루어지는 물류활동을 말한다. 생산물류에서는 생산과정을 어떻게 단축하느냐 하는 것이 핵심과제이며, 운반, 하역, 창고의 자동화가 가장 중요한 관심의 초점이 된다. 일반적으로 모든 생산물류활동은 제품 생산활동의 많은 부분을 차지하고 있어 철저한 사전계획하에 생산물류활동이 수행되어야 한다.

판매물류(physical distribution)는 생산된 최종제품을 소비자에게 전달하는 일체의 수·배송활동과 이에 수반되는 제반물류활동을 말한다. 즉, 제품의 판매가 확정된 후 고객에게로의 출고에서 인도까지의 물류를 판매물류라 한다.

판매물류에는 제품창고에서 출고하는 과정과 중간의 물류거점인 배송센터

(distribution center)까지의 수송, 배송센터 내에서의 유통가공 및 제품분류작업, 그리고 각 대리점 및 고객에게 배송하는 작업 등이 포함된다.

반품물류는 판매된 제품의 반품에 관한 물류를 말한다. 소비자에게 판매된 제품의 문제점(상품자체의 파손 등)의 발생으로 상품의 교환이나 반품을 하는 물류활동을 의미한다.

회수물류는 판매처 등으로부터 포장재 및 빈 용기를 회수하여 다시 사용하기 위한 물류활동을 말한다. 회수물류를 "Recycling System"이라고 말하기도 하는데, 재활용을 위한 음료회사의 빈병회수활동이나 운송과 관련해서 팔레트나 컨테이너의 회수활동 등이 기업의 회수물류활동이라고 할 수 있다.

폐기물류는 환경문제가 중요시되면서 강조되고 있는 물류의 한 영역이다. 파손 또는 진부화 등으로 제품이나 포장용기 등이 기능을 수행할 수 없는 경우 기업은 제품 및 포장용기 등을 폐기해야 하는데, 이러한 상황에서 기업이 최종소비자를 대신해서 제품 및 포장용 용기, 자재 등을 폐기처분해 주는 활동을 이르러 폐기물류라고 말한다. 폐기물류활동의 대표적인 예로 가전제품회사들이 냉장고를 새로 주문할 때, 기존에 사용하고 있던 냉장고를 폐기물로 처리해 주는 것을 들 수 있다.

[그림 2-2] 회수, 반품, 폐기물류의 개념

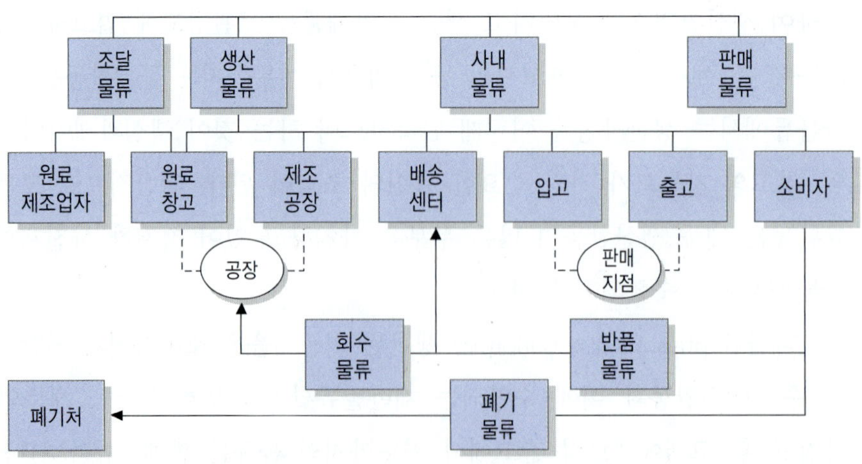

제2절 물류의 하부시스템

물류활동은 수송, 보관, 하역, 포장, 정보, 유통가공 등 6가지 하부시스템으로 구성되며, 이들 각각의 하부시스템이 결합되어 전체적인 통합효과를 나타낸다 ([그림 2-3] 참조).

[그림 2-3] 물적유통의 개념도

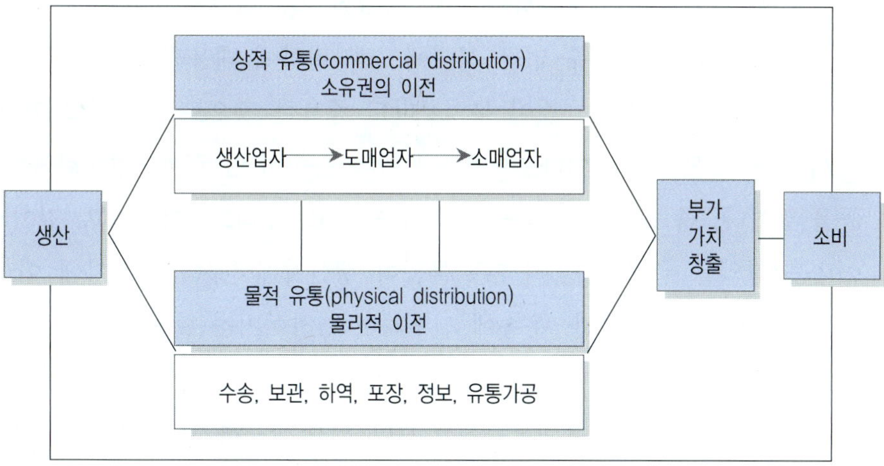

물류활동의 하부시스템의 특징을 차례대로 살펴보면 다음과 같다.

첫 번째, '수송(輸送)'이다. 수송은 선박, 항공기, 트럭, 열차, 파이프라인 등과 같은 수송수단으로 재화를 정해진 장소로 이동시킴으로써 재화의 장소적 효용(place utility)을 창출시키는 활동이라고 정의할 수 있다. 물류에 있어서 가장 중요한 것은 화물을 물리적으로 계속해서 흐르게 하는 것이라고 할 수 있다. 만일 화물이 최종 목적지로 향하는 도중에 흐름의 정체가 발생한다면 시간과 비용의 낭비가 초래되게 된다. 수송은 화물의 물리적 흐름에 가장 큰 역할을 담당하게 되는데, 이러한 이유로 수송은 물류의 가장 중요한 하부시스템이라고 할 수 있다. 현재 우리나라 물류비 중에서 운송비가 차지하는 비중은 매우 크다고 할 수 있으며 물류시스템의 효율은 운송활동에 의해 크게 좌우된다고 할 수 있다.

두 번째, '보관(保管)'이다. 보관이란 보관설비를 이용해서 화물을 일정기간 동안에 물리적으로 보존·관리하는 활동을 의미하며, 시간적 간극을 극복함으로써 시간적 효용(time utility)을 창출한다. 과거 보관은 물품(time gap)의 장기보관을 통하여 수요와 공급의 시간적인 공백을 조정하는 화물의 저장측면이 강조되어 왔다. 그런데 최근에는 상품가치의 저장목적을 위한 장기보관보다도, 판매정책상의 유통목적을 위한 단기보관의 중요성이 강조되고 있는 실정이다. 이전에는 다량의 재고량을 유지하는 것이 중요하다고 간주되었지만, 지금은 소량의 재고를 가능한 단기적으로 보유하는 것이 중요한 것으로 보고 있다. 무엇이 팔릴지 모르며 수요를 예측할 수 없는 시대에, 시장변화에 대응해 일정기간 동안 필요한 재고량을 유지시키는 것이 무엇보다도 중요한 것으로 간주되고 있다.

세 번째, '하역(荷役)'이다. 하역은 보관과 운송의 양 끝에 있는 화물의 취급활동을 말한다. 즉 각종 운반수단에 화물을 싣고, 내리고, 이동하고, 집어넣고, 집어내는 작업을 총칭한다. 하역은 물품이 생산자에서부터 소비자에 이르기까지 유통과정에서 포장, 보관, 운송에 전후하여 행하여지는 활동으로 물류에 있어서 필수불가결한 중요한 역할을 담당하고 있다. 하역은 기능적으로 운송과 보관의 일부를 형성하고 있어, 국내물류에서 보다 크게 작용하기도 한다. 항만이나 공항에서의 하역의 합리화가 종합적인 물류합리화를 좌우하기도 한다.

네 번째, '포장(包裝)'이다. 포장은 '물류의 첫 단계'로서, 유통과정, 즉 운송, 보관, 거래, 사용 등에 있어 물품의 가치 및 상태를 보호하기 위하여 적절한 재료나 용기 등을 시행한 기술 및 상태를 의미한다. 과거 포장은 물품의 단순보호기능 측면에서 그 역할이 강조되어 왔다. 그러나 최근 기업은 포장활동을 통해 물품을 보호할 뿐만 아니라 물품의 판매촉진, 물품의 정보전달, 그리고 포장의 단위화를 통한 유통합리화를 도모하고 있다.

다섯 번째, '정보(情報)'이다. 정보란 제품의 생산에서 소비에 이르기까지의 물류활동을 구성하고 있는 운송, 보관, 하역, 포장 등의 전체 물류기능을 유기적으로 결합하여 전체적인 물류관리를 효율적으로 수행할 수 있도록 해주는 시스템을 의미한다. 물류활동에 있어서 정보는 수주처리, 재고관리, 창고관리, 수·배송관리, 수출입관리 등에 관한 활동을 통제하고 조정하는 역할을 담당하는데, VAN(Value-Added Network), EDI(Electronic Data Interchange), POS(Point of Sale), EOS(Electronic Ordering System), GPS(Global Positioning System) 등과 같은 정보기술이 자주 활용되고 있다.

여섯 번째, '유통가공(流通加工)'이다. 유통가공이란 물자의 유통과정에서 물류효율을 향상시키기 위하여 가공하는 활동으로, 단순한 가공, 재포장, 또는 조립 등 제품이나 상품의 부가가치를 높이는 물류활동이다. 유통가공활동에는 유통가공설비를 제공하는 활동과 그 설비를 이용하여 직접 유통가공을 행하는 활동으로 구분할 수 있다. 유통가공활동은 상품의 조립, 절단, 천공과 같은 가공활동에서부터 라벨 부착, 가격표 부착, 유니트화 등과 같이 유통의 원활화를 꾀하는 보조작업에 이르기까지 다양하다. 최근 들어 상품의 부가가치를 높이고 제품의 차별화를 위한 수단으로 유통가공의 중요성이 강조되고 있다.

PART

2

공급사슬관리, 제3자물류와 제4자물류

제3장

공급사슬관리

제1절 공급사슬관리의 개요

Ⅰ. 공급사슬관리(SCM)의 의의

물자공급의 관점에서 각 시대별 특징을 보면, 1970년대에는 물류(physical distribution), 1980년대에는 로지스틱스(logistics), 1990년대에는 공급사슬관리(Supply Chain Management : SCM)의 시대라 명명할 수 있다. 각기 연대별로 기업들이 처한 상황들이 상당한 차이를 보이기 때문에 이러한 분류가 가능하겠다.

SCM은 원재료 구매에서부터 최종고객까지의 전체 물류흐름을 계획하고 통제하는 통합적인 관리방법이다. SCM은 공급업자, 최종고객, 유통경로 구성원, 제3자물류(3PL)의 업무까지 통합함으로써 전체 경로 효율성을 높이는 목적에서 출발했다.

SCM은 물류와 관련된 모든 기능을 하나의 단위로 보고 물적 흐름과 정보의 흐름을 체계적으로 관리하여 전체 흐름을 최적화하기 위한 기법이다. 원재료나 상품, 서비스가 흘러가는 네트워크를 공급사슬(supply chain)이라고 한다.

과거에는 물적 유통에 관여하는 주요 집단을 제조업자, 도매업자, 소매업자에 한정했지만 SCM에서는 공급업자와 최종고객까지 포함시킨다. SCM은 원재료 공급, 생산, 조립, 유통, 최종고객까지 모든 집단이 서로 혜택을 누릴 수 있도록 경로관계를 조화롭게 관리해야 한다.

[그림 3-1] SCM

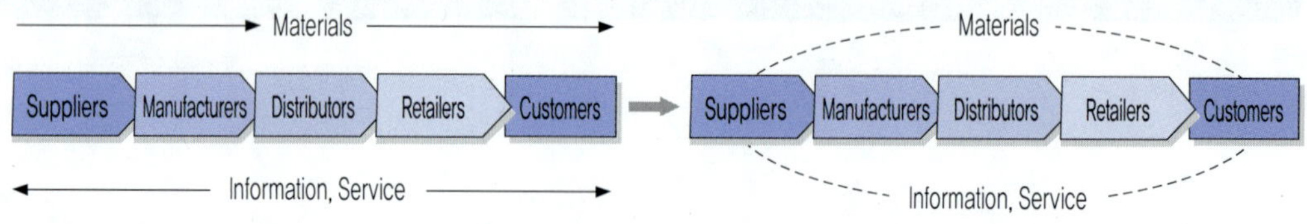

이를 위해서는 공급사슬 파트너 간에 효과적인 정보의 창출, 공유, 확산이 필요하다. 이를 통하여 파이프라인 내의 재고를 효율적으로 관리할 수 있다. 공급사슬 파트너들 간의 유기적이고 협력적인 관계구축을 통하여 고객의 요구를 효과적으로 충족시킬 수 있다. 최적의 고객서비스 수준을 유지하고 물류비용을 절감하기 위해서는 공급사슬관리자는 전체 파이프라인을 마치 단일 시스템처럼 관리할 수 있어야 한다.

Ⅱ. 공급사슬관리의 등장배경

1 기업은 부가가치의 대부분이 제조과정 외부의 공급사슬상에서 발생

공장에서 물품이 만들어져서 소매점까지 가는 시간이 공장 내에서 물품이 만들어지는 시간보다 길다는 것을 인식하게 되었다. 기업의 부가가치의 대부분이 '제조' 밖의 가치사슬(Value Chain)에서 발생한다는 것을 인식하기 시작하여 내부개선보다는 외부개선의 필요성을 알게 되었다.

2 기업환경의 세계화에 따른 리드타임(lead time) 단축의 한계

과거 기업들은 FA(Factory Automation)이나 CIMS(Computer Integrated Manufacturing Systems)를 도입하여 제품의 생산주기를 단축하려고 노력하였으나 이를 통한 리드타임의 한계를 인식하게 되었다. 그러나 기업환경의 세계화로 글로벌 경영능력이 필요함에 따라 SCM이라는 경영기법이 필요하게 되었으며, 이에 따라 기업들의 시장 범위가 자기 나라에만 국한되지 않고, 세계로 시장이 확대되고 있다.

어떤 컴퓨터 제조기업은 생산의 대부분의 핵심부품은 미국, 한국, 일본 등에서 생산하고 있으며, 생산된 제품은 다른 아시아 국가에서 조립하여, 조립된 제품은 전 세계를 대상으로 판매하고 있다. 이와 같이 기업활동이 세계화됨에 따라 공급사슬의 리드타임이 길어지게 되었고 이를 효율적으로 통제하는 시스템이 필요하게 되었다.

③ 채찍효과(Bullwhip Effect)의 심화

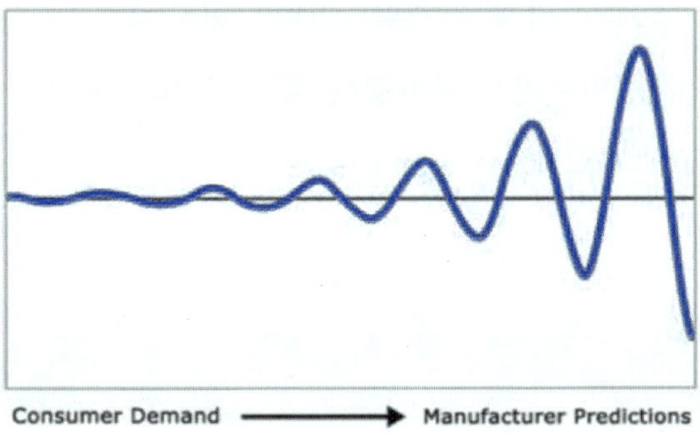

공급사슬의 복잡성은 관련 주체 간의 의사소통과 정보의 적시 전송을 아주 어렵게 만들 수 있다. 특히 공급사슬 상류(upstream)로 갈수록 수요정보가 왜곡되는 현상이 나타날 수 있다. 이러한 왜곡현상은 과다 재고, 유휴 능력, 높은 생산 및 수송비용, 고객 불만을 초래할 수 있다. 공급사슬 효율성의 달성을 위해서는 정확하고 적시의 정보를 필요로 하게 된다. 공급사슬의 형태가 복잡할수록 이러한 필요성은 높아지게 된다. 따라서 공급사슬의 구성원 간 정보공유, 조정 및 협력이 중요한 과제로 부각되고 있다.

④ 정보기술의 발전

기업자원계획(전사적 자원관리)(Enterprise Resource Planning : ERP)의 도입 등으

로 기업 내 업무가 통합되고 전자자료교환(Electronic Data Interchange : EDI), 인터넷 등 정보기술의 발달로 공급사슬의 가시성(visibility)이 향상되고 공급사슬을 통합할 수 있는 여건이 마련되고 있다. 즉, 기업 간 관계에서 상류(upstream)기능과 하류(downstream)기능 통합의 필요성을 인식하기 시작함과 동시에 정보기술(Information Technology : IT)이 발달하면서 이러한 "Upstream Supplier Network"와 "Downstream Distribution Channel"의 통합 관리가 가능해지게 되었다.

채찍효과로 인한 각 사슬 단계별 과잉재고의 문제가 EDI, 인터넷, 전자상거래 등 IT 기술의 발달로 정보공유 및 전달 과정의 혁신에 의해서 공급사슬 통합이 용이해지게 되었다.

5 소비자 주도의 시장환경 변화

최근 수명주기가 보다 짧아지고 있는 것도 SCM에 영향을 미치고 있다. 휴대전화와 같은 기술제품의 주기는 이제 수개월 이내로 짧아지고 있다. 소비자의 욕구가 다양해지고, 제품의 수명주기가 짧아짐에 따라 소비자의 욕구에 즉각 대응해야 할 필요성을 느끼게 되었다.

Ⅲ. 채찍효과

1 채찍효과의 개요

채찍효과(Bullwhip Effect)란 공급사슬상에서 발생하는 수요왜곡(demand distortion) 또는 수급불균형 문제를 말한다. 즉, 공급사슬의 구성을 공급자, 생산자, 도매업자, 소매업자, 고객으로 보았을 때 공급자로 갈수록 상류(upstream)이고 고객 쪽으로 갈수록 하류(downstream)라고 하는데, 채찍효과는 하류의 고객주문 정보가 상류로 전달되면서 정보가 왜곡되고 확대되는 현상을 말한다.

[그림 3-2]는 소비재에 대한 공급사슬에 있어서의 수요변화의 증폭 정도를 나타내고 있다. 비록 소비자들의 구매 자체는 크게 변화가 안되어도, 소매업자에서 도매업자로, 그리고 공장, 공급자로 가면 갈수록 수요의 더 큰 변화가 발생됨을 알 수 있다. 이러한 현상을 P&G가 최초로 'Bullwhip Effect'라 부르기 시작하였다. 이 현상은 우리말로 표현하면 '채찍효과'라고 부른다.

[그림 3-2] Bullwhip Effect

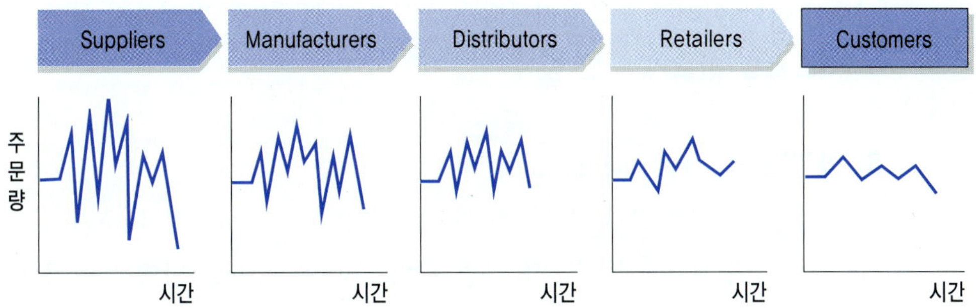

② 채찍효과의 원인

1) 중복수요예측(multiple forecasting)

예측은 일반적으로 시장에서 소비자들의 실제 수요에 의존하지 않고, 자신에게 들어온 주문량에 근거하여 이루어진다. 소매업자, 도매업자, 제조업자 모두 각각 실제 수요는 무시하고 자신들에 들어온 주문량에만 의존하여 각기 독립적으로 예측을 하다 보면 당연히 채찍효과를 일으킬 수밖에 없다.

간단한 예를 들어 보자. 도매업자는 소매업자에서 들어 온 주문량에 근거하여 자신이 판매할 양의 수요예측을 실시하고 거기에 따라 제조업자에게 주문을 실시한다. 제조업자 또한 도매업자의 주문량에 근거하여 수요예측을 하고 공급자에게 주문을 실시한다. 이렇게 되다 보면 결국 상류(upstream)쪽으로 갈수록 주문량의 변동폭은 커지게 되고 채찍효과가 발생하게 되는 것이다. 이와 같이 실제 판매데이터의 부재, 여러 곳에서의 수요예측, 주문-납기까지의 긴 리드타임이 중복수요예측을 하게하는 원인이 되고 있다.

2) 일괄주문처리(order batching)

공급사슬에서는 각 기업들은 제고모니터링기법과 재고관리기법을 이용하면서 주문을 실시한다. 주문이 들어와 재고가 줄어도, 기업은 공급자에게 곧장 주문을 안할지도 모른다. 이는 매번 주문을 하게 되면 비경제적인 상황이 발생되기 때문이다. 그래서 일반적으로 적정 주문량이 될 때 주문을 실시하게 되는 것이다. 실시간이 아닌 이러한 주문처리형태는 실시간 수요상황을 반영하지 못하여 결국은 채찍효과를 일으키게 된다.

3) 가격변동(price fluctuation)

가격이 변동된다면 소매업자들은 가격이 낮을 때 제품을 쌓아 두려는 경향이 있다. 실제로 구매자들은 이러한 사전 구매(forward buying) 형태가 합리적인 의사결정이라고 믿고 있다. 이러한 사전구매행위는 특정 시기에 실시하는 판촉활동과 가격할인, 수량할인 등의 경우에 특히 두드러지게 나타난다. 공급자의 판촉활동에 대해 구매자들은 결국 사전구매의 유혹을 받게 되며, 그러한 사전구매는 결국 실제 수요보다 다른 수요를 촉발시켜 공급사슬상에 채찍효과를 일으키는 것이다.

4) 결품예방 경쟁(shortage gaming)

이 원인은 수요과 공급을 초과할 때 수요자가 발주한 과장된 주문이 채찍효과를 증대시킨다는 것이다. 실제로 소매업자와 도매업자, 대리점들이 제조업자로부터의 공급량이 자신들이 생각하는 수요보다 적다고 생각할 때 과다하게 주문을 하려는 경향이 있다. 이러한 이유는 제조업자들이 유통업체들에게 주문량의 비율에 따라 공급량을 할당하는 일반적인 관습을 예상하기 때문이다. 이러한 관습이 실제 수요보다 과장된 수요를 형성하게 만들어 채찍효과를 발생시키는 것이다.

③ 채찍효과의 예방방법

1) 불확실성의 제거

채찍효과를 감소시키거나 제거하기 위한 제안으로써 가장 많이 논의되고 있는 것 중의 하나는 공급사슬 전반에 걸쳐 수요정보를 중앙집중화함으로써 불확실성을 제거하는 것이다. 즉 공급사슬상 각 단계에 실제 소비자 수요에 대한 완전한 정보를 제공하는 것이다.

2) 변동폭의 감소

채찍효과는 소비자 수요 절차 상의 고유한 변동폭을 감소시킴으로써 줄일 수 있다. 예컨대 소매업자에 의해 조성되는 소비자 수요의 변동폭을 줄일 수 있다면 채찍효과가 발생하더라도 도매업자에 의해 관측되는 수요의 변동폭 또한 줄일 수 있을 것이다. 예컨대 매일 저가격전략(Everyday Low Price : EDLP)을 사용하여 소비자 수요의 변동폭을 줄일 수 있다. 소매업자가 저 가격전략을 사용한다면 그들은 주기적 가격판촉을 통한 가격변동정책을 이용하기 보다는 일정한 패턴으로 제품을 공급하게 된다. 가격판촉활동을 하지 않으면 수요의 극적인 변동을 제거할 수 있다. 그래서 EDLP 전략은 더 안정된, 즉 소비자의 수요형태가 덜 변화되는 상태로 이끌 수 있다.

3) 리드타임 단축

리드타임의 증대는 공급사슬상의 물자처리에 큰 변동효과를 주기 때문에, 리드타임을 감소시킨다면 공급사슬상의 채찍효과를 많이 감소시킬 수 있다. 리드타임은 통상 두 가지로 구성되어 있는데, 제품을 생산하고 공급하는 데 소요되는 주문리드타임과 주문이 처리되는 데 소요되는 정보리드타임으로 구성된다. 주문리드타임은 크로스도킹(Cross Docking)(창고나 물류센터에서 수령한 상품을 창고에서 재고로 보관하는 것이 아니라 즉시 배송할 준비를 하는 물류시스템)을 사용하여 감소시킬 수 있고, 정보리드타임은 EDI, 인터넷 등을 통하여 감소시킬 수 있으므로 이에 대한 개선 노력이 이루어져야 한다.

4) 전략적 파트너십

채찍효과는 어느 정도의 전략적 파트너십을 형성하면 제거할 수 있다. 전략적 파트너십은 정보가 공유되고 공급사슬상에서 재고가 관리되기 때문에 채찍효과의 영향이 제거될 수 있다. 예컨대 공급자재고관리(Vender-Managed Inventory : VMI)방법으로 생산자가 직접 소매업자 진열대의 제품재고를 관리한다. 또한 자체적으로 얼마만큼의 재고를 보유할지와 언제 소매업자에게 얼마만큼을 공급할 것이지도 결정한다. 그러므로 VMI에서 생산자는 소매업자의 주문에 의존하지 않으므로 결과적으로 채찍효과는 방지될 수 있게 된다.

Ⅳ. 공급사슬관리의 원칙

파이프라인을 통한 물적인 이동과 관련된 정보의 흐름은 체계적으로 관리되어야한다. 이를 통하여 물류운영의 효과성과 효율성을 개선할 수 있다. 시스템적 시각을 가짐으로써 구매비용, 운송비용, 재고 및 창고관리비용 간의 상충관계를 원활하게 해결할 수 있다. 공급사슬네트워크상 파트너들과의 긴밀한 상호협조를 통하여 최종고객에게 제공되는 서비스를 제고시킬 수 있으며, 공급사슬상의 물류비용을 절감할 수 있다.

1 고객지향성

SCM의 기본 원칙은 고객의 가치와 요구를 이해하는 것에서 출발한다. 고객의 요구에 따라 시장을 세분화하고 세분화된 고객층의 서로 다른 요구를 충족시키는 것을 SCM의 기본으로 삼는다.

2 장기적으로 강력한 파트너십 구축

SCM이 성공하기 위해서는 무엇보다도 공급사슬 구성원 간의 파트너십을 유지하겠다는 신뢰가 중요하다. 이러한 신뢰를 바탕으로 할 때 자동재고보충과 같은 기법들이 그 효과를 발휘할 수 있다. 만약 소매업자가 제조업자에게 판매정보와 재고정보를 공개하지 않는다면 장기적인 파트너십을 통한 상호 효과를 기대할 수 없다.

③ 경로전체를 통합하는 정보시스템 활용

정보시스템은 SCM에서 핵심 성공요인이다. 컴퓨터기술의 발달로 다루기 쉬운 소프트웨어가 개발되어 수요예측, 입지선정, 배차 등의 문제를 손쉽게 해결하고 있다. 공급사슬 활동을 시뮬레이션할 수 있는 소프트웨어도 개발되어 있다.

최근에 인터넷의 발달로 엄청난 양의 정보에 접근이 가능해졌고 자료의 이동이 용이・신속해 졌다. 바코드스캐너와 자동인식기술이 확산되면서 자료입력 시 오류도 많이 줄일 수 있다. 또한 판매시점에서 즉시 스캐너를 이용하여 판매 및 소비 자료를 입력할 수 있다. 스캐너 자료는 데이터베이스에 거래 자료로 기록되면서 재고상태를 즉시 알려 준다. 이 자료는 자동보충을 위해서 활용된다.

공급사슬 파트너들 간의 커뮤니케이션은 효과적이고 적시에 이루어져야 한다. 수량, 품질, 재고에 관한 정확한 정보가 공급사슬에 참여하는 집단에게 적시에 제공되어야 한다. 데이터베이스를 상호 공유하여 접근을 용이하게 함으로써 수요 및 판매자료, 재고상황, 배송, 주문 수량 등의 정보가 어떤 장소에서든 언제라도 제공되어야 한다. 이를 위해서 EDI를 활용하면 표준화된 형태로 자료를 손쉽게 교환할 수 있다.

정보공유가 원활해지면 단기적으로 주문을 무재고 원칙하에서 충족시킬 수 있고, 중기적으로는 자재계획을 효율적으로 수행할 수 있으며, 장기적으로는 전략계획과 고객과의 협상을 효과적으로 이행할 수 있다.

④ 상품과 서비스품질의 제고

기업은 고객의 요구를 충족시키기 위하여 상품을 생산하고 공급한다. 고객이 원하는 것은 상품의 사양(specifications)에 반영된다. 그러나 기술적인 사양은 항상 고객이 원하는 것을 반영해 주지는 못한다. 왜냐하면 상품을 디자인하고 생산하는 시스템이 완벽하지는 못한 경우가 있기 때문이다. 결과적으로 완성된 상품이 갖추어야 할 조건을 평가할 품질시스템 기준이나 지침의 개발이 필요하다. 공급사슬 파트너 간에 상호 만족할 수 있는 품질보증 절차가 있다면 상품의 흐름은 훨씬 개선될 수 있다. 이러한 관점에서 ISO 9000과 같은 인증은 상품, 서비스, 절차의 품질수준을 높여준다.

제 2 절 공급사슬에서의 물류시스템

Ⅰ. 끌어당기기(pull system)

끌기식(pull-based) 공급사슬에서 생산과 유통은 수요에 기반을 두고 이루어지며, 예측된 수요가 아닌 최종 고객수요에 의해 조정된다. 순수 끌기 시스템(pure pull system)에서는 기업이 재고를 전혀 보유하지 않으며 오직 특정 주문에만 대응하게 된다. 이러한 시스템은 고객수요에 관한 정보(예: 판매시점관리(Point of Sales : POS) 데이터)를 여러 공급사슬 참여자들에게 신속히 전달할 수 있는 정보 메커니즘이 있을 경우 가능하다. 끌기 시스템의 장점은 다음과 같다.

- 소매업자의 주문에 대한 예측 역량을 향상시키고 리드타임을 단축시킨다.
- 리드타임 감소에 따라 소매업자의 재고가 감소한다.
- 리드타임 감소로 인해 시스템의 변동성, 특히 제조업자가 직면하는 수요변동성을 감소시킨다.
- 변동성의 감소로 제조업자의 재고가 감소한다.

Ⅱ. 밀기(push system)

밀기식(push-based) 공급사슬에서 생산과 유통에 대한 의사결정은 장기예측을 기반으로 이루어진다. 일반적으로 제조업자는 소매업자로부터의 주문을 기반으로 수요예측을 하게 된다. 따라서 밀기식 공급사슬의 경우 변화하는 시장 여건에 대응하는 데 긴 시간이 소요되며 다음과 같은 결과를 초래할 수 있다.

- 변화하는 수요 패턴에 신속히 대응할 수 없음
- 공급사슬 단계별 안전재고의 필요성으로 과잉재고 발생
- 고객서비스 수준의 저하

즉, 밀기식 공급사슬에서는 형적인 채찍효과가 발생하게 된다.

[그림 3-3] 밀기 vs 끌기 공급사슬

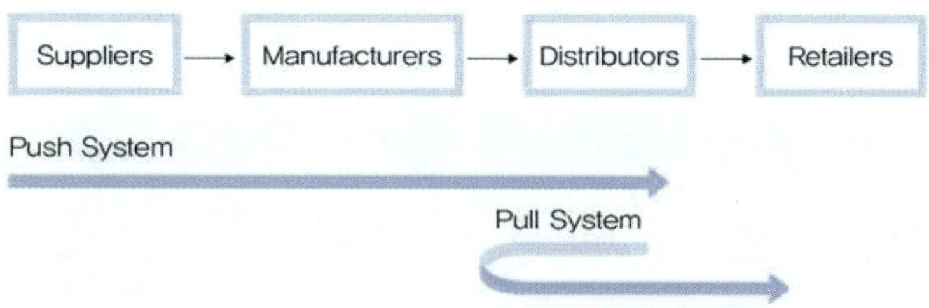

Ⅲ. 지연(postponement)

일반적으로 끌기식 공급사슬은 밀기식 공급사슬에 비해 시스템 재고 수준이 낮고, 자원관리 능력이 향상되며, 시스템 비용이 낮게 나타나는 특징을 가진다.

반면 끌기식 시스템은 리드타임이 너무 길어서 수요정보에 대응하는 것이 어려울 경우 이를 적용하기가 어렵다. 또한 시스템이 미리 계획될 수 없기 때문에 제조나 운송에 있어서 규모의 경제를 달성하기가 어려운 측면이 있다.

지연(postponement) 전략은 밀기와 끌기 기반 공급사슬이 갖는 장점을 취한 새로운 공급사슬 전략이다. 밀기-끌기 전략에서는 공급사슬의 일부 단계들, 대개 초기 단계들은 밀기 기반으로 수행되고, 나머지 단계들은 끌기 기반으로 수행된다. 이때 밀기 단계에서 끌기 단계로 전환되는 시점을 밀기-끌기 경계(push-pull boundary)라고 한다.

지연 전략이란 제품 구조, 제조 및 공급사슬 프로세스를 적절히 설계함으로써 제품의 완성시점을 고객의 정확한 요구가 파악되는 시점까지 연기하고 이를 통해 다양한 제품들에 대한 고객의 변화하는 수요에 보다 유연하게 대응하려는 전략이다.

[그림 3-4] 지연(postponement) 시스템

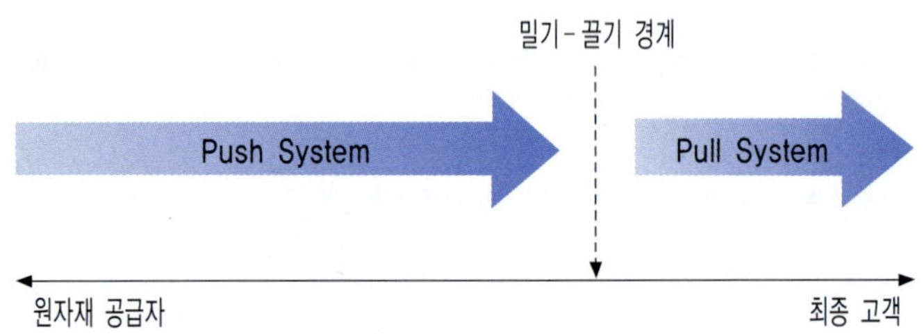

Ⅳ. 린 공급사슬(lean supply chain)

린 공급은 주로 편의품이나 생필품과 같은 재고회전이 빠른 상품에 적합하며, 시장의 수요를 예측할 수 있어야 하고, 더불어 표준화된 상품을 취급해야 하며,

수명주기가 짧은 특징을 가지고 있다. 더불어 생필품 위주로 구성되어 있기 때문에 고객들이 저렴한 가격에 상품을 구입한다. 그러나 이러한 공급망을 이용하는 상품군은 수익률이 낮은 특징이 있고, 상품에 대한 정보가 풍부한 규칙적인 공급관계가 형성되는 특징이 있다.

Ⅴ. 민첩 공급사슬(agile supply chain)

민첩 공급은 주로 패션어패럴이라든가 액세서리와 같은 상품이 이용하는 공급만으로 유행에 민감하기 때문에 수명주기가 짧으며, 수요를 예측한다는 것이 매우 어렵고, 다양한 상품을 유통시킬 수 있는 특성이 있다. 이러한 상품은 수익률이 높은 특징이 있으며, 고객들은 상품을 이용하면서 느끼는 효용이나 만족감 때문에 상품을 재구매하는 특징이 있다. 그리고 정보는 상황에 따라 풍부할 수도 있고, 그렇지 않을 수도 있다.

[그림 3-5] Agile SCM과 Lean SCM

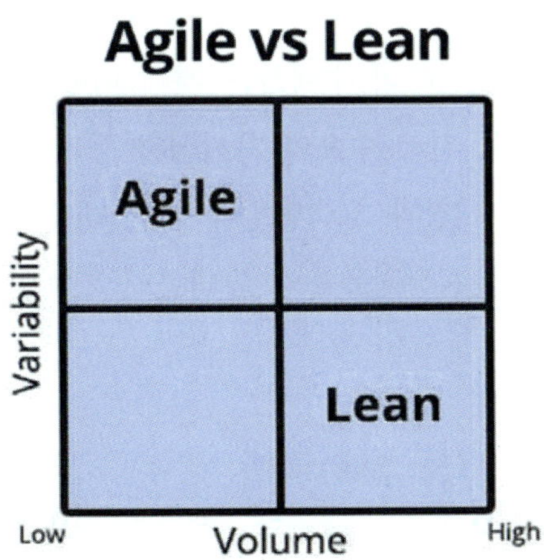

제3절 공급사슬관리 효과

Ⅰ. 재고의 감소

SCM은 공급사슬을 그 대상으로 하기 때문에 생산, 유통, 판매에 사용될 유용한 정보를 적절한 시간에 제공하게 된다. 그러므로 공급사슬 내의 원자재 및 제품의 흐름이 적정 수준으로 유지되도록 할 수 있다. 이는 각 업체마다 자사의 계획에 맞추어 안전 재고를 확보하던 것을, 자사를 공급사슬의 일부분으로 파악하면서 재고 수준을 현저하게 줄일 수 있음을 의미한다.

Ⅱ. 업무처리 시간의 단축

SCM은 공급사슬 내의 모든 프로세스가 유기적으로 통합되어 수행되게 된다. 그러므로 효과적인 SCM의 운영 시에는 공급사슬 내 각각의 프로세스들이 개별적으로 업무절차를 수립하여 수행하는 것에 비해 상당히 간결하고 짧은 업무절차를 기대할 수 있다. 결국 수요의 가시성과 동기화를 통해 잘 짜여진 공급사슬의 유지가 가능하고 시장과 고객변화에 대한 대응능력이 증가함에 따라 궁극적으로는 고객서비스와 시장점유율의 확대까지 기대할 수 있다.

Ⅲ. 생산성 증가

SCM을 통해 최소의 생산품종 변경횟수와 최적화된 일정으로 생산성이 증가한다. 그리고 수요창출과 신제품 출시를 위한 신속한 준비가 가능해지고, 다른 제약조건(자재, 노동력)에 의한 대기시간이 감소함에 따라 추가적인 자본투자 없이 산출물의 달성도가 높아진다.

Ⅳ. 안정된 공급

SCM을 운영함으로써 다른 기업과의 상호 신뢰 관계가 구축되고 장기적인 비즈니스 파트너로서의 적극적인 제휴 관계를 통해 안정적인 거래를 기대할 수 있게 된다. 이로써 구매자는 좋은 구매가격으로 더욱 나은 품질의 제품을 공급받을 수 있다.

Ⅴ. 이익 증가

SCM으로 인한 전략적 제휴는 상품 및 서비스의 가격 혜택을 기대할 수 있으며 이는 원가에 반영되어 가격 경쟁력과 이익에 직접 기여하게 된다. 재고 자산의 감소로 해당 재고의 구매 및 관리 유지에 소요되던 비용이 절감되므로 이익 증가를 기대할 수 있다. 이와 함께 SCM이 정체 공급사슬의 효율을 극대화함으로써 공급사슬의 경쟁력을 강화한다. SCM의 모든 활동에 참여하는 업체 모두에게 이익이 분배되고 그 크기는 참여 수준에 비례하여 돌아가게 된다.

제4절 e-SCM

Ⅰ. e-SCM의 개념

SCM의 효율적 수행을 위해서 재고자산의 감소, 자산활용도 제고, 거래간접비용제거 및 고객요구 충족능력 향상 등을 위해 조직 간 공급사슬을 유연하게 유지하고 각 공급사슬 내에 존재하는 개체 간의 경계 내부와 외부 간의 기능을 효율적으로 운영하는 것을 필요로 한다. 특히 전자상거래를 통해 공급자는 물류측면에서 비용, 시간의 단축, 유통채널의 갈등해소, 고객정보의 실시간 획득 등을 필요로 하게 되고 전체적인 프로세서상에서의 일원화를 통한 효율성을 추구하게 된다.

따라서 인터넷을 활용한 e-business의 등장은 SCM을 e-SCM으로 변화시키고 업무와 조직의 가상화(virtualization), 정보의 통합(integration), 물류와 정보의 동시화(synchronization), 협업화(collaboration), 디지털화(digitalization) 등의 새로운 기업 경영의 패러다임을 수용한 개념의 SCM이 필요하게 되었으며 이를 통해 e-SCM이 등장하게 되었다. 즉 공급사슬은 인터넷과 정보기술(IT)의 급속한 발전으로 인해 그 범위가 더욱 확대되었는데 인터넷과 정보기술 등 전자적 역량(e-capability)을 강화하여 전통적인 SCM의 영역을 확대하고 공급사슬상의 당사자들을 전자적으로 네트워크화 하여 보다 유기적인 결합체로 만드는 것이 e-SCM이다.

e-SCM이란 디지털 기술을 활용하여 공급자에게 고객까지의 공급사슬상의 정보, 자금 등을 총체적인 관점에서 통합관리함으로써, e-비즈니스 수행과 관련된 공급자, 고객, 그리고 기업 내부의 요구를 만족시키고 업무의 효율성을 극대화하려는 전략적인 기법이라 할 수 있다.

이를 달리 표현하면 상품의 구매, 제조, 분배, 유통, 배송을 거쳐 소비자에게 이르는 공급사슬상에서 물류의 흐름을 비롯한 정보통신기술(Information Communication Technology : ICT)을 활용하여 가치의 흐름을 통합하고 연계하여 전체적인 관점에서 시스템을 투명하게 이해하고 분석하는 개념 및 기술이라고 할 수 있다.

Ⅱ. e-SCM의 효과

1 수직적 가치사슬의 해체(Deverticalization)

과거 기업들이 수직적 가치사슬을 구축하였던 이유 중 하나는 공급업자, 유통채널, 고객 등과 관련된 정보의 신속한 획득 및 전달이 가능하게 되고, 이를 통해 업무 프로세스의 효율성을 높일 수 있었기 때문이다. 따라서 기업들이 구축한 가치사슬의 수직적 통합은 기업에 있어 가장 강력한 경쟁력 확보의 원천이었다. 인터넷의 등장은 기업의 수직적 가치사슬을 해체시키는 반면, 기업들이 e-비즈니스 연관 분야 또는 타 산업으로 진출하는 수평적 확장 현상을 가속화시킨다. 기업들은 이러한 확장을 통해 향후 통합된 경쟁력을 바탕으로 지속적인 성장을 추구할 수 있게 된다.

2 공급망 체계의 변화 : 직거래(Disintermediation)

복잡하고 다양한 정보의 취사·선택을 도와줌으로써 고객들이 보다 폭넓은 선택이 가능하도록 도와주는 새로운 형태의 중간제공업체가 등장하고 있다. 과거의 실물 중심의 중간유통업체와 비교할 때, 이들은 정보중개업체(infomediary)라고 할 수 있다. 이러한 업체를 적절히 활용함으로써 기업은 거래 업체 및 고객을 모색하는 데 투입되는 비용을 절감할 수 있게 되며, 고객들은 보다 다양한 정보 획득 및 효율적인 구매가 가능하게 된다.

[그림 3-6] 정보제공업체

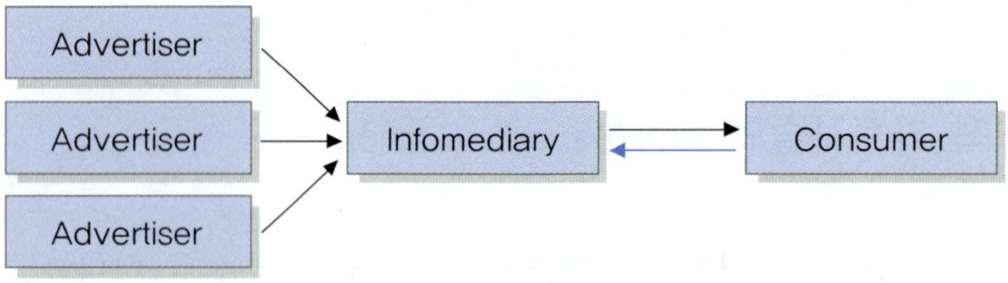

③ 다양한 형태의 공급자 등장 : 보유 자산의 최소(Dematerialization)

과거 SCM을 수행하는 기업들은 과거 공급자의 생산능력이나 재고물품에 대한 정보를 명확히 공유하지 못하는 단점을 지니고 있었다. 그러나 e-SCM을 실시함으로써 이러한 단점을 보완하기 시작하였는데 이는 공급 및 재고 관련 정보가 실시간으로 온라인을 통해 공유될 수 있기 때문이다.

즉 공급자와 구매자의 정보공유가 가능해짐에 따라 공급자들은 구매자의 재고 정보를 실시간으로 파악할 수 있을 뿐 아니라 구매자들이 필요로 하는 재고량을 자동적으로 보충해줄 수 있기 때문에 공급자, 구매자 모두 안정재고 수준을 감소시킬 수 있다.

제4장

제3자물류와 제4자물류

제1절 제3자물류(Third Party Logistics)

Ⅰ. 제3자물류 용어의 기원

미국에서는 1980년대부터 1990년대에 공급사슬관리(Supply Chain Management : SCM)가 진전하여 그 후 1990년대 기업 및 공급사슬의 로지스틱스기능을 고조시키기 위하여 전략적 아웃소싱의 일환으로서 제3자물류(Third Party Logistics : TPL, 3PL)가 급성장하였다. 3PL은 현재 로지스틱스 분야에서 최대의 과제로 되고 있다.

3PL이라는 용어는 미국에서 로지스틱스업무의 외주화라는 의미에서 1980년대 중반부터 후반에 사용되기 시작하였다. 즉 1988년에 SCM전문가회의ci(Counl of Supply Chain Management Professionals : CSCMP)가 고객서비스조사를 하여 그 가운데 처음으로 제3자제공업자(Third Party Providers)라는 용어를 인용하여 1989년에 조사보고서가 나오게 되자 고객서비스기능의 새로운 견해로서 주목을 받게 되었다.

이 3PL은 유럽・미국에서는 계약로지스틱스(contracts logistics), 아웃소싱, 파트너십, 로지스틱스 서비스 제공업자(logistics service providers), 서비스제공업자와의 전략적 제휴(strategic alliance with service providers), 부가가치 로지스틱스(Value Added Logistics : VAL) 등과 동의어로 사용되는 경우가 많다.

Ⅱ. 제3자물류 출현배경

① 글로벌화의 진전

지금은 글로벌화를 고려하지 않은 경영은 생각할 수 없다. 기업은 국내시장이 성숙기에 접어들게 되어 커다란 성장을 기대할 수 없다는 것을 인식하게 되어 글로벌시장으로 나오는 것이 불가결하게 되었다.

글로벌화에 따라 조달, 생산, 로지스틱스가 전체적 물류비용을 증가시키고 있다. 이로 인해 이들을 효율적으로 수행할 필요가 있게 된다. 즉, 글로벌화에 따라 글로벌 시장으로, 자재의 조달 및 제품의 공급이 불가결하게 되어 국경을 초월하여 생산·판매업무를 효율적으로 수행하는 능력이 필요하게 됨과 동시에 글로벌시장에 유연한 로지스틱스 네트워크를 신속하게 구축할 필요가 있게 된다.

② 서비스와 비용절감경쟁의 치열

세계적인 경기의 침체와 글로벌화에 따른 대경쟁시대를 맞이하여 서비스향상과 전사적 비용절감과 수익확보를 목표로 한 효율적 경영지향이 요구되고 있다. 이들에 의해 경영의 고도화, 전문화에 대응한 외부자원을 유효하게 활용할 필요가 대두되고 있다. 경쟁이 다품종화, 제품수명주기(Product Life Cycle : PLC)의 단축, 고객으로의 신속한 대응 및 로지스틱스 비용의 증가를 피할 수 없게 되었다. 이로 인해 물류전문가의 효율적인 활용으로 서비스의 향상과 비용절감을 목표로 할 필요가 대두되고 있다.

③ 주주중시 경영지향

1980년대 미국은 불황이 계속된 시대였다. 1990년 대부분의 기업이 자원제약에 직면하게 되자 기업은 모든 비용을 자기부담하는 상황을 반성하고 사람, 물자, 금전 등의 경영자원을 본업에 집중배분하였다. 이것은 각종 기관투자가의 출현에 의해 자본을 유효하게 활용하려는 경영방침이며 특히 자기자본이익률(Return On Equity : ROE)을 중시하는 것에 있다. 즉, 사람, 물자, 금전을 이익에 직결하는 생산 및 판매 등 핵심적인 분야로의 경영자원을 집중투자하여 이익을 창출하지 않는 로지스틱스 관련 업무는 외주화하여 로지스틱스 업무를 효율화할 수 있는 필요성이 대두되었다.

4 규제완화

1980년대 미국에서는 레이건 정권시대의 규제완화에 의해 물류업자의 고객서비스의 다양화, 고도화, 전문화가 급속하게 진전되었다. 이것에 의해 고객서비스를 실현하는 자유도가 고조되었고, 3PL이 요청되는 산업환경으로 변화되어 가고 있었다.

이러한 상황에서 미국에서는 규제완화에 의해 트럭운수업의 신규진입의 증가와 경쟁격화에 의해 파산이 증가하였다. 또한 운임저하로 인해 운임수입만으로 이익의 확보가 곤란하게 되어 거대트럭운수업자는 운임 이외에 복합일관운송 및 화주의 공급사슬전체의 관리 등으로 이익을 창출하는 방안으로서 3PL을 도입하게 된 것이다.

5 정보기술의 발전

정보기술(IT)의 급속한 혁신에 의해 업무의 효율화 및 의사결정지원을 위한 정보시스템의 구축이 가능하게 됨과 동시에 부문 간 뿐만 아니라 기업 간의 통합을 가능하게 했다. 요컨대 조직을 횡단적으로 관리하는 것이 가능하게 되고 더구나 비용절감을 가능하게 하는 정보인프라의 정비가 진행되었다.

[그림 4-1] 3PL의 출현배경

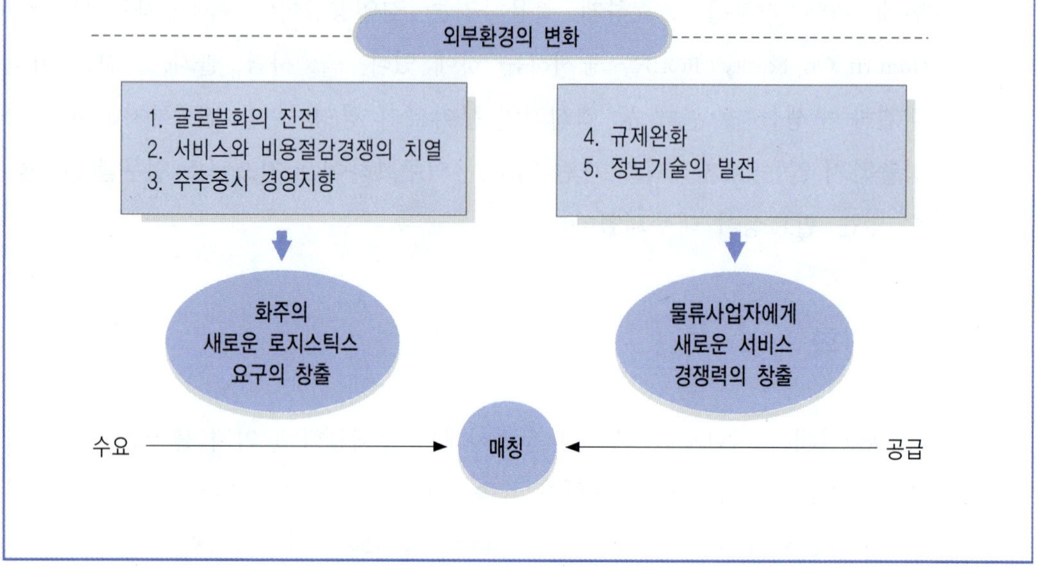

Ⅲ. 제3자물류의 개념

기업들이 SCM을 추진함에 있어서 가장 애로를 느끼는 부분은 여러 주체가 관여됨으로써 보다 복잡한 양상을 보이는 공급사슬 전반의 물류기능을 효율적으로 수행하고 또한 소비자의 요구를 충족시킬 수 있는가 하는 것이다. 이러한 배경에서 탄생한 개념이 제3자물류(3PL)이다.

제1자물류는 자가 물류를 의미하여, 제2자물류는 자회사 물류를, 제3자물류란 운송, 보관, 하역, 포장, 회수 등의 물류를 일괄적으로 아웃소싱을 하는 것이며, 더 나아가 물류전략 및 계획부문까지 포괄적으로 수행하는 업체를 말한다.

3PL을 화주의 시점과 물류업자의 시점에서 정의를 내릴 수가 있는데, 화주의 시점에서 보면 로지스틱스업무의 일부・전부를 일괄위탁하는 것, 아웃소싱 및 외부기업을 활용하는 것을 말하고, 물류업자의 시점에서 보면 로지스틱스 업무

중 두 가지 이상을 결합하여 제공하고, 로지스틱스 개혁의 제안 및 로지스틱스 전반의 효율화를 구축하는 것을 말한다. 이들에서 3PL은 화주의 시점에서는 로지스틱스 업무를 전략적으로 아웃소싱하는 것, 물류업자의 시점에서는 최적인 로지스틱스시스템을 제안하여 그 업무를 일괄하여 수탁하는 것이라 할 수 있다.

[그림 4-2] 제3자 물류

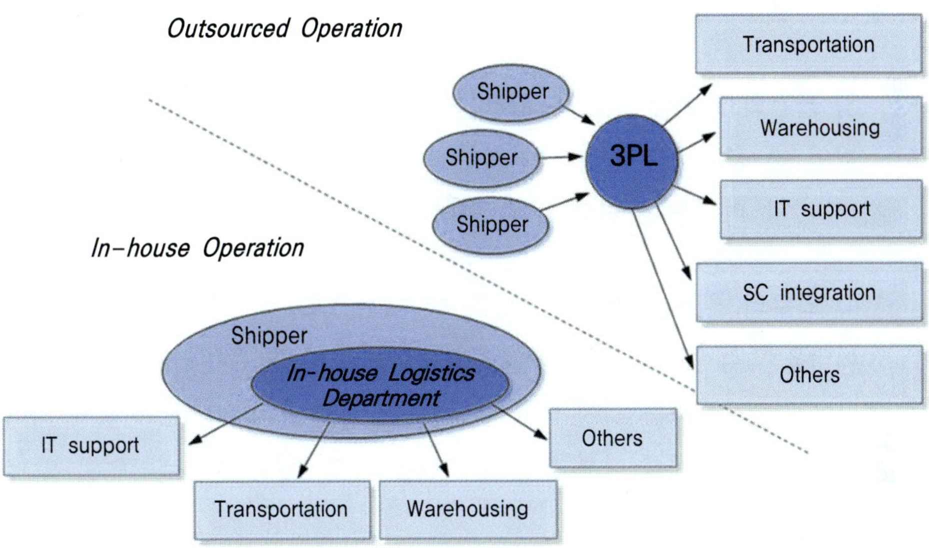

Ⅳ. 제3자물류의 효과

1 화주기업 입장에서의 기대효과

1) 고객서비스의 향상

고도의 전문지식을 가진 물류업자에게 외주하는 것에 의해 최종사용자까지의 배송 리드타임의 단축에 의한 배송서비스의 향상, 로지스틱스센터 내의 최종조립 등 고객서비스를 향상시킨다.

2) 로지스틱스비용의 절감

현재의 로지스틱스비용의 절감접근방법으로서는 한계가 있어 로지스틱스 전문사업자에게 위임하는 것에 의해 업무의 효율화, 투하자본의 경감, 규모의 이점의 추구에 의해 로지스틱스비용을 절감할 수 있다. 또한 로지스틱스비용을 고정비에서 변동비용화하여 로지스틱스비용을 명확화하는 것에 의해 로지스틱스비용을 절감할 수 있다.

3) 물건의 흐름에 있어서 시간생산성의 향상

기업 및 공급사슬 간의 물건의 흐름을 신속화하는 것에 의해 경쟁 타사와 서비스 및 비용을 차별화할 수 있다.

4) 외부의 전문성 활용

이익을 집적 창출하지 않는 로지스틱스업무 및 그 주변업무를 외부의 전문사업자에게 외주화하는 것에 의해 더욱 더 장점을 부각시킨다. 이것에 의해 로지스틱스부문의 인재를 다른 부문에서 활용할 수 있다.

5) 자사의 전문성 강화

이익과 직결되는 생산・판매・기술부문 등을 강화한다. 이것에 의해 생산, 판매, 기술에 집중함으로써 전문성을 강화한다.

6) 조직의 축소화

이익을 창출하지 않는 로지스틱스 업무 및 그 주변 업무를 전략적으로 외주화하는 것에 의해 조직을 축소화한다.

7) 위험의 분산

이익을 창출하지 않는 로지스틱스 관련 업무에 투자하는 것을 피하고 이들의 업무를 외주화하는 것에 의해 위험을 분산시킨다. 로지스틱스 네트워크로의 투자, 정보투자 및 재고투자의 부담을 경감하여 자사 자본의 유효활용을 도모한다.

② 물류업자 입장에서의 기대효과

1) 신규사업의 확대

향후 물류업자는 운송하고 보관한다는 물류업무만으로는 생존하기 어렵다. 로지스틱스 관련 업무를 일괄하여 수탁하는 것으로 신규의 업무내용을 확대할 수 있으며, 이것에 의해 신규화주를 획득할 수 있다.

2) 경영의 다각화

로지스틱스 관련 업무를 일괄하여 수탁하는 것으로 업무의 다양화가 가능하게 된다. 3PL을 통해 물류기업은 경영을 다각화할 수 있다.

3) 로지스틱스 노하우의 획득

로지스틱스 관련 업무를 수탁함으로써 타 물류기업의 로지스틱스 노하우를 획득할 수 있다. 즉 외주물류 전문업자를 통해 물류업자는 로지스틱스 업무의 전문성을 강화, 고도화를 도모할 수 있다.

4) 전문성의 강화

로지스틱스 관련 업무를 수탁을 통해 로지스틱스의 전문성을 강화한다. 또한 로지스틱스 관련 업무를 일괄하여 관리할 수 있으므로 물류공동화 및 업무의 최적화가 가능하게 된다는 등이다.

제2절 제4자물류(Fourth Party Logistics)

Ⅰ. 제4자물류의 개념

한편 최근에는 공급사슬 전체에 대한 물류서비스를 여러 업체로부터 개별적으로 외부 위탁하는 경우보다 한 번의 계약으로 통합된 물류서비스를 제공받기를 원하는 화주기업들이 많아지고 있다.

이 같은 추세에 따라 미국 등의 선진국에서 제3자물류는 정보통신업자, 컨설팅업자, 다른 물류업자들과 제휴관계를 맺어 가상조직을 형성하여 공급사슬상의 모든 물류기능에 대한 원스톱 서비스를 제공하는 제4자물류로 발전할 조짐을 보이고 있다.

앤더슨 컨설팅은 4PL을 "전체적인 공급사슬 솔루션을 제공하는 서비스제공자와 함께 기업의 경영자원, 능력, 기술을 관리하고 결합하는 공급사슬 통합자"로 정의하고 있다.

일부 컨설팅 업체는 4PL을 'Lead Logistics Provider(LLP)'로 지칭하기도 하고 물류컨설팅업자로 파악하기도 하는데, 4PL은 기본적으로 3PL로서 SCM 및 솔루션 제공, 변화관리 능력(Change Management Capabilities), 부가가치 서비스를 제공할 수 있는 능력을 갖춘 전문 물류업자를 지칭한다.

Ⅱ. 제4자물류의 특징

4PL의 특징을 요약하면 다음과 같다.

① 다양한 기업이 파트너로서 참여하는 혼합조직 형태
② 합작투자(Joint Venture) 또는 장기간 제휴상태
③ 이익분배를 통해 공통의 목표 설정
④ 공급사슬상 전체의 관리와 운영
⑤ 4PL 조직과의 계속적인 노하우 공유

보통 4PL은 2개 이상의 기업과 합작투자 또는 장기적인 제휴관계를 구축하는 형태로 이루어지고 있다. 통상적으로 4PL에서의 2개 이상 기업은 주로 제조 및 유통업자 또는 최소한 1개 이상의 출자회사를 나타내며 합작투자 회사 설립시의 자본제공의 형태로 참여하는 것이 일반적이다. 따라서 4PL은 서비스의 범위와

전략적 중요성의 측면에서 가장 높은 수준의 협업(collaboration)을 수반하게 된다. 4PL에 있어서는 물류서비스 제공업자가 창고, 운송, 부가가치 서비스와 같은 전통적인 운영활동뿐만 아니라 고객의 공급사슬, 정보기술 역량, 글로벌 사업영역을 관리하고 최적화할 수 있는, 광범위한 관리 및 물류서비스를 제공하는 물류제공업자를 선도제공자(lead provider)라고 부르기도 한다. 4PL은 참여주체 간의 장기계약을 수반하며, 때로 합작투자(Joint Venture : JV) 형태를 가지기도 한다. 협업은 높은 수준의 시스템 통합과 다양한 관리수준에서 조직 간 협력을 수반하게 된다. 또한 자산특화의 수준이 높다. 이러한 자산에는 전용 창고, 자재취급 장비와 같은 물리적 자산과 함께 인적교류, 전문훈련과 같은 인적자산도 포함된다.

Ⅲ. 제4자물류와 제3자물류의 비교

4PL은 SCM의 아웃소싱이다. 기술발전 및 전자상거래의 확산에 따라 SCM의 통합을 위해 4PL이 등장한 것이다. 4PL은 위탁자의 경영자원 및 기술(인소싱)과 수탁자의 경영자원, 능력, 기술(아웃소싱) 등을 결합하여 공급사슬 전반을 관리한다. 따라서 4PL은 아웃소싱(outsourcing)과 인소싱(insourcing)의 장점을 취해 최대의 효과를 얻기 위한 시스템이라고 할 수 있다. 4PL은 3PL과 별개로 존재하는 것이 아니고 4PL이 한차원 높은 컨설팅이나 SCM 전반을 관리할 수 있는 능력을 갖춘 형태이다. 4PL은 고객서비스, 비용절감, 노무문제 등에 대한 최적의 솔루션을 제공할 수 있는 시스템이다. 반면에 3PL은 최적의 기술, 창고관리, 수송서비스를 조합할 수 없기 때문에, SCM의 비용절감이나 효율성을 추구하는 데 한계가 있다. 4PL은 공급자의 전반적인 다양한 물류활동을 통합할 수 있는 능력을 갖춘 시스템이다.

3PL과 4PL의 차이점은, 3PL이 창고나 수송 등의 특화된 서비스를 제공하는데 비해 4PL은 SCM, 컨설팅, 물류네트워크 개선 등 물류 전반에 대한 서비스를 제공한다. 대형 화주기업들은 제3자업자를 선정할 때에 제3자업자로부터 받은 제

안서나 입찰서를 검토하면서 컨설턴트를 참여시킨다. 컨설턴트는 공급사슬의 구축에 참여하고, 경우에 따라 SCM을 담당하고 SCM 솔루션을 선정하기도 한다. 요컨대 3PL이 주로 창고나 수송분야를 기본으로 특화된 서비스를 제공하는 수준인데 비해 4PL은 3PL을 기본으로 SCM의 해결, 컨설팅, 전체적인 물류네트워크 개선 등 한 차원 높은 물류서비스를 제공하는 데 그 차이점을 발견할 수 있다.

[그림 4-3] 제3자 물류와 제4자 물류

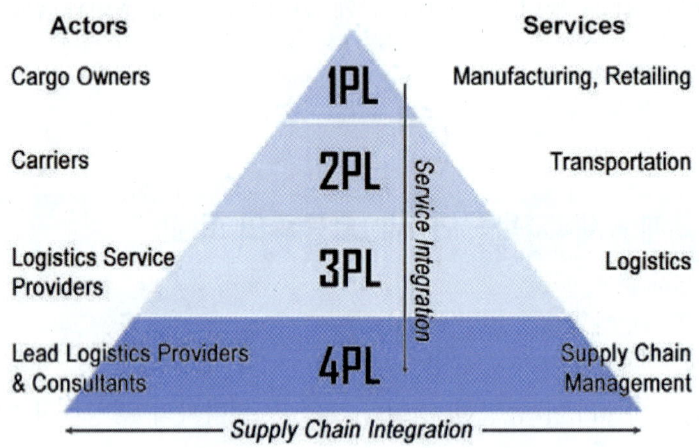

PART 3

물류관리조직과 물류비의 관리

제5장 물류관리조직

제1절 물류관리 체제

기업에 있어서 물류를 관리(매니지먼트와 컨트롤)하는 조직체제를 물류관리조직이라 하고 이로 인한 담당부서를 물류관리부문이라 한다. 물류관리조직에는 본사부문과 현장부문이 존재한다. 과거 물류라는 경영기능이 인지되기 이전에는 물류부서라는 것은 존재하지 않았다(다만, 자재부 및 포장관리실이라는 것은 존재하는 경우가 있었다). 현장부문도 물류를 독립시켜 보지 않았다. 단지 물류활동은 존재했기 때문에 그러한 활동을 물류부서가 아닌 다른 부서에서 담당해 왔다. 물류관리 담당부서는 주로 공장에서의 자재관리 및 제품관리, 또는 재고관리, 출화담당부서였으며, 지점・영업소에서의 출화담당 및 상품담당, 수주담당 등이라는 부서였다. 한편 물류관리는 공장에서는 공장장, 지점・영업소에서는 지점장・영업소장이 주로 책임을 지고 수행되어 왔으며 물류에 관한 조직은 형성되지 않았다. 그러나 물류의 중요성이 인식되기 시작하면서 독립의 부문으로서 물류부(물류관리부)라 불리는 부문이 설치되기 시작하였다. 이러한 물류부서는 지금까지 분산되어 왔던 타 부서의 물류활동을 하나로 통합한 것이다.

또한 현장에서의 관리도 유통센터 및 스톡 포인트(stock point) 등 물류독자의 시설 및 부서가 완성되자 하나의 독립된 부문이 형성되기 시작하였다. 이와 같이 본사독립조직・현장독립조직이라는 체제가 만들어지게 된다. 물류관리조직은 시대상황과 기업을 둘러싼 환경변화에 따라 발전을 거듭하여 분산형 → 집중형 → 독립부문형 → 독립채산형 → 자회사형으로 변화하고 있다.

제2절 물류조직의 종류

Ⅰ. 직능형 물류조직

직능형 물류조직([그림 5-1] 참조)은 다른 관련 조직속에 포함되어 물류기능이 미분화된 상태를 말한다. 직능형 물류조직은 하나의 체계적인 물류조직이라고 보기는 어려우며, 기존에 물류를 전담해왔던 각 부서의 몇몇 구성원이 물류업무를 담당하는 형태이다. 따라서 이러한 형태에서는 기업 전체의 관점에서 하나의 물류정책이나 전략을 수립하기가 어렵다. 또한 조직이 미숙하여 물류전문화 추진이 어렵고, 물류전문가의 육성이 힘들다는 단점이 있다.

[그림 5-1] 직능형 물류조직

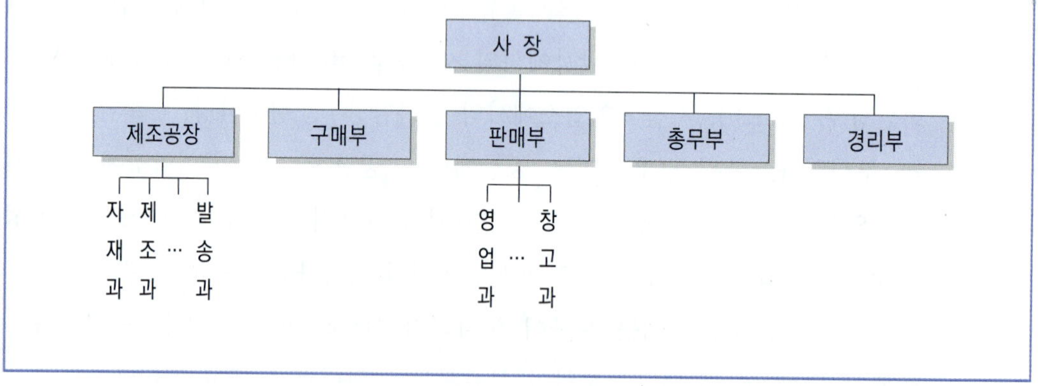

Ⅱ. 라인(line)과 스탭(staff)형 물류조직

라인과 스탭형 물류조직([그림 5-2] 참조)은 기업의 전략이나 분석과 같은 행정적인 업무를 담당하는 스탭(staff)과 수립된 전략을 바탕으로 실무적 업무를 담당하는 라인(line)의 기능이 분리된 형태의 물류조직을 말한다. 즉, 라인부문의 물류업무 실시기능과 스탭부문의 물류지원기능을 분리한 조직의 형태를 말한다. 라인과 스탭형 물류조직은 물류업무의 지원기능과 실시기능이 분리되어 있기 때문에 물류 실무분야(line)와 물류 이론분야(staff)의 조화가 어렵다는 단점이 있다. 즉, 스탭이 현장에 대한 충분한 이해 없이 탁상공론적인 계획을 수립할 가능성이 있다. 또한 라인과 스탭제도의 문제는 본사에 물류부가 있어도 현장의 물류활동은 공장 및 지점・영업소에서 이루어진 경우 공장 및 지점・영업소로의 명령계통은 본사의 생산부 및 판매부(영업부)인지 물류부인지의 문제이다. 또한 재고량의 결정 및 리드타임의 결정 등에 대해서는 물류부의 관장사항인지 생산부 및 판매부인지가 명확하지 않아 무리하게 어딘가에 소속시키려는 문제가 발생한다.

[그림 5-2] 라인과 스탭형 물류조직

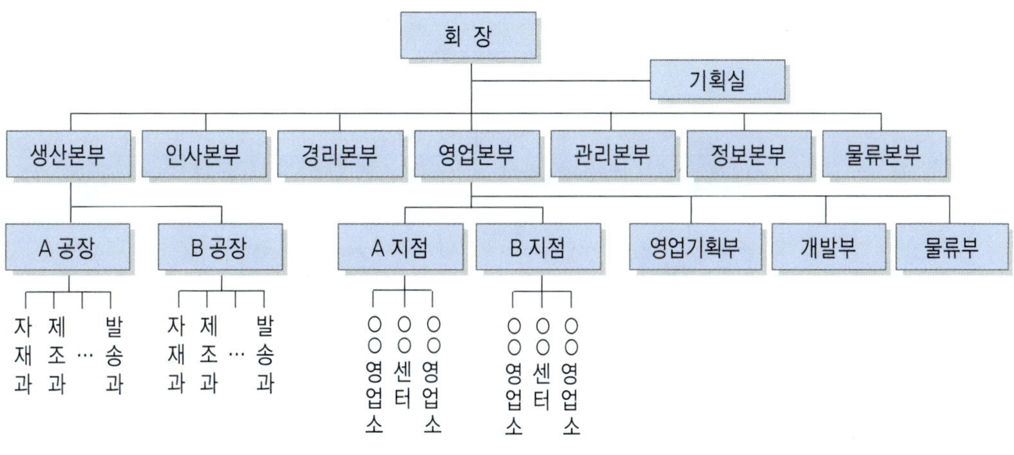

Ⅲ. 사업부형 물류조직

사업부형 물류조직([그림 5-3] 참조)은 기업의 경영활동이 커지고, 사장에 의해 회사의 모든 업무를 관리하기가 어려워진 경우 각 사업단위의 사업성을 극대화하기 위해서 생긴 조직이다.

이러한 형태의 조직에서는 각 사업부가 하나의 회사와 같이 운영되며, 그 결과에 대해 책임을 진다. 이 조직의 장점은 우수한 물류인재가 육성될 수 있다는 것이다. 그러나 사업부형 물류조직에서 자칫 인재교류가 경직화될 가능성이 존재한다. 또한 사업부의 채산성이 최우선 목표이기 때문에 R&D나 설비투자 등 전사적인 관점에서 통합성의 결여로 경영의 효율성이 저해될 수 있다는 단점이 있다.

[그림 5-3] 사업부형 물류조직

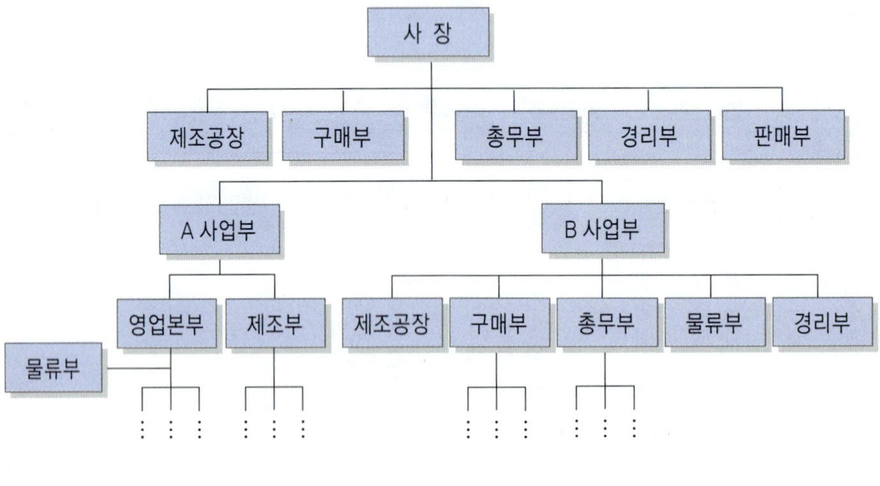

Ⅳ. 그리드형 물류조직

다국적기업에서 많이 찾아볼 수 있는 물류조직 형태이다. 즉, 모회사 물류본부의 스탭부문이 여러 자회사의 해당부문을 횡적으로 관리하고 지원하는 구조를 의미한다([그림 5-4] 참조).

이러한 형태의 물류조직은 해외 모회사 물류본부의 지시를 받아 물류활동을 수행하기 때문에, 국제적인 수준의 물류관리를 자회사에도 시행할 수 있다는 장점이 있다.

[그림 5-4] 그리드형 물류조직

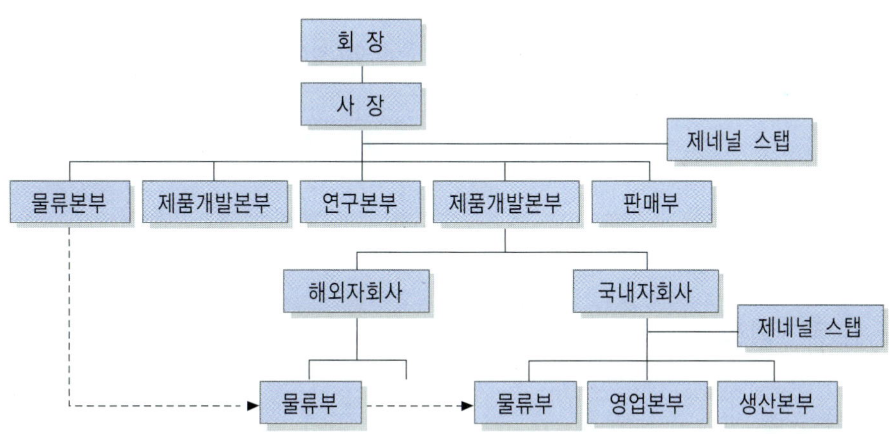

Ⅴ. 기능특성별 물류조직

원칙적으로 물류조직은 전술한 바와 같이 직능형, 라인・스탭형, 사업부형, 그리드형 이렇게 네 가지로 구분할 수 있으나, 실제로 기업 내에서의 물류조직은 이들의 혼합유형이 대부분이며, 다음과 같은 형태로 물류조직이 존재할 수 있다.

① 기능형

물류활동을 하나의 기능으로 보는 전통적인 형태의 조직형태이다([그림 5-5] 참조). 이러한 형태의 물류조직은 타 기능과 연계가 원활히 이루어지기 힘들어 물류의 최적화 달성이 때로는 불가능하다는 단점이 있다.

[그림 5-5] 기능형 물류조직

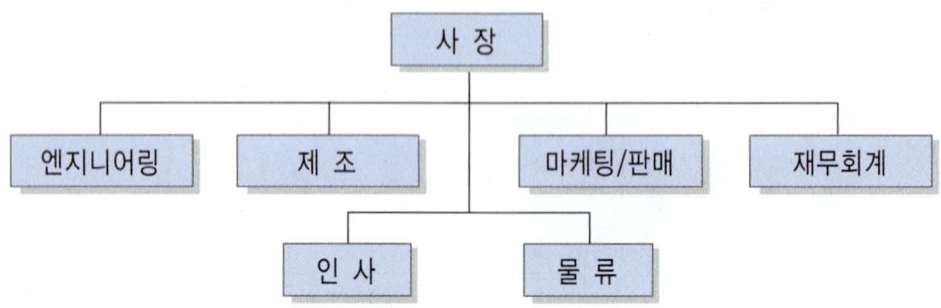

② 프로그램형

물류를 하나의 프로젝트(project)로 보고 기업 전체가 물류관련사업에 참여한다. 다른 기능을 물류에 종속시킨 형태의 물류중심적 기업형태에서 프로그램형 물류조직을 찾아볼 수 있다. 이러한 형태의 기업은 수요창출이나 생산과정과 같은 여러 경영활동들을 물류시스템의 향상을 위한 하나의 일부 기능으로 보고 있다는 데 그 특징이 있다([그림 5-6] 참조).

[그림 5-6] 프로그램형 물류조직

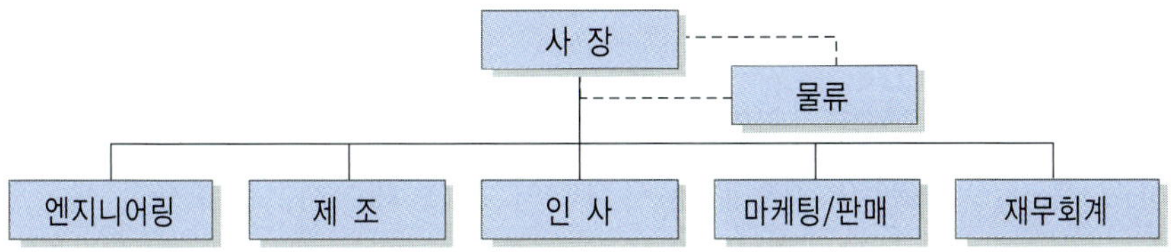

③ 매트릭스형

매트릭스조직은 기능형 조직과 프로그램형 조직의 중간형태이다([그림 5-7] 참조). 물류관련 담당자들은 자기부서에 근무하고 있다가 물류와 관련된 사안이 발생하면 T/F(task force)형태의 물류조직을 형성한다. 여기서 물류관리자는 물류 및 다른 활동영역의 관리자와 함께 여러 가지 물류 프로젝트를 수행하고, 물류 프로젝트가 마무리 되면 각자 부서로 복귀하게 된다.

[그림 5-7] 매트릭스형 물류조직

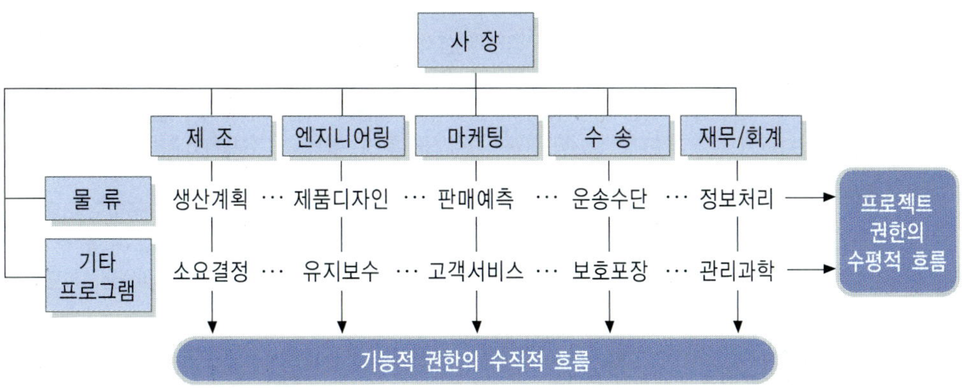

Ⅵ. 물류자회사

물류자회사란 화주기업이 자사의 물류부문의 일부 또는 전부를 이익중심점화하여 분리, 독립시킨 것으로 분사경영의 한 형태이다. 물류자회사는 업무활동영역에 따라, ① 모회사의 업무를 100% 수행하는 모회사 전속형 자회사, ② 모회사를 포함하여 그룹관련회사의 물류업무까지 확대해서 사업활동을 수행하는 그룹형 자회사, ③ 그룹사 이외의 영역까지 확대해서 물류활동을 함으로써 자회사 독자적인 수익을 창출하는 물류사업형 자회사로 구분할 수 있다. 물류자회사의 장·단점은 〈표 5-1〉과 같다.

〈표 5-1〉 물류자회사의 장·단점

구분	내 용	
장점	모회사의 입장에서의 장점	• 모회사에서 유휴인력을 자회사로 파견하여 인재 활성화 가능 • 자회사를 별개의 회사로 관리하여 노동조합과의 절충이 쉬워짐 • 물류 노동임금의 탄력성을 가짐 • 정보수집이 쉬워짐(물류정보를 담당하는 부서가 있기 때문) • 관리책임의 명확화 • 타 기업의 물류표준화, 공동화 등을 통한 물류합리화가 가능 • 물류전문가집단의 육성으로 종업원의 사기 기대 • 모회사의 지시에 자회사 경영정책의 수행이 원활
	자회사 입장에서의 장점	• 자회사 독립의 물류정책 입안과 실시가 가능 • 자회사의 경영의 테두리 안에서 설비투자 가능 • 물류활동 전반에 제약조건이 완화되고, 활동의 자유도가 많아 기업의 활성화 • 인재의 육성 및 인원배치를 독자적으로 할 수 있으므로 적재적소의 배치가 가능, 종업원의 사기 진작 • 경영책임이 커지는 동시에 명확해지므로, 평가가 객관화되고, 기업 공헌도도 명료해짐 • 자회사의 독자 시스템구축이 가능하게 되고, 실태에 적응한 시스템을 만들 수가 있음 • 모회사 이외로 업무를 확대하고, 조업도의 안정과 향상, 더욱이 규모의 이익을 실현할 수 있음 • 물류요율이 명확해지고, 객관화됨
단점	• 자회사의 채용인원이 많아질수록 모회사 통제가 어려워짐 • 모회사의 지휘·명령의 일원화의 어려움 • 모회사와 자회사 간에 의사소통이 원활하지 못함 • 자회사가 항상 종속적이기 쉽고, 독립적으로 행동하지 못함 • 반대로 자회사의 의존도가 커질 수 있음 • 모회사에서 전입된 임직원으로 자회사 직원의 사기 저하 문제 발생	

제6장

물류비의 관리

제1절 물류비의 의의 및 종류

Ⅰ. 물류비의 정의

물류비(logistics cost)란 원산지로부터 소비자까지의 조달, 사내 및 판매, 재고의 전 과정을 계획, 실행, 통제하는 데 소요되는 비용을 말한다. 물류비에는 물품의 물리적(physical) 처리비, 즉 수송비, 보관비, 포장비, 하역비, 유통가공비 등의 물품유통비와 정보처리비용인 정보유통비가 포함되어 있다. 물류는 고객의 요구에 대응하기 위해 비용효과가 가장 높은 방식으로 원재료 및 제품의 효율적인 흐름을 제공할 수 있도록 구입, 수송 및 보관 기능을 통합한다.

Ⅱ. 물류비 관리의 목적

물류활동에 대한 비용정보, 즉 어떠한 곳에 얼마만큼의 돈이 누구에 의해 사용되고 사용될 것인지에 대한 회계자료를 수집, 기록, 정리하여 사내·외의 정보이용자가 합리적인 의사결정을 하는 데 유용한 회계정보를 제공하는 데 있으며, 물류비를 산정하여 관리하는 목적은 다음과 같다.

- 물류활동을 화폐적 가치로 파악하기 위하여
- 물류관련 인건비의 파악을 위해서
- 모든 기업 활동 및 프로세스에 연관된 물류 관련 비용을 파악하기 위하여
- 물류의 중요성을 인식하고 물류활동의 문제점을 파악하기 위하여
- 제품가격의 결정을 위한 물류비정보를 입수하기 위하여
- 물류예산을 편성하고 통제하기 위하여

Ⅲ. 물류비의 분류

1 영역별 물류비

1) 조달 물류비

조달 물류비는 원자재, 부품, 제품 등을 포함한 물자의 조달처로부터 운송되어 매입자의 보관창고에 입고·관리되어 생산공정(또는 공장)에 투입되기 직전까지의 물류활동에 따른 물류비를 말한다.

2) 사내 물류비

조달보관 창고에서 원재료 등을 이동하여 생산공정에 투입되는 시점부터 생산과정 중 공정과 공정 간에 원재료나, 반제품의 운송활동, 보관활동 및 생산된 제품을 창고에 보관하기까지의 물류활동에 따른 물류비를 말하며, 포장, 수송, 하역, 분류, 보관, 재고 등 사내에서 발생한 물류비를 포함한다.

3) 판매 물류비

생산된 완제품 또는 매입한 상품을 창고에 보관하는 활동부터 그 이후의 모든 물류활동에 따른 물류비, 즉 반품물류활동과 용기회수, 파손물품비 등 물류비도 포함한다.

4) 역물류비

역(Reverse)물류비는 회수물류비, 폐기물류비, 반품물류비로 세분화한다. 회수물류비란 공용기와 포장자재 등이 회수되어 재사용 가능할 때까지의 물류비를 말한다. 폐기물류비란 제품이나 상품, 포장용 또는 수송용 용기나 자재 등을 회수하여 폐기할 때까지의 물류비를 말한다. 그리고 반품물류비란 판매한 제품·상품 또는 위탁판매한 제품·상품의 취소, 위탁의 취소 등의 물류활동에 따른 물류비를 말한다.

2 기능별 물류비

1) 수송비

수송비는 물자를 물류점검 간 및 고객에게 이동시키는 활동에 따른 물류비를 말한다. 다만, 개별기업의 물류비 계산목적에 따라 다음과 같이 세분화할 수 있다.

- **수송비** : 기업의 필요에 따라 물자를 물류거점까지 이동시키는 물류비
- **배송비** : 물자를 고객에게 배달시키는 물류비

2) 보관비

물자를 창고 등 보관시설에 보관하는 활동에서 소비되는 비용을 말한다. 이 비용은 시간에 의한 제품의 효용을 창조하는 목적에서 발생하며, 제품을 보관하는 비용뿐만 아니라, 재고물품에서 발생하는 이자비용까지 포함된다.

3) 포장비

제품의 수송·하역·보관을 위해 지출된 포장비용(물류포장비)이며 제품이 상품으로 완성되기까지 지출된 포장비용(판매포장비)은 제외된다. 여기의 포장은 최종소비자에게 인도(引渡)하기 전에 이동과 보관을 안전하고 용이하게 하는 공업 포장으로 원자재, 완제품, 폐기물 등을 수송, 하역, 보관하기 위한 물류포장비이다. 생산공정에서 발생한 포장비용은 생산원가 또는 제조원가로 분류하고 포장비에서 제외한다.

4) 하역비

물자의 수송과 보관활동에 수반되어, 동일시설 내에서 물자를 상하좌우로 이동시키는 활동에 소비된 비용을 말하며, 입하, 격납, 피킹, 분류, 출고 등과 같이 물류의 세부활동에서 발생하는 하역작업은 독자적으로 실시되는 경우가 드물기 때문에 주로 수송비나 보관비에 포함시키는 것이 보편적이다.

5) 유통관리비

물자의 유통과정에서 물류효율을 향상시키기 위하여 이를 가공하는 데 소비된 비용을 말하며, 물류활동상의 효율 증대를 위해 발생하는 비용이다. 물류과정에서 가공하는 경우는 제조원가나 유통비에 포함한다. 생선·식료품을 장기간 보관시키기 위한 냉동이나 가구류(家具類)의 운송효율화를 위한 조립비용 등이 해당된다.

6) 물류정보관리비

물류정보관리비는 물류활동 및 물류기능과 관련된 정보처리와 관리에 따른 물류비를 말한다. 다만, 개별기업의 물류비 계산목적에 따라 다음과 같이 세분화할 수 있다.

- **물류정보비** : 구매, 수송, 생산, 창고운영, 재고관리, 유통망 등 물류 프로세스를 전략적으로 관리하고 효율화하기 위하여 컴퓨터 등의 전자적 수단을 사용하여 지원하는 활동에 따른 물류비
- **물류관리비** : 물류활동 및 물류기능의 합리화와 공동화를 위하여 계획, 조정, 통제 등의 물류관리활동에 따른 물류비

③ 지급형태별 물류비

1) 자가 물류비

자사의 설비 및 인력으로 물류활동을 수행하면서 지출한 비용이다. 대부분의 기업이 자가 물류비를 계산하지 않아 물류비를 정확하게 파악하지 못하는 경우

가 많다. 따라서 자가 물류비를 조달, 생산, 판매, 반품(회수 및 폐기 포함) 등으로 구분하여 재료비, 노무비, 경비, 이자 등의 세목별로 비용을 파악해야 한다.

2) 위탁 물류비

물류활동의 일부 또는 전부를 외부의 제3자물류업체나 자회사(子會社)에게 위탁하여 지불하는 비용이다. 주로 포장, 수송 및 보관 등을 위탁하는데 지불포장비, 지불운임, 지불창고료, 입출고료, 수수료 등이 포함된다.

4 세목별 물류비

1) 재료비

재료비는 물류와 관련된 재료의 소비에 의해서 발생하는데, 주로 포장이나 수송기능에서 발생된다. 물류관련 재료의 종류는 매우 한정되어 있으며 그 구성비율도 낮다고 할 수 있는데, 재료비의 항목에는 포장 재료비, 연료비 이외에도 물류활동의 수행을 위한 소모용 공구비, 비품비 등을 포함한다.

2) 노무비

조달, 사내, 판매 등의 수송, 보관, 포장, 하역 및 관리활동에 투입한 인력에 대한 보수이다. 노무비에는 임금, 급료, 잡급 외에도 물류종사자에 대한 제 수당, 퇴직금 및 복리후생비 등이 포함되고 공장, 사업장, 지역, 고객, 제품 등 관리단위에 따라 세분한다.

3) 경비

경비는 재료비 이외에 물류활동과 관련하여 발생하는 제비용으로서, 주로 물류관리의 기능에서 발생되며, 회계 및 관리부문 등에서 사용하는 계정과목이 전부 해당된다. 재료비에는 용역비, 유지비, 특별경비 등이 있다. 주로 물류관리에서 발생하며 회계부문의 계정과목이 전부 해당된다. 용역비는 전기, 수도, 가스료 등이 있으며, 유지비는 수선비, 제세공과금, 보험료 등이 있으며, 또한 특별경비는 감가상각비 등이다.

4) 이자

시설부담이자는 물류시설에 투자되어 있는 자금에 대한 이자부담분만큼의 기회손실을 말하며, 재고부담이자는 재고자산이 존재함으로써 발생하는 재고자산의 가치에 대한 이자부담분만큼의 기회손실을 말한다. 재고부담이자는 보관비에만 포함되며, 이때 재고란 자가 및 영업창고에 보관 중인 원자재, 부품 및 제품 일체를 의미한다.

5 관리항목별 물류비

1) 조업도별 물류비

조업도별 분류에서 물류비에 관한 계획을 설정하고 통제하기 위해서는 물류비가 물류조업도에 따라 어떻게 발생하는가를 파악하는 것이 중요하다, 조업도별 물류비는 물류고정비와 물류변동비로 분류한다. 물류고정비란 물류활동의 범위 내에서 물류조업도의 증감과 관계없이 발생하거나 소비되는 비용이 일정한 물류비를 의미하며, 물류변동비란 물류활동의 범위 내에서 물류조업도의 증감에 따라 발생하거나 소비되는 비용이 비례하여 변화되는 물류비를 말한다.

2) 기타 물류비

지역별 물류비는 물류비가 발생하는 지역별 조직단위의 비용을 의미하며, 고객별 물류비는 물류활동을 위탁할 경우 그 수행업체에 대한 발생비용을 의미한다. 활동별 물류비는 물류활동의 대상인 원재료, 부품, 제품 등에서 발생하는 비용을 의미한다.

〈표 6-1〉 물류비 분류체계

과목	영역별	기능별	지급형태별	세목별	조업도별
비목	조달 물류비 사내 물류비 판매 물류비 (반품, 회수, 폐기)	수송비 보관비 포장비 하역비 (유통가공비 포함) 물류정보관리비	자가 물류비 위탁 물류비 (2PL, 3PL)	재료비 노무비 경비 이자	고정물류비 변동물류비

제2절 물류원가 관리

Ⅰ. 물류원가 관리의 의의와 목적

물류원가란 물류활동(포장, 수송, 보관, 하역 및 정보 등)에 소요된 직접 또는 간접비용을 통틀어 말한다. 직접비용은 자사 내에 물류활동에 소비되는 자가 물류비와 물류활동의 일부를 사외업자에게 위탁하여 그 대가로 지불하는 위탁 물류비로 구분한다. 간접비용은 처음에는 거래선 기업이 지불 또는 소비하지만, 실질적으로는 특정의 제조업자가 부담하는 것을 말한다.

물류원가 계산의 목적은 물류관리의 효율화 내지 합리화를 추구하는 데 있다. 물류비 소요규모의 크기와 사내 물류의 중요성을 이해시키며, 물류활동에 있어서 문제점을 파악하는 데 있다. 또한 물류활동의 계획과 통제, 업적을 평가하는 데 정보를 제공하고, 물류활동의 불합리성을 찾아 생산과 판매의 원활화에 기여하는 데 그 목적이 있다. 물류원가는 중점물류관리의 대상을 선정하고, 그 중점관리대상별로 물류비를 파악하여 다양한 정보를 제공하고, 물류활동의 기본방향을 수립하는 데 필요한 기초자료를 제공해 주는 부분으로서 그 목적은 다음과 같이 정리된다.

- 물류관리를 위한 물류비의 세무분석
- 물류활동의 규모 파악
- 예산편성 및 채산분석의 정보 제공
- 물류활동의 문제점 파악
- 물류활동의 계획과 통제, 업적평가의 정보제공
- 원가관리에 필요한 원가자료의 제공

Ⅱ. 물류원가 계산방법

1 관리회계방식

관리회계방식 물류비산출이란, 물류관계의 목표를 효과적으로 달성하기 위한 활동에 관여하는 인재, 자금, 시설 등의 계획 및 통제에 도움이 되는 회계정보의 작성을 목적으로 한다. 이 경우 기능별·적용별 업무평가나 계획입안이 가능한 것이 기본으로 되어 있다. 관리회계방식의 물류비 산출방식은 물류활동의 관리와 의사결정에 필요한 회계정보를 입수하는 것으로부터 물류활동을 관리목적에 따라 기능별로 나눠 각각의 기능영역에 있어서 발생한 비용을 집계해 나가는 방식인데 이와 같은 기능별·적용별로 발생한 비용의 회계를 물류비라 하는 것이다.

관리회계 산출방식의 장점은 기능별로 발생한 비용을 집계하기 위해 업무마다 비용을 파악할 수 있으므로, 예산대비의 차이가 회계상의 내용과는 관계없이 명확하게 된다는 것이다. 이 때문에 관리통제가 유효하게 행해질 수 있으며 물류활동의 개선안과 개선항목을 보다 명확하게 파악할 수 있다. 반면, 단점은 확실히 기능별로 자세히 기록되어 있지만, 기록하는 것 자체에 복잡함이 수반되면 현실적으로 행하기에는 상당한 사무적인 절차가 필요하게 된다는 점이다.

2 재무회계방식

재무회계방식은 기업활동의 손익과 재무상태를 정적으로 명확하게, 회계제도 속에서 물류활동에 소비된 비용을 추출하여 물적 유통비의 기간결과를 파악하는 것이다. 재무회계의 산출방식은 형태별 비목 중에 물류활동에 소비된 비용이 혼입되어 계산되고 있기 때문에, 이것을 비목마다 배부기준을 근거로 하여 산정한다. 각각의 형태별 비용항목의 물류부분을 집계해서 물류비의 해당 회계기간의 총액으로 한다.

현재 많은 기업에서 행해지고 있는 회계제도인 재무회계의 장점은 물류비의 기능별 파악은 할 수 없더라도 분류항목에 따라서 비용을 파악할 수 있다는 것이다. 때문에 새롭게 물류비 계산절차를 만드는 어려움이 없고 당장 필요한 물류비 파악이 가능하다. 반면에 단점은 관리회계에 의한 물류비의 파악과 같이 기능별로 자세히 기록되지 않은 데서 구체적인 업무의 평가와 개선목표가 세워지기 힘들다는 것이다. 따라서 재무회계방식은 별도의 물류원가계산의 제도 확립이 필요하지 않기 때문에 물류관리의 초기단계에 있는 기업이라든가 물류원가계산시스템이 확립되어 있지 않은 기업 등에서 적용할 경우에 유용하다.

〈표 6-2〉 물류비 계산방식 및 특성비교

항목/방식	관리회계방식(일반기준/일반모델)	재무회계방식(간이기준/간이모델)
기본관점	-물류활동에 투입되는 인력, 자금, 시설 등의 계획 및 통제에 유용한 회계정보의 작성 -기능별, 관리목적별 업적평가 및 계획수립	-기업활동이 손익상태(손익계산서)와 재무상태(대차대조표)를 중심으로 물류활동에 소비된 비목을 대상으로 1회계기간의 물류비 총액추정
계산방식	-물류활동의 관리 및 의사결정에 필요한 회계정보의 입수를 위해 영역별, 기능별, 관리목적별로 구분하여 발생비용 집계	-재무회계의 발생형태별 비용항목 중 물류활동에 지출된 비용을 항목별 배분기준을 근거로 해당 회계기간 물류비 추산
장점	-영역별, 기능별, 관리목적별 물류비의 계산이 필요한 시기, 장소에 따라 실시 가능 -물류활동의 개선안과 개선항목을 보다 명확하게 파악가능	-개략적인 물류비 총액계산에 있어 별도의 물류비 분류, 계산절차 등 불필요 -전담조직이나 전문지식이 미흡해도 계산가능
단점	-상세한 물류비 분류 및 계산을 위한 사무절차와 작업량이 복잡하고 많음 -정보시스템 구축이 전제조건	-상세한 물류비의 파악이 곤란하기 때문에 구체적인 업무평가나 목표달성의 측정한계

Ⅲ. 물류원가 계산절차

1 제1단계 : 물류원가계산 목표의 명시

물류비관리 목표에 따라 물류원가계산 목표를 명확히 명시하고 목표에 따른 원가계산 대상을 결정한다. 물류비 계산범위의 설정은 기업에서 물류비 규모를 결정하는 매우 중요한 사항으로 어디까지 물류비를 계산하면 되는가를 결정하는 것이다. 물류비 계산범위는 물류부문에서 갖고 있는 업무상의 책임과 권한에 따라 다를 수가 있기 때문에 부문 간 또는 활동 간에 중복 또는 분리되어 있는 물류비 관련 영역을 기업 내의 물류특성이나 회계특성에 의해 적절하게 조절해야 한다.

2 제2단계 : 물류비 자료의 식별과 입수

물류활동에 따른 기본적인 원가자료를 원가계산 대상별로 수집한다. 이때 자료는 주로 발생형태별 물류비이다. 물류비 관련 물량자료로서 물류부문에서 발생하는 업무자료의 종류는 다음과 같다.

- **수송관련** : 영역별/제품별/지역별/수송거리, 수송량(ton/km)
- **보관관련** : 센터별/지역별/제품별 보관수량(개, 일, m2), 입출고횟수 등
- **하역관련** : 물류인원의 영역별/기능별/제품별 등의 작업시간, 하차수량
- **포장관련** : 센터별/지역별/제품별 포장수량(개/m2)

3 제3단계 : 물류비 배분기준의 선정

원가계산 대상별 물류비를 산정하기 위해 발생형태별 물류비의 배부기준과 방법을 선정한다. 따라서 물류비를 직접비와 간접비로 구분하여 직접비는 원가계

산 대상별 일정액을 부과하고, 간접비는 기업의 물류특성이나 물류관련 자료입수가능성에 따라 배분방법과 기준을 선정해야 한다.

4 제4단계 : 원가계산 대상별 물류비의 배부와 집계

발생형태별 물류비 중 직접비는 일정액을 원가계산 대상에 부과하고, 간접비는 선정된 배부방법과 기준에 따라 일정액을 배부, 집계한다. 이때 물류비를 영역별, 기능별, 관리목적별로 집계할 수 있다.

5 제5단계 : 물류원가계산의 보고

물류비 계산 보고서를 원가계산 대상별로 작성하고 또한 영역별, 기능별, 관리목적별 그리고 기간별로 물류자료를 구분하여 보고서를 작성한다.

Ⅳ. 물류채산성 분석

1 물류채산성 분석의 의의

물류채산성 분석은 현재 실시하고 있는 물류관리 시스템에 대한 구조적 문제점 또는 업무집행상의 문제와 관련해서 제시된 개선안에 대한 채산성 여부 또는 수익성의 여부를 파악하기 위해 실시하는 분석이다. 이와 같은 채산성 분석을 이용하면 물류비 절감은 물론 물류 효율성을 측정할 수 있다. 구체적으로 단기 채산성 분석은 물류 부문을 중심으로 현행 물류업무의 효율성이나 물류비 절감 효과를 측정할 수 있으며, 채산성 분석은 기업의 물류전략이나 재무정책과 관련하여 투자효율성을 측정할 수 있도록 하여 합리적인 의사결정을 유도할 수 있다. 이러한 채산성 분석은 계산목적, 분석대상, 분석시기와 기간, 분석방식 등에서 물류원가계산과는 그 내용에 상당한 차이점이 있다.

② 물류채산성 분석방법

물류채산성 분석방법에는 비용 트레이드오프(Cost Trade-off) 분석과 총비용접근법(Total Cost Approach) 등이 있다. 비용 트레이드오프 분석은 물류업무의 추진에 있어서 이율배반적인 관계가 발생하는 경우로서 원가비교를 중심으로 분석하는 방법이다. 이는 하나의 목적달성을 위해서 공통된 자원이 경합을 하는 관계로 인하여 한쪽이 유리하면 한쪽이 희생하는 관계에 의한 원가분석이다.

물류활동에서는 총물류비를 생각할 필요가 있는데 이 경우 트레이드오프 관계를 고려해야 한다. 트레이드오프란 한 부문의 높은 비용이 다른 부문의 낮은 비용 및 이익 증대에 의해 상쇄되는 활동관계 간의 상호작용이다. 트레이드오프의 사고방식에 의한 물류합리화는 물류활동에서 인터페이스하고 있는 활동 상호 간, 나아가 기업활동과 외부요인과의 관련에서 총비용접근에 의해 총물류비의 절감을 도모하는 것, 즉 종합적 최적화를 고려하는 것이다.

물류활동에는 다음과 같은 트레이드오프가 존재한다.

① 물류서비스와 물류비용의 트레이드오프
② 물류서비스를 구성하는 각 개별기능 간(수송, 보관, 하역, 포장, 유통가공, 정보)의 트레이드오프
③ 물류비용을 구성하는 각 개별비용 간의 트레이드오프
④ 각 개별 기능과 각 개별비용 간의 트레이드오프

[그림 6-1]은 트레이드오프 모델을 단순화한 것이다. 총비용 접근법은 물류담당자에게 있어서 작업비의 감소, 시스템의 단순화, 재고비의 감소, 포장의 개량, 최적처리 등을 중심과제로 하고 있다. 담당자로서는 어떤 공급활동의 비용 증가를 다른 활동의 비용감소로 상쇄하지 않으면 안 된다.

[그림 6-1] 수송비 · 재고비 · 발주처리비의 트레이드오프

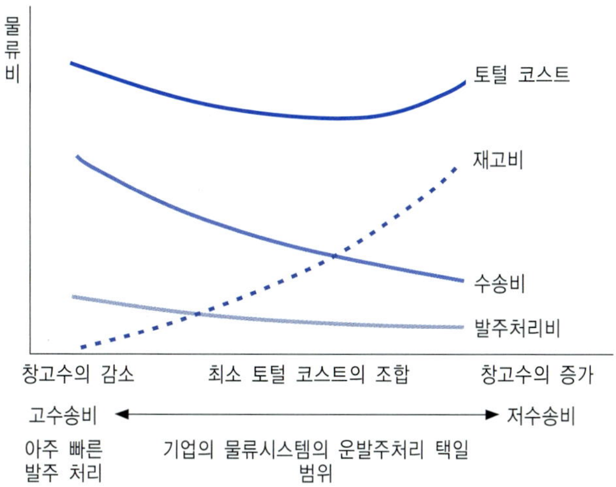

총비용 접근법은 물류개선에 관해서 요구되는 모든 물류비 중에 각 비용의 부분적인 절감이 아닌 총액을 어떻게 절감할 것인가를 목적으로 하여 종합적으로 분석하는 방법이다. 비용트레이드오프 분석이 물류비의 부분적인 관점에서 절감을 꾀한다면 총비용 접근법은 전체적인 관점에서 물류비의 절감을 꾀하는 방법이라 할 수 있다. 총비용 관점에서 채산성 분석을 실시하기 위해서는 반드시 대체안별로 상세한 원가정보를 입수하여야 하기 때문에 노력과 비용이 많이 든다고 할 수 있다. 따라서 총비용 접근법에 의한 물류채산성 분석 시 원가의 비교와 분석 과정에 있어서 비용 트레이드오프 분석을 부분적으로 도입하여 상호 보완적으로 실시하여야 한다.

PART

4

물류시스템관리

제7장 화물수송

제1절 화물수송의 개요

Ⅰ. 화물수송의 정의

화물수송(cargo transportation)이란 물품을 자동차, 철도, 선박, 항공기, 기타의 수송수단을 이용하여 어느 한 장소에서 다른 장소로 이동시켜 그 재화가 가진 효용을 높이는 물리적 행위를 말한다. 이러한 맥락에서 국제화물수송(international cargo transportation)은 "물품을 국제수송수단을 이용하여 생산완료 시점에서 외국에 있는 소비자에게로 이동시켜 그 상품의 경제적 효용가치를 높이는 활동"이라고 정의를 내릴 수 있겠다. 그러나 화물수송의 개념을 설명할 때 다음과 같은 사항을 염두에 두어야 한다.

첫째, 물품을 이동시키는 행위에는 경제적 대가가 발생해야 한다는 것이다. 즉 경제적 가치를 지니지 않는 무상운송행위는 화물수송의 범위에 포함되지 못하며, 상행위를 전제로 한 유상수송행위만이 화물수송의 대상이 되는 것이다.

둘째, 정보와 같은 무형재는 화물수송의 대상이 될 수 없으며, 유형재만이 화물수송의 대상이 될 수 있다.

셋째, 수송 중에 발생할 수 있는 재화의 물리적 또는 화학적 성질변화는 수송의 본질적 행위에 포함되지 않는다. 만일 수송 중에 상품의 변질이 발생했다면, 이것은 수송의 결과라고 볼 수 없는 것이다.

위와 같이 정의되는 화물수송은 교통, 운수, 운반, 운송, 배송, 통운 등의 용어들과 함께 동일한 의미 혹은 유사한 용어로 사용되고 있는데, 엄격히 이 용어들은 수송방식, 수송거리, 사업제도 등과 같은 수송의 조건에 따라 의미하는 바가 조금씩 다르다.

수송(transport, transportation)(주로 경제적인 의미에서의 용어, 예 복합수송(Multimodal Transport), 해상수송(Sea Transport) 등)은 화물의 이동을 물적 유통과정에서 원료, 부품, 반제품, 완제품 등의 이동을 서비스의 공급측면에서 해석한 개념이라고 할 수 있으며, 교통은 재화의 이동을 현상적으로 파악한 개념이라고 할 수 있다. 그리고 운수(행정적인 의미에서의 용어)[1]는 여객 및 화물을 주로 철도, 자동차, 선박, 항공기로 이동시키는 것으로 주로 관청 등에서 운수행정을 위한 행정용어로 사용되고 있으며, 운반(일반적으로 작은 것을 옮기는 것, 예 자갈운반차, 모레운반차 등)이란 화물을 날라서 옮기는 것으로써 창고나 공장에서와 같이 제한된 공간 내에서 물건을 이동시키는 행위를 지칭한다.

또한 운송(carriage)(주로 법률적인 의미에서의 용어, 예 해상물건운송법(Carriage of Goods by Sea Act))은 도시와 도시, 지역과 지역, 물류거점과 물류거점, 공장과 물류배송센터 간의 간선(trunk, main line)운송을 의미하며, 배송이란 거래가 성립한 후에 배송센터에서 고객이 지정한 장소까지 물건을 배달하는 행위를 말한다. 마지막으로 통운은 철도수송이나 선박수송과 같은 대(大)수송에 상대되는 소화물 소(小)수송에 주로 사용되고 있으며, 이는 수송의 계속성과 완결성에 초점을 둔 개념이라고 할 수 있다.

Ⅱ. 화물수송의 기능

물적 유통에서 화물운송은 재화의 '장소적 효용'(place utility)을 창출한다. 즉,

1) 운수업(運輸業)은 운송업과 운송관련 서비스업을 포괄하는 개념이다. 한국표준산업분류에 따르면, '운수업'이란 각종 수송시설에 의한 여객 및 화물 운송업, 창고업 및 기타 수송관련 서비스업을 수행하는 사업활동이라고 정의하고 있다. '운송업'을 노선 또는 정기수송여부를 불문하고 철도, 도로, 파이프라인, 해상 및 항공 등으로 여객 및 화물을 수송하는 산업활동이라고 정의하고 있으며, '운송관련 서비스업'을 여객 및 화물운송업을 지원, 보조하는 화물취급업, 창고업, 여행알선업, 터미널시설운영업, 화물운송주선업 및 기타 수송관련 서비스업을 수행하는 산업활동이라고 정의하고 있다.

상품이 생산된 장소와 그것을 필요로 하는 장소 간에는 언제나 거리가 존재하며, 이러한 장소의 격차를 조정하기 위해 상품의 장소적 이동을 담당하는 기능이 수송이다. 만약 한 장소에 있는 재화가 다른 지역에 있는 실수요자에게 이동되지 않는다면 그 재화는 아무런 가치나 효용을 갖지 못한다. 장소적 효용과 더불어 그 재화를 얼마나 신속하게 실수요자에게 가져다 주느냐에 따라 수송은 '시간적 효용'(time utility)도 동시에 창출한다. 예컨대 수송의 지연으로 인해 어떤 제품을 소비자에게 적기에 판매할 수 없다면 그 제품은 판매감소, 소비자 불만의 증대 등으로 제품의 가치나 효용의 감소를 감수하지 않을 수 없을 것이다. 다시 말해 제품의 신속한 수송은 제품의 장소적 가치 및 효용의 감소를 방지함으로써 시간적인 효용과 가치를 새롭게 창출한다고 볼 수 있다.

이처럼 화물수송활동은 시간적·장소적인 가치와 효용의 창출을 통하여 기업의 의사결정에서 중요한 역할을 담당한다. 기업의 의사결정에 있어서 다음과 같은 사항이 수송에 의해 영향을 받는다.

첫째, 수송은 기업의 생산결정(production decision)과정에 영향을 미친다. 유형의 재화를 생산하는 기업에 있어서 수송은 생산에 지대한 영향을 주기 때문에, 기업은 모든 생산결정에 있어서 생산물의 물리적인 특성, 수송비용, 수송수단의 이용가능성 및 수송의 적합성 등을 포함한 수송가능성(transportability)을 고려한다.

둘째, 수송은 기업의 시장영역의 결정(market area decision)과정에 영향을 미친다. 생산결정은 생산품의 판매시장의 선택과 밀접한 관련을 갖는다고 볼 수 있는데, 이 경우 판매시장의 선택영역은 수송수단의 이용가능성, 수송적합성, 수송비용 및 생산물 자체의 물리적 특성 등에 의해 좌우된다.

셋째, 수송은 기업의 구매결정(purchasing decision)과정에 영향을 미친다. 무엇을 구매할 것인가는 제조업자, 도매업자, 소매업자, 서비스업자 등 기업의 형태를 불문하고 운송요인에 의해 크게 좌우된다고 볼 수 있다. 여기서 구매상품은 원료, 조달품 또는 재판매를 위한 완제품의 구매를 포함한다고 할 수 있다. 무엇을, 어디에서, 언제, 구매할 것인가의 결정은 수송수단의 이용가능성, 수송비용 및 재화의 수송특성에 의해 좌우된다.

넷째, 수송은 기업의 입지결정(location decision)과정에 영향을 미친다. 공장,

창고, 사무실 및 기타 시설물 등의 입지선정은 여러 가지 요인에 의해서 영향을 받을 수 있겠지만, 특히 수송수단의 이용가능성, 수송의 적합성 및 수송비용은 기업시설물의 입지 결정에 큰 영향을 미친다고 할 수 있다.

마지막으로, 수송은 기업의 가격결정(pricing decision)과정에 영향을 미친다. 수송은 비용요소이므로 원가주의에 입각한 가격정책을 추구하는 기업은 가격결정에서 수송비용을 감안하지 않을 수 없다.

Ⅲ. 화물수송의 구성요소

화물수송은 Link, Mode, Node 3요소로 구성되어 있다. Link란 물류에 있어서 운송경로를 말하며 철도, 도로, 수로, 공로 등의 총칭이라고 할 수 있다. Mode란 수송수단을 말하며 화물수송에 사용되는 트럭, 열차, 선박, 항공기 등을 지칭한다. Node란 Link와 Link의 연결점을 말한다. 즉, 전 구간의 화물수송을 위한 수송수단 상호 간의 중계 및 운송화물의 환적사업 등이 이루어지는 장소를 말한다([그림 7-1] 참조). 화물역, 항만, 공항 등이 이에 해당한다.

[그림 7-1] Node와 Link

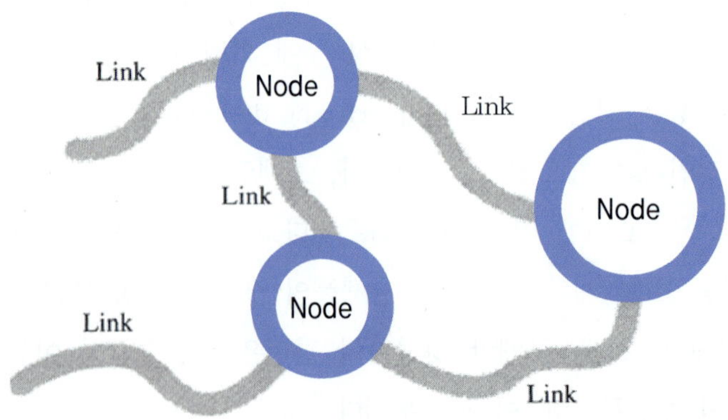

Ⅳ. 화물수송의 형태

화물수송의 형태는 화물의 단위화, 수송목적, 고객 접근성, 수송수단에 따라 여러 가지 형태로 구분할 수 있다.

첫째, 화물수송은 화물의 단위화 여부에 따라 정형수송과 비정형수송으로 구분지을 수 있다. 정형수송이란 팰릿이나 컨테이너와 같이 단위(unit)화 할 수 있는 표준화된 물품을 모아서 수송하는 형태를 말하며, 비정형수송이란 광물, 곡류, 목재, 비료, 시멘트, 유류·가스 등과 같은 운송화물로써 부피가 크고 포장되지 않은 상태의 벌크화물(bulk cargo)을 특수한 시설과 구조를 갖춘 수단으로 수송하는 형태를 말한다.

둘째, 수송목적에 따라 수송을 자가수송(private transport)과 공공수송(public transport)으로 나눌 수 있다. 자가수송이란 자기의 화물을 자기가 소유한 수송수단에 화물을 적재하여 직접 수송하는 형태를 말하며, 이러한 수송행위를 이행하는 사람을 자가수송인 혹은 개별수송인(private carrier)이라 한다. 공공수송은 타가수송 혹은 영업용 수송이라고도 하며, 수송수단을 보유한 수송업자(public or common carrier)가 운임이라는 대가를 받고 불특정 다수의 화주들에게 수송서비스를 제공하는 수송형태를 말한다. 수송수요자는 공공수송을 통해서 직접 수송수단을 보유하지 않고도 양질의 수송서비스를 이용할 수 있다. 따라서 수송수요자는 수송수단의 구입에 따른 비용부담에서 벗어날 수 있을 뿐만 아니라 물동량의 변동에도 탄력적으로 대응할 수 있다.

셋째, 고객접근 정도에 따라 간선수송, 집배수송, 노선수송으로 나뉜다. 간선(trunk)수송이란 고객과 직접 마주치지 않고 항만과 항만, 공장과 물류센터, 물류센터와 물류센터 간의 결절점(node)을 통해 이뤄지는 수송을 말한다. 다시 말해 출발지의 터미널이나 수송거점에서 집화된 화물을 대형화하여 대형수송수단을 이용해 목적지에 위치해 있는 터미널, 역, 항만 등 거점 간의 장거리 수송형태를 간선수송이라고 할 수 있다.

집배수송은 발화주에서 터미널, 철도역, 항만 등과 같은 화물의 집결지에서 화물을 수집한 후 집결지에서 착화주까지 배송되는 수송형태를 합친 것을 말한다.

노선수송이란 정해진 노선을 따라서 화물을 집화하거나 수송하는 형태로서, 다수의 발화주의 장소를 순회하면서 터미널이나 집화장 등으로 수송하는 형태의 정기화물수송을 말한다.

마지막으로, 수송수단의 혼합여부에 따라 단독 수송과 통수송(through transport)으로 대별할 수 있다. 단독수송이란 전 수송과정에서 하나의 수송수단을 이용하여 화물의 흐름에 멈춤이 없이 지속적으로 이루어지도록 하는 수송을 말한다. 여기서 단독수송을 다시 수송수단에 따라 트럭수송, 철도수송, 항공수송, 해상수송, 파이프라인수송으로 나눌 수 있는데, 트럭수송(road transport)은 화물자동차 및 트레일러에 수송하고자 하는 화물을 적재한 후 도로망을 이용하여 수송하는 방식으로, 소량화물의 단거리수송에 적합한 수송형태이며 공로수송이라고도 한다.

철도 수송(rail transport)은 철도화차에 화물을 적재 한 후 철로를 통해 화물을 수송하는 방식으로, 대량의 화물을 중장거리로 수송하는 데 적합한 수송형태이다.

항공수송(air transport)은 화물전용기나 화물겸용기의 항복(plane's space)에 화물을 적재하여 항공로를 통해 물품을 수송하는 방식으로, 소량 및 경량화물의 장거리 수송에 적합한 수송형태이다.

해상수송(maritime transport)은 선박에 화물을 적재하여 해상의 항로를 통해 물품을 수송하는 방식으로, 대량의 화물을 중장거리로 수송하는 데 적합한 수송형태이다. 해상수송은 다시 수송거리 및 범위에 따라 원양수송(ocean transport), 근해수송(short sea transport), 연안수송(coastal transport)으로 구분하기도 한다.

파이프라인(pipeline)을 통한 수송은 유류나 가스 등을 수송할 때 이용되는 수송방식으로, 선박이 다니지 못하는 내륙지역에 천연가스(Pipe Natural Gas : PNG)를 운반하는 데 자주 사용되고 있다.[2)]

한편 통수송(through transport)이란 두 가지 이상의 수송수단을 결합하여 이용하는 형태를 말한다. 통수송은 수송수단의 혼합여부에 따라 단순통수송(unimodal

2) 물체의 상태 중 가장 부피가 큰 것이 기체이기 때문에 천연가스를 채굴해서 그 상태로 수송하게 되면, 수송량이 너무 적고 수송비 또한 많이 소요된다. 이런 이유로 부피를 줄이기 위해서 -162도 이하 온도로 액화시킨 채로 수송하게 되는데, 이렇게 액화된 가스를 액화천연가스(Liquefied Natural Gas : LNG)라고 한다. 해상수송에서는 액화천연가스를 LNG선을 통해 운반한다.

transport)과 복합수송(multimodal transport)[3]으로 나눌 수 있다. 단순통수송은 같은 종류의 수송수단이 결합된 형태의 수송을 말하며, 복합수송은 서로 다른 수송수단이 결합된 수송방식으로, 주로 생산자의 공장에서 소비자의 문전까지(door to door service) 수송하는 형태이다([그림 7-2] 참조).

[그림 7-2] 화물수송의 형태

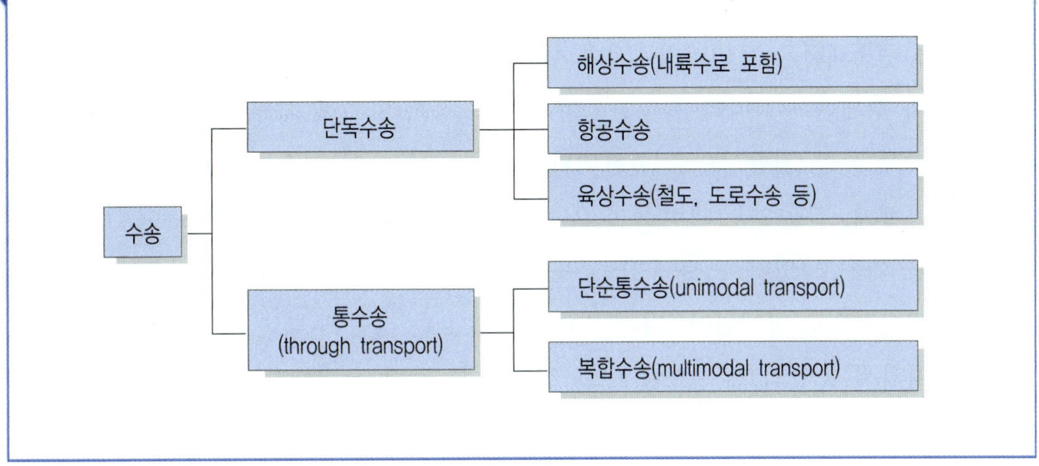

Ⅴ. 화물수송 서비스의 특성

1 화물수송 서비스 수요의 특성

수송서비스 수요의 특징은 다음과 같다.

첫째, 화물수송 서비스 수요의 특징은 그 수요가 이질적 개별수요(disaggregate demand)로 구성되어 있다는 것이다. 일반적으로 수송수요는 화물의 수량, 수송경로, 수송시기, 수송수단 등으로 구성되어 있다고 할 수 있다. 그런데 이러한 수송수요(예컨대 화물량, 목적지, 수송시기, 수송경로, 수송수단)는 화주별로 서로 동

3) 복합수송을 유럽지역에서는 'multimodal transport'라고 하지만, 미국에서는 'intermodal transport'로 통용된다.

일하지 않고 상이하다. 다시 말해 화주마다 수송할 화물량은 천차만별이고, 수송방법, 적재시기, 수송기기, 화물량 또한 화주마다 서로 다르다. 이와 같이 화물수송 서비스의 수요는 무수하게 많은 이질적인 개별수요로 구성되어 있다는 특징을 가지고 있다.

둘째, 화물수송 서비스 수요의 특징은 그 수요가 법칙성을 갖는 집합수요(aggregate demand)라는 데 있다. 비록 화주에 대한 수송수요가 각각 개별적이긴 하지만, 그것이 모두 합쳐져서 집합을 이루면서 어느 정도의 규칙성을 가진 수송수요패턴을 보인다. 예컨대 석탄 · 석유의 수요가 겨울철에 급증한다거나, 세계 경제변화에 따라 특정상품의 수요가 증가해 그에 따른 수송수요도 어떠한 법칙에 따라 집합적으로 변화되기도 한다.

셋째, 화물수송 서비스 수요는 그 수요가 파생수요(derived demand)라는 특징을 가지고 있다. 수송수요는 독립적으로 발생하는 것이 아니라 생산과 소비에 종속적으로 발생한다. 다시 말해 수송수요는 상품에 대한 일차적, 본원적 수요에 따라서 발생되고, 수요량 또한 결정된다. 가령 국제상거래에 있어서 무역이 1차 수요라면, 국제수송은 무역에 의해 발생되는 2차 수요라고 할 수 있다. 이렇게 수송서비스에 대한 수요가 1차 수요로부터 파생되기 때문에, 수송수요를 2차적 수요 혹은 파생수요라고 한다.

넷째, 화물수송 서비스 수요는 종합수요(combined demand)라는 특징이 있다. 수송수단(선박, 항공기, 트럭, 기차, 파이프라인)의 활용만으로 수송공급자는 화주의 수송수요를 충족시킬 수 없다. 수송 수요자를 만족시키기 위해서는 Node와 Link는 물론, 보관, 하역, 포장, 정보 등의 여러 가지 물류활동이 종합적으로 작용되어야 한다. 이렇게 모든 수송의 제반요소가 결합되어야 수송수요가 충족될 수 있는 것이다.

② 화물수송 서비스 공급의 특성

수송서비스 공급의 특징은 다음과 같다.

첫째, 화물수송 서비스 공급의 특징은 그 공급이 즉시재(instantaneous product)

라는 특성이 있다. 타산업의 경우 생산과 공급이 주로 분리되어 있다고 할 수 있다. 어떤 상품을 생산하기 위해서는 일정 자본을 투입해서 생산시설을 설립해야만 하고, 그리고 그 다음에 생산시설을 가동시켜야만 상품이라는 유형재가 생산되는 것이다. 그런데 수송서비스 상품의 경우는 그 생산과 공급이 하나로 묶여 있다. 수송수단이 이동되는 과정에서 계속적으로 수송서비스 상품이 동시에 생산, 공급, 소비된다. 이와 같이 화물수송 서비스는 그 생산, 공급, 소비가 동시에 발생되는 이유로 수송상품을 동시재(simultaneous product)라고 부르기도 한다.

둘째, 화물수송 서비스 공급의 특성은 그 공급이 공(空)수송(unusable capacity)이라는 특징이 있다. 유형재의 경우 수요에 비해 공급이 지나치게 많을 경우 생산의 조절을 통해 수급을 조정할 수 있다. 또한 과잉생산된 상품은 보관이나 저장을 통해 공급량과 수요량의 차이를 줄여 나갈 수 있다. 하지만 즉시재이자 동시재의 성격을 지닌 수송상품은 근본적으로 보관 및 이동이 불가능하다. 이러한 이유로 수송서비스 상품의 공급수단에는 때때로 사용되지 않은 빈공간이 자주 발생하게 된다. 예컨대 운항스케줄을 맞추기 위해 여객기가 좌석이 비어있는 채로 기항하거나, 선박에 화물을 다 채우지 않고도 출항하는 경우를 흔히 볼 수 있다. 이와 같이 사용할 수 없는 빈공간을 부적(공적)공간(dead space)이라고 하며, 이러한 부적공간이 많으면 많을수록 값비싼 수송상품의 낭비는 커지게 된다.

셋째, 화물수송 서비스 공급은 결합생산(joint production)이라는 생산양식을 취한다. 결합생산이란 두 가지 이상의 생산물이 동일한 생산기술과 생산요소에 의해 생산되는 것을 말하는데(예컨대 쇠고기를 얻기 위해 소를 키우면 쇠가죽을 부수적으로 얻게 되는 경우) 이러한 생산양식이 곧 결합생산이 되는 것이다. 수송상품 생산의 경우도 하나의 생산활동으로 부수적인 생산물(by-product)을 동시에 생산하는 결합생산방식을 취하고 있다. 예컨대 마산에 위치해 있는 한 수송회사가 서울의 어느 목적지까지 수송계약을 체결하였을 때, 마산에서 서울까지의 왕(往)수송이 주상품(main product)이 되며 서울에서 창원까지의 돌아오는 복(復)수송은 일종의 부상품(by-product)이 되어 왕복수송이라는 하나의 결합생산물(joint products)을 이루게 되는 것이다.

넷째, 화물수송 서비스 공급은 복합생산(multiple composite production)이라는 특징을 지닌다. 수송상품의 공급자는 하나의 생산설비로 여러 가지 종류의 생산물을 생산하는데, 이와 같은 생산형태를 복합생산이라고 한다. 해상수송의 경우, 한척의 선박에 여러 가지 다양한 물건을 혼재하고 다양한 목적지를 향해 한꺼번에 수송함으로써 선사는 한꺼번에 복수의 개별수요를 동시에 충족시킨다.

이와 같이 수송공급자는 하나의 수송수단으로 여러 수송수요자에게 수송서비스를 동시에 제공한다는 의미에서 수송서비스 공급은 복합공급의 형태를 취한다고 할 수 있다.

마지막으로, 수송상품은 종합생산(combined production)이라는 성격을 지닌다. 수송상품의 공급은 수송수단의 하나만으로 이루어지는 것이 아니라 항만, 공항, 보관, 하역, 포장, 정보 등의 여러 가지 제반물류활동의 종합적인 결합을 통해 공급이 이루어지게 되는 것이다. 예컨대 국제특송업체(international parcel carriers)는 항공수송활동뿐만 아니라, 보관활동, 정보활동, 육상수송활동 등과 같은 제반행위를 종합적으로 결합해야만 제대로 된 택배상품을 고객에게 제공할 수 있는 것이다.

제2절 육상수송

Ⅰ. 트럭수송

1 트럭 수송의 개요 및 특징

도로수송, 즉 공로수송(Roadway Transport)은 자동차수송이라고도 한다. 수송단위가 소량이고 수송거리가 단거리인 화물에 적합하며 일관수송이나 국제복합수송에서 문전수송(door to door)을 실현할 수 있는 수송수단이다.

트럭에 의한 도로수송은 화물수송 부문에서 시작과 끝을 이루는 것으로서 거의 모든 화물수송은 결국 트럭이 개입되어야만 그 활동이 완수될 수 있다. 도로수송은 이러한 자체완결성에 의한 문전처리능력 외에 다른 수송기관과 비교하여 화물의 인수 및 분배과정에서도 신뢰성, 기동성, 편리성 등에서 우위를 차지하고 있다(〈표 7-1〉 참조).

〈표 7-1〉 육상수송의 수단별 질적 요인의 평가비교

질적요인 \ 수송수단	도로수송	철도수송	
		일반	전용임대
신속성(speed)	매우 높음	높음	
문전처리 능력(door to door)	매우 높음	매우 낮음	
신뢰성(reliability)	매우 높음	매우 높음	
안전성(safety)	높음	매우 높음	
편리성(availability)	매우 높음	낮음	
탄력성(flexibility)	매우 높음	낮음	
에너지 효율(energy efficiency)	낮음	매우 높음	
환경친화성(ecological friendliness)	매우 낮음	높음	

또한 도로수송은 소량에서부터 상당한 대량의 화물까지 적절히 취급할 수 있다는 탄력성의 측면에서도 크게 평가된다. 철도수송과 비교하면 트럭수송은 수송의 최소규모가 철도보다 작으며 불가분성의 정도도 낮고 최소규모의 수송에 필요한 수송기초시설과 수송수단의 비용도 적다. 따라서 수송수요와 수송량이 모두 적은 경우 수송량 1단위당 비용은 도로수송이 더 저렴하게 된다.

즉 도로수송은 픽업(pick-up)트럭, 왜건(wagon)트럭, 중형트럭, 대형트럭 등으로 수송량을 수 톤에서 수십 톤까지 자유롭게 선택함으로써 단위의 경제(economics to modularity)를 실현할 수 있다.

반면에 도로수송은 상당히 높은 가변비용의 특징이 있어서 총비용의 90% 이상을 차지하고 있는 것으로 추정된다. 이는 도로가 철도수송과는 달리 정부예산에 의해 제공되기 때문이다. 물론 도로수송의 경우 유류세 및 기타 공과금 및 세금 등으로 도로건설비용을 간접적으로 지급하고 있지만, 이러한 비용은 가변비용으로서 기본적으로 도로의 사용량에 의존하는 것이다.

또한 도로수송에서의 운영단위인 트럭은 철도운영단위보다 수명주기(life cycle)

가 단기이므로 장기(long run)라는 경제적 개념이 철도운영보다 크게 짧아 경기 변동에도 탄력적으로 적응할 수 있다.

도로수송은 소규모 서비스는 톤 · 마일(ton · mile)당 운임이 높아지기 때문에 통합적 수송서비스라는 목표와 상충되나, 도로수송은 적 · 양하지점에서 화주의 컨테이너화물에 대한 최종서비스를 제공하는 매우 중요한 역할을 수행하고 있다.

화물수송의 경우 육상수송의 대부분을 차지하는 수단은 트럭에 의한 도로수송이다. 20세기에 들어 자동차의 기술적 개선이 계속 이루어져 육상수송에서 트럭에 의한 수송은 철도수송을 능가하는 발전을 보여 왔다. 1950~1980년 기간에는 퇴조하는 철도에 비하여 육상수송수단 중에서 가장 큰 비중을 차지하는 위치로 부상하였다.

도로수송은 일관수송체제가 진행되어 감에 따라 수송업계는 대형화와 조직화에 의해 향상된 수송서비스 수준과 강력한 화물집배능력을 갖추어 왔다. 그러나 최근에는 생활수준의 향상에 따른 운전직 근로자의 의식구조변화 및 그에 따른 노동생산성 저하, 그리고 안전사고 및 도로교통의 혼잡, 대기오염규제 등으로 인해 도로수송의 경쟁력이 약화되고 있는 실정이다.

② 화물자동차 운수업의 분류

1) 운행방법에 의한 분류

트럭수송은 근거리 수송, 중 · 장거리 수송 등의 대절, 지역 또는 구역취급, 노선 수송 및 집배수송으로 대별된다. ① 근거리수송은 주로 100km 이내의 수송을 말한다. 이것은 자동차가 지니는 편리성, 기동성을 발휘할 수 있는 운송범위이며, 수송 전체에서 차지하는 비중도 높고, 지극히 중요한 수송이다. ② 중거리수송은 주로 101~300kim까지의 수송을 말하며, 시간적 · 경제적으로 트럭수송의 위험성이 현저하다. ③ 장거리수송은 301km 이상의 수송범위를 말하며, 301~600km까지는 약 50%의 점유율을 트럭수송이 차지하며, 600km 이상에서도 높은 점유율을 보이고 있다. ④ 노선수송은 노선을 정해놓고 정기적으로 운행하는 자동차로 다수의 화주로부터 위탁된 화물을 수송하는 것으로 통상, 자동차편, 정기편 또는 화물 취급이라고 불리고 있다. 마지막으로 ⑤ 집배수송은 역전, 노선 터미널, 선박, 항공 등 도착・출발의 양쪽의 집배작업에 관한 수송을 말한다.

2) 차량보유 여부에 의한 분류

화물수송차량의 보유 여부에 따라 자가운송과 용차(영업)수송으로 구분할 수 있다. 자가운수업이란 자신의 기업 내 원료와 화물의 수송부서 및 회사를 보유하고 영업행위를 하는 운수업을 말하며, 영업수송이란 자기회사에 소속하지 않는 외부 수송전문회사에 수송, 배달을 위탁하는 것을 말한다.

(1) 자가용의 장・단점

장 점	단 점
㉠ 높은 신뢰성의 확보 ㉡ 상거래에 적극적으로 기여 ㉢ 작업의 기동성이 높음 ㉣ 안전공급이 가능 ㉤ 시스템의 일관성이 유지됨 ㉥ 리스크가 낮음 ㉦ 인적교육이 가능함	㉠ 수송량의 변동에 대응하기가 어려움 ㉡ 비용의 고정화 ㉢ 설비투자 및 인적투자가 필요함 ㉣ 수송능력에 한계가 있음 ㉤ 사용하는 차종・차량에 한계가 있음

(2) 영업용의 장・단점

장 점	단 점
㉠ 수송비의 저렴함 ㉡ 물동량의 변동에 대응한 안전운송이 가능 ㉢ 융통성이 높음 ㉣ 설비투자 및 인적투자가 필요 없음 ㉤ 변동비 처리가 가능	㉠ 운임의 안정화가 곤란함 ㉡ 관리기능이 저해됨 ㉢ 기동성의 부족 ㉣ 시스템의 일관성이 없음 ㉤ 인터페이스가 약하고 마케팅마인드가 희박함

③ 화물자동차의 종류

1) 보통트럭(평보디 트럭)

보통트럭은 트럭중에서 가장 일반적이고 보유대수가 많은 자동차로서 차종은 적재량 1톤 미만의 소형차로부터 16톤의 대형차에 이르기까지 그 종류가 다양하다([그림 7-3] 참조). 일반적으로 화대에 간단히 접는 형식의 문짝을 설치한 차량을 말한다.

종 류	내 용
소형	최대적재량 1톤, 총중량 3톤 이하의 트럭
중형	최대적재량 1톤 초과 5톤 미만, 총중량 3톤 초과 10톤 미만의 차량
대형	최대적재량 5톤, 총중량 10톤 이상의 차량

[그림 7-3] 보통트럭의 종류

보통트럭(소형)

보통트럭(대형)

2) 트레일러

동력부분과 적하부분이 분리된 자동차의 경우 자체 동력이 없는 적하부분만을 의미한다. 트레일러는 일반적으로 Semi-Trailer, Full Trailer, Pole Trailer 등으로 구분되나 수송의 목적에 따라 그 종류나 형태가 여러 가지로 변형되어 사용되고 있다.

(1) Semi-Trailer

Semi-Trailer는 트레일러의 일부 하중을 트랙터(견인차)가 부담하는 것으로 트레일러의 종류들 중 그 대수가 가장 많고 가장 일반적인 종류의 트레일러이다. Semi-Trailer는 그 형상에 따라 [그림 7-4]와 같은 여러 가지 트레일러가 있다.

[그림 7-4] 트레일러의 종류

평상식(Flat Bed) 	화대의 상부가 평면으로 된 트레일러를 말한다. 트레일러 중에 가장 보편적인 종류이며 일반화물수송에 적합하다.
저상식(Low Bed Trailer) 	화대의 높이가 전체적으로 낮은 트레일러를 말한다.
중저상식(Drop Bed Trailer) 	저상식 트레일러 중 화대의 중앙부위가 좀더 낮은 구조의 트레일러다.
Skeletal Trailer 	'차대(chassis)'라고 불리는 컨테이너 수송용으로 제작된 트레일러로서 단순화된 구조로 화대의 앞뒤엔 컨테이너 고정장치가 부착되어 있다.
Van Trailer 	화대부분이 밀폐된 상자구조의 바디(body)로 된 트레일러이다. 주로 일반잡화 및 냉동화물의 수송에 사용된다.
Open Top Trailer 	Van형 트레일러의 일종으로 천장이 뚫려 있어 고척(高尺) 화물운반용에 사용된다.

(2) Full Trailer

Full Trailer란 트랙터와 트레일러가 완전히 분리되어 있고 트랙터 자체도 보디를 가지고 있는 트레일러를 말한다. 즉 트레일러 자체중량 및 적재화물의 중량 모두를 트레일러의 차축으로 부담하는 트레일러를 말한다([그림 7-5] 참조).

[그림 7-5] Full Trailer

(3) Pole Trailer

대형파이프, 교각, 목재 등 장척화물을 적재할 수 있도록 만든 트레일러를 말한다([그림 7-6] 참조).

[그림 7-6] Pole Trailer

(4) Double Trailer

Double Trailer는 1개의 트랙터에 Semi-Trailer 2대가 연결된 형태의 트레일러를 말한다([그림 7-7] 참조).

[그림 7-7] Double Trailer

3) 전용특장차

특장차란 특수한 화물의 수송에 적합한 구조의 적재함을 장착한 차량이나 특수한 작업이 가능하도록 기계장치를 부착한 차량을 말한다. 전용특장차에 덤프차(흙 · 모래운송), 믹서차(레미콘), 분립체 수송차(음료 및 곡물을 자연상태로 수송하는 차량, '벌크차'라고도 함), 액체수송차, 냉동차 등의 차량을 예로 들 수 있다([그림 7-8] 참조).

전용특장차는 수송상 화물의 높은 안정성, 운송포장비의 절감 및 하역합리화, 차량의 회전율향상에 기여하지만, 차량가격이 비교적 고가이고 운행효율이 낮다는 단점이 있다.

[그림 7-8] 전용특장차의 종류

4) 합리화 특장차

전용특장차의 자체에 적재 · 양하 작업(화물을 싣고, 내리는 일) 등의 합리화를 위한 기기가 설치된 차량을 말한다. 합리화 특장차는 차량내부의 하역합리화를 주목적으로 하는 실내하역기기 장비차, 측면에서 팰릿 등을 로트단위로 짐을 오르내릴 수 있게 하는 측면 개방폐차, 적재 · 양하합리화차(크레인) 및 보디를 트랙터에 붙였다 떼었다 할 수 있는 시스템 차량 등이 있다([그림 7-9] 참조).

[그림 7-9] 합리화 특장차의 종류

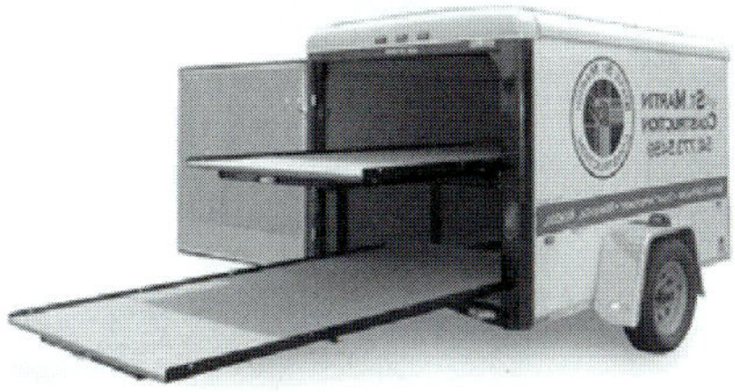

실내하역기기 장비차 (예. Slide Bed)

측면 개방폐차 (예. 윙바디 트럭)

적양하 합리화차 (예. 리프트 게이트)

시스템 차량 (예. Arm Roll Truck)

4 화물자동차의 중량

화물자동차의 중량은 트럭의 크기나 수송능력을 측정하는 척도로서 사용된다. 화물자동차의 중량은 크게, ① 공차중량, ② 최대적재중량, ③ 자동차 총중량, ④ 최대접지압력 등으로 그 무게를 측정하고 있다.

① **공차중량**(unloaded vehicle weight)이란 화물을 적재하지 않은 상태의 자동차 중량을 말한다. 즉, 차량운행에 필요한 연료, 냉각수, 윤활유 등을 가득 채운 상태에서의 자동차 무게를 말한다.

② **최대적재(허용)중량**(maximum payload)이란 적재 가능한 화물의 중량과 자동차의 자체중량을 합산한 중량으로 법적으로 허용된 중량의 최대치를 말한다.

③ **자동차(연결)총중량**(gross combination weight)이란 복수의 자동차들이 연

결 된 상태로 운행될 경우 연결된 자동차 모두를 한 차량으로 간주하여 적용되는 최대적재(허용)중량을 말한다. 현재 우리나라 화물자동차는 자동차별로 허용된 최대적재중량 또는 자동차의 총중량 기준 40톤, 축 적재적량의 110%를 초과한 상태로 운행할 경우 과적차량으로 간주되고 있다.

④ **최대접지압력**(maximum earth contact press)은 화물을 최대로 적재한 상태인 화물자동차로부터 접지부가 받는 부하(단위 면적당 중량)를 말한다.

5 화물자동차수송의 운임제도

화물자동차 수송의 운임체계는 그 사업형태에 따라, ① 노선화물운임과 ② 구역화물운임, ③ 용달화물운임 등으로 구분된다.

① **노선화물운임** : 운송거리에 비례해서 운임이 체증되는 단순거리비례제를 채택하고 있다.

② **구역화물운임** : 화물의 톤수에 거리를 곱한 거리별 운임제를 적용하고 있으나, 노선화물운임과는 달리 원거리체감제를 도입하고 있다.

③ **용달화물운임** : 화물운임을 일정구간으로 분류하여 구간이 멀어질수록 운임이 증가되는 구간거리비례제를 채택하여 운임을 산정하고 있다.

하지만 이와 같은 공로(公路)운임의 형태는 어느 것인지를 불문하고 공로운송화물의 중량과 거리를 기준으로 하여 산정하는 것이 일반적이며, 특수한 화물의 취급에는 할증료를 추가하여 산정하고 있다. 우리나라에서는 운임은 보통 기본운임, 할증운임 및 제반부대요금으로 구성되어 있다. 운임, 요금신고제가 폐지되어 자율화가 되었으나 대통령령이 정한 운송사업자(구난형 특수자동차를 사용하여 고장・사고차량 등을 운송하는 사업자, 견인형 특수자동차를 사용하여 컨테이너를 수송하는 사업자)는 예외적으로 운임 및 요금을 정한 후 국토교통부에게 미리 신고해야 한다.

6 화물자동차의 단속규정 및 운행제한

우리나라에서 현재 화물차량 및 화물 운수사업에 대한 규제(〈표 7-2〉 참조)는 업종구분, 시장진입, 운임규제로 구분되는데, 1999년 화물자동차운수사업법의 개정에 의해 업종은 종전 6개 업종에서 3개 업종으로 단순화하였으며, 각 업종별 시장진입은 종전의 면허제에서 등록제로 규제완화 되었으며 시장참여를 위한 최저등록대수 및 최저자본금 등의 기준 역시 완화하였다. 또한 운임 및 요금에 대해서도 기존의 신고제에서 완전자유화 하였다. 따라서 현재 화물운수사업에 관련된 경제적 규제는 대부분 완화된 상태라고 할 수 있다.

〈표 7-2〉 화물차량 관련규제 항목 및 법규

법규 및 조례·규칙	규제 항목
화물자동차운수사업법	차고지 설치 화물자동차운전자의 자격요건
자동차손해배상보장법	책임보험 가입
자동차관리법	자동차 검사
대기환경보전법	(운행차) 배출가스 정기검사
소음진동규제법	(운행차) 정기검사
도로교통법	차로에 따른 통행구분 (시행규칙)
	통행제한
	적재안전기준
	속도제한
도로법	운행제한[1)]
주차장법	하역주차구간
자동차안전기준에 대한 규칙	운행기록계 부착

주1) 현행 운행제한차량 기준은, ① 축하중이 10톤을 초과하거나 총중량이 40톤을 초과하는 차량, ② 차량의 폭이 2.5m, 높이가 40m, 길이가 16.7m를 초과하는 차량, 그리고 ③ 관리청이 도로구조의 보전과 통행의 안전에 지장이 있다고, 인정하는 차량이다.

한편 화물차량 및 화물운수사업에 대한 사회적 규제는 시민생활수준의 향상과 안전 및 환경에 대한 중요성 부각으로 화물차량으로 인한 환경오염, 안전사고와 관련한 규제의 필요성이 중시되고 있다.

7 국제도로물품운송조약과 도로화물탁송장

1) 국제도로물품운송조약

국제도로물품운송조약(Convention Relative au Contract de Transport International de Marchandises par Route : CMR)은 1956년에 스위스 제네바에서 서명되어 독일, 프랑스, 영국 등 유럽 55개국이 가맹되어 있는 협약이다. 트럭에 의한 국제화물의 도로수송을 규정한 것으로 국제철도물품운송조약(CIM)과 더불어 국제 간 화물의 육상수송을 할 때 그 수송책임과 계약관계를 명시하고 있다.

국제도로수송은 일정 국가의 어느 지점에서부터 다른 국가의 어느 지점까지 육로로 수송되는 경우를 말하며, 양 당사자 중 어느 한 당사자가 이 협약의 당사자인 경우에 이 협약이 적용된다. 육상수송수단에 화물을 적재하여 항공, 해상 및 내수로로 수송될 동안에도 이 협약이 적용된다. 그러나 화물의 손해나 지연이 도로운송인의 책임이 아니고 다른 수송수단에 의한 것임이 판명되면 도로운송인의 책임은 다른 수송수단에 관한 협약에 따라 결정된다. 운송인의 책임은 8.33SDR/ kg으로 되어 있다.

2) 도로화물탁송장

도로화물탁송장은 운송계약의 체결과 운송인이 화물을 수령한 추정적 증빙이다. 따라서 반대의 증명이 없는 한 운송인이 화물을 수령할 때 화물의 상태가 양호했으며, 포장수나 화인이 이 증서의 기재내용과 일치한다고 추정한다.

도로화물탁송장은 3부가 발행되며 1부는 송하인, 1부는 운송인, 그리고 1부는 화물과 함께 송부된다. 이 탁송장은 권리증권이 아니다. 수하인은 화물과 함께 송부되어 온 이것으로 화물을 수령할 권리가 있다. 하지만 CMR은 운송인에게 귀책되는 손해나 지연에 대하여 수하인이 소를 제기할 수 있도록 규정하고 있다.

Ⅱ. 철도수송

1 철도수송의 개요 및 장·단점

철도수송은 도로수송보다 먼저 화물을 대량으로 수송하기 시작한 수송수단이라고 할 수 있으며, 컨테이너수송 역시 1920년대 미국에서 처음 도입되어 철도의 무개화차나 피기백(piggy back) 방식으로 수송하기 시작하였다.

그러나 자동차도로에 대한 대대적·공공적인 사회간접자본(SOC)에 대한 투자와 수송차량의 개발 및 보급에 따라 철도수송은 중장거리수송에서 도로운송과 치열한 경합을 벌이고 있으며, 문전수송의 어려움 때문에 그 이용도가 계속 떨어지고 있다. 철도수송은 자동차수송과는 달리 궤도수송만을 목적으로 대형자본이 투자되기 때문에 투자규모가 크고 전문화 및 고정화됨으로써 영업이익이 적정수준을 넘지 못하여도 원자재에 대한 회수이익이 증대할 가능성이 있다면 계속적인 추가투자와 영업활동을 수행하여야 하는 특징이 있다.

대량수송에 의한 수송효율을 향상시켜 수송비를 절감할 수 있는 것은 철도수송이 지니는 최대의 장점이라고 할 수 있으며, 트럭과 연계하여 마감수송을 트럭이 담당하도록 한다면 일괄수송이 가능하기 때문에 서비스의 제고와 아울러 철도수송의 분담률도 향상될 수 있다.

2 철도수송의 장·단점

1) 철도수송의 장점

① 대량의 운임부담이 적은 상품을 원거리 수송할 경우 운임비용이 비교적 싸고 경제적이다. 1회당 수송량이 크고 인건비도 상대적으로 싸며 화물 1단위당의 관리비를 포함시킨 각종 비용(고정비)이 싸다.

② 철도는 일부의 소음공해를 제외하고는 배기가스나 소음이 적고 레일을 따

라 이동하기 때문에 교통사고의 위험이 적다.

③ 고속수송이 가능하다. 특히 장거리 대량고속수송이 가능하다는 점이다. 이것은 낮은 비용과 직결되는 문제이다.

④ 궤도수송이기 때문에 안전도가 높다. 안전도가 높다는 것은 수송상의 화물의 품질이 보장된다는 것을 의미한다. 사고율이 적으며 예상하지 않았던 사고나 파업 이외에는 안전도가 높고 확실성도 높다.

⑤ 철도의 특성상 교통정체 등 다른 수송기관이나 설비로부터 받는 영향이 적고 따라서 계획적으로 운행할 수 있다.

⑥ 전국적인 네트워크를 가지고 있어 대량수송이 전국수준에서 가능하다.

⑦ 유리한 운임할인제도를 가지고 있다. 즉, 장거리 대량수송이나, 왕복수송에 의한 비용절감의 폭이 크다.

⑧ 기후에 크게 영향을 받지 않는다.

2) 철도수송의 단점

① 철도수송은 화차입체작업, 즉 환적작업이 필요하다. 즉, 발착역에서 일반적으로 자동차와의 사이에 환적작업이 필요하고 하역횟수가 많아진다. 하역횟수가 많아진다는 것은 신속성의 결핍과 직결되며 시스템이 복잡해지는 것을 의미한다.

② 화차를 바꾸어 넣거나 열차를 편성하는 데 시간이 걸려서 자동차수송의 기동성에 대항할 수가 없다.

③ 화차의 소재관리가 어렵다. 자동차의 경우에는 개개의 차와 온라인으로 교신이 가능하기 때문에 소재관리나 제시, 명령 또는 보고가 상호 간에 가능하나 화차의 경우에는 그것이 어렵다.

④ 적합차량을 적절한 시기에 배차하기가 어렵다. 다시 말해 배차의 탄력성이 없기 때문에 긴급성이 높은 때나 번한기가 격심한 경우에 문제가 발생할 수 있다.

⑤ 운임에 융통성이 없다. 다시 말해 운임설정에 경직적이다.

⑥ 문전에서 문전으로의 집배서비스를 할 수 없다. 컨테이너수송은 이것을 가능하게 하였다고 볼 수 있으나 모든 것을 이런 유형만으로 처리할 수 없다.

③ 철도수송의 종류

화물의 철도수송의 종류는 대량화물용(화차를 기준으로 한 화차 취급과 컨테이너를 기준으로 한 컨테이너 취급)과 소량화물용(혼재차 취급과 화물 취급)의 두 종류로 크게 나누어 구성되어 있다.

화물 취급은 다시 수화물 취급과 소화물 취급으로 세분화되어 있다([그림 7-10] 참조).

[그림 7-10] 철도운송의 종류

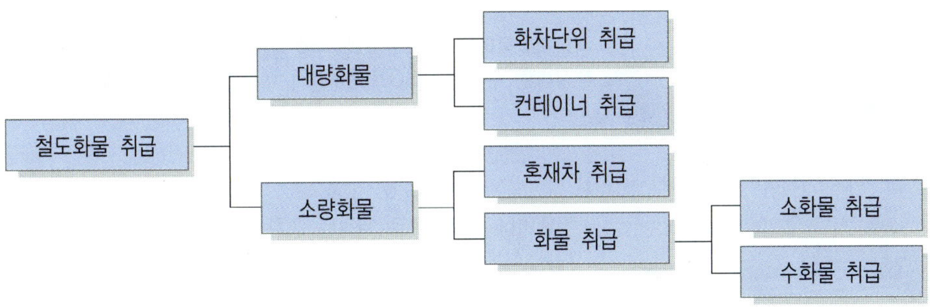

1) 화차 취급

화물을 전세화차(대절한 차)에 싣고 수송하는 것을 뜻하며 일반적으로 대량수송과 장거리 수송에 많이 이용된다. 현재 철도로 수송되는 화물의 대부분이 이에 해당되며 화차 취급의 이용은 통상 사용화차 한 대를 단위로 하는 것이 원칙이다.

그러나 적재하는 화물의 형상 등으로 두 대 이상의 화차에 걸쳐 수송하는 경우에는 사용화차 수를 한 단위로 한다. 이 같은 화차 취급에 이용되는 화차에는 화물의 특성, 형상, 용적, 중량에 맞춘 유개차, 무개차가 있다. 이 밖에는 물자별, 전용수송에 적합한 화차의 종류가 늘어나고 있으며 화주가 직접 운용하는 사유화차도 많아지고 있다. 일반화물용 화차에는 11톤, 15톤, 17톤, 30톤 적재용이

많고 이들 모두 대량화물을 계획적으로 수송하는 데 적합하다.

철도에는 일반전용화차와 컨테이너전용 무개화차로 구분된다. 여기서 컨테이너를 전용으로 수송하는 철도화차의 종류는 [그림 7-11]과 같다.

[그림 7-11] 컨테이너운반용 철도화차

오픈탑 카(open top car) 	곤돌라와 같이 생긴 화차로서 대차(bogie)가 없으며, ISO표준규격 컨테이너를 적재하는 데 편리하게 구성되어 있다. 컨테이너는 밑부분이 약간 잠긴 상태로 수송된다.
플랫 카(flat car) 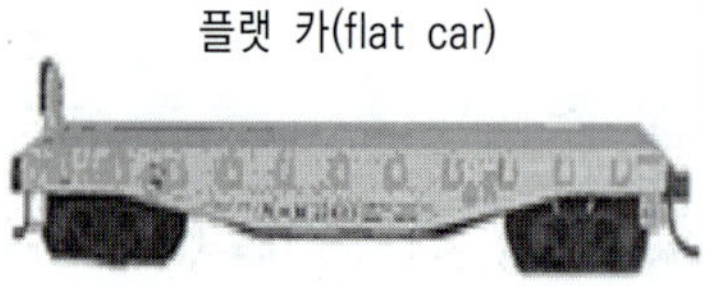	장척화물이나 대형화물의 수송용으로서 상면이 평평하며 측주도 장비할 수 있는 ISO표준규격의 대형컨테이너 적재용이다.
컨테이너 카(container car) 	컨테이너 전용형으로 제작된 화차로서 상면 위에 수 개의 컨테이너를 적재할 수 있으며, 고정장치가 붙어 있는 화차이다.
더블 스택 카(double stack car) 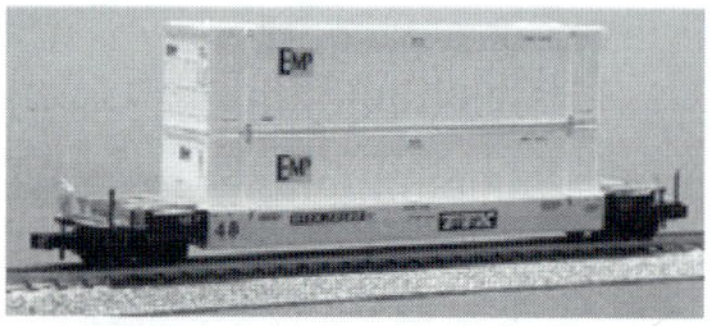	이 형태는 미국의 Rudd사가 1980년대에 개발한 2단 적재화차로서 차체가 가볍고 분절형 플랫홈으로 구성되어 있다. 현재 제3세대형 화차라고도 부르며, 미국에서는 주로 COFC/TOFC 서비스에 투입되고 있다.

2) 컨테이너 취급

규격 컨테이너를 이용하여 컨테이너에 수납된 화물을 철도와 자동차를 연결하여 문전에서 문전까지를 일관수송하는 시스템으로 종래의 철도수송의 약점을 극복한 수송형태를 말한다. 철도컨테이너로 사용되는 것에는 철도청이 소유한 국유 컨테이너와 통운업자 등이 소유하는 사용컨테이너가 있다.

컨테이너는 적재하는 화물의 종류에 따라 일반컨테이너와 냉장컨테이너, 그리고 적재화물을 한정시킨 특수컨테이너가 있다. 일반컨테이너는 5톤 적재로서 통상 상거래 수송에 적합하다. 수송량이 많은 주요 간선에서는 출발역, 도착역 간을 특급화물열차로 직행수송하는 프레이트 라이너(freight liner)와 지역 간 급행열차를 중심으로 미리 지정된 열차로 수송하는 방식 등이 있다. 이들 모두 이용자가 선택할 수 있도록 되어 있다. 문전에서 출발역까지(집화), 도착역에서 문전까지(배달)의 도로수송은 자동차로 행하고 통운업자 혹은 통운사업자격이 있는 화물자동차 운송업자가 담당하고 있다. 이러한 컨테이너 수송은 문전에서 문전으로 대량수송할 경우에 최적의 수송방법이라고 할 수 있다.

3) 혼재차 취급

통운업자가 일반 화주로부터 소화물의 수송을 위탁받고 이를 행선지별로 차 취급이나 컨테이너 단위로 다시 취합하여 철도의 차 취급이나 컨테이너 취급으로 수송함으로써 그 운임의 차액을 취득하는 방식이다. 화주는 통운업자와 계약을 체결하고 통운업자는 철도회사와 운송계약을 체결하여 이루어지게 된다.

4) 화물 취급

화물 취급은 소화물 취급과 수화물 취급이 있으며, 소량화물을 대상으로 한 것이다. 소화물 취급은 다시 보통 취급, 특별 취급 및 전세 취급으로 나누어져 있다. 보통 취급은 제1종 소화물과 제2종 소화물로 구성되어 있다. 또 소화물 취급은 소량의 화물을 객차편으로 수송하는 방식을 말하며, 수화물 취급이란 여객이 출발역에서 수송을 위탁하는 방식을 의미하고 있다.

4 철도수송 운임

1) 화차 취급운임

화차단위로 화물을 수송할 경우의 운임은 철도레일운임(거리대별 톤당운임×톤수) + 통운요금(발송료, 도착료 등) + 할증료(특대화물, 위험물, 귀중품 취급할증료) +

부대요금(화차유치료, 인도증명료) 등으로 구성된다.

2) 컨테이너 취급운임

일반적으로 컨테이너 취급운임은 화차취급 운임과 거의 동일하게 적용되고 있으나, 냉동컨테이너와 같이 특수한 컨테이너를 이용하는 경우에는 이에 대한 할증료가 추가된다.

3) 혼재운임

혼재운임은 소량의 화물을 혼재장소로 이동시켜 혼재작업을 수행하기 때문에 혼재기간 고객운임 + 집화료 + 할증료 등을 합한 요금으로 산정된다. 물론 혼재한 후의 컨테이너 취급운임도 화주가 부담한다.

5 우리나라의 철도운송관련제도

우리나라에서는 2005년 1월 1일부터 철도소운송업법이 폐지되었다. 철도소운송업법은 1961년 12월 23일 법률 제865호로 제정하여 철도작업장 내에서 소운수업을 영위할 수 있는 근거법으로 운영되어 왔다. 철도소운수업이란 철도수송물건의 자기 또는 타인명의로 수송·알선 및 인도 행위, 철도수송물건의 집화, 배달행위, 철도를 이용하는 물건수송행위, 철도수송물건의 철도차량에 적재·양하하는 행위를 말한다.

그러나 철도소운송업법은 물류환경변화에 따라 시장경쟁체계를 통한 철도물류활성화를 촉진하고자 철도청이 한국철도공사로 전환되는 2005년 1월 1일부터 폐지하도록 한국철도공사법에 의거하여 공포(2003년 12월 31일)한 바 있다.

철도소운송업법이 폐지되었지만 기존의 소운수업 등록업체는 화물자동차운수사업법에 이미 등록된 업체로서 별도의 등록 또는 인가절차 없이 철도작업장 내에서의 하역 및 연계운수업을 계속 수행할 수 있는 것으로 되어 있다.

6 국제철도물품운송조약과 철도화물운송장

1) 국제철도물품운송조약

철도운송관련 국제조약은 서유럽체계에서 적용되는 국제철도운송정부간기구(OTIF)[4]체계와 동유럽 아시아체계에 적용되는 국제철도협력기구(Organization for Cooperation of Railway: OSJD)체계로 크게 두 가지로 구분한다. 양 체계는 각각 다른 화물협정의 적용을 받고 있는데 서유럽체계는 철도에 의한 국제물품운송에 관한 협약(Convention concerning International Carriage of Goods by Rail: COTIF)의 국제철도화물운송 통일규칙(CIM Rules)체계의 적용을 받고, 동유럽아시아체계는 국제철도협력기구(OSJD)[5]의 국제철도화물협정(Agreement on International Freight Transport by Rail : SMGS)체계의 적용을 받는다.[6] 유럽을 대표하는 철도화물운송 협약으로서 유럽에서 철도를 이용한 국제운송을 할 경우에 OTIF에서 제정한 COTIF에 부속서로 포함되어 있는 CIM 통일규칙을 적용받는다. 본 규칙에서는 협정의 적용범위, 화물운송 당사자의 주요 권리, 의무, 책임, 운송비용 등에 대한 사항이 규정되어 있다. 본 규칙의 적용범위는 철도를 이용한 화물의 유상(for reward)운송에 관한 모든 계약에 적용된다. 이 경우 운송을 위한 운송물의 인수 지역과 운송물의 인도예정 지역이 2개의 서로 다른 체약국에 있어야 한다. 추가적으로 운송물의 인수 및 인도지역이 서로 다른 국가에 있으며 이 중 적어도 한 지역만이 체약국일 경우 이러한 철도화물운송계약도 적용범위에 해당하게 되며, 이 경우 화물운송에 참여하는 모든 관련자들 사이에 CIM이 운송계약 규정으로 효력을 가지고 있다는 사실에 합의하여야한다고 규정하고 있다. 화물운송 당사자의 주요 권리 및 의무와 관련해서는 송하인은 본 규정 및 보조규정과 관세조항을 따라야 하며 수하인이 목적지에서 철도화물운송장의 인수 및 화물의 인도

---

4) 국제철도운송정부간기구(OTIF)는 스위스 베른(Bern)에 위치한 정부간 기구중 하나로 1980년 5월 발효된 국제철도운송에 관한 협약(COTIF)에 따라 1985년 설립되었다. COTIF는 철도운송의 개선, 증진, 촉진 및 철도운송의 다양한 법, 회원국들간 법 적용 및 개발을 지원하는 통합 시스템 제정을 주요 목표로 하고 있다.

5) 국제철도협력기구(OSJD)는 폴란드 바르샤뱌에 위치하고 동유럽 및 아시아의 철도교통장관 회의에서 국제적인 조직으로 유럽과 아시아간 국제 철도수송 개선 및 개발을 목표로 1956년에 설립되었다.

6) OSJD 체계는 SMPS(여객) 및 SMGS(화물) 협정을 적용하고, OTIF체계는 CIV(여객)및 CIM(화물) 협정을 적용하고 있다.

를 요청하기 이전에 한하여 운송인에게 운송의 중지, 반송 요청 및 인도지, 수하인 등의 변경을 요청할 수 있다. 철도회사는 화물점검권, 화물유치권을 지니며, 운송기간내 운송의무와 국경통과관련 업무의 수행의무를 준수해야 한다. 그리고 CIM체계에서는 운송시 통과국 중 한 개 국가라도 금지하는 물품, 통과국 중 해당 물품에 대한 통과영역 내 독점 운송권을 가지고 있는 물품, 물품의 치수, 부피, 포장상태 등이 수송화차에 맞지 않는 경우와 국제간 철도운송시 위험물 운송에 관한 규정에 저촉되는 물품은 운송이 불가한 것으로 되어 있다.

한편, 구소련체제의 사회주의 국가, 중국 및 동유럽 국가에서 철도를 이용한 국제운송을 할 경우에는 OSJD에서 사회주의 국가 간의 철도화물운송을 규정하기 위하여 제정한 SMGS를 적용받는다. 유라시아 대륙의 OSJD 가입국가 중 일부국가를 제외한 22개 국가가 가입하여 회원국 간 국제철도화물 연합운송에 적용하고 있다. SMGS에는 본 협정의 적용범위, 운송서류의 구성과 사용언어, 운송화물의 제한, 통관 및 기타 부대서류, 운송비용 지불, 배상청구 등에 사항이 규정되어 있다.

2) 철도화물운송장

철도화물을 수령했다는 증명서, 즉 철도화물 운송인이 화주로부터 화물을 인수하고 발행하는 증명서를 말한다. 항공화물에 대하여 송하인과 운송인 사이에 화물의 운송계약이 체결되었음을 증명하는 항공화물운송장(Air Waybill : AWB)에 상대되는 개념으로, 미국에서는 'Railroad B/L'이라고 하며 영국에서는 'Way Bill'이라고도 한다. 단순히 철도화물을 수령한 증명서로 사용되는 철도화물수령증(railway consignment note)과는 달리 유가증권으로 사용되는 특징이 있다. 따라서 매매나 금융에 이용할 뿐만 아니라 수송의 중지나 반환 및 기타의 처분을 청구할 수 있으며, 선하증권과 법률적 성질이나 경제적 기능이 동일하다. 운송계약의 체결에 대한 증거서류이자 운송물의 영수증으로 사용되고, 운임요금의 청구서, 보험증명서, 세관신고 서류 등으로 활용된다.

제3절 항공수송

Ⅰ. 항공수송의 개요

1 항공수송의 역할

항공수송(air transportation)이란 항공기의 항복(plane's space)에 승객, 우편 및 화물을 탑재하고 국내외 공로(空路, air route)로 다른 공항까지 수송하는 수송시스템을 의미한다. 항공수송은 지역적, 국제적 시장창출과 확대의 역할을 담당하고 있으며 무역의 확대·발전에 중요한 영향력을 갖고 있다. 또한 항공수송은 단순히 시장 확대의 역할에 그치지 않고 지역 간, 국가 간에 상호 경쟁을 유발하여 시장가격을 국내외적으로 평준화시키고, 국내가격과 국제가격을 형성하는 데 중요한 기능을 하고 있다.

항공수송은 해상수송이나 육상수송에 비해 최근에 도입된 수송시스템이나 경제적 특성에 따라 가장 체계화된 유통시스템과 정보체계를 이용하여 물류체계가 완벽하게 운용되고 있는 수송부문이다.

항공화물이 수송수단의 중요한 역할을 담당하게 된 이유는 다음과 같다.

- 고급품에 속하는 상품점유율의 증가
- 국제사회의 정보화추세에 따른 세계경제의 긴밀화 및 유행에 민감한 상품의 신속한 유통
- 국제적 분업화의 가속화 등

3 항공수송의 장·단점

항공기를 이용하여 화물을 수송하는 항공 수송은 다음과 같은 특징을 가지고

있다. 항공수송은 장거리 수송 및 위험물 수송이 가능하며, 수송 속도가 매우 신속하다는 장점을 가지고 있다. 또한 화물 포장이 간단하고 소량 및 경량의 고가 화물, 귀금속, 전자정밀제품, 긴급 화물, 긴급 서류 등의 수송에 유리하다.

그러나 항공 수송은 항공기를 활용하기 때문에 운임이 가장 비싸고 경직적이다. 또한 중량과 용적의 제한이 매우 크고, 기후에 매우 민감하다는 단점을 가지고 있다. 항공 수송은 해상 수송과 마찬가지로 육상 연계 수송이 필요하며, 이용 가능 지역이 공항으로 제한되어 있어서 수송의 완결성이 낮다.

〈표 7-3〉 항공수송의 장 · 단점

장점	단점
• 소량 및 경량의 고가 화물 수송에 적합하다. • 장거리 수송 및 위험물 수송이 가능하다. • 화물의 파손율이 낮다. • 수송의 속도가 매우 빠르다.	• 비교적 운임이 고가이다. • 중량과 용적에 제한이 크다. • 기후에 영향을 받는다. • 육상 연계 수송이 필요하다. • 기후에 영향을 많이 받는다.

③ 항공수송의 구성요소

1) 항공기

〈표 7-4〉 항공기의 크기, 용도, 전환가능 여부에 따른 분류

구 분	내 용		기 종
크기에 의한 분류	Conventional aircraft(Narrow body aircraft)	재래식 소형기준으로 deck에 의해 상 · 하부의 격실로 구분되며, 하부격실에는 단위적재 운송용기를 적재할 수 없고 낱개화물을 수작업으로 탑재	Airbus : A320 Boeing : B707, B727, B737, B757 McDonnel Douglas(MD) : DC-8, DC-9, MC-80
	High Capacity aircraft(Wide body aircraft)	대형화물로서 deck에 의해 상 · 하부의 격실로 구성되며, 화물실에 단위탑재용기(ULD)를 탑재 가능	Airbus : A300-B Boeing : B747, B767, MD : DC-10

구 분	내 용		기 종
용도에 의한 분류	화물기(All cargo)	상・하부 격실에 화물만 탑재하도록 제작된 항공기	Boeing : B707F, B747F MD : DC-8F, DC-10F
	Combi(Mixed/Combination)	상부 격실에 여객과 화물을 각각 탑승 및 탑재하도록 제작된 항공기	
	여객기(Passenger)	상부 격실에는 여객을, 하부 격실에는 위탁수화물 및 화물, 우편물을 탑재하도록 제작된 항공기	Boeing : B727, B747 MD : DC-8, DC-10
전환가능성에 의한 분류	화물전용기(Freighter)	화물만 적재하도록 제작한 항공기로서 여객기로 전환 불가	Boeing : B707F, B747F MD : DC-8F, DC-10F
	Convertible	필요시 여객기에서 화물기 또는 반대로 전환이 가능한 항공기	
	Rapid or Quick change	Convertible의 일종이나 극히 짧은 기간 내 전환가능토록 제작된 항공기	

(1) 항공기의 구조

항공기는 크게 동체(fuselage), 주익(main wing), 미익(tail wing), 동력장치(engine), 착륙장치(landing gear), 통신 및 항법장치(communication and navigational system)로 구성되어 있다.

[그림 7-12] 항공기의 구조

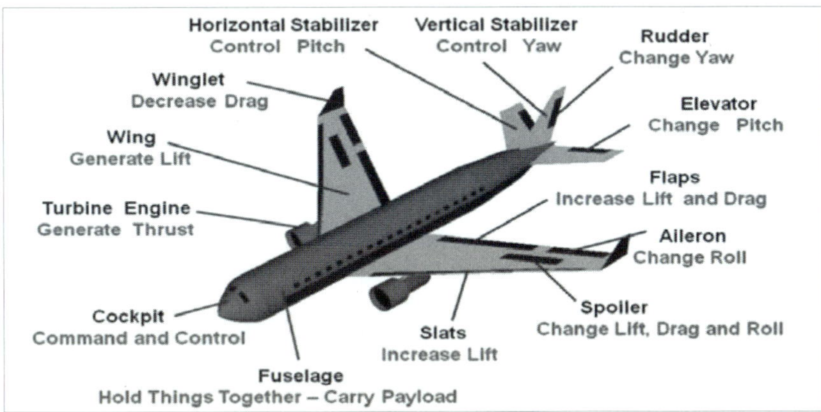

① **동체**(胴體) : 항공기의 몸통에 해당하는 부분으로서 승객이 탑승하거나 화물을 탑재할 수 있는 공간을 말한다. 따라서 가능한 최대적재를 할 수 있도록 체적(體積)은 클수록 좋고 중량은 작을수록 좋다. 이러한 동체는 공중을 효율적으로 비행하기 위해 공기의 저항을 적게 받는 유선형의 형태를 이룬다.

② **주익**(主翼) : 항공기 동체의 중심부분 양측에 부착되어 있는 커다란 날개로서 공기보다 무거운 항공기를 공중에 띄우기 위한 양력(揚力, lift)을 얻으며 경제적이고 효과적인 수송효율을 높이기 위한 장치이다.

③ **미익**(尾翼) : 동체의 꼬리부분에 부착되어 있는 작은 날개로서 항공기의 균형을 유지하고 방향전환 및 선회하는 역할을 한다.

④ **동력장치** : 항공기의 주익 또는 미익의 상단에 위치한 엔진으로서, 항공기를 실제로 움직이는 힘을 만들어 내는 장치를 말한다.

⑤ **통신 및 항법장치** : 항공기는 속도가 빠르며 방향을 가늠할 수 없는 공중에서 비행을 하기 때문에 육안으로 볼 수 없는 지역의 상태를 미리 알아서 통보해주는 통신장치와 항공기로 하여금 목적지를 찾아 갈 수 있도록 하는 항법장치를 갖추어야 한다. 통신방식은 단파(Hight Frequency : HF), 초단파(Very Hight Frequency : VHF) 및 극초단파(Ultra Hight Frequency : UHF)를 사용한다. 항법장치로는 속도계(Speed Indicator), 고도계(Altimeter), 착륙계기, 방향지시기(Direction Indicator), 기상레이더와 자동조종장치, 전천후 착륙장치, 항공기 운항 중 항공기와 지상간의 자동화된 운항정보 데이타통신시스템, 비행감지시스템(Flight Watch(Aircraft Communications Addressing and Reporting System : ACARS) System : FWS), 위성항행시스템(Communications, Navigation, Surveillance / Air Traffic Management : CNS/ATM) 등을 통해 안전을 확보한다.

⑥ **착륙장치** : 항공기가 활주로에 터치다운(Touch-down)할 때 충격을 완화시켜줌으로써 항공기의 안전을 확보한다. 이는 Landing Gear, 완충장치(Shock Strut), 지상을 활주하기 위한 바퀴(Wheels), Steering System 및 Brake System으로 구성되어 있다.

(2) 항공기 화물칸의 구조

항공기의 화물칸은 다음과 같은 구조로 되어 있다.

① **최상단**(Upper Deck) : B747항공기에만 존재하며 주로 화물탑재 보다는 여객기의 경우 우대석(C/Class)으로 이용되며, 화물기의 경우는 Cargo Attendants 또는 Cockpit 승무원의 휴식전용으로 이용되고 있다. 고가품으로서 규모가 작은 것 중 현금이나 보석류 등의 고가품은 기장(captain)의 가시권에 두기 위해서 Upper Deck에 탑재한다.

② **주 탑재실**(Main Deck) : 화물을 탑재하는 공간이다. 여객기의 경우 여객의 좌석이 배열되어 있으며 여객전용공간이지만, 화물전용기는 유니트화된 화물을 탑재한다.

③ **하단 화물실**(Lower Deck or Belly) : 구형기의 하단은 내부규모가 매우 적어 모두 Bulk 형태로 탑재하며, Wide-Body인 신형기 하단은 전방과 후방에 Pallet / Container/Igloo를 탑재하고 그리고 맨 끝 부분에 위치한 Bulk Compartment는 화물을 벌크로 탑재할 수 있게 하였다.

[그림 7-13] 화물전용기의 화물적재모형

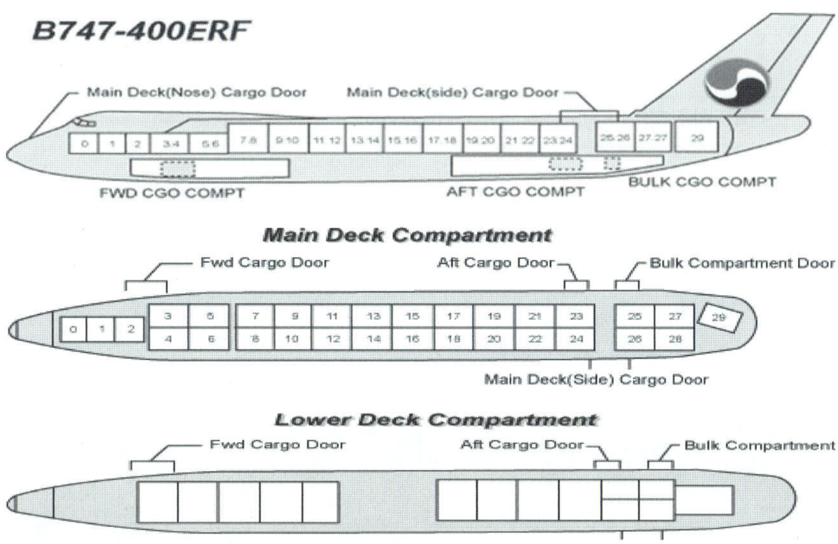

2) 항공화물터미널

(1) 항공화물터미널의 개념

항공화물터미널(Air Cargo Terminal)이란 수출입 항공화물을 효과적으로 처리하기 위한 시설로서 수출항공화물의 반입, 보관, 포장, 통관, 적재화, 수입항공화물의 분류, 보관, 포장, 통관, 수송 등의 일련의 조업 공정을 집중화하여 처리할 수 있도록 기계화된 설비 및 장비 등을 제공하는 일종의 보세구역을 의미한다. 특히 항공화물터미널의 중요한 기능은 항공기에 적재 및 항공기로부터 하기/분류하는 기능과 내국물품의 외국화 및 외국물품의 내국화를 하는 통관기능이다. 이로 인하여 항공화물터미널은 보세구역으로 지정되어 있는 것이 보통이다.

(2) 항공화물터미널의 구성

① **착륙대**(Landing area) : 항공기가 이·착륙하기 위해서 공항에 설치된 직사각형 형태의 평면을 착륙대(landing area)라 하며, 활주로(runway), 과주대(overrun area), 보조 활주로 등이 포함된다. 공항은 착륙대 크기로 등급이 정해지며, 항공법은 착륙대 규모를 9등급으로 구분하여 비행장의 규격을 정하고 있다.

② **유도로**(Taxiway) : 항공기가 활주로와 주기장 그리고 정비격납고 등의 지역을 왕복하는데 필요한 통로가 유도로(taxiway)이다.

[그림 7-14] 활주로(Runway)와 유도로(Taxiway)

③ **주기장**(Apron) : 주기장은 공항에서 화물의 탑재 및 하역, 연료보급 및 정비 등을 하기 위하여 항공기가 주기하는 장소를 말하며, 터미널 빌딩과 정비지역에 접해서 위치한다. 주기장의 수를 나타내는 단위는 스팟(spot)이 사용된다.

[그림 7-15] 주기장(Apron)

④ **격납고**(Hangar) : 비행기의 격납 및 정비하는 창고이다. 격납고는 충돌을 피하기 위해서 활주로에서 충분히 멀리 떨어져 있다.

[그림 7-16] 격납고(Hangar)

⑤ **관제시설**(Air Control Tower) : 관제시설(air control tower)은 항공기가 안전하고 질서 있게 운항하도록 지휘하고 지원하는 시설을 말한다. 관제시설은 항공기 간의 충돌방지, 항공기와 지상 장애물과의 충돌방지, 항공교통의 질서유지 등을 확보하기 위한 것이다.

[그림 7-17] 관제시설(Air Control Tower)

(3) 항공화물터미널의 기능

항공화물터미널은 운수업, 창고업, 하역업, 포장업 및 물류정보업 등이 종합하는 장소이며 물류가 원활하게 이뤄지게 만드는 기능을 갖는다.

① RFC(Ready - for - carriage)[7]**기능** : 포워더는 항공사에 제출할 구비서류를 작성하고 아웃바운드항공화물을 항공기탑재에 적합한 상태로 만드는 단위화작업(unitization)을 터미널에서 실시한다. RFC가 완료된 화물을 항공사에 제출하거나 항공기 탑재장소(shipside)까지 이동한다.

② **보관기능** : 항공화물터미널의 보관기능은 단지 문제가 발생한 화물의 단기(短期)보관에 그친다. 따라서 항공화물터미널사업자는 장시간 체류를 허락하지 않으며 일정 시간을 초과할 때는 취급수수료 외에 창고료(Storage charge)를 부과하는 것이 보통이다. 통관이 안되었거나 서류가 미비(未備)된 것 또는 기타 사고로 항공기에 탑재되지 않았거나 인도되지 않는 수입화물 등은 문제가 해결될 때까지 잠시 보관한다.

7) 항공화물의 포장, 라벨링, 통관작업 등이 준비되어 곧바로 항공수송이 될 수 있는 상태를 말한다.

③ **집화 및 하역기능** : 화물터미널은 항공화물을 집화하는 장소다. 집화된 화물은 제각기 목적에 따라 RFC, 분류, 인도, 환적, 통관, 보세수송 등에 대비한 화물의 개장 또는 포장, 이동, 상하차 등의 작업을 실시한다.

3) 항공노선

항공노선은 비교적 장거리를 운항하는 것이므로 노선의 구조에 따라 소요시간, 연료소모량 등의 경제성에서 크게 차이가 있다.

국제항공노선의 경우 외국의 특정도시에 취항할 수 있는 것은 상대국 정부의 인가를 전제로 하는 것이므로 노선권의 확보는 물건의 폭을 증가시켜 주는 중요한 요인이 되고 있다.

국제적으로 통용되는 항공노선은 국제민간항공기구(International Civil Aviation Organization : ICAO)에서 지역별로 지정하고 있다. ICAO 부속서에는 항공노선을 설정하는 기준을 명시하고 있다. 항공교통업무(Air Traffic Services : ATS)가 제공되는 항공노선의 설정은 좌표나 다른 방법을 사용하지 않고도 ATS 항로를 명확히 구분하려는 데 목적이 있다. 항공노선의 설정기준은 다음과 같다. 첫째, 항공로의 명칭을 단순하고 통일된 방법으로 부여할 것, 둘째, 중복을 피할 것, 셋째, 지상 및 항공기에 탑재된 자동장치에 의해 사용할 수 있을 것, 넷째, 최대한 간편하게 사용할 수 있을 것, 다섯째, 근본적인 변경 없이도 필요에 따라 확대하여 사용할 수 있을 것 등으로 정하고 있다.

Ⅱ. 항공수송수요의 특성과 항공운임요율

1 항공수송수요의 특성

항공수송수요는 해상수송수요나 육상수송수요와는 달리 수요의 파생이 특이한 다음과 같은 경제적 특성을 갖고 있다.

① 국민경제적 발전과 소득수준의 향상
② 대치 가능한 다른 수송수단(해상수송과 육상수송)의 유무
③ 이용 가능한 항공수송용역의 질적 수준(즉, 항공기의 속도, 안전도, 운항횟수, 운항의 정확성, 공항 조건 등)
④ 항공기업체의 마케팅 정책
⑤ 계절적 변화와 기후조건
⑥ 운항시장의 규모
⑦ 공항과 도시 간의 거리 등

화물수송분야에서 항공서비스는 그 발전이 극히 최근에 이루어졌을 뿐 아니라 수송물동량도 상당히 제한되어 있기 때문에 수요와 탄력성을 정확히 분석한다는 것은 수송자료의 불충분과 수요에 대한 각종 주장의 불일치성으로 인해 대단히 어렵다.

그러나 1970년대에 대형화물 전용기가 등장하여 대량수송이 이루어지는 동시에 운임의 인하와 화물의 신속한 인도가 어느 정도 실현되면서 전체적인 물류차원에서 수요분석이 가능하게 되었다.

2 항공운임요율

국제항로는 2개 이상의 항공사가 취항하고 있으며, 상호의존적인 과점경쟁상태를 유지하고 있다. 과점경쟁상태도 경쟁이 심화되어 운임인하경쟁이 가속되면 채산성이 악화되므로 가격경쟁은 스스로 항공사들 간에 회피하려는 경향이 있을 뿐 아니라, 각 국가 간의 쌍무 협정 또는 국제항공운송협회(International Air Transport Association : IATA)의 동일항로에 대한 동일요율적용원칙과 ICAO의 조정으로 상호 간의 극심한 운임인하경쟁은 규제되고 있다. 항공사의 기본적인 항공화물운임(Air cargo tariff) 구조는 다음과 같다.

1) 일반화물요율(General Cargo Rate : GCR)

일반화물요율은 품목분류요율(Class Grade Rate : CGR)과 특정품목 할인요율

(Specific Commodity Rate : SCR)의 적용을 받지 않는 모든 화물에 대하여 적용이 된다.

① **최저운임**(M : Minimum rate) : 화물에 적용이 되는 가장 낮은 운임으로 최저운임보다 낮은 운임인 경우 최저운임이 적용된다.

② **기본요율**(N : Normal rate) : 모든 화물의 요금에 기준이 되는 요율로 45kg 미만에 적용된다.

③ **중량단계별 할인요율**(Q : Quantity Weight) : 45kg 이상의 경우 무게(weight break)에 따라 다른 요율이 적용되며, 중량이 많아짐에 따라 낮은 요율이 적용된다.

2) 특정품목 할인요율(Specific Commodity Rate : SCR)

특정품목 할인요율은 특정구간에서 반복적으로 수송이 되는 화물에 대하여 특별히 낮은 요율을 적용하여 가격이 산정되며, 품목마다 다르다. 특정품목 할인요율의 설정은 항공수송을 이용할 가능성이 많은 화물에 대하여 낮은 가격을 설정하여 해상수송, 육상수송의 화물을 항공으로 유도하는 데 있다.

특정품목 할인요율은 설정된 최저중량의 제한을 받도록 되어 있으며, 평균적으로 최저중량은 100KG으로 설정되어 있다. 항공화물운송장(AWB) 작성 시 Rate Class란에는 "C"를 표기한다. SCR이 적용되는 품목은 별도로 분류가 되어 있다. TACT Rates[8] 2, 3과 2, 4에 명기되어 있으며 대표적 품목은 〈표 7-5〉와 같다. SCR의 적용시에는 반드시 품목번호를 AWB상에 기입하여야 한다.

---

8) TACT(The Air Cargo Tariff)는 Rule Book(규정집) 1권과 Rate Book(요율집) 2권으로 구성되어 있다. TACT Rule Book은 항공화물수송에 관한 각 항공사의 규정, 각국 정부의 규정 및 세계 각공항의 시설 및 정보, 모든 운임, 요금 규정과 운송장, 화물의 수탁 등 모든 부분에 대한 규정이 명기되어 있는 규정집이다. 통상적으로 Orange Book으로 불리기도 한다. TACT Rate Book은 북미지역의 운임이 명기된 Red Book과 북미지역을 제외한 세계 모든 지역의 운임이 명기되어진 Green Book으로 구성되어 있다.

〈표 7-5〉 TACT Rates 품목번호 예시

품목번호	품목 내용
0001 ~ 0999	생선, 육류, 채소 및 과일 제품
1000 ~ 1999	생동물, 동물성 및 식물성 제품
3000 ~ 3999	금속 및 금속제품
4000 ~ 4999	기계류, 자동차 등 전기제품
6000 ~ 6999	화학제품 및 관련 제품
9000 ~ 9999	기타 품목

〈 SCR AWB 작성예시 〉

No. of Piece	Gross Weight	K L	Rate Class	Commodity Item No.	Chargeable Weight	Rate / Charge	Total	Nature and Quantity of Goods (incl. Dimensions or Volume)
20	200.0	K	C	0300	200.0	4000	800000	Seafood
40	340.0	K	C	0006	340.0	4.5	1530.00	Beverages

3) 품목분류요율(Class Grade Rate : CGR, Class Rate(Commodity Classification Rates))

품목분류요율은 몇 가지 특정 품목에만 적용이 되는 할인 및 할증 요율로서 품목뿐만이 아니라 특정구간, 특정지역에 적용이 되는 경우도 있다. 이 요율이 적용이 되는 특정 품목으로는 6가지가 있으며 이 중 화물로 수송이 되는 수화물(비동반 수화물) 및 신문, 잡지 등은 기본 요율에서 할인이 된 요율(R : Reduction)이 적용이 되며, 귀중품, 생동물, 시체와 자동차는 일반화물요율에서 할증이 된 요율(S : Surcharge)이 적용이 된다.

4) 종가운임(Valuation Charges : VC)

보관방법과 적재장소 등 수송 중 특별한 주의를 필요로 할 뿐 아니라 화물사고 시에 손해보상액이 큰 고가화물에 대해 운임부과중량 대신 수송화물의 신고가격을 기준으로 부과하는 운임이다. 항공화물운송장(AWB)에 화물의 실제가격을 신고하면 화물수송 시 사고가 발생하였을 경우 손해배상을 받을 수 있는데, 이때 화물가액의 일정비율로부터 종가요금이 가산되어 결국 종가운임은 손해배상과 직접적인 관련을 가진 요금이라 할 수 있다.

항공화물수송에 있어서 사고가 발생했을 때 항공기업의 최대 배상 한도액은

17SDR로 정해져 있기 때문에 화주가 손해배상을 청구해도 그 한도액을 넘어서 배상을 받을 수는 없다. 즉, 항공화물운송장(AWB)에 명시된 송하인의 운송신고가격이 kg당 17SDR을 초과하는 화물에 대하여는 그 초과한 금액에 대하여 0.75%에 상당하는 금액을 종가금액으로 징수한다. 우리나라 종가요금은 [운송신고가격-{총중량×Kg당 운임(USD)}] × 0.5%이다.

5) 단위탑재용기운임(Bulk Unitization Charges : BUC)

단위탑재용기운임이란 수송화물의 종류나 무게, 체적에 따라 운임을 부과하지 않고 화물이 적재된 단위탑재용기(팰릿, 컨테이너)의 크기와 개수를 기준으로 책정하는 일종의 품목무차별운임(Freight All Kinds Rate : FAK)을 말한다. 화물의 종류와 상관없이 일정구간에 한해 팰릿, 컨테이너당 크기와 개수로 운임을 부과하는데, 단위탑재용기별 최저중량(pivot weight) 및 기본운임(pivot charge)에 의거 IATA Rates Book을 참고하여 운임을 계산한다.

〈표 7-6〉 최저중량과 기본운임의 계산

최저중량(pivot weight) 이하	품목무차별운임(FAK) 적용
최저중량(pivot weight) 이상	초과 중량에 surcharge 부과 pivot charge + (화물중량-pivot weight) × over pivot charge

AWB 작성시에는 Rate Class란에 Pivot 범위내의 경우는 "U"(Pivot Weight Charge), Pivot 범위 초과는 "E"(Weight in Excess of Pivot & Applicable Rate), ULD 기본무게는 "X"(Unit Load Device)를 표기한다. 또한 "Nature and Quantity of Goods"란에 ULD 번호를 기입한다.

〈표 7-7〉 BUC AWB 작성예시

No of Piece RCP	Gross Weight	K / L	Rate Class	Rate Class Commodity Item No.	Chargeable Weight	Rate / Charge	Total	Nature and Quantity of Goods (incl. Dimensions or Volume)
2	1798.0	K	U	5	1690.0	5895900	5895900	PMC4563ZZ
	130.0		X					
	620.0	K	U	8	680.0	2372000	2372000	AKE0313ZZ
	118.0		X					
			E		48.0	3000	144000	

6) 기타요금

① **입체지급수수료**(disbursement fee) : 입체지급이란 항공수송 개시 이전에 송하인 또는 그 대리인의 비용으로 이미 지급한 경우 수하인이 부담하여야 할 육상수송료, 보관료, 통관수수료 등을 말하며, 송하인의 요구에 따라 항공화물운송장(AWB)에 입체지급금을 명시하는 경우 운송인이 이를 수하인으로부터 징수하는 금액을 가리킨다. 즉, 출발지에서 항공수송 이전에 발생된 기타 요금이 착지급으로 되어 수하인이 지급해야 하는 수수료의 합계를 말한다.

② **위험물취급수수료**(dangerous goods handling fee) : 위험물에 대해서만 적용되는 수수료를 말한다. 위험물에 대해 일반화물요율이 적용되고 있으므로 위험물취급수수료는 위험물에 부과되는 일종의 할증료로 볼 수 있다.

③ **착지급수수료**(charges collect fee) : 항공화물운송장(AWB)상에 운임을 수하인이 납부하도록 기재된 화물을 착지급화물이라 하며, 이러한 화물에 대하여 운임과 종가요금을 합한 금액에 해당하는 금액을 착지급수수료라고 한다. 항공사가 착지급수수료를 징수하는 목적은 운송료를 송하인으로부터 화물 인수 시 징수하지 않고 목적지에서 수하인에게 징수하는 것에 대한 리스크를 방지하는 데 있다. 또한 운송료를 타국 통화로 징수하여 자국으로 송금하는 데 대한 환차손 보전 및 송금 업무에 대한 대가, 그리고 착지급수송의 억제에 그 목적이 있다.

〈표 7-8〉 항공화물 운임 종류

<table>
<tr><td rowspan="6">Transportation Charge</td><td rowspan="4">Weight Charge</td><td>GCR (General Cargo Rate)</td></tr>
<tr><td>SCR (Specific Commodity Rate)</td></tr>
<tr><td>CGR (Class Grade Rate)</td></tr>
<tr><td>BUC (Bulk Unitization Charge)</td></tr>
<tr><td colspan="2">Unpublished Rate - Construction, Combination</td></tr>
<tr><td colspan="2">Valuation Charge</td></tr>
<tr><td>Other Charges</td><td colspan="2">위험물취급수수료, 운송장작성수수료, 입체지급수수료, 착지급수수료, 보험료, Trucking Charge 등</td></tr>
</table>

Ⅲ. 항공수송 관련 사업

1 정기항공 운수사업(Scheduled Carrier)

정기항공 운수사업이란 "한 지점과 다른 지점 사이에 노선을 정하고 정기적으로 항공기를 운항하는 항공사업"이라고 정의하고 있다. 화주의 수요에 따라 항공기를 이용하여 유상으로 화물을 수송하는 사업을 말하며 국제항공수송과 국내항공수송으로 구분된다. 최근에는 국제항공수송을 간선으로 활용하고 그 양단에 있는 국내항공망을 상호 이용하여 트럭의 네트워크와 결합하는 육·공복합수송 시스템을 많이 이용하고 있다. 우리나라의 정기항공운수사업체로는 대한항공과 아시아나항공이 존재한다.

2 부정기항공 운수사업(Non-Scheduled Carrier)

부정기항공 운수사업은 "정기항공운수사업 외의 항공운수사업"이라고 정의할 수 있다. 달리 표현하면 정기스케줄 없이 수요가 있을 때마다 요구하는 구간과 시간에 따라 여객과 화물을 수송하는 것을 전문으로 하는 항공사를 의미한다. "부정기(不定期) 혹은 챠타(Charter)"라 칭한다.

3 전세항공운수사업

운항스케줄이 미리 정해지지 않고 노선, 운임 등의 운항 조건을 공시하여 일정 수준 이상의 고객을 확보하여 운항하는 방식과 고객의 요구에 따라 지정된 구간에서 항공기를 임차하여 운항하는 전세운송(Charter)이 대표적 사업들이다.

④ 항공기사용사업

항공기사용사업이란 항공운수사업 외의 사업으로서 타인의 수요에 응하여 항공기를 사용하여 유상으로 농약살포·건설 또는 사진촬영 등의 업무를 행하는 사업을 말한다.

⑤ 항공기 취급업

일명 지상조업회사(Ground Handling Company)라고도 한다. 항공법에서는 항공기취급업을 "항공기에 대한 급유, 항공화물 또는 수화물의 하역, 그 밖에 정비 등을 제외한 지상조업을 하는 사업"이라 정의하고 있다. 항공기 취급업을 등록할 경우 법인과 개인의 기준을 구분하고 있다.

⑥ 상업서류 송달업

항공법에 의하면, 상업서류 송달업을 "타인의 수요에 응하여 유상으로 수출입 등에 관한 서류와 그에 부수되는 견본품(sample)을 항공기를 이용하여 송달하는 사업"이라 정의하고 있다.

⑦ 항공운송 총대리점업(General Sales Agent)

항공사업법 제2조 제30호(항공운송 총대리점업)는 "항공운송사업을 경영하는 자를 위하여 유상으로 항공기를 이용한 여객 또는 화물의 국제운송계약 체결을 대리(여권 또는 사증(Visa)을 받는 절차의 대행은 제외한다)하는 사업"이라 정의하고 있다. 즉, 항공화물운송대리점(air cargo agent)은 항공사 또는 총대리점을 위하여 유상으로 항공수송 화물운송계약체결을 대리하는 사업으로서 일반대리점을 말한다. 즉, 항공사를 대리하여 항공사의 운송약관, 규칙, 항공수송운임요율(tariff), 스케줄에 의거하여 항공화물수송서비스의 판매, 항공화물운송장(AWB)을 발행하며 이에 부수되는 업무를 수행하고 소정의 수수료(commission)를 항공사로부터 받는다.

8 항공화물 혼재업(Air Freight Forwarder ; Consolidator)

혼재업은 항공업에서 항공화물운송주선업이라 부르고 항공화물운송주선업은 타인의 수요에 응하여 유상으로 자기의 명의로서 항공운송사업자(항공회사)의 항공기를 이용하여 화물을 수송하는 사업이라고 보고 있다. 즉, 항공화물 혼재업자는 개개의 송하인과 운송계약을 체결하고 수송책임을 부담하지만 항공기를 스스로 운항하지 않고 수탁한 화물을 하나의 화물(one lot)로 모아서 스스로 송하인이 되어 항공사에 수송을 위탁한다. Forwarder라는 의미와 동일하게 사용된다.

혼재업자는 항공기를 갖고 있지는 않지만 자체 설정 화물요율 및 자체 운송약관을 적용하고 자체 운송장인 HAWB(House Air Waybill)을 발행한다. 즉, 혼재업자는 송하인과 운송계약을 체결하기 위하여 혼재업자 운송장(House Air Waybill)을 발행한다. HAWB는 출발지와 도착지에서 수출입통관에 사용될 수 있으며 혼재업자의 운송계약서로서의 역할을 한다. 혼재화물을 항공사에 위탁하기 위하여 혼재업자가 송하인으로 기재된 AWB를 MAWB(Master Air Waybill)이라 한다.

혼재업자가 혼재화물을 항공사에 인도하면 항공사는 혼재업자와의 운송계약의 증거로서 MAWB를 발행하여 혼재화물을 운송하고 HAWB(House Air Waybill)는 화물과 함께 목적지로 발송되며 HAWB는 송하인이나 수하인에게 교부된다. 목적지에서 혼재화물을 분류해야 되는 경우, 혼재회사가 스스로 목적지에서 분류할 수 없으므로 목적지에 있는 자기의 현지법인 또는 현지에서 Forwarder에게 이것을 위탁한다. 혼재업의 장점을 살펴보면 다음과 같다.

첫째, 항공사가 소량화물을 대량으로 집화하기 위해서는 방대한 영업조직을 갖지 않으면 안되지만 혼재업자를 이용함으로써 대량화물의 손쉬운 집화가 가능하다.

둘째, 소량화물을 가진 화주 또는 항공화물대리점이 직접 항공사에 화물을 위탁하면 중량에 따른 할인을 받을 수 없지만 혼재업자를 이용하면 중량에 따른 할인 혜택을 받을 수 있다.

셋째, 항공사를 대신하여 혼재업자가 화물의 집화나 공항에서의 수탁 및 혼재의 단일화를 수행하기 때문에 수송의 합리화를 도모할 수 있다.

넷째, 혼재업자는 화주 또는 대리점으로부터 받은 혼재요금과 항공사에 지급할 중량별 할인운임과의 차액으로 이익을 얻을 수 있다.

〈표 7-9〉 항공화물운송대리점과 항공화물 혼재업자의 차이점

내 용	대리점(agent)	혼재업자(consolidator)
자체 Tariff	항공사 Tariff 사용	자체 Tariff 사용
운송약관	항공사 약관에 준함	자체 약관에 준함
수하인	매 건당 수하인이 됨 (Master AWB)	Break Bulk Agent가 수하인이 됨(Break Bulk Reforwarding)
이익	IATA 5% 커미션이나 기타 수수료를 받음	항공운임 중량절감에 의한 화주 수령금과 항공지급운임과의 차액을 이익으로 하거나 IATA 5& 커미션을 받음
항공사와의 관계	항공사 Master AWB	자체 House AWB

9 도심공항터미널업(City Airport Terminal)

항공사업법 제2조 제32호에서는 도심공항터미널업을 "공항구역 외에서 항공여객 및 항공화물의 수송 및 처리에 관한 편의를 제공하기 위하여 이에 필요한 시설을 설치·운영하는 사업"으로 정의하고 있다. 공항이 아닌 지역에서 공항서비스 일부를 제공하는 부차적 공항청사라 할 수 있다. 도심의 교통 혼잡 등으로 공항 접근이 어려운 승객을 위해 편의를 제공함으로써 비행운항의 효율성을 기할 수 있어 대부분의 메트로폴리스(metropolis)에서는 도시의 중심부에 도심공항터미널을 설치하여 항공사탑승수속서비스를 제공하고 있어 특히 개인 외국인 여행객에게 각광을 받고 있다.

도심공항터미널업자의 주요 업무내용은 다음과 같다.

- 항공여행과 육상연계수송의 편의 제공
- 당일 출발편 좌석 배정 및 탑승권 발급

- 보안검색 수하물 접수/탁송
- 법무부 출국 사전 심사, 세관신고 및 병무 신고
- 여행사업 수행

Ⅳ. 항공수송 관련 국제협약

항공수송에는 항상 크고 작은 권한과 책임의 문제가 발생한다. 이러한 문제의 해결과 방지를 위해 정부, 항공수송기업 그리고 국제기구 간에 공식적으로 합의, 약속 또는 계약을 한다. 항공수송 관련 협약은 크게 공법적, 사법적 국제항공운송협약으로 구분할 수 있다. 공법적 항공운송협약은 그 내용이 국가와 국가 간의 관계 또는 국가와 개인 간의 관계 등을 규정하는 공법적 성질을 띠고 있으며, 각종 사법적 국제항공운송협약들의 모법(母法) 역할을 하고 있다. 사법적 국제항공운송협약은 주로 개인과 개인 간의 권리와 의무관계를 규정하고 있는 사법적 성질의 항공운송협약이다.

사법적 국제항공운송협약에는 민간항공운송의 대표적 준거협약이 되고 바르샤바협약과 함께 바르샤바체제를 이루고 있는 헤이그의정서, 과다라하라협약, 몬트리얼협약 등이 있다.

1 바르샤바협약

바르샤바협약(Warsaw Convention)은 항공수송이 국제적인 수송수단으로 발전함에 따라 항공업무의 국제적인 협조·통일화가 요구되어 1929년 10월 11일 바르샤바에서의 제2회 국제항공법회의(International Conference on Air Law)에서 체결되었으며, 정식명칭은 "국제항공운송에 관한 통일협약"(The Convention for the Unification of Certain Rules relating to International Transportation of Air)이다. 바르샤바협약에서는 처음으로 운송인의 책임제도를 확립하였다.

협약에 따르면 운송인은 여객수송에서 항공기 내 또는 탑승과 하기를 위한 작업 중에 발생하는 여객의 사망, 부상 또는 기타 신체상의 상해에 대하여 그 손해를 배상할 책임을 지고(제17조), 화물수송에서는 수송중 발생하는 수화물 또는 화물의 파손(destruction), 멸실(loss) 및 훼손(damage)에 대해서는 그 손해를 배상하여야 하며(제18조), 여객·수화물·화물의 지연(delay)으로부터 발생하는 손해에 대해서도 책임을 져야 한다.

여객의 사상 및 지연 시 125,000프랑, 위탁수하물 손실 및 지연시 1kg당 150프랑, 휴대수화물 손실 및 지연 시 여객 1인당 5,000프랑 그리고 화물의 손실 및 지연시에는 1kg당 250프랑을 배상한도로 정하였다.

② 헤이그의정서

제2차 세계대전 후 항공수송의 비약적인 발전과 1950년대 화폐가치의 지속적인 하락으로 바르샤바협약의 책임한도액이 비현실적이라는 주장이 제기됨에 따라 이를 전면적으로 개정하였다. 1955년 헤이그에서 개최된 국제항공사법회의에서 개정된 내용을 의정서(Hague Protocol)로 채택하였다. 헤이그의정서에서는 시대의 조류에 맞지 않는 운송증권조항을 수정하였다. 특히 배상이 적용되는 기준 가운데 운송인의 의도적인 위법행위(wilful misconduct)의 개념을 명확히 하였으며, 배상책임 한도액을 원(原)협약인 바르샤바협약보다 100% 인상하여 여객의 경우 250,000 포앙카레 프랑(PF)으로 조정하였다.

③ 몬트리올협정

1955년 헤이그의정서에 대하여 미국은 여객에 대한 책임한도액에 불만을 표시하고 이를 비준하지 않다가 1965년 11월 15일 바르샤바협약의 탈퇴를 통고하였다. 이에 국제민간항공기구(ICAO)는 바르샤바협약과 개정협약에서의 여객에 대한 책임한도문제에 관한 특별회의를 가졌으며, 이에 따라 IATA는 미국정부와의 협의로 1966년 5월 4일 몬트리올(Montreal)에서 협정을 채택하게 되었다.

몬트리올협정(Montreal Convention)의 주요 내용은 다음과 같다.

① 여객에 대한 책임한도를 소송비 및 제비용을 포함하는 경우에는 75,000달러, 소송비 및 제비용에 대한 별도규정을 두고 있는 국가에서는 58,000달러로 인상

② 바르샤바협약과 헤이그의정서가 운송인의 책임에 과실추정주의를 취하는 데 반하여 절대책임주의 채택

③ 항공운송인은 바르샤바협약의 운송인 책임배제에 관한 규정의 원용불가

4 과다라하라협약

ICAO의 법률위원회는 항공기의 임대차(hire)의 증가에 따라 새로운 협약의 필요성을 느껴 멕시코의 과다라하라(Guadalajala)에서 개최된 외교회의(dipiomatic conference)에서 과다라하라협약을 채택하였다.

1961년 체결된 이 협약에서는 여객 및 화주와 계약을 체결한 계약운송인(contracting carrier)과 실제운송인(actual carrier)에 대한 수송책임을 명문화하였다. 운송인의 범주에서는 여러 구간에 걸쳐 다수의 항공사가 있을 경우에 최초의 계약운송인뿐 아니라 후속운송인(successive carrier)을 포함하였으며, 계약운송인에게 부여하는 바르샤바체제의 권리와 의무를 실제운송인에게도 동일하게 부여하였다.

5 과테말라의정서

1965년 7월의 국제민간항공기구(ICAO) 총회에서 개정된 바르샤바협약상 운송인의 책임한도액을 다시 개정해야 할 필요성이 제기된 후, ICAO의 법률위원회에서 초안한 내용을 1971년에 과테말라에서 개최된 외교회의에서 채택한 협정이다. 본 의정서는 1955년 헤이그의정서에 대한 개정의정서로서 여객 및 수화물의 수송에 관련된 운송 규정의 개정에 초점을 두고 있으나 아직 발효되지 않고 있다. 본 의정서는 여객의 사상에 대한 책임한도액, 한도액의 정기적 자동수정, 운송인 책임한도액의 절대성, 내국적 보조조치(국내법에 따라 협약의 내용변경이 가능) 등 바르샤바체제를 근본적으로 개정할 것을 내용으로 하고 있다.

6 1999년 몬트리올협약

1999년 몬트리올협약은 바르샤바협약 및 관련 협약문서들을 현대화하고 통합한 내용이다. 1999년 5월에 바르샤바협약을 최신화하기 위한 회의가 캐나다 몬트리올에서 ICAO에 의해 소집되었으며, 동년 5월 28일에 신바르샤바협약(New Warsaw Convention)이 52개 국가들에 의해 채택 · 서명되었다. 1999년 몬트리올협약은 3가지 기본원칙, 즉 국제협약의 현대화 및 통합화의 필요, 새로운 여객수송 책임을 위한 기본요소 및 국제항공운수사업의 질서정연한 발전 등을 구체화하고 있다. 이러한 몬트리올협약의 가장 중요한 내용은 운송인들이 무한책임(unlimited liability)의 위험을 부담해야 한다는 점이다.

1999년 몬트리올협약에 의하면, 화물의 멸실 또는 훼손으로 입은 손해에 대하여 그 손해의 원인이 항공수송 중에 발생되었다는 것을 유일한 조건으로 하여 책임을 부담하게 됨을 규정하고 있다. 또한 이 협약은 운송인은 화물의 항공수송 중 지연(delay)으로 인한 손해에 대하여 책임을 부담하게 됨을 규정하고 있다. 몬트리올협약에 의하면, 화물의 파괴, 멸실, 훼손, 지연된 경우에 운송인의 책임은 1kg당 17SDR로 제한된다고 규정하고 있다. 화물 훼손의 경우 인도를 받을 권리를 가지는 자는 훼손을 발견한 후 즉시 또한 늦어도 화물을 수령한 날로부터 14일 이내에 운송인에게 이의를 제기하여야 한다. 즉, 1999년 몬트리올협약은 운송인들의 보호에서 소비자의 보호 측면을 보다 강조하고 있다.

Ⅴ. 항공수송 관련 국제기구

1 국제항공운송협회(International Air Transport Association : IATA)

1945년에 설립한 순수민간단체로서 본부는 몬트리올 및 제네바에 있다. 이 협회의 설립목적은, ① 세계인의 편의를 위해 안전하고 정기적이며, 경제적인 항공운수업의 발달과 항공교역의 육성 및 관련 수송 상의 문제점의 해결에 있다. ② 국제민간항공수송에 직·간접으로 관계되는 항공수송기업 간의 협력수단의 제공에 있다. ③ ICAO 및 기타 국제기구와의 협력에 있다.

② 국제민간항공기구(International Civil Aviation Organization : ICAO)

1947년에 발족된 유엔전문기관이다. 이 기구의 설립목적은, ① 국제민간항공의 발전, ② 항공기 공항 및 항공보안시설의 권장, ③ 필요한 경쟁으로부터 경제적 소비 방지, ④ 체약국의 국제항공기 육성에 공정한 기회 부여, ⑤ 평화적 목적으로 항공기 설계 및 운항기술 권장, ⑥ 비행의 안전 증진, ⑦ 국제민간항공의 전 분야에 대한 발전촉진 등을 들 수 있다.

③ 국제운송주선업자협회연맹(Federation internationale des Associations de Transitaires et Assimiles : FIATA)

1926년 비엔나에서 설립한 세계적인 포워더의 대표기관으로서, 본부는 스위스 취리히에 있다. 국제운송주선업자협회연맹(FIATA)은, ① 포워더의 서비스 홍보, ② 국제수송관계회의에 참여하여 포워더의 권익 보호, ③ FIATA B/L의 통일, ④ 전문인 교육·양성, ⑤ 업자들 간의 윤리규범제정 및 결속촉진, ⑥ 선사 및 화주와의 협력증진, ⑦ 수송종사자 간의 유대강화 등의 목적을 갖고 설립되었으며, 법률, 증권, 보험, 홍보, 교육, 철도, 도로, 해운, 복합수송, 항공, 통관, 무역절차 간소화를 위한 9개 분과위원회로 구성되어 있다.

각 위원회의 목적은 포워더 업무에 대한 인식제고 및 홍보, 회원 간의 정보 교환, 직업훈련 등에 두고 있다. 우리나라는 해상운송주선업자로 구성된 한국국제복합운송업자(KIFFA)가 1977년에 로스앤젤레스회의에서 정회원으로 가입하였다.

④ 국제항공화물협회(The International Air Cargo Association : TIACA)

TIACA는 항공사, 포워더, 공항, 지상조업자, 화물전용항공사, 자동차운수업자,

통관사, 물류업자, 통합운수업자, 송하인 등을 회원으로 하는 항공물류업의 최초의 국제조직이다.

TIACA는 항공화물산업과 세계무역확대에 기여를 하고 있으며 시장접근의 확대화를 도모하고 비효율적인 법규를 제거하며 환경과 경제발전의 조화를 이루고 있다. 또 항공화물작업을 표준화하고 교육훈련을 개발하여 항공산업 발전에 기여하고 있다.

회원의 자격으로는 의사결정을 정하는 이사진과 표준회원인 기업과 학생과 교육자를 대상으로 하는 준회원으로 나누고 정부기관 및 산업관련 교육기관들을 대상으로 하는 특별회원 등이 있다.

TIACA는 분야별 정책과 작업을 단속하는 실무위원회를 통해 업무를 성취하며, 전반적인 활동을 재정부서와 운영부서에 의해 통제하고 있다. 그리고 회장과 부회장 및 회원들로 구성되는 상설위원회가 조직의 임무를 개발하고 주요 임무를 담당한다.

그리고 세계무역기구(WTO)와 세계관세기구(WCO), ICAO, 경제협력개발기구(OECD) 등의 회의에서 항공화물산업을 대표하도록 위임받았고, 또 유럽, 북미, 아시아 간 매 2년마다 세계적인 이벤트를 집행한다. 연례총회와 항공화물최고경영자회의를 통하여 총회를 개최하며 우수한 항공화물전문가와 항공산업에 뛰어난 기여와 혁신을 한 인물을 찾아내어 포상한다. 그리고 항공산업 전분야를 연구하여 보다 나은 항공물류를 위해 노력하고 있다.

Ⅵ. 항공화물운송장

1 항공화물운송장의 의의와 성격

해상수송의 선하증권에 해당하는 기본서류가 항공화물운송장(Air Waybill : AWB) 또는 항공화물탁송장(Air Consignment Note)이다. 기본적인 성격은 선하증권이 화물의 수령을 증명하는 동시에 유가증권적인 성격을 가지고 유통가능한 반면,

AWB는 화물의 수령을 증명하는 영수증에 불과하며 유통이 불가능하다는 점이다(〈표 7-10〉 참조).

〈표 7-10〉 항공화물운송장과 선하증권의 비교

항공화물운송장	선하증권
유가증권이 아닌 단순한 화물수령장	유가증권
비유통성(Non-negotiable)	유통성(Negotiable)
기명식	지시식
수령식(창고에서 수령하고 발행)	선적식(본선 선적 후 발행)
송하인이 작성	선사가 작성

운송계약은 AWB를 수령한 시점, 즉 화주 또는 그의 대리인이 AWB에 서명하거나 항공사 또는 해당 항공사가 인정한 항공화물취급대리점이 AWB에 서명한 순간부터 유효하며, AWB상에 명시된 수하인(consignee)에게 화물이 인도되는 순간 소멸된다.

2 항공화물운송장의 기능

1) 운송계약서

AWB는 운송인과 화주 간에 체결된 운송계약을 증명하는 서류로서 운송장의 발행자인 운송인은 운송장에 기재된 내용의 수송을 이행할 의무가 있으며 화주는 운송인에 대해 운송장에 기재된 내용과 같은 수송의 이행을 요구할 수 있는 권리를 가진다.

2) 단순 화물수취 증서

AWB는 항공화물운송인이 화주로부터 해당 화물의 수송을 위해 수령한 사실을 증명하는 서류이다(AWB 중 송하인용인 제3의 원본이 이에 해당됨).

3) 운임(요금) 계산서

AWB는 운임 및 요금의 청구서적인 기능을 발휘하는 서류이다. 운임 지급조건이 선급일 경우는 송하인용인 제3의 원본이 이에 해당되며 착지급조건의 경우에는 수하인용인 제2의 원본이 이에 해당된다.

4) 보험가입증서

AWB는 송하인이 화주 보험을 체결한 경우에 한해 운송장상에 지급한 보험료가 기재되는 등 가입증서로서의 성질을 가진다.

5) 세관 신고서

AWB는 관세부과기준이 되는 CIF가격 중 운임과 보험료가 기재된 증거 서류, 수출입 화물의 통관 시에 수출입신고서에 첨부되어 세관에 제출된다.

6) 운송장 화물의 취급지침서

필요할 경우 송하인이 화물의 수송, 취급, 인도 등에 관련된 운송인에 대한 지시사항을 AWB 상에 특기할 수 있다.

7) 수하인에 대한 화물인도 증서

AWB 중 부본 4는 도착지에서 수하인이 화물을 인수한 후 서명하여 인도한 항공사에 돌려주는 서류로서 운송계약이 이행되었음을 증명하는 서류이자 화물의 인도 사실을 증명하는 서류이다.

8) 사무 정리용 증거 서류

AWB는 발행 항공사와 후속 운송인 또는 항공화물대리점 등에서 운임정산 및 회계상 등 수송과 관련된 업무처리 시에 근거서류로 사용된다(부본 6, 7, 8, 9 등이 이에 해당됨).

③ 항공화물운송장의 구성

바르샤바협약에 의거하면 AWB는 송하인이 원본 3통을 작성하여 화물과 함께 교부하여야 한다고 규정하고, 제1의 원본에는 '운송인용'(녹색)이라 기재하고 송하인이 서명한다. 제2의 원본에는 '수하인용'(적색)이라 기재하고 송하인 및 운송인이 서명하고, 이 원본을 화물과 함께 송부한다. 제3의 원본(청색)은 운송인이 서명하고 화물을 인수한 후에 송하인에게 교부하도록 되어 있다.

한 세트의 AWB는 원본 3통에 사본 6통 이상으로 구성되어 있다. 사본 6통중 1통은 항공사의 화물인도증명서 및 운송계약이행의 증거서류로서 물품인도 시 수하인이 서명하고 인도항공사에 반환하는 것(황색)이며, 나머지 5통은 모두 백색으로 도착지공항의 세관통관업무용, 발행대리점 보관용 등으로 이용된다.

〈표 7-11〉 항공화물 운송장의 구성

번호	색상	사용자	AWB 용도
원본 1	녹색	발행항공사	- 운송계약서로 운임 정산, 회계처리
원본 2	적색	수하인	- 목적지로 보내지며, 수하인에게 인도
원본 3	청색	송하인	- 화물 접수 영수증, 운송 계약서
원본 4	황색	인도항공사	- 화물 인도 증명서, 운송계약 이행 서류
부본 5~12	백색	도착지 공항, 수송참여항공사, 발행 대리점 등	- 도착지 세관 신고 - 수송 참여 항공사의 정산을 위한 자료 - 발행대리점 보관 - 기타 필요 시 사용

4 항공화물운송장의 표준화

국제항공수송에 있어서 발행되는 AWB는 IATA에 의해 양식과 발행방식이 규정되어 있다(IATA RESO 600). 이 통일안은 IATA 회원 항공사가 의무적으로 사용토록 규정하고 있으며 비회원사도 회원사들과 연계수송을 위하여 대부분 IATA 양식을 사용하고 있다.

운송장이 국제적으로 보장되는 이유는 IATA가 결의한 모든 규정을 대부분의 정부가 인정하여 공인하고 있기 때문이다. 법률적인 뒷받침으로서는 항공수송에 관한 국제협약인 몬트리올협약(Montreal Convention)이 있다. 이 협약에 의해 AWB의 법률적 성격, 운송인의 책임범위, 배상한도, 송하인, 수하인, 항공사의 권리와 의무 등이 규정된다.

아울러 AWB에는 헤이그의정서(Hague Protocol)에 따라 항공사가 행해야 할 사항을 AWB 원본 뒷면에 명백히 규정하고 그 규정에 따라 위탁받은 화물의 수송에 대한 책임을 지도록 되어 있다.

제4절 해상수송

Ⅰ. 해상수송의 개요

1 해상수송의 의의

해상수송이란 선박을 이용하여 사람과 화물을 수송하고 그 대가로 운임을 받는 상행위를 말하지만, 여기에서의 정의는 상선을 이용하여 화물을 수송하고 운임을 받는 것을 말한다. 무역에서 해상수송은 국제수송의 중심으로 조선기술의 발달, 항해술과 통신기술의 진보와 더불어 발달하여 왔다. 따라서 오늘날의 해상수송은 수송의 경제성과 안전성이 어느 정도 확보되었고, 모든 항구 내의 선박의 정박 및 출입이 자유로워짐에 따라 모든 비용도 평균화되게 되었다.

2 해상수송의 특성

수송이라 함은, 해상수송, 육상수송, 항공수송과 이들 수송의 결합에 의한 복합수송 등으로 나눌 수 있다. 그러나 국제수송의 중심수송은 해상수송이며, 오늘날 컨테이너를 이용한 복합수송이 보편화되어도 여전히 해상수송이 그 기초가 되고 있다. 해상수송은 육상수송이나 항공수송과 비교하여 몇 가지 특성을 갖고 있다.

1) 대량수송

항공수송은 신속성은 확보되지만, 운송량은 제한되고 육상수송의 철도의 경우

20톤 화차 10량을 연결해도 200톤밖에 안 되지만, 선박의 경우 수십만 톤의 화물선이 있다.

2) 원거리수송

철도수송도 뒤에 설명하는 Siberian Land Bridge(SLB)나 American Land Bridge(ALB)와 같은 원거리수송이 있지만, 해상수송은 주로 오대양을 횡단하는 수송이 많다.

3) 저렴한 수송비

육상수송과 같은 도로라는 시설이 필요하지 않으며 1회에 대량수송이 이루어지기 때문에 규모의 경제원칙에 따라 단위당 수송비가 저렴하다.

4) 자유로운 운송로

현재 유엔해양법에서는 연안 12해리를 영해로 규정하고 있지만, 대부분의 바다는 공해에 속하므로 육지의 경우처럼 제약을 받지 않고 자유항해가 가능하다.

Ⅱ. 정기선

1 정기선의 의의

정기선해운(liner shipping)은 정해진 항로를 규칙적으로 반복하여 운항하는 정기선에 의하여 수송하는 형태를 말한다. 또한 이 수송방식은 선사가 불특정다수의 화주로부터 소량화물을 집화하여 한 선박에 혼재하여 수송한다는 의미에서 개품운송(Carriage of Goods by General Ship)이라고도 부른다.

이 정기선해운의 형태는 해상수송에서 가장 일반적인 형태로서 재래선에 의한 수송과 컨테이너선에 의한 수송으로 크게 나눌 수 있다. 보통 정기선해운에서는 송하인이 선사와 운송계약을 체결하고 원칙적으로 선사가 지정하는 일시 및 장소에 화물을 운반하면, 그 화물은 선사의 책임 하에 본선에 적재되고 선적완료 후 선사는 송하인에게 수취의 증거로서 선하증권(B/L)을 발행하게 된다.

정기선은 주로 벌크화물을 수송하는 부정기선에 비하여 공산품 등의 일반화물 또는 포장화물을 수송한다. 따라서 부정기선의 일화만선(一貨滿船)의 용선계약과는 달리 다종다양한 개품운송계약에 의해서 이루어진다. 부정기선의 수송이 주문생산이라면 정기선은 시장생산이라고 할 수 있다. 해상수송의 초기에는 모든 수송이 부정기선형태를 취했지만 공산품교역이 확대되고 조선・항해기술의 발달과 함께 정기선이 등장한 것이다. 특히 최근에는 컨테이너선에 의한 정기선 운항이 세계해운의 주류를 이루고 있다. 그러나 정기선과 부정기선은 상호 한계성 및 보완성을 갖고 있기 때문에 두 분야는 보완적・병존적 관계하에서 지속・발전되고 있다.

2 정기선의 특징

정기선의 운항형태, 화물, 운임, 조직 등에 관한 특징은 다음과 같다.

1) 반복운항

정기선수송은 특정항로에서 정해진 배선표(shipping schedule)에 따라 예정된 항구를 규칙적으로 반복운항한다. 따라서 선사는 만선여부에 관계없이 공표된 운항일정을 준수해야 하므로 화주가 선적준비를 마칠 때까지 기다릴 수가 없다.

2) 공중운송인

정기선수송서비스를 제공하는 운송인은 불특정다수의 화주를 상대로 수송서비스를 제공하는 일반운송인(common carrier) 또는 공중운송인(public carrier)으로 이들은 일반 화주들이 수송을 요청하면 선복의 공간이 있는 한 수송의 인수를 거절할 수가 없다.

3) 고가 서비스

선박자체가 부정기선에 비해 고가이며, 화물도 완제품 또는 반제품인 2차 상품이 대부분을 이루어 1차 상품인 원자재 및 농·광산물 등의 부정기선 화물에 비해 고가이며 운임 역시 부정기선에 비해 높다.[9)]

4) 표준계약서

부정기선은 화물의 종류, 수량에 따라 운송계약이 다양하게 체결되나 정기선은 화물의 종류, 수량에 상관없이 정형화된 선하증권(표준계약서)이 운송계약서 역할을 한다.[10)]

5) 운임표

정기선수송은 서비스 자체가 불특정다수의 화주를 대상으로 하는 공공성을 지니고 있기 때문에 일정한 운임산정기준에 의해 미리 정해둔 운임률표(tariff)를 공시하도록 하고 있다.

공시된 태리프 범위 안에서 화주 및 화물에 차별을 두지 않고 수송서비스를 제공한다. 화주는 언제든지 운임률표를 열람할 수 있으며 운임의 변동은 일정 기간 동안 미리 공시된다.

6) 대형조직

다양한 화물의 취급 및 여러 항구를 기항하므로 취항항구마다 지점을 두게 된다. 따라서 본사 및 지점의 조직 규모가 부정기선에 비해 훨씬 크다.

7) 자본집약사업

정기선수송서비스는 어느 특정 또는 제한된 화물만을 수송하기 위한 것이 아니며 불특정다수 화물을 대상으로 하는 대중수송서비스를 제공한다. 이용자인 화주에게 안정적인 서비스를 제공·유지하기 위해서는 일정규모 이상의 선대(fleet)를 보유·운항할 필요가 있으며, 주요 기항지에는 화물을 유치하기 위한 지점이나 대리점을 설치해야 하는 등 막대한 투자자본이 필요하다.

---

9) 과거에는 부정기선 보다 운임이 높았지만, 최근에는 외국기업과 국내선사의 글로벌화로 인해 운임경쟁이 치열해져 부정기선보다 낮아지는 실정이다.

10) 선하증권은 운송계약서가 아니고 운송계약의 증거이다.

Ⅲ. 부정기선

1 부정기선의 개요

1) 부정기선의 의의

부정기선(tramper)은 원유, 석탄, 광석, 곡물, 원목, 철강 등 화물의 화주가 요구하는 그때 그때의 시기 및 장소에 맞춰 불규칙적으로 운항하는 수송형태이다. 따라서 특정항로를 일정한 시차를 두고 규칙적으로 반복운항하는 정기선(liner)과 대비된다(〈표 7-12〉, 〈표 7-13〉 참조).

〈표 7-12〉 정기선과 부정기선의 특징

구 분	정기선	부정기선
운송대상화물의 특징	단위당 가격은 고가이나 운임의 비중이 낮고 다양한 화물을 운송함	중량, 용적에 비해 낮은 가격이며 운임의 비중이 높고 벌크화물을 운송
서비스요구의 수준	운임보다는 신속성, 규칙성이 중요함	신속성, 규칙성보다 운임이 상대적으로 저렴함
수요의 측면	지리적, 시간적으로 규칙적, 안정적이며 전체수요도 연속적임	지리적, 시간적으로 불규칙적이며 불안정하고 수요전체는 단속적임
공급의 측면	특정항로에서 반복적, 규칙적으로 운항됨	수요발생의 순서에 따라 수시로 항로가 변경됨
자본투자의 측면	막대한 투자비용이 요구됨	비교적 투입자본이 적음

부정기선은 일정량의 화물확보 또는 일정액의 운임을 지급하면 어디든지 원하는 곳으로 운항할 수 있다.

정기선은 운임률표(tariff)에 공시된 운임을 수수(授受)하고 선주 일방만이 서명한 운송계약을 증명하는 선하증권이 발급되지만, 부정기선은 매번 교섭(bargaining)을 통해 운임이 결정되고 선주와 화주 쌍방이 서명한 운송계약서인 용선계약서(charter party : C/P)가 작성되며, 화물이 선적되면 선사는 선하증권을 발행하여 화주에게 전달하여야 한다.

원래 해운업의 초기형태는 부정기선 형태였으나, 국제 간의 무역이 크게 늘고 조선과 항해 기술이 발달함에 따라 정기선으로 확대·발전하게 되었으며, 오늘날은 컨테이너선의 출현으로 정기선운항이 더욱 활성화되고 있다.

〈표 7-13〉 정기선과 부정기선의 경영상의 특징

구 분	정기선 경영	부정기선 경영
항로	특정한 항구 간을 일정에 따라 규칙적으로 반복운항함	운송화물의 수요에 따라 항로가 결정되고 변동됨
선박형태	일정규모의 선대가 취항되며 여객운송도 가능하고 선박종류는 주로 컨테이너선 또는 재래일반화물선이 사용됨	선박단위로 개별적으로 취항되며 여객운송은 거의 없고 주로 전용선이 사용됨
화물의 형태	다수 화주로부터 다양한 종류의 잡화이며 주로 완제품이나 가공품인 포장화물임	1인 또는 소수 화주로부터 동질의 대량만재화물이며, 주로 원자재나 기초화물인 벌크화물임
화물가격과 운임	고가화물이며 운임이 높고 운임은 공정운임(tariff rate), 동맹운임이 중심이 됨	화물자체의 가격이 낮고 운임도 비교적 저렴하며 수요와 공급에 따른 시장운임, 경쟁운임이 중심이 됨
운송계약	불특정다수의 화주와 개품운송계약을 체결하며 통일된 양식의 B/L을 사용함	특정 용선자와 용선계약(charter party), 항해단위, 기간 등에 따라 계약조건이 다른 C/P를 사용함
집화	주로 집화전담직원(solicitor) 또는 집화대리점(forwarding agent)을 통함	화물중개업자(cargo broker)를 통함
선박운항자의 성격	일반(공중)운송인(common carrier ; public carrier)	계약(개인)운송인(contract carrier ; private carrier)
기업의 규모	거대하고 복잡한 육상관리조직과 집화기구, 전용항만시설이 필요함	소규모의 조직으로서도 가능하며 주로 중개업자나 대리점을 이용함

2) 부정기선시장의 특성

부정기선의 화물은 대체로 원유, 철광석, 석탄, 시멘트, 합판 등의 저가대량화물(低價大量貨物, 운임부담력이 약한 화물)로 구성된다. 이러한 화물수송은 지역별·시기별로 비교적 불규칙적이라서 수요에 따라 수시로 항로가 결정되므로 전 세계가 활동무대가 되고 범세계적 시장(global market)을 형성한다.

따라서 단일기업의 시장점유율은 그리 크지 못하며, 어느 한 기업이 자기의 수급량 조정으로 시장전체를 좌우할 만큼의 독점기업을 성립하기 어렵다. 또한 기업은 상호 생산 조건에 차이가 있어 카르텔의 형성도 극히 어렵다.

범세계적 단일시장은 필연적으로 자유경쟁이 전개되고 가격(운임이나 용선료)은 타율적으로 결정되며, 그 수준(운임)은 수급의 변화와 더불어 끊임없이 변동하게 된다. 즉, 부정기선시장은 경제학에 말하는 완전경쟁시장(perfect market)에 가까운 시장이라 할 수 있다.

이런 가운데 부정기선시장은 어떤 연유로 수송수요가 늘어 운임이 인상되면, 선박에 대한 투자가 활발해져 선복이 늘고, 이것이 지나쳐서 선복이 과잉상태에 이르면, 운임이 하락하여 투자가 감소되는 과정을 반복하면서 시황이 변동하게 된다.

부정기선시장은 수송수요에 대한 선복공급을 매개하는 곳으로 19세기 이래 런던이 그 중심을 이루고 있다. 특히 발틱해운거래소(Baltic Exchange)가 설치되어 런던, 도쿄, 오슬로 등과 함께 4대 해운시장을 이루고 있다. 이 가운데 도쿄는 용선수요가 커서 외국의 선주 및 중개업자들이 직접 대화주들을 접촉하며 선복을 판매하고 있고, 뉴욕은 거의 모든 거래가 전화로 이루어지고 있다. 오슬로는 노르웨이 선주들이 주로 3국 간의 배선을 하기 때문에 세계시장에 대한 정보가 풍부하고 중개업자들이 매우 적극적인 것으로 정평이 나있다.

❷ 부정기선의 운송계약

1) 용선계약의 의의

용선계약이란 해상운송인(선주)이 항해의 전기간 혹은 항해에 대하여 일정한 기간 동안 선복의 일부 또는 전부를 제공하여 물품을 수송하기로 약정하고, 용선자(charterer)가 그 보수로서 운임을 지급하기로 약정하는 계약을 말한다.

부정기선의 화물 대부분은 원료나 곡물 등의 대량화물이며 더구나 벌크화물인 경우가 많다. 이런 종류의 화물은 1개 품목당 무역거래량이 수만톤 단위로 대량 거래되며 이를 Lot Cargo라 한다. 화주는 선사와 계약하여 일반적으로는 선박단위로 선복을 임차하여 화물을 수송하게 된다. 이러한 화물은 부정기선을 이용한 용선계약으로 수송되며, 그 대부분은 항해용선계약으로 추진된다.

부정기선의 거래는 종래, 서비스의 거래로서 용선계약과 화물거래로서의 선박임대차계약으로 분리되어왔으나 대부분의 국가에서는 정부나 협회 등을 중심으로 표준양식을 제정하여 모든 용선계약에도 동일하게 적용하고 있다. 부정기선의 용선계약에는 화주가 선사와 체결한 항해용선계약 외에 선박운항자(Operator)와 선주(Owner) 간에 체결된 선체용선계약과 정기용선계약이 있다. 전자의 항해용선계약을 '화주용선'이라 하며, 화주가 특정구간의 수송을 위해 1항해 또는 수차례의 항해에 걸쳐 용선하는 것을 말하는 것으로 선박운항자에게 수송의 대가로서 운임을 지급하게 된다. 후자의 용선계약은 '운송인용선'이라고도 하며, 선박운항자가 물품으로서 선박을 선주로부터 일정기간 임차 활용하는 것을 말한다.

2) 용선계약의 유형

(1) **항해용선계약**(voyage charter)

이 계약은 선박소유자가 운송행위의 제공, 즉 운송물의 선적항과 양륙항 사이의 수송을 목적으로 용선을 인수하는 단항해용선계약이다. 그러나 특정기간 동안 연속항해를 목적으로 용선을 인수하는 단항해용선계약도 있다. 이 계약의 특질은 선박소유자는 해상운송인으로서 그리고 화주는 항해용선자로서의 역할을 담당하며, 용선료는 약정항해에 있어서 용선선박의 적하 능력을 기준으로 산정하게 된다.

(2) **정기용선계약**(time charter)

이 계약은 선박소유자가 일정기간 동안 수송능력을 제공하여 정기용선자가 지시한 운송물을 수송할 것을 인수하는 계약이다. 그러므로 이 계약에서는 항해횟수와 관계없이 전 용선기간 중에 선박소유자는 실제운송인(actual carrier)으로서 통상적인 수송서비스를 제공할 의무가 있다. 또한 정기용선자는 화주 또는 다른 사람의 운송물을 수송의뢰 받은 계약운송인으로서 입장을 취하며, 계약조건에 따라 운송물의 하역의무를 담당하게 된다. 정기용선계약에 있어서 용선료는 항해용선계약의 항해단위의 운임과는 달리, 기간단위의 운임, 즉 기간운임이다. 그리고 정기용선계약은 기간을 계약의 주요 내용으로 하는 점에서 선박임대차 또는 선체용선계약과 비슷한 점은 있으나, 정기용선자는 용선선박의 수송서비스 능력만을 자유사용 내지 사용·수익(용역)하는 점이 선박임대차와 선체용선과 다른 점이다.

(3) 선체용선계약(bareboat charter)

이 계약은 선박소유자가 선박임차인 또는 선체용선자에게 수송수단인 선박의 제공, 즉 용선선박을 직접 사용・수익하게 할 것을 약정하고, 선박임차인 또는 선체용선자가 이에 대하여 임차료로서 용선료를 지급할 것을 약정함으로써 성립하는 계약이다. 이 계약의 특징은 선박임차인 또는 선체용선자가 선박을 배타적으로 점유・지휘하며, 또한 선장과 해원의 선임권과 해임권을 가지고 있다. 그러므로 선장과 해원은 선박임차인 또는 선체용선자의 대리인 또는 이행보조자이지, 선박소유자의 대리인은 아니다. 선박임대차계약은 용선선박의 조건에 따라서 의장선 임대차계약과 비의장선 임대차계약, 즉 선체용선계약으로 구분하고 있다.

한편 용선계약의 구조 및 형태를 비교한 내용은 〈표 7-14, 표 7-15〉와 같다.

〈표 7-14〉 용선계약의 구조

종 류	내용(목적)	계약의 본질	용선자-피용선자	대가
선체용선계약	선박만 일정기간 임차	선박임대차계약	Operator ↔ Owner	용선료
정기용선계약	승무원과 선박을 일정기간 임차	선박임대차계약 + 노무제공계약	Operator ↔ Owner	용선료
항해용선계약	화물을 특정구간 1회 또는 수회 왕복항해 운송	운송계약	Shipper ↔ Owner	운임

〈표 7-15〉 용선계약형태의 비교

항해용선계약	정기용선계약	선체용선계약
선주가 선장을 임명하고 지휘, 감독함	좌동	임차인이 선장을 임명하고 지휘, 감독함
용선자는 선복을 이용하고 선주는 수송행위함	좌동	임차인이 선박을 일정기간 사용, 수송행위 함
운임을 화물의 수량 또는 선복으로 결정함	용선료는 용선기간에 의해 결정됨	임차료는 일정기간을 기초로 하여 결정됨
용선자는 화주에 대한 감항성담보책임 없음	좌동	임차인은 화주에 대한 감항성 담보책임이 있음
선주비용부담항목 : 선원의 급・식료, 음료수, 윤활유, 유지비 및 수선비, 보험료, 항비, 하역비, 제수수료, 예선료, 도선료, 상각	선주비용부담항목 : 선원의 급・식료, 음료수, 윤활유, 유지비 및 수선비, 보험료, 상각	선주비용부담항목 : 상각, 보험료
용선자 비용부담항목 : 없음	용선자 비용부담항목 : 연료, 항비, 하역비, 제수수료, 예선료, 도선료, 상각	임차인 비용부담항목 : 항해용선 중 상각 이외의 모든 비용

Ⅳ. 컨테이너선

1 컨테이너화의 개요

컨테이너는 화물의 단위화(unitization)를 목적으로 하는 수송도구로 1920년대 미국의 철도화물수송에서 처음으로 등장하였으며, 해상수송에 있어서는 제2차 세계대전 중에 미군이 군수물자의 수송에 사용하였다.

각종 수송수단에의 적응성과 호환성을 갖춘 컨테이너를 세계 최초로 개발한 곳은 미국의 New York Central 철도회사인데, 이 회사는 1921년에 철도사상 처음으로 컨테이너서비스를 개시하였으며 1929년에는 영국의 철도에도 컨테이너가 채택되었다. 그러나 유럽국가를 비롯한 세계 여러 나라에서 철도컨테이너가 본격적으로 도입된 것은 제2차 세계대전 이후이다.

해상수송에 있어 컨테이너화(containerization)는 1956년에 미국에서 연안해상 컨테이너수송을 시작한 데 이어 1966년에 미국의 Sealand사가 북대서양항로에 처음으로 컨테이너전용선(full container ship)을 투입함으로써 재래항로의 컨테이너화가 본격적으로 개시되었다.

우리나라의 컨테이너수송은 1969년에 USL사가 미군화물을 컨테이너를 사용하여 양하하면서 시작되어 1970년에는 Sealand사의 컨테이너선이 부산항에 입항함으로써 본격화되었으며, 1972년에는 용산역과 부산진역 간에 컨테이너 철도수송이 시작되었다. 우리나라 최초의 컨테이너수송선은 1972년 한일항로를 운항한 컨테이너 Feeder선인 인왕호이지만 컨테이너전용선은 1975년 북미항로를 운항한 Korea Woins One호가 최초이다.

2 컨테이너수송의 장 · 단점

1) 컨테이너수송의 장점

① **경제성** : 수송 및 하역비의 절감(수송수단 간의 환적이 용이하고 대량수송이 가

능함), 보관비의 절감, 포장비의 절감, 자금의 신속한 회전, 보험료, 인건비, 사무비 절감

② **고객에 대한 서비스 향상**: 하역시간의 단축으로 수송기간의 단축, 화물의 손상을 감소함으로써 서비스 향상

③ 육·해·공이 단위화물수송방식(unit load system)과 협동일관수송으로 door to door 수송이 가능

2) 컨테이너수송의 단점

① 이용화물의 제한

② 시설확보에 따른 경비부담

③ 컨테이너 및 제반설비의 관리문제

④ 기항지 최소화로 기항지 이외로 수송되는 화물은 추가운임 발생

3 컨테이너 화물수송의 유통경로

컨테이너화물의 유통경로는 FCL(Full Container Load) 화물인 경우에는 화주의 공장이나 창고 또는 영업소 등에서 화물을 컨테이너에 적재하여 내륙컨테이너기지(inland container depot : ICD)로 운반되며, LCL(Less than Container Load) 화물은 ICD에서 화물을 집결하여 목적지나 혼적의 적부를 고려하여 하나의 컨테이너에 다른 화물과 혼재되어 컨테이너 전용열차에 의해 컨테이너터미널로 수송된다.

컨테이너터미널은 ICD의 기능도 겸하고 있어 FCL 화물은 이곳에서 직접 받아들이기도 하고, LCL 화물은 컨테이너터미널에 부설되어 있는 CFS(Container Freight Station)에서 혼재업무를 진행하기도 한다.

이렇게 컨테이너터미널에 의하여 화물은 컨테이너터미널에서 목적항까지 수송되며 그 곳에서 다시 트럭이나 철도 또는 항공기에 의하여 최종목적지까지 운반된다. 컨테이너화물의 수송형태는 화물의 양, 목적지, 집화방식 등에 따라 서로 상이하며, 운임구조와 책임한계 등도 이에 따라 결정된다. 컨테이너화물의 수송형태별 유통경로를 살펴보면 [그림 7-18]과 같다.

[그림 7-18] 컨테이너화물의 유통경로

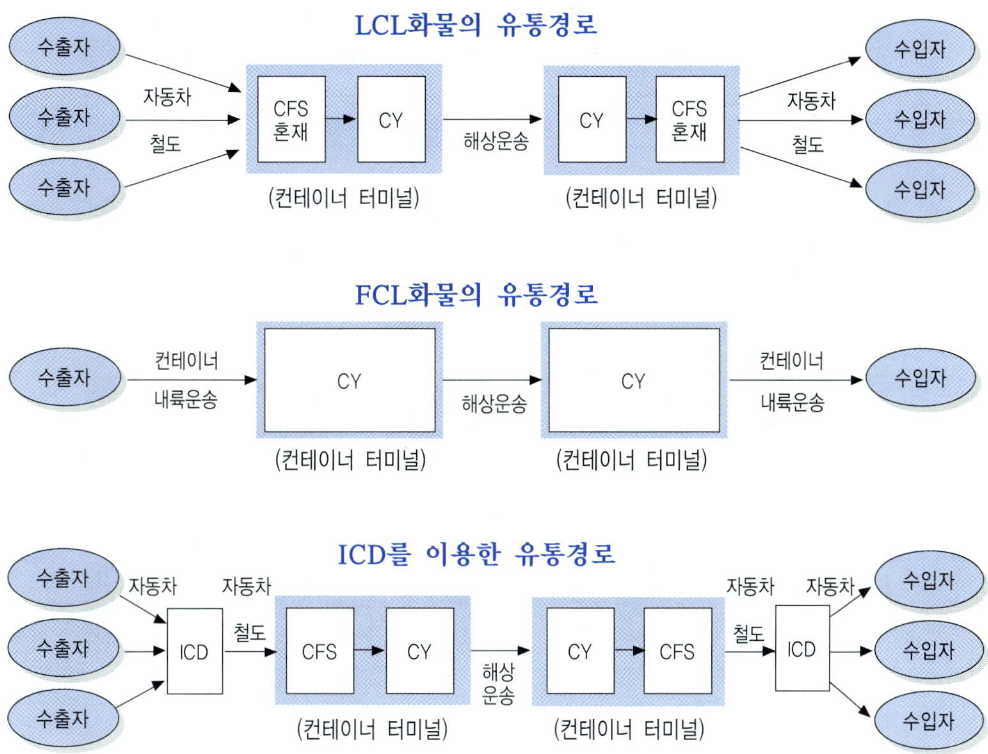

한편 컨테이너화물의 운송계약형태는 다음과 같으며, 컨테이너화물의 수송방식은 [그림 7-19]와 같다.

(1) CY/CY (FCL/FCL ; Shipper's Pack)

화물이 송하인의 생산 공장 또는 창고에서 컨테이너에 적재되어 최종목적지의 수하인 창고까지 동일한 컨테이너에 의하여 일관수송되는 수송방식이다.

(2) CY/CFS (FCL/LCL ; Shipper's Consolidation)

FCL 화물이 송하인의 생산공장 또는 창고에서 컨테이너에 적재되어 목적항의 지정 CFS까지 수송된다. 즉, 한 사람의 송하인과 다수의 수하인으로 구성된다.

[그림 7-19] 컨테이너화물의 수송방식

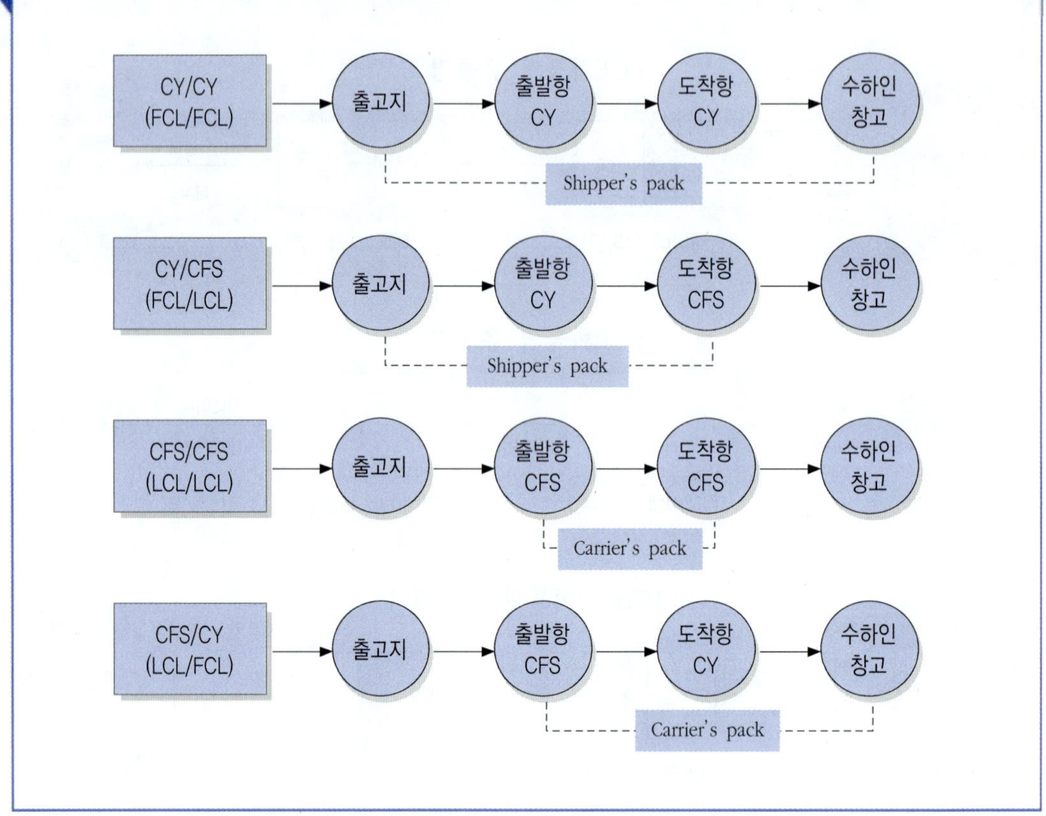

(3) **CFS/CY** (LCL/FCL ; Buyer's Consolidation)

화물이 선적지에 있는 선사의 지정 CFS에서 컨테이너에 적입되어 최종목적지에 있는 수하인의 창고까지 동일한 컨테이너에 의하여 수송되는 형태이다. 이는 다수의 송하인과 한 사람의 수하인으로 구성된다.

(4) **CFS/CFS** (LCL/LCL ; Forwarder's Consolidation)

화물이 선적항에 있는 선사의 지정 CFS에서 컨테이너에 혼재되어 도착항에 있는 선사의 지정 CFS에서 컨테이너로부터 반출되어 여러 수하인에게 인도되는 수송형태이다.

④ 컨테이너화물의 수송절차

컨테이너화물의 수송경로를 보면 우선 FCL화물(Full Container Load Cargo), 즉 컨테이너 용기 1개를 한 화주가 채울 수 있는 화물은 화주의 공장 또는 창고라든가 영업소의 구내에서 컨테이너에 적입되어 ICD에 반입되고 다시 컨테이너터미널(CT)를 거쳐 항구를 통해 외국으로 수송된다. LCL화물(Less than Container Load Cargo), 즉 컨테이너 1개에 단일 화주화물로 채워지지 않는 소량 화물인

[그림 7-20] 컨테이너화물의 수송절차

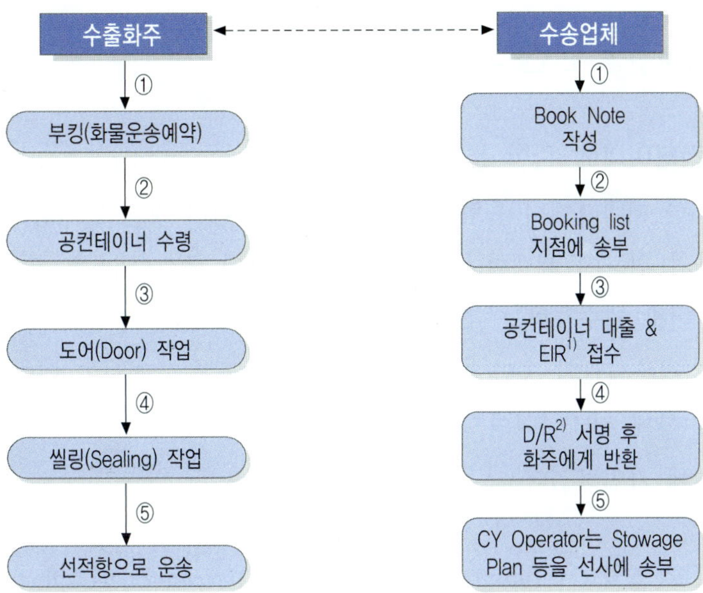

① 선사/포워더에 선적예약(부킹)
② 수송업체가 가져온 공컨테이너를 수령
③ 공컨테이너에 수출화물 적입작업(도어작업)
④ 적입완료 후 컨테이너 문을 닫고 씰링작업
⑤ 씰링작업 후 선적항으로 수송

① 선사 및 대리점은 화물선적예약서[3]를 작성하여 컴퓨터에 입력
② 집계된 화물인수예약명세서[4]를 관계점소에 송부
③ CY Operator는 필요한 공컨테이너를 화주에게 대출하고 EIR을 접수
④ 컨테이너 화물을 인수할 때 D/R에 서명한 후 화주에게 반환
⑤ 선적완료 후 CY Operator는 적부도(Stowage plan[5])를 선사 등에 송부

1) EIR(Equipment Interchange Receipt, 기기수도증)
2) D/R(Dock Receipt) : 부두수령증
3) 화물선적예약서 : Booking note
4) 화물인수예약명세서 : Booking list
5) 적부도(Stowage Plan) : 선박에 화물을 안정적으로 실기 위한 화물 배치도

경우는 ICD에서 집화된 뒤에 목적지 및 혼재의 적부 등을 고려하여 타화주의 화물과 혼재되어 컨테이너터미널로 수송, 항구를 거쳐 외국으로 수송된다.

이와 같이 컨테이너터미널에 집결된 화물은 컨테이너선에 의하여 목적항까지 수송되며, 그 곳에서 다시 트럭, 열차 또는 항공기에 의해서 최종목적지까지 운반되는데 컨테이너를 철도화차에 적재하는 것을 피기백(piggy back), 선박에 적재하는 것을 피시백(fishy back), 항공기에 적재하는 것을 버디백(birdy back) 수송이라고 한다. 만약 대형 컨테이너선을 충족시킬 만한 화물이 없거나 이들의 수송이 불가능한 경우는 소형 컨테이너선에 의한 피더서비스(feeder service)가 이루어진다.

5 컨테이너수송 관련 국제협약

1) 컨테이너에 관한 통관협약(Customs Convention on Container : CCC)

1956년 제네바에서 유럽경제위원회가 컨테이너 자체에 관한 행정상의 특혜를 인정하기 위하여 채택한 협약이다. 이 협약의 주요 내용은 일시적으로 수입된 컨테이너를 재수출하는 조건으로 면세하고, 국내보세수송에 있어서 일시적으로 체약국 정부세관의 봉인(seal)을 존중하는 것 등을 규정하고 있다. 이 협약은 TIR 협약과 함께 컨테이너의 육상수송 시 편의를 제공하기 위한 것으로 우리나라는 1981년에 가입하였다.

2) TIR 협약(Customs Convention on the International Transport of Goods Under Cover of TIR Carnet)

CCC협약이 컨테이너 자체를 그 대상으로 한 협약인데 반하여, TIR 협약은 컨테이너와 컨테이너 운반차량을 대상으로 한 협약(컨테이너 차량의 도로수송을 용이하게 하기 위한 것)이다. 이 협약의 주요 내용은, ㉠ 체약국은 도로수송차량에 의하여 컨테이너에 적입되고 봉인되어 수송되는 화물에 대해서는 일정 조건하에 경우지 세관에서 수출입세의 납부를 면제하며, ㉡ 경유지 세관에서의 세관 검사가 면제된다.[11] 1959년에 유럽경제위원회가 유럽 여러 국가 간의 수송상의 편의를 위해 제정하였으며, 우리나라는 1981년에 정식 가입하였다.

3) ITI 협약(Customs Convention on the International Transit of Goods)

관세협력이사회가 국제수송에 관련된 통관협약의 작성작업을 추진하여 1971년에 채택한 협약이다. TIR 협약과의 차이점은 TIR은 도로수송에만 적용되지만, ITI는 육・해・공 모든 수송수단을 대상으로 한다는 점이다. 우리나라에서는 CCC와 TIR 협약의 규정을 실시하기 위해 "컨테이너에 관한 통관협약 및 국제도로수송수첩에 의한 담보하에서 행하는 화물의 국제수송에 관한 통관협약의 실시에 수반하는 관세법 등의 특례에 관한 법률(컨테이너 특별법)"을 발효하여 그 규정에 따라 컨테이너 자체의 통관제도가 실시되고 있다. 컨테이너 자체에 대해 면세 일시수입을 행하고 이것을 관세법상 내국물품으로 취급한다. 따라서 국내에서 컨테이너 자체의 통관에 대해서는 보세수송의 절차를 필요로 하지 않으며 장치장소도 보세구역이 아니라도 된다. 또한 수출입신고를 할 경우에는 컨테이너의 종류, 기호 및 번호 등을 기재한 적재컨테이너일람표(Loading Container List)를 제출해야 하지만, 구두로 행하는 간단한 방법도 이용되고 있다.

4) 컨테이너 안전협약(International Convention for Safe Containers : CSC)

CSC협약은 1972년 UN과 국제해사기구(International Maritime Organization : IMO)가 컨테이너 구조상의 안전성을 확보하기 위해 채택된 협약이다. 다시 말해 CCC와 TIR은 컨테이너 유통에 따른 관세행정상의 편의를 위한 것이라면, CSC는 컨테이너 자체의 안전을 위한 것이라고 할 수 있다. 우리나라는 1978년 가입하였다.

---

11) 이 협약의 적용을 받기 위해서는, ㉠ 도로주행 차량 또는 컨테이너는 일정한 기술적 조건을 갖추고, 사전승인을 받을 것, ㉡ 도로주행 차량 또는 컨테이너에 적출지 세관의 봉인을 받을 것, ㉢ 수송할 때 국제도로수송수첩(TIR Carnet)에 의한 보증이 있어야 한다.

제5절 복합수송

Ⅰ. 복합수송의 개요

복합수송(combined transport)은 2가지 이상 서로 다른 방법(at least two different modes of transport)에 의하여 물건이 수탁된 장소(place of taking in charge)에서 인도하기로 약정된 장소(final destination)까지 수송되는 것을 말한다.

이와 같은 복합수송을 표시하는 용어는 'Combined transport, Muiti-modal transport, Inter-modal transport' 등이 있다.

종래 수송방법은 단일수송방법(single mode of transpot) 및 개품수송방법을 취하여 왔으나 수송방법의 발달로 단위화된 화물(unitized cargo)을 단위적재(unit load)하는 방법, 즉 컨테이너 또는 팰릿을 사용하는 방법이 개발되었으며 이러한 방법은 다시 화물의 출발지점으로부터 목적지까지 여러 종류의 수송방법에 의하여 수송함으로써 'start-finish' 또는 'door-to-door'의 서비스를 제공하는 복합수송으로 발전하였다.

Ⅱ. 복합수송의 특징

복합수송은 반드시 두 가지 서로 다른 수송방법에 의하는 경우에만 해당된다. 반드시 해상, 내륙수로, 항공, 철도 또는 도로를 이용하는 상이한 방법에 의하여 수송되어야 한다.

복합수송서류는 실제수송을 담당하는 자(the actual provider of transport) 또는 타인에 의한 수송의 전부 또는 일부에 대하여 준비를 주선하는 자(an arranger for the provisions of all, or part of, the transport by others), 통칭하며 복합운송인

에 의하여 발행된다.

단일수송방법에서는 실제수송을 담당하는 자가 서류를 발행하지만, 복합수송에서는 운송인이 아닌 국내법규에 의거하여 허가 또는 인가를 받은 법인 또는 상사가 발행한다.

한편 복합수송의 특징을 요약하면 다음과 같다.

① **운송책임의 단일성**(through liability) : 복합수송은 복합운송인이 전 수송구간에 걸쳐 화주에게 단일책임을 진다.

② **복합수송서류**(combined transport B/L) : 복합수송은 복합운송인이 화주에 대하여 전 수송구간을 커버하는 유가증권으로서 복합수송서류를 발행한다.

③ **일관운임**(through rate) : 복합수송은 복합수송의 서비스 대가로서 각 수송구간 마다 분할된 것이 아닌 전 수송구간의 일관된 운임을 설정한다.

④ **운송방식의 다양성** : 복합수송은 반드시 두 가지 이상 서로 다른 수송방식에 의하여 이행한다.

⑤ **운임부담의 분기점** : 복합수송에 있어서 위험부담의 분기점은 송하인이 물건을 내륙운송인에게 인도하는 시점이 된다.

⑥ **컨테이너수송** : 화물을 정해진 규격의 컨테이너에 적입하여 컨테이너단위로 하역하고 수송하는 것으로 신속, 안전하게 환적함으로써 육・해・공을 연결한다.

Ⅲ. 복합수송의 이점과 연결형태

1 복합수송의 이점

① 화물유통의 신속성・안정성・저렴성 제고

② 수송서류의 간소화, 무역의 확대 촉진

③ 노동력 부족의 해결과 하역설비의 자동화

② 복합수송의 연결형태

1) Piggy Back(철도와 트럭)

컨테이너를 적재하고 트럭 및 트레일러를 철도의 대차에 그대로 실어서 운송하는 방식

2) Fishy Back(해운과 트럭)

트럭에서 실어온 컨테이너를 선박에 적재하여 수송하는 방식

3) Birdy Back(항공과 트럭)

트럭에서 실어온 컨테이너를 항공기에 적재하여 수송하는 방식

Ⅳ. 복합수송 관련 법규

사법통일국제협회(International Institute for the Unification of Private Law; Institute International pour L'Unification du Droit Prive(UNIDROIT))는 1965년에 '국제복합운송협약초안'을 작성하였다. 그런데 1965년에 국제해사위원회는 1969년 3월에 동경에서 '동경규칙'(Tokyo Rule)이라는 협약안을 채택하였다.

한편 UNIDROIT는 동경규칙이 채택될 것에 대비하여 동경규칙을 조정한 '국제복합운송에 관한 협약안(Projet de Convention sur le Transport Combine International de Marchandises : TCM)[12]을 공표하였다. 또한 정부간해사협의기구(IMCO)과 유럽경제위원회는 1971년 11월에 "개정 TCM 협약안"을 확정해서 국제컨테이너회의에 제출하였다.

---

12) 이 협약안은 1969년 국제해법회(Comite Maritime International : CMI) 동경총회에서 채택된 협약안인 동경규칙(Tokyo Rule)과 1965년에 UNIDROIT가 발표한 초안을 정비한 것이다. 1972년에 정부간해사협의기구[IMCO, 현재의 국제해사기구(IMO)]와 유엔유럽경제위원회(ECE)합동회의에서 정식협약으로 채택되었지만, 유엔무역개발회의(UNCTAD) 및 개도국의 반대로 실현되지 못하고 1980년 유엔회의에서 유엔국제물건복합운송협약(United Nations Convention on International Multimodal Transport of Goods)의 형태로 변경되어 채택되었다. TCM은 두 가지 이상의 다른 수송수단에 의한 물건운송계약의 서비스를 규정한 것이다.

그런데 협약채택준비작업의 추진 중에 UNCTAD는 개도국의 이익을 위하여 복합운송협약의 채택을 유보한다는 결의를 1972년 11월의 국제컨테이너회의에서 국제복합운송협약의 채택을 연기시켰다. 이 회의에서 협약안의 검토에 관한 문제가 UNCTAD에 이관되었으며, 국제물건복합운송협약안의 작성을 위한 정부간의 준비회의(IPG)에서는 1973년 10월부터 1979년 2월까지 협약초안을 마련하였다. 협약초안의 작성에 장시간을 소요한 것은 Hamburg 규칙의 성립을 기다리고 있었기 때문이었다.

마침내 복합운송협약은 1980년 5월 24일에 채택되었는데, 이는 대체로 Hamburg 규칙의 내용을 많이 반영하였으며, 기존의 협약안과는 전혀 다른 내용을 가지게 되었다. 1972년의 국제컨테이너회의에서 복합운송협약의 채택전망이 불투명해지자 실무계는 통일규칙을 작성하여 법의 실질적인 통일을 달성하려는 움직임을 나타냈는데, 국제상업회의소(International Chamber of Commerce : ICC)가 준비한 복합운송증권에 관한 통일규칙(Uniform Rules for a Combined Transport Document)이 그것이다.

이 규칙은 거의 대부분 개정 TCM 협약안의 내용을 채택하고 있다. 국제운송주선업자협회연맹(Federation International des Associations de Transitaires et Assimiles(FIATA) ; International Federation of Freight Forwards Associations)도 1978년에 복합운송증권에 적용할 표준약관(FIATA Combined Transport B/L)을 채택하였다. 이 표준약관은 1922년에 개정되어 1944년 3월 1일부터 시행되고 있다.

한편 해운회사는 일찍부터 동경규칙 또는 개정 TCM 협약안의 내용을 근거로 하여 복합수송에 이용할 운송증권의 이면약관을 제정해 왔으며, 현재 북미컨테이너선하증권과 유럽컨테이너선하증권을 이용하고 있다. 이들은 모두 이종 책임원칙을 채택하고 있지만, 수송구간불명손해에 대해서는 해상수송구간에서 손해가 발생한 것으로 보고, Hauge 규칙이나 Hague-Visby 규칙을 준거법으로 하도록 하고 있다.

1988년 UNCTAD와 국제상업회의소(ICC) 간의 합동작업부를 구성하여 3년간의 작업을 거쳐 새로운 규칙인 UNCTAD/ICC복합운송증권에 관한 규칙(UNCTAD/ICC Rules for Multimodal Transport Document)[13]을 제정하였으며, 이 규칙은 1992

년 1월 1일부터 발효되었다.

참고로 Hague 규칙, Hague-Visby 규칙, Hamburg 규칙 및 Rotterdam 규칙을 비교한 내용은 〈표 7-16〉와 같다.

〈표 7-16〉 4개 규칙의 비교

항 목	Hague 규칙	Hague-Visby 규칙	Hamburg 규칙	Rotterdam 규칙
적용범위	체약국에서 작성되는 모든 선하증권	선하증권발행을 요건 국제해상물건수송	·선하증권발행 유무를 불문하고 2국간의 국제해상 운송계약전체	선하증권발행 유무를 불문하고 국제해상운송 뿐만 아니라 해상구간을 포함한 복합수송에도 적용
적용구간	tackle to tackle	tackle to tackle	port to port	door to door
운송인 면책내용	항해과실면책을 비롯하여 17개 조항 면책규정	좌동	면책조항 삭제	면책카탈로그 항해과실 면책폐지, 선박의 화재 기타의 불가항력적 사유
책임한도액	100파운드/포장	10,000프랑/포장 또는 30프랑/kg 중 큰 것, 이후에는 667SDR/ 포장 또는 2SDR/kg 중 큰 것으로 변경	835SDR/포장 또는 2.5SDR/kg 중 큰 것	875SDR/포장당 혹은 ㎏당 3SDR/㎏당
갑판적 화물	적용제외	적용제외	적법한 갑판적 화물 적용	갑판적의 허용
제소기한	1년	1년	2년	2년
손해통지기한	외관상 확인가능한 때 : 인도시(통고불요) 외관상 확인 불능 시 : 3일 이내	좌동	외관상 확인가능한 때 : 인도 다음 날 중에 ·외관상 확인 불가능한 때 : 인도일로부터 15일	물건의 멸실·훼손의 통지가 인도 시에 혹은 분명하지 않을 때는 7영업일 이내 서면으로 운송인에게 통지가 되지 않으면 무사고인도의 추정으로 되어 인도연착에 의한 손실은 인도일을 포함한 연속 21일 이내

13) FIATA는 1970년에 복합운송증권양식을 제정해, 1978년 및 1988년에 각각 개정한 바 있고 1992년에 다시 개정하였다. 지금까지 포워더가 사용해 온 FIATA CTBL(FIATA Combined Transport B/L)은 국제상업회의소(ICC)가 1973년에 제정한 '복합운송증권에 관한 ICC 통일규칙'을 근거로 했었는데, 1992년에 ICC가 '복합운송증권에 관한 UNCTAD/ICC 규칙'으로 개정함으로써 FIATA도 FIATA CTBL을 개정하게 된 것이다. 이것이 곧 FIATA MTBL(FIATA Multimodal Transport Bill of Lading)이며, 1994년 3월 1일부터 공식적으로 사용되고 있다.

Ⅴ. 복합운송인

1 복합수송의 의의

복합운송인은 자기의 명의와 계산으로 화주를 상대로 복합운송계약을 체결한 계약당사자로서, 수송전반을 계획하며 수송기간 중 여러 수송구간을 적절히 연결하고 통괄하여 수송이 원활하게 이루어지도록 조정하고 감독할 지위에 있는 자를 말한다.

2 복합운송인의 유형

1) 실제운송인(Actual Carrier)형

자신의 직접 또는 일부 수송수단(선박, 트럭, 항공기 등)을 보유하면서 복합운송인의 역할을 수행하는 운송인을 말한다.

2) 계약운송인형(운송주선업자형)

선박, 트럭, 항공기 등의 수송수단을 직접 보유하지 않으면서도 실제운송인처럼 수송주체자로서의 기능과 책임을 다하는 운송인으로서 실제운송인에게는 화주의 입장에서, 화주에게는 운송인의 입장에서 책임과 의무 등을 수행하는 자로서 해상운송주선업자, 항공운송주선업자, 통관업자 등이 있다.

3) 무선박운송인(Non-Vessel Operating Common Carrier : NVOCC)형

해상수송에 있어서 자기 스스로 선박을 직접 운항하지 않으면서 해상운송인에 대해서는 화주의 입장이 되는 운송인을 말한다.

③ 복합운송인의 책임

1) 단일책임체계(uniform liability system)

운송물의 멸실, 훼손, 연착손해가 복합수송의 어느 구간에서 발생하였는지를 묻지 않고 복합운송인은 동일한 기준에 따라 책임을 지는 체계이다. 복합운송인이 면책사유로서 멸실, 훼손, 연착을 피할 수 없을 뿐만 아니라 그 결과를 방지할 수 없었던 사정으로 발생했다는 것을 증명한 경우만 면책된다.

2) 이종책임체계(network liability system)

손해발생구간이 확인된 경우와 그렇지 않은 경우를 나누어서 각각 다른 책임체계를 적용하는 방법이다. 손해발생구간이 확인된 경우에는 국내법이나 국제협약(해상 ; Hague 규칙, 항공 ; 바르샤바협약)을 적용하고, 그렇지 않은 경우에는 해상구간에서 발생된 것으로 간주하여 Hague 규칙이나 기본책임을 적용한다. 그러나 이종책임체계 하에서는 기존 협약이 적용될 수 없는 경우 문제가 발생하므로, 국지적 손해에 대해 해당 구간에 적용되는 국제협약을 적용할 것인지, 국내법을 적용할 것인지, 또는 책임한도액을 비교하여 고액을 선택할지의 문제가 선결되어야 한다는 문제점이 존재한다.

3) 수정단일책임체계(modified uniform liability system)

단일책임체계와 이종책임체계의 절충방식으로 유엔협약이 채택한 책임체계로서 손해발생구간의 확인여부에 관계없이 동일한 책임규정을 적용한다(단일책임체계). 손해 발생구간이 확인되고 그 구간에 적용될 법에 규정된 책임한도액이 유엔협약의 책임한도액보다 높은 경우에는 그것의 적용을 인정한다(이종책임체계). 손해발생구간이 확인되지 않거나 확인되어도 그 구간에 적용될 법에 규정된 책임한도액이 유엔협약의 책임한도액보다 낮은 경우에는 유엔복합운송협약에서 규정한 책임원칙을 적용하는 책임체계를 채택하고 있다.

Ⅵ. 복합운송증권

복합운송증권이란 자동차, 철도, 선박, 항공기 등의 종류가 다른 적어도 2가지 이상의 수송수단에 의하여 이루어지는 복합운송계약을 증명하기 위해 복합운송인이 발행하는 운송증권을 말한다.

〈표 7-17〉 복합운송증권의 특징

구 분	복합운송증권(MTD)
수송수단의 조합	이종운송수단과의 조합만 가능
운송계약의 형태	복합운송계약(하청운송형태)
운송인의 책임형태	전 구간 단일책임(network 또는 uniform liability system)
1차 운송인과 2차 운송인의 관계	1차 운송인 : 원청운송인 2차 운송인 : 하청운송인
증권의 발행인	발행인의 특별한 제한이 없고 운송주선업자도 가능(FIATA B/L의 경우에 한정함)
증권의 형식	B/L형식이 보통이지만 그 외의 형식도 가능
On board notation	수탁(taking in charge) 증명

Ⅶ. 해륙복합수송

1 해륙복합수송의 의의

종전에 항로를 중심으로 한 해상수송경로에다 일부 대륙횡단경로를 추가함으로써 거리・시간・비용을 절약하는 시스템으로 대륙횡단철도를 이용하여 해양과 해양을 연결하며 해상・육상의 경로에 의한 복합수송을 말한다.

2 주요 해륙복합수송경로

1) 아메리칸 랜드브리지(American Land Bridge : ALB)

극동의 주요 항구로부터 북미서해안의 주요 항구까지 해상으로 수송하여 내륙수송(육상수송)을 철도에 연결하여 북미 동남부에서 다시 해상수송으로 유럽지역항구 또는 유럽내륙까지의 일관운송을 말한다. ALB는 1972년 미국의 Sea Train 사가 처음으로 개발한 복합수송경로이다.

이 경로는 미국의 국제물류 중요성에 대한 인식이 높아짐에 따른 내륙철도에 관한 규제완화, Point-to-Point 수송의 발달에 따른 기존 해운동맹의 와해 등에 힘입어 더욱 발전하게 되었다. 특히 이단적열차(Double Stack Train : DST)기술의 발달이 복합수송 장점을 실현할 기회를 제공함에 따라 미국에서 Land Bridge 시스템이 크게 각광받게 되었다.

2) 캐나다 랜드브리지(Canada Land Bridge : CLB)

ALB와 같은 형태로 밴쿠버 또는 시애틀까지 해상으로 수송하고 그곳에서 캐나다의 철도를 이용하여 몬트리올에서 대서양의 해상수송에 접속하여 유럽 각 항구로 수송하는 복합수송경로를 CLB라고 한다.

3) MLB(Mini Land Bridge)

MLB는 레일브리지(Rail Bridge)의 일종으로서 극동에서 미국서해안항로를 거쳐 미국동해안항구 또는 걸프지역항만까지 수송하는 해륙복합수송경로이다.

이 루트의 특징은 파나마를 경유하는 All Water 서비스의 대체경로로서 선사에서 Intermodal B/L을 발행하고 선사는 통운임 가운데 철도운송비를 하청철도회사에서 지급한다는 점이다.

4) IPI(Interior Point Intermodal)

극동에서 북미서해안까지 해상수송되고 그 항구에서 철도에 환적된 다음 미국의 주요도시까지 철도수송되는바, 이때 주요도시의 배달지역을 IPI Point라고 한다. 즉, 극동으로부터 미국의 서해안 또는 동해안을 경유하여 미대륙의 주요도시까지 선사가 일관수송해 주는 서비스이다.

이 서비스는 미국 서해안을 경유하여 미국 동해안의 항만까지 수송되는 앞에 설명한 MLB 서비스와 달리 미국의 내륙도시까지 수송해준다는 점에서 Mini보다 작은 Micro라는 용어를 사용하고 있다. 또한 이 제도는 주요 수송거점까지 철도수송하고 화주의 문전까지 도로수송하는 복합수송시스템으로 선사의 책임하에 통운임과 통선하증권을 발행하여 주요 수송거점으로부터 2~3일 이내에 문전수송서비스가 이루어지며, 이를 Micro Land Bridge라고도 한다.

5) TAR(Trans Asian Railway)

유엔아시아태평양경제사회이사회(Economic and Social Commission for Asia and the Pacific : ESCAP)에서 동북아 지역의 생산력과 유럽의 풍부한 구매력을 원활히 연결시켜 동북아지역의 경제발전을 도모할 목적으로 유라시아대륙간의 1990년대 초반부터 건설을 추진 중인 복합수송경로이다.

이러한 ESCAP의 TAR사업은 아시아와 유럽 간의 경제적 연계를 통한 동북아 경제발전 도모와 교통체계의 통합이 주된 목적으로, 단절된 철도망의 연결을 통해 기존노선을 최대한 활용하며, 신규노선의 건설을 지양하고, 충분한 수요가 있는 지역의 우선 연결사업과 복합수송체계구축을 위한 컨테이너터미널과 주요 항만의 연결, 컨테이너 블록트레인의 시범운영 등이 주요 사업내용이다. ESCAP은 TAR 노선을 [그림 7-21]과 [그림 7-22]와 같이 4개 노선으로 구분하여 각 노선별로 다양한 검토작업을 벌이고 있다.

[그림 7-21] TAR

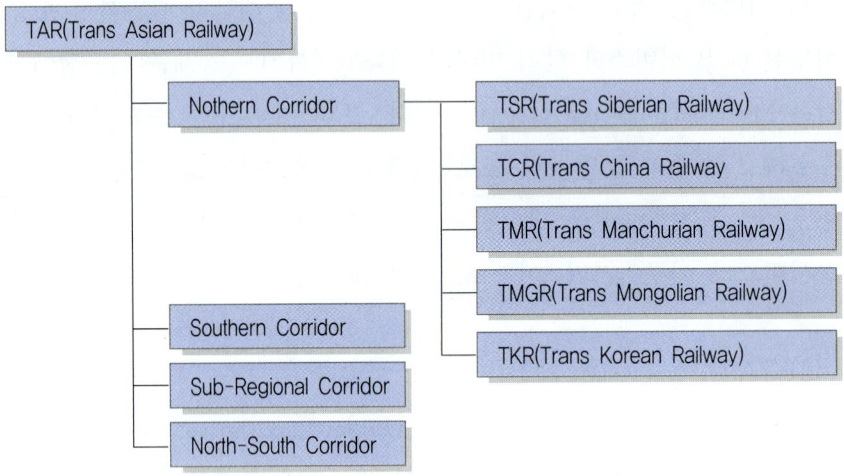

[그림 7-22] 주요 TAR노선

(1) **북부노선**(Northern Corridor)

이 노선은 한반도, 중국, 카자흐스탄, 몽골, 러시아연방을 연결하는 철도망이다.

(가) TSR(Trans Siberian Railroad, Siberian Land Bridge(SLB)) : TSR은 시베리아대륙횡단철도를 교량으로 하여 극동과 유럽 및 중동 간의 수출입화물을 수송하는 방법으로 육·해·공을 연결하는 복합수송시스템을 말한다. TSR은 러시아의 극동지역인 블라디보스토크와 모스크바 사이 9,300km를 연결하는 세계에서 가장 긴 철도로 1891년에 착공해 1916년에 완공했다. TSR은 1926년에 처음 화물수송 서비스가 개발되었으나 제2차 세계대전으로 중단된 이후 1967년부터 재개되었지만 본격적인 화물수송은 1971년 3월부터 시작되었다. 또한 1984년 TSR 북쪽에서 이 철도와 평행으로 건설되어 제2의 TSR로 불리는 BAM(Baikal Amur Magistral)의 개통으로 TSR의 수송능력은 크게 증대되었다.

TSR의 문제점으로 지적되고 있는 사항들은 주로 각 지역 간(타 국가 및 독립국가연합 포함) 협조체계가 미흡해 수송이 지연된다는 점, 운영과 시설투자가 부족해 서비스 수준이 떨어진다는 것이다. 즉, 수송의 신뢰성 및 안정성이 확보되지 않고 있으며, 여러 국가의 국경에서의 환적, 통관 및 검역을 위한 대기시간과 절차가 복잡해 수송 지연이 흔히 발생하고 있다.

(나) TCR(Trans China Railway) : TCR은 롄윈강 등 중국의 동부 연해항만도시에서 출발해 아라산쿠(중국), 드루즈바(카자흐스탄), 쿠르간/옴스크/모스크바(러시아)로 이어지며, 브레스트(벨로루시), 베를린(독일)을 거쳐 네덜란드의 로테르담 등 유럽지역 도시로 이어지고 있다. TCR은 1954년부터 건설을 시작하였으나 도중에 중·소관계의 악화로 공사가 진척되지 못하다가 1980년대 중국의 개혁정책으로 계속 추진하여 1990년에 카자흐스탄 철도가 개통되어 중동지역은 물론 CIS국가들을 경유하여 모스크바 및 유럽을 연결하는 새로운 대륙횡단철도를 구성할 수 있게 되었다.

TCR을 이용하면 유럽까지 수송하는 데 있어 TSR보다 1,000km 이상 거리가 단축되며 수송기간도 10일 이상 줄어들 수 있지만 TSR 노선에 비해 화주들의 주목을 크게 받지 못하고 있다. 그 이유를 살펴보면 TCR 노선이 TSR 노선보다 단거리임에도 운임에 있어서 별 차이가 없다는 점, 러시아 국경 통과 시 중국과의 궤도 폭이 달라 환적이 실시된다는 점, 그리고 국경 통과 시 까다로운 통관절차 등과 여러 가지 문제점이 존재하기 때문이다.

(다) **TMR**(Trans Manchurian Railway) : 만주횡단철도는 우수리스크역 남쪽에 있는 라즈드리노역에서 서쪽으로 방향을 꺾어 중국의 만주지방인 목단강과 하얼빈, 대경, 만주리를 거쳐서 러시아의 TSR 경유역인 치타(Chita)와 연계되는 철도를 말한다. TMR노선은 중국동포가 많이 살고 있는 중국북동부 노선으로 중국동포들과의 활발한 교류를 할 수 있다는 장점이 있으나, 현재 중국의 물동량을 수송하는 데 있어서 거의 포화상태에 이르고 있기 때문에 한반도 종단철도와 연계된 물동량을 처리하기에는 그 효율성면에서는 실행가능성이 희박하다고 볼 수 있다.

(라) **TMGR**(Trans Mongolian Railway) : 중국의 청진에서 베이징을 거쳐 몽골과의 국경인 에렌호트까지 수송되어 몽골 내 자민우드, 울란바토르(Ulaanbaatar), 호이트(Hoit)에서 러시아 내 노쉬키(Naushki)를 거쳐 울란우데(Ulan Ude)에서 TSR과 연결되는 철도루트이다. 청진에서 브레스트까지는 약 9,400km 정도인 TMGR은 TSR과 같은 1,520m의 궤도이기 때문에 중국과 몽골간의 국경역에서 환적작업이 이루어져야 한다.

또한 몽골 내 구간 1,110km 중 복선구간은 5km에 불과하여 원활한 열차운행이 불가능한 실정이며, 철도이용이 많아 철도용량에 한계가 있는 베이징 근방을 경유하여야 하기 때문에 상당한 지체가 발생한다. 몽고는 해상수송수단이 없는 내륙국가로 철도운행을 통한 내륙수송 활성화를 위해 다양한 시도를 하고 있다.

(마) **TKR**(Trans Korean Railway) : 한반도종단철도(TKR)란 한반도를 남북으로 연결하는 철도를 말하는 것이다. TKR은 일제에 의해 대륙침략과 한반도에서의 자원강탈을 목적으로 만들어진 철도로서 6.25전쟁 이후 끊겨 있던 남북한 철도를 남북경제협력의 일환으로 그 노선을 재복원 하려는 남북한 철도 사업을 말하는 것이다. TKR은 단순히 남과 북을 철도로 연결하는 것 이외에 대륙횡단철도(TSR, TMGR, TCR, TMR 등)와의 연계와 깊은 관련을 가지고 있다.

현재 남한의 수출수송루트는 해상과 항공으로 제한되어 있어 대륙과 해상을 연결하는 교통의 요지로서 지정학적 이점을 충분히 발휘하지 못하고 있다. 이러한 상황에서 TKR과 대륙횡단철도의 연결사업은 한반도가 동북아 물류중심 기지로

[그림 7-23] 한반도종단철도 노선

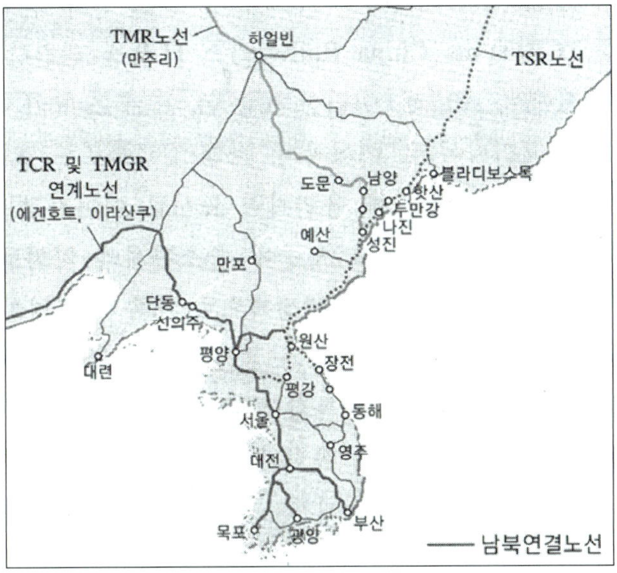

새롭게 도약할 수 있는 기회를 제공할 수 있는 시발점으로서 그 중요성이 대두되고 있다.

(2) **남부노선**(Southern Corridor)

이 노선은 태국-남중국 운남성-터키 간을 미얀마, 방글라데시, 인도, 파키스탄, 이란, 스리랑카 등을 경유하여 연결한다.

(3) **하부지역망**(Subregional Network)

이 지역망은 아세안(ASEAN) 국가들과 인도차이나 국가들을 대상으로 한다.

(4) **남북노선**(North-South Corridor)

이것은 러시아연방, 중앙아시아, 코카서스지방을 경유하여 북유럽과 페르시아만을 연결하는 대륙의 연계노선이다.

Ⅷ. 해공복합수송

1 해공복합수송의 의의

해공(Sea & Air)복합수송은 1956년 미국의 Flying Tiger사가 일본으로부터 백화점용 수입상품을 미국중서부나 동부연안으로 수송하기 위해 최초로 시도된 후 유럽까지 연장되기에 이르렀다.

Flying Tiger사는 네덜란드의 KLM과 제휴하여 국제루트를 개발하여, 일본에서 미국서부연안까지는 해상수송한 후에 그곳에서 미국 동북까지 Flying Tiger사가 항공으로 수송하고 다시 유럽의 최종 목적지까지는 KLM이 수송하였다.

우리나라는 1992년 1월 관세청이 통과수송화물의 보세수송에 대한 조항(관세청 고시 제92-712 보세운송 요령개정 제47조의 3)을 신설함으로써 중국발(中國發) 해공(Sea-Air) 복합수송사업이 대한항공에 의해 Sky Bridge라는 이름으로 1992년 7월부터 처음 시작되었다. 이어 1994년부터는 아시아나 항공이 China Express라는 이름으로 중국발 Sea & Air 서비스를 제공하였다.

해공복합수송이란 수송비용의 절감과 수송시간의 단축을 위한 목적으로 해상수송수단과 육상수송수단을 결합(sea-air combination)한 제3의 국제복합수송방식을 말한다.

즉, 이용자인 화주에 있어서 수송일수와 수송요금이 전 구간 항공수송과 전 구간 해상(all sea)수송의 중간에 있는 것으로서, 전 구간 항공수송을 이용하는 경우 운임이 높다는 문제점과 전 구간 해상수송을 이용하는 경우 수송일수가 너무 걸린다는 문제점을 효과적으로 극복할 수 있는 방식이다. 그 형태는 〈표 7-18〉과 같다.

〈표 7-18〉 해공복합수송의 형태

해공복합 수송의 형태	특 징
Carrier 형	이 형태의 특색은 항공기에 의해 수송하기 때문에 서비스의 신뢰성과 스페이스공급의 안정성 및 화물추적정보서비스가 강하다.
Space-Broker 형	이 형태의 특색은 수송루트와 체제는 개발되어 있지만 항공사는 기본적으로 항복을 일반화주에게 판매하지 않고 대리점과 포워더에게 운임과 스페이스를 공급하며, 다시 대리점과 포워더가 일반화주에 대하여 복합운송인이 되어 자사운송장(House Air Waybill : HAWB)[1]을 발행한다.
포워더 형	행선지를 임의로 선정하여 해상·항공루트를 자유로이 조합하여 다양한 서비스를 제공하는 형태를 말한다.

주1) 포워더가 송하인과 운송계약을 체결할 때 발행하는 운송장을 말한다. 송하인으로부터 화물을 수취했다는 증거로 되는 서류이기도 하다. 일명 혼재운송장이라고도 불린다. 한편 MAWB(Master Air Waybill)는 혼재업자가 소량의 화물을 혼재하여 1건의 화물로서 항공사에 인도할 때 항공사가 화물대리점을 통하여 발행하는 항공화물운송장을 말한다. 선하증권과 달리 양도성·유통성이 없다.

2 해공복합수송의 주요 경로

해공복합수송은 경제적인 특성상 그 수요가 증대됨에 따라 루트도 다양화되고 있다. 북미, 중남미는 물론이고 유럽, 중동, 아프리카, 오스트레일리아 등으로 확대하고 있다. 당초 Sea & Air 운송은 항공사가 자사노선을 축으로 루트를 선정해 왔던 것이지만 최근에는 포워더에 따라 독자적인 네트워크형성으로 자유로운 선택의 조합에 따라 행해지고 있고 서비스도 다양해지고 있다. 시장에서의 신규 참여업자도 늘어나고 있으나, 현재 Sea & Air의 서비스나 상품개발은 항공사, 포워더 등에 의해 행해지고 있다. 최근 크게 향상되고 있는 것은 집화력을 가지고 자사상품개발력이 있는 포워더가 주재하는 Sea & Air 수송이다. 또한 집화력이 부족한 포워더는 항공사의 대리점으로서의 기능을 발휘하고 있다. Sea & Air 수송의 주요 경로를 살펴보면 다음과 같다.

1) 유럽루트

일반적으로 [그림 7-24]와 같이 북미 경유, 러시아 경유, 동남아 경유 등의 루트가 있다. 가장 빠른 루트는 홍콩 경유인데, 홍콩 경유가 운임이 가장 높다.

[그림 7-24] Sea & Air 유럽루트

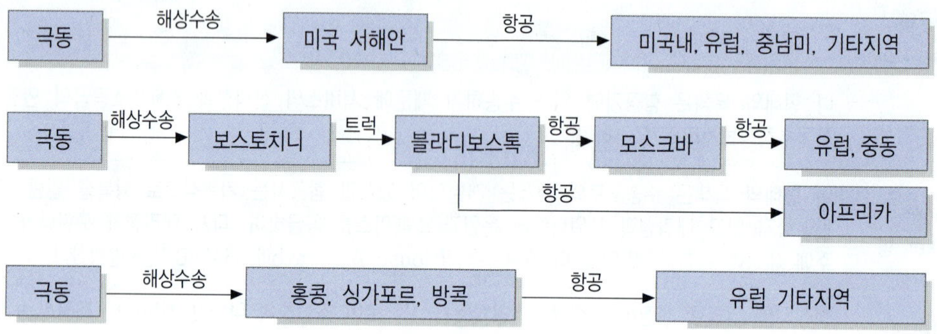

(1) 북미경유

1962년부터 개시된 이 루트는 수송량이 가장 많으며 컨테이너선으로 북미서해안의 시애틀, 밴쿠버, 로스앤젤레스로 수송하고 이곳을 거점으로 유럽 각지로 항공수송한다.

(2) 러시아 경유

1968년부터 러시아항공이 주재하는 복합수송루트이다. 해상으로 러시아 극동지역항구까지 해상수송한 후 다시 하역하여 컨테이너나 트레일러에서 블라디보스토크공항으로 육상수송되어 러시아항공의 화물기로 모스크바를 경유, 유럽 각 도시지역으로 공수한다. 이 루트는 ISO규격 20피트 해상컨테이너를 사용하고 해상에서 항공까지의 일관수송이 행해지고 있는 것이 특징이다.

(3) 동남아 경유

해상으로 홍콩, 방콕, 싱가포르 등의 항구로 수송하고 그 곳에서 항공수송을 하는 루트이다. 최근 동남아시아 출발의 유럽행 항공화물이 증가하고 있으나 항공기의 공간확보가 불안정하여 Sea & Air 화물선적은 크게 향상되지 못하고 있는 실정이다.

2) 미국 내 루트

우리나라에서 컨테이너선으로 북미서해안의 시애틀이나 로스앤젤레스에 해상수송하고 그곳을 중계지로 미국내륙 또는 미국동해안으로 공수하는 것이다.

3) 중남미 루트

컨테이너선으로 미국서해안까지 해상수송하고 그곳에서 중남미에 공수하는 루트와 서해안에서 마이애미로 수송한 뒤 그 곳을 중계지로 하여 중남미에 공수하는 루트 등 두 가지가 있다. 수송일수가 약 18~20일이므로 해상수송에 비해 상당히 단축되는 것이며 중남미항만에서 내륙중계서비스의 불만이 해소됨으로써 이 루트의 수요가 높아지고 있다.

4) 기타

이상의 루트 이외의 홍콩, 방콕을 중계지로 하여 중근동 연안, 아프리카에 공수하는 루트, 마르세유까지 해상수송하고 아프리카에 공수하는 루트, 방콕까지 해상수송한 뒤 인도에 공수하는 루트 등이 있다.

제6절 택배운송

Ⅰ. 택배운송의 개요

도시 내 물류는 공장→도매→소매 간의 상업물류인 집・배송과 소매→가정, 또는 가정→가정 간의 직접 일반주민과 접촉하는 소화물수송으로 구분된다. 따라서 소화물일관수송은 보통 30kg 이내의 소화물을 대리점 또는 소매점으로부터 소비자나 사용자의 문전까지 일관수송하는 제도라고 정의할 수 있다.

유럽・미국지역에서 택배사업은 1970년대 산업침체기에 잠재수요와 소비자의 서비스개발을 목적으로 개인의 소단위 경량화물과 기업 및 관청의 소단위 상품 또는 사무서류의 문전서비스를 위하여 사업화한 수송형태이다. 그 후 일본에서 노선사업상 일반화물과 구분하여 독자적 차별화 수송으로 고품질의 운송서비스, 즉 택배업을 개발하여 판매하기 시작하였다.

우리나라에서는 1997년 8월 30일 화물자동차운수사업법의 종류가 일반화물자동차운송사업, 개별화물자동차운송사업, 용달화물자동차운송사업 등 3종으로 단순화되면서 소화물일관운송업을 별도의 업종으로 구분하지 않고 위의 3종의 화물자동차운송업을 할 수 있는 기준을 갖추고 등록하면 누구나 소화물일관수송을 할 수 있게 되어 새로운 전기를 맞게 되었다.

Ⅱ. 택배서비스의 특징

택배란 '화물을 가정(또는 수요자가 원하는 장소)까지 배달해주는 물류서비스의 총칭'이라고 할 수 있다. 택배업을 유럽·미국에서는 Courier Service(Small Package Express Company, Parcel Carrier)이라고 부르고 있으며, 일본에서는 택배편(宅配便), 우리나라에서는 소화물일관운송업, 택배업, 특송업, 문전배달업 등 여러 가지 이름으로 불리고 있다.

택배서비스는 도시 내 및 도시 간 소화물수송에 적합한 수송체제로서, 그 본질적인 특징은 그 제공하는 수송서비스가 다른 수송체제에 비하여 현저하게 고도화되어있고, 또한 혁신성을 지니고 있다는 점이다.

그 구체적인 특징은 다음과 같다.

첫째, 택배서비스는 소형·소량 화물을 주로 수송대상으로 한다. 과거 자동차운수사업법(1989년 12월 30일 법률 제4190호)에서는 30kg 이하, 세 변의 합이 160cm 이내의 소형·소량화물로 규정되어 있었다. 그러나 이 규정은 1997년에 이 법이 여객과 화물로 분리되어 제정될 때 완전히 삭제되었다. 현재 소형·소량화물의 범위가 일정하게 규정되어 있지는 않지만, 보통 100kg 이하의 소형·소량화물을 주 대상으로 하며, 서류수송에 이르기까지 다양하다.

둘째, 택배서비스는 Door to Door단계를 지나 Room to Room, Desk to Desk

단계까지 확대된 일관서비스이다. 이것은 기존의 철도소화물, 우편소포, 노선화물수송서비스가 집・배송, 화물취급서비스에 있어서 제한적이라는 점에서 본질적으로 차이가 있으며, 수송중의 환적, 기타의 원인에 의한 손해발생 등 화물수송 전(全)과정에 걸쳐 원칙적으로 운송인이 일관적으로 책임을 부담한다.

셋째, 택배업체는 전(全) 서비스구간에 대해 일관적인 책임을 진다. 택배서비스업의 경우 수송 중의 환적, 기타 원인에 의한 손해발생 등 화물수송의 전과정에 걸쳐 원칙적으로 운송인이 일관적으로 책임을 부담한다. 즉, 수송중에 수송수단이 바뀌거나 기타 운송인의 직접 책임이 아닌 원인에 의하여 문제가 발생하더라도 화주에 대한 책임은 원칙적으로 화주와 계약한 운송인이 전 수송구간에 걸쳐서 일관적으로 책임을 부담한다.

넷째, 택배서비스는 단일운임요금체제를 확립하여 경제성 있는 수송서비스를 제공한다. 또한 규격화된 포장서비스를 제공하고 있으며, 공식적인 운송장(소화물일관운송약관)을 작성하여 보증하는 것에 의해 소화물의 분실파손 등에 대한 손해배상제도를 확립하고 있다.

다섯째, 택배업체의 수송서비스는 다른 수송업체보다 매우 혁신적이다. 소화물일관수송은 소화물의 집화에서 배달확인에 이르기까지 운송인이 편의를 제공하므로 고도의 편리성이 있으며, 야간간선수송과 더불어 당일 또는 익일배달체제로서 그 신속성이 있고, 화물추적시스템에 의하여 소화물의 배달 및 현재의 위치를 확인하여 주므로 안전・정확성이 있다.

여섯째, 택배서비스는 도시 간 간선수송과 도시 내 집・배송 지선수송을 연계시키는 소화물일관수송은 오늘날 복잡한 도시 내 집・배송수송에 적합한 형태라고 할 수 있다. 택배서비스는 소형차량을 이용하여 도시 내 권역별로 공동집・배송체제를 유지함으로써 도시 내 교통혼잡, 환경오염, 교통사고 등의 부작용을 최소화할 수 있는 수송체제를 지니고 있다고 할 수 있다.

일곱째, 택배업은 전국적인 영업망을 통해 운수사업을 영위하는 네트워크 산업이다. 수많은 택배업체들은 체결된 내용을 정확하고 신속하게 전달하기 위해 전국적으로 각지의 영업소망을 갖추고 있으며, 거점도시에, 집화된 물품을 신속하고 정확하게 분류할 수 있는 대형・고속분류 장비가 장치된 화물터미널을 갖추고 있다. 또한 차량 면에서는 적게는 수백 대에서 많게는 1,000대 이상의 택배서비스 전용차량을 동시에 운행하고 있으며, 집화와 배송업무가 원활하게 이루어질 수 있도록 많은 투자와 전국적인 네트워크를 갖추고 있다.

Ⅲ. 택배업의 유형

고도의 수송서비스를 제공하고 있는 택배업은 수송수단과 기·종점 구간에 따라 크게 두 가지로 대별할 수 있다.

1 수송수단에 의한 분류

택배업의 수송수단에 의한 분류는 크게 국제택배업과 국내택배업으로 나눌 수 있고, 국제택배업은 주로 항공기를 이용한 국제상업서류송달업을 말하며, 국내택배업은 지역 간 택배업과 지역 내 택배업으로 나눈다([그림 7-25] 참조).

[그림 7-25] 택배서비스의 수송수단에 의한 분류

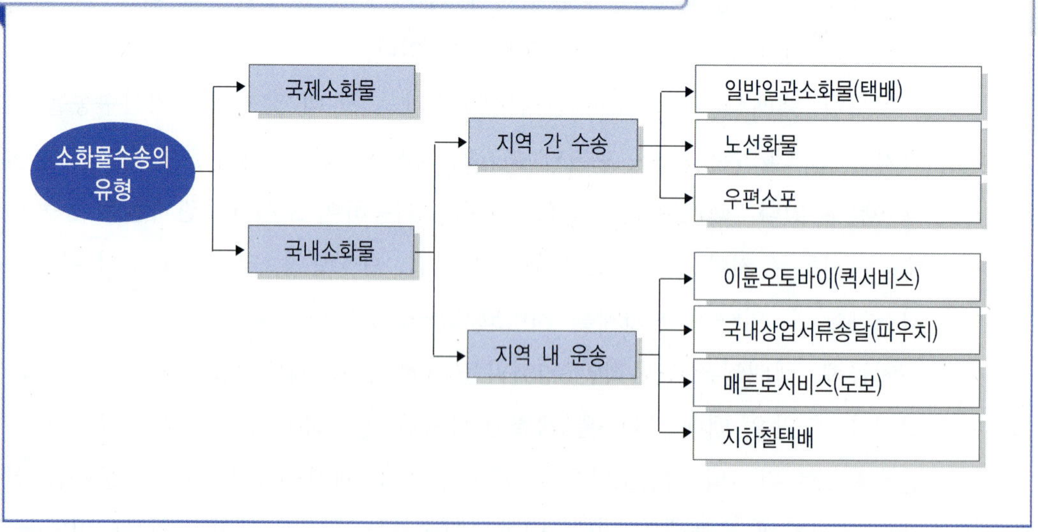

지역 간 택배업에는 일반택배업(트럭수송 위주), 노선화물운수업(트럭위주), 우편소화물운수업 등이 있고, 지역 내 택배서비스업에는 오토바이(퀵서비스) 등에 의한 운수업, 기업 및 은행 등의 문서배달을 하는 국내상업서류송달업(pouch), 지하철택배 등으로 나눌 수 있다.

택배업의 수송수단별 형태의 특징은 다음과 같다.

1) 일반택배서비스업

개인 화물 또는 기업 화물의 송하인인 화주로부터 소형·소량화물의 수송을 의뢰받아 화물을 대리점 또는 취급점에서 집화하고, 집화된 화물을 중앙분류센터로 집결시켜 다시 지역별로 분류, 수송한 다음 각 지역별 대리점 또는 취급점에서 수하인에게 배송 및 확인하는 소화물수송체계를 말한다.

2) 노선화물운수업

노선화물운수업은 영업소를 통하여 수집된 화물(혼적화물)을 일정한 노선을 따라 정기적으로 수송하는 사업이다. 다시 말해서 일정한 노선의 경유지인 영업소를 거쳐 정기적으로 운행하게 되어 있거나, 특정노선별로 설치되어 있는 영업소를 거점으로 순회하는 수송방식을 통해 여러 화주의 화물을 수송하고 있는 형태이다. 노선화물의 화물수송방식은 크게 집화, 연계, 수송, 배달, 즉 4단계로 나눠지며, 통상은 연계단계가 생략되는 것이 일반적이다. 이를 단계별로 살펴보면 먼저 집화단계는 송하인의 화물을 발송 영업소까지 운반하는 단계로 송하인이 직접 영업소까지 운반하거나 영업소의 집배차를 이용하게 된다. 연계단계는 송하인의 화물을 발송영업소에서 연계터미널로 운반하는 단계로 대도시의 도심과 같이 대형노선차량이 진입할 수 없는 경우에 연계집배차량을 이용하여 화물을 대형노선차량에 적재할 수 있도록 터미널로 운반하는 것이다.

수송단계는 일반영업소 및 연계터미널에서 노선별로 분류된 화물을 도착지영업소까지 수송하는 과정이다. 이때 화물도착지에 자사의 영업소가 없을 경우에는 공동운수협정을 맺은 타 업계의 중계영업소를 거치게 되며, 자사의 영업소가 있더라도 해당 노선의 물량이 많지 않을 경우에는 운행차의 효율성 제고를 위해 자사의 중계영업소에서 재분류를 거치게 된다. 마지막으로 노선화물수송의 최종 단계는 도착영업소에서 수하인에게 화물을 배달하는 과정으로 이는 매수인이 직접 화물을 인수하거나 영업소의 집배차로 배달하게 된다.

3) 우편소화물운수업

우체국에서 취급하는 택배업을 말한다. 우정사업의 택배업진출은 세계적인 추세이며 영국, 독일, 네덜란드, 프랑스를 비롯한 많은 국가들이 민간택배업체를 합병・인수해 택배서비스를 제공하고 있는 추세이다. 우리나라에서는 2000년 7월 우정사업(郵政事業)이 정보통신부에서 사업본부로 독립하면서 우체국이 택배시장에 본격적으로 진출했다.

4) 이륜오토바이소화물(Quick Service)

퀵서비스라고 지칭되는 소화물수송으로 교통상황이 복잡한 도시 내에서 긴급한 상품, 서류 등을 오토바이를 이용하여 1~2시간 이내에 배송해주는 것을 말한다.

5) 국내상업서류송달업(Pouch)

무역 관련 서류, 주로 서울의 본점과 지방 지점 간의 공문서나 그와 비슷한 것을 신속하게 배송해 주는 서비스로서 일반적으로 오후 근무시간 종료 직전에 집화하여 다음날 오전 중에 배송해주는 것을 말하며, 이들은 주로 소화물열차나 노선화물편을 이용하고 있다.

6) 지하철택배

지하철택배의 핵심은 지하철망을 이용해 역에서 역으로 물건을 이동시키는 것으로 지상에서 택배물을 가정이나 사무실로 배달하는 것은 기존 택배업체나 퀵서비스가 맡는다.

즉, 개인이 직접 또는 택배업체, 또는 퀵서비스를 이용해 지하철역(영업소)에 배송할 물건을 맡기면 분류를 거쳐 배송지와 가까운 지하철역(영업소)으로 이동되고, 여기서 다시 택배업체, 퀵서비스 등이 물건을 사무실이나 가정 등 최고 목적지에 배달하는 방식이다.

❷ 기 · 종점 구간에 의한 분류

기 · 종점 구간에 의한 분류는 개인 대 개인(Customer to Customer : C2C), 기업 대 개인(Business to Customer : B2C), 기업 대 기업(Business to Business : B2B)으로 나눌 수 있다.

1) C2C(Customer to Customer)형 택배업체

개인화물의 경우에는 소량 · 소형의 화물이 개인으로부터 집화되어 소량 · 소형으로 개인에게로 배송된다.

서비스 원가가 가장 많이 소요되며, 택배서비스의 만족을 시키기가 가장 어려운 형태이다. 개인 대 개인의 특징은 다음과 같다.

① 택배서비스의 발송인 및 수하인의 양자가 대부분 개인이다.

② 발송인 및 수하인 양자가 대부분이 가정화물이므로 집화 · 배송 시 골목길 운행과 주소지별로 찾아 다녀 집화 및 배송을 하기 때문에 소요시간이 많이 걸린다.

③ 개별 방문시 핵가족 및 주부들이 사회참여로 주간(배송업무시간)에는 부재중인 경우가 많아 2차 이상 방문할 경우도 빈번히 발생한다.

④ 집화 및 배송을 고객이 원하는 시간으로 맞추기가 어렵다.

2) B2C(Business to Customer)형 택배업체

기업으로부터 대량으로 출화되는 화물을 개인들에게 배송하는 형태로서 무점포판매업(카탈로그, CATV, 인터넷쇼핑, 전자상거래 등)을 주로 한 유통업체가 이러한 형태의 택배서비스를 이용하며, 일반기업체인 경우에는 고객이나 직원들에 대한 사은품, 기념품의 배송에 이용한다. B2C에서 발생하는 배송화물의 반품, A/S상품 회수, 폐기물 회수 등으로 인하여 C2B형의 물류가 발생하며, C2B 물류 시스템은 택배서비스 품질평가에 매우 중요한 요소로 작용한다.

3) B2B(Business to Business)형 택배업체

중소기업에서 제작된 화물을 다양한 지역으로부터 집화하여 대기업 또는 조립업체로 배송해 주는 형태인 조립형과 대기업에서 제조된 상품을 판매점으로 배송해 주는 형태인 판매형 택배서비스로서 집배물량의 규모 및 지역의 분산도에 따라 조달형 수송으로 이루어지거나 개별배송 및 공동배송형의 수송으로 이루어지기도 한다.

Ⅳ. 택배서비스 운영조직

1 취급점

택배화물을 집화하기 위한 가장 하위조직이라고 할 수 있다. 즉, 송하인으로부터 정해진 택배운임을 수수하고 화물을 수탁받아 운송장을 발급하며, 수탁받은 화물을 일시 보관 후에 해당지역을 담당하는 집화사원이 방문했을 때 택배운임과 화물을 인계한 후 일정한 수수료를 받는 조직으로서 대부분 위탁조직으로 운영된다.

이러한 취급점조직은 단순위탁영업만 하기 때문에 영업에 제한을 받을 수밖에 없어 전업(專業)으로서 운용하기는 곤란하다. 따라서 기본적인 본업을 영위하면서 부업으로서 운영하거나 본업의 고객서비스 차원에서 운영하는 것이 일반적이며, 이러한 서비스를 용이하게 할 수 있는 장비(오토바이, 차량 등)나 화물을 보관할 수 있는 장소적 여유가 있는 사업자가 취급점을 운영하고 있다.

2 영업소

택배업체에 따라서 영업소라고 칭하기도 하고 지점이라고 칭하기도 한다. 이 조직은 택배사업의 최일선에서 택배화물을 직접 집화하고 배달하는 조직이다.

즉, 집화배달을 위한 인원과 장비를 직접 운영한다.

이 조직은 좁은 구역[일반적으로 대도시지역에서는 몇 개의 동 또는 구(區), 중소도시, 군(郡)을 단위로 함]의 집화와 배달을 담당하며, 취급하는 화물이 소량이기 때문에 수송의 효율화를 위하여 인근의 터미널과 셔틀운행으로서 연결하거나 처음부터 집배송센터에 입주하여 집배활동을 하기도 한다.

③ 집배송센터

업체에 따라서 지점, 터미널이라고 칭하기도 한다. 이 조직은 영업 또는 관리단위가 아니라 화물의 취급을 관할하는 하나의 시설을 의미한다. 즉, 수개의 영업소 또는 지점 등이 공동으로 집화와 배달업무를 수행할 수 있도록 화물취급시설을 대형화한 중소형 터미널을 말한다. 이러한 집배송센터는 수송을 대형화하고 화물을 안전하게 취급할 수 있도록 하며, 영업소의 시설부담을 경감시켜줄 뿐만 아니라 집화시간을 확대시키는 역할도 하게 된다.

④ 중계터미널

중계터미널이란 집화한 화물을 배달될 지역으로 분류하고 이를 대형수송차량에 상차하여 발송시키는 크로스도킹(Cross Docking) 및 콘솔(Consolidation) 작업을 하는 시설을 말한다. 이러한 중계터미널은 각 영업소(또는 집배송센터 및 다른 터미널)에서 주간에 집화된 화물이 입고되어 분류한 후 익일 중 정상적으로 배달을 완료할 수 있도록 하기 위하여 주로 야간에 중계작업이 이루어진다.

중계터미널은 허브터미널과 지역터미널로 분류할 수 있다. 허브터미널은 전국의 영업소, 집배송센터 또는 지역터미널로부터 도착된 집화 화물을 배달지역별로 분류하여 발송시키는 중심터미널을 말한다. 따라서 허브터미널의 중계작업은 화물의 입고와 분류 및 발송으로서 완료된다.

지역터미널은 일정한 구역의 영업소 및 집배송센터에서 집화된 화물을 입고・분류하여 발송시키고, 다른 지역의 터미널에서 집화하여 해당구역에서 배달할 화물을 적재하고 도착한 차량의 화물을 하차한 후 배달영업소별로 분류하여 발송시키거나 배달 가능한 상태로 적재해 놓는 역할을 한다. 따라서 지역터미널은 오후 늦게 각 영업소 등 집화조직이 입고시킨 화물을 분류 후 배달지역별로 발송시키는 작업과 새벽에 각 터미널로부터 도착한 배달화물을 입고시킨 후 배달영업소별로 분류 및 발송하는 2단계의 작업이 이루어진다.

Ⅴ. 택배서비스의 수송체계

택배서비스의 수·배송체제는 크게는 집화지에서 배달지역을 직접 연결하는 PTP(Point to Point) 방식과 집화 화물을 한곳으로 집합시킨 후 배달지역별로 구분하여 수송하는 Hub & Spoke 방식이 있으나 현실적으로 두 방식을 적절하게 절충하여 사용하는 것이 일반적이다.

PTP 방식은 어느 하나의 터미널에서 다른 터미널로 수송할 화물을 각각의 터미널로 직접 발송하는 형태의 운행시스템을 말한다. 이러한 PTP시스템을 채택하는 경우에는 집화와 배달물량을 기준으로 일정한 수준의 물량 기종점(Origin/Destination : O/D)이 있는 지역에 터미널을 설치하되 각 터미널 간의 거리를 적절하게 유지할 수 있도록 하며, 터미널 운영을 효율적으로 할 수 있도록 하는 것이 필요하다.

또한 PTP시스템은 집화한 터미널에서 모든 배달할 터미널로 간선차량을 이용하여 수송을 해야 하며, 터미널로부터 원거리에 위치한 배달조직에 대해서는 Shuttle 수송이 필요하다([그림 7-26] 참조).

[그림 7-26] 택배서비스의 수송체계

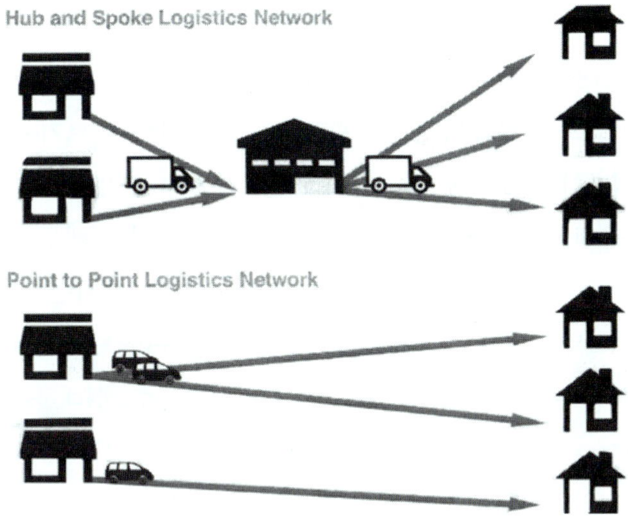

Hub & Spoke 방식이란 모든 화물을 중앙에 집결시켜 놓고 중앙에서 정리하여 각 지역으로 배달하는 형태의 수송방식을 말한다. 유럽 및 미국을 비롯한 외국의 많은 택배업체들은 이러한 방식으로 택배서비스를 고객에게 제공하고 있으며, 국내택배업체들도 대부분 Hub & Spoke 방식을 채택하고 있다. Hub & Spoke 방식을 통한 국내택배서비스업체의 수송형태를 살펴보면 다음과 같다. 우선 택배회사는 고객으로부터 영업소까지는 지선운행차량을 이용하여 고객에게 직접방문, 집화를 하거나 취급점을 통하여 집화하게 된다. 각 영업소에서는 이를 집화하여 각 도시에 위치한 터미널로 운반한다. 그러면 이 소화물은 대형차량으로 간선운행방식을 통하여 야간수송으로 허브터미널로 수송되어지고 수송하여 간 차량을 이용하여 배송할 소화물을 각 터미널로 오게 되어져 있다.

Ⅵ. 우리나라의 택배수송

택배수송(소화물일관수송)이란 화주로부터 1건 또는 1개 이상의 소형·소량의 화물을 의뢰받아 화물의 접수, 포장, 수송, 배달에 이르기까지 모든 수송서비스를 수송업자의 책임하에 제공하여 주는 이용자 편익 위주의 수송체계이다.

우리나라에서는 1989년부터 소화물일관운수업의 시행문제가 건설교통부의 최종 보고서 승인으로 완료되었으며, 1991년 말부터 1994년에는 소화물일관운수사업면허를 획득한 기업은 ㈜한진, 금호특송, 경동화물, 대광운수, 한진운수, 건영화물, 합동운수, 대한통운, 칠공운수, 동서배송운수, 현대물류 등 11개 업체였다.

특히 1999년도부터는 우체국에서도 택배업을 시작하게 되었다. 우체국은 2000년도 3월부터 대한유통과 제휴를 통하여 취급물품의 무게를 30kg에서 40kg까지 확대하고, 종래의 소포는 발송 시 우체국에서 취급하기 시작하였는데, 방문접수 서비스를 제공함으로써 이제 소화물을 전화 한통화로 문전에서 문전으로 보낼 수 있는 소화물일관수송서비스를 전국 어디에서나 받을 수 있게 되었다.

Ⅶ. 국제택배업

국제택배업이란 소화물을 항공기를 이용하여 화주의 문전에서 문전까지 배달하는 수송시스템으로써 이는 항공기에 의한 간선수송과 자동차에 의한 집배의 연계에 의해 행해지는 국제복합수송의 한 형태이다. 국제택배업은 처음 미국에서 항공사업규제에 대한 규제완화를 계기로 운수업계에서 개발한 사업영역으로 최근에는 기업들이 해외진출과정에서 신속한 정보전달의 수단으로 많이 이용하고 있는 실정이다.

현재 국제택배서비스는 대부분 무역업체의 소화물택배가 주류를 형성하고 있으며 일반 소비자의 이용은 해외여행객에 의한 별송품 서비스 정도에 머물고 있으나 향후 국제간의 소형 이삿짐을 비롯하여 각종 선물의 수송이나 현재 우편 소화물 등이 국제 택배서비스품목으로 전환될 것으로 보인다. 국제택배수송에는 운송서류, 업무서류, 카탈로그 등 항공기를 이용한 문전 배송인 Courier 서비스와 상품의 견본, 선물, 각종 기계류 부품 등이 소형・경량제품의 수송을 담당하는 별송품 서비스로 구분된다.

국제택배업의 취급물품은 소화물수송에 국한되며 대부분의 화물이 대중가격의 상품이며 일정기간 내에 신속한 인도를 목적으로 의뢰된다. 일반적으로 항공기를 이용한 국제택배업은 다음과 같은 방법으로 많이 이용되고 있다.

① 자사혼적(Consol)에 의한 수송형태

항공이용운수사업자에 의해 국제택배화물로서 인수한 소형화물을 자사혼재화물의 네트워크에 의해 수송한다. 이 형태는 주로 courier 대상화물로서 서류 등의 수송에 사용되고 있다.

② 타사의 혼재시스템을 이용하여 수송하는 형태

고유의 국제택배운수업자가 취하는 방법으로 항공이용운수업자의 혼재화물네트워크를 이용하여 화물을 수송한다. 별송품의 경우 대부분 이 방법이 이용되고 있다.

③ 온 보드(on-bored)수송형태

국제택배화물을 수송전문요원이 직접 비행기에 탑승하여 고객의 발송물을 자신의 수화물을 취급하여 정식수출입 통관절차 없이 간단하게 통관하여 수신인에게 전달하는 가장 신속한 송・배달체제인 COB(courier on bored)시스템인데, 주로 courier 대상의 서류수송에 많이 이용되고 있다.

제8장

화물보관

제1절 보관과 창고

I. 보관

1 보관의 의의

보관[1)]이란 창고 등을 이용하여 상품의 물리적 관리를 행하여 상품의 가치를 유지하는 물류의 한 단계라고 볼 수 있다. 예컨대 농산물의 폭락을 대비해서 농산물의 일부를 수확기에 대량으로 창고에 보관하여 갑작스런 가격변동을 방지하는 것이 필요하다. 반대로 농산물이 폭등하는 경우에는 보관해 둔 것을 출고하여 가격의 폭등을 방지할 수 있는 것이다. 제조업의 경우도 마찬가지다. 제조업체는 일정량의 재고를 창고에 유지함으로써 경제적인 생산규모와 생산순서를 유지해서 생산비를 낮출 수 있으며, 기업은 불규칙한 수요패턴에 효율적으로 대응할 수 있다.

1) 보관의 개념은 저장의 개념과 구분된다. 저장(storage)은 원재료의 저장에 주로 사용되며, 보관(warehouse)은 제품 그 자체의 저장에 사용된다.

[그림 8-1] 보관물류의 범위

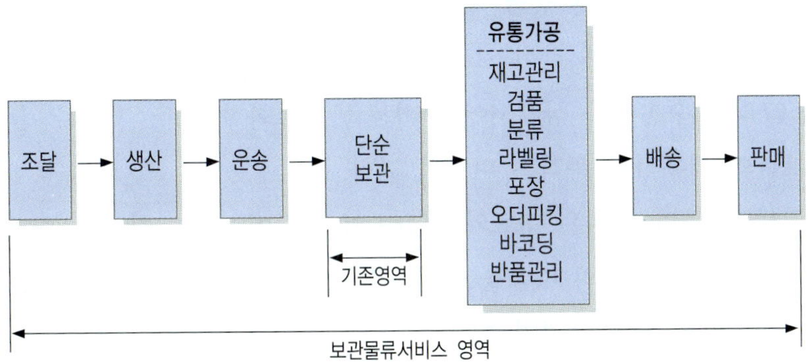

보관은 생산과 소비의 '시간적인 거리'(time gap)의 조정을 통하여 시간적 효용(time utility)을 창출하며, 생산과 소비를 결합시키는 행위라고 볼 수 있다.

그런데 최근 들어 기업의 재고투자에 대한 인식이 높아짐에 따라 보관에 대한 인식이 스톡(stock)기능 중심에서 플로우(flow)기능 중심으로 변화하고 있다. 단순히 물품을 물리적으로 보존하고 관리하는 저장의 의미, 즉 원료나 생산제품의 저장이라는 정태적이고 수동적인 위치에서 벗어나 그 기능이 점차 동태화, 활성화, 고(高)회전화되어 가고 있는 추세이다. 보관을 생산과 소비 간 물(物)의 흐름의 일부로 간주하고 '시속 0km의 수송'이라고 부르고 있으며, 보관의 기능을 담당하는 창고의 역할도 신속・정확화 및 적은 재고를 유지하면서 수・배송합리화를 기하려는 측면에서 물류센터에서의 재고는 점차 줄어들고 있고 장기보관보다는 일시보관 및 즉시반출의 중요성이 강조되고 있다. 오늘날 보관은 공급과 수요의 조정뿐만 아니라 생산비와 수송비의 절감, 생산과정지원, 판매활동지원과 같은 적극적인 기업의 경영지원 활동을 담당하고 있다.

2 보관의 목적

기업이 수요와 공급을 정확히 알고 소비자의 수요에 즉각적으로 대응할 수 있다면 보관 자체가 필요 없지만, 일반적으로 수요를 정확하게 예측하는 것은 불가능하기 때문에 재고 없이 기업을 운영하는 것은 비실용적이고 비경제적이라고 할 수 있다. 기업들은 공급-수요관계를 조절하고 총비용을 줄이기 위해 재고를 보유하게 된다. 이와 같이 보관은 적정수준의 재고보유를 통하여 창고비, 생산비, 그리고 수송비가 상쇄되어 총비용을 최소화한다.

보관의 세부적인 목적은 다음과 같다.

첫째, 보관의 목적은 수요와 생산비의 절감에 있다. 창고와 재고는 자체비용을 발생시켜서 기업의 비용을 증가시키지만 수송과 생산비용을 감소시키기 때문에 결국 비용 상쇄 효과가 있다.

둘째, 보관은 물품의 공급과 수요를 조절한다.

셋째, 보관은 기업의 상품생산과정을 지원한다. 창고보관은 생산공정의 한 부분으로 생각할 수 있다. 치즈나 포도주와 같은 제품은 제조과정에서 숙성기간을 필요로 하는데, 보관은 이러한 제조과정의 일부를 담당한다.

넷째, 보관은 기업의 판매활동을 지원한다. 마케팅측면에서 중요한 관심사는 필요로 하는 제품을 얼마나 신속하게 시장에 내어 놓을 수 있는가 하는 점이다. 소비지 가까운 곳에 위치한 창고에 제품을 보관함으로써 제품을 시장에 배달하는 데 걸리는 시간을 줄일 수 있으며, 결과적으로 빠른 배달로 인해 서비스가 향상되어 판매가 증가하게 된다.

③ 보관의 역할

전체물류시스템에서 보관의 기능은 다음과 같다.

첫째, 보관은 고객서비스의 최전선으로부터의 기능을 수행한다. 기업은 소비자 가까운 곳에 위치한 창고에 제품을 보관함으로써 판매자는 고객에게 배달하는 시간을 단축시킬 수 있으며, 고객의 주문에 대응하여 절품을 방지할 수 있다. 결과적으로 기업은 고객과의 접점에 물품을 배치시킴으로써 판매량을 증가시킬 수 있다.

둘째, 보관은 수송과 배송 사이의 윤활유의 역할을 한다. 보관을 통해 공장에서 물류센터까지 수송된 대단위(대량 로트)의 물품들을 발주내역에 따라 다수의 고객들에게 적은 단위(소량 로트)로 나누어 배송할 수 있다.

즉, 창고에 재고를 보관함으로써 한 번에 대량의 화물을 수송하게 되어 수송비를 절감하는 효과를 얻을 수 있는 것이다. 이와 같이 물류네트워크 결절점(node)으로서의 보관은 수송과 배송(link와 link) 간의 윤활유 역할을 수행할 뿐만 아니라 적시에 상품을 공급하여 생산을 원활히 하고 그 제품을 수요에 적합하게 출화하여 판매효과를 높이는 기능을 수행하는 물품의 완충(cushion)으로서의 역할을 수행한다.

셋째, 보관은 생산과 소비의 시간적인 공간을 조정하여 제품을 보관하고 소비와 공급의 균형을 유지하는 데 기여한다. 지속적으로 생산되는 제품을, 지속적으로 창고에 보관하고, 지속적으로 판매함으로써, 기업은 계속적이고 안정적인 영업활동을 영위할 수 있게 된다. 또한 물품의 수요와 공급을 조정함으로써 가격의 안정을 도모하는 기능을 수행한다.

넷째, 보관은 단순한 저장기능뿐만 아니라, 물품의 집산, 분류, 유통가공, 재포장, 검사 등 유통관련 기능을 담당한다. 창고나 물류센터와 같은 보관 장소에서 다수의 생산자로부터 집화한 제품을 분류하여 다수의 고객에게 배송하거나 유통가공, 조합 및 검품 등을 수행할 수 있다.

다섯째, 보관은 물품의 판매촉진기능을 가지고 있다. 이는 수요지의 창고에 화물을 입고시킨 후, 현지의 수요자들에게 직접 상품을 보여주고 매매계약을 체결하기도 하는 판매전진기지로서의 역할을 수행하고 있다.

4 보관의 원칙

창고 내의 화물의 원활한 흐름과 활성화를 위해 물품의 보관은 물품의 성격이나 창고 내의 상황에 따라 합리적으로 이루어져야 한다. 원활한 물품의 흐름을 위한 물품보관의 일반적인 원칙은 다음과 같으며, 이들 원칙 사이에는 서로 상호 연관성이 있다. 상품의 성질이나 창고 내 상황에 따라 다음의 원칙을 적절히 배합하여야 한다.

보관의 제1원칙은 통로대면보관의 원칙이다. 통로대면보관의 원칙은 물품의 창고 내 입고와 출고를 용이하게 하고 창고 내의 화물의 원활한 흐름과 활성화를 위하여 통로에 대면하여 보관하는 것이다. 이것은 창고설계의 기본원칙인 동시에 창고 내의 흐름을 원활히 하기 위한 기본 원칙이다.

제2원칙은 높이 쌓기(高積) 원칙이다. 높이 쌓기의 원칙은 문자 그대로 물품을 높게 쌓아서 보관하는 것으로서, 예컨대 팰릿 등을 평평하게 1단으로 적재하는 것보다 여러 단으로 높이 쌓게 되면 용적효율이 향상된다. 창고 전체의 유효보관이란 관점에서도 입체효율을 향상시킨다는 원칙이다.

제3원칙은 선입선출의 원칙이다. 선입선출(Fist In First Out : FIFO)이란 먼저 보관한 물품을 먼저 반출하는 원칙으로서, 이 원칙은 일반적으로 필름, 감광지, 식품과 같이 수명주기(life cycle)가 짧은 상품과 보관시 파손 · 감모가 생기기 쉬운 상품 등에 많이 적용된다.

제4원칙은 회전대응 보관의 원칙이다. 보관할 물품의 장소를 회전정도에 따라 정하는 원칙으로서 입출화 빈도의 정도에 따라 보관장소를 결정하는 것을 말한다. 즉, 입출화 빈도에 따라 보관장소를 결정하는 것을 뜻한다. 예컨대 출입구가 동일한 창고의 경우 입출화 빈도가 높은 상품은 출입구에서 가까운 장소에 보관하고 낮은 경우에는 먼 장소에 보관하는 것이 이에 해당된다.

제5원칙은 동일성의 원칙이다. 동일품종은 동일장소에 보관해야 한다는 원칙이다. 동일품종의 관리는 동일장소에 보관하여 관리하면 관리효율을 기대할 수 있다. 만일 동일품종이 창고 내에 산재한다면, 재고관리, 작업원의 작업생산성을 크게 저해하는 요인이 될 것이다.

제6원칙은 유사성의 원칙이다. 유사품을 근처 가까운 장소에 보관하는 원칙으로서 동일성의 원칙과 보는 관점이 동일하다.

제7원칙은 중량특성의 원칙이다. 중량특성의 원칙은 화물중량에 따라 보관장소나 높이를 결정하는 원칙이다. 중량물과 대형물은 하부층에 보관하고 경량물이나 소화물은 상부층에 보관하는 것이 좋다. 랙의 경우 안전성 문제라든지 하역의 작업성 등은 이런 원칙을 크게 적용할 수 있다.

제8원칙은 형상특성의 원칙이다. 형상에 따라 보관방법을 결정하며, 형상특성에 부응하여 보관한다는 원칙으로, 예컨대 표준품은 랙에 보관하고 비표준품은 형상에 부응하여 특수한 보관기기 및 설비를 사용하여 보관한다.

제9원칙은 위치표시의 원칙이다. 보관품의 장소(선반번호)를 표시하는 원칙이다. 위치표시를 하게 되면, 격납·반출 작업이 단순화되어 작업원의 수가 적어진다.

제10원칙은 명료성의 원칙이다. 시각에 따라 보관되어 있는 상품을 용이하게 인식할 수 있도록 보관하는 원칙으로 위치표시의 원칙, 동일성 및 유사성의 원칙, 높이쌓기 원칙 등을 배려하더라도 창고 내 작업원의 시각에 의하여 보관품의 장소나 보관품 자체를 쉽게 파악할 수 있도록 하여야 한다.

제11원칙인 네트워크(network)보관의 원칙은 관련 품목을 한 장소에 모아 보관하는 원칙이다. 출화 품목의 다양성에 따른 보관상의 곤란을 예상하여 물품정리가 용이하도록 보관하는 방식이다.

Ⅱ. 창고

1 창고의 의의

보관물류는 창고(warehouse)에서 이루어지고 있기 때문에 보관물류 활동을 이해하기 위해서는 창고에 대한 논의가 선행되어야 한다. 구체적으로, 창고라 함은 물품의 멸실 또는 훼손을 방지하기 위해 설치한 시설을 말하며, 다음과 같은 역할을 수행한다([그림 8-2] 참조).

첫째, 여러 생산지로부터 수송된 동종의 소량화물들을 비축하고 혼합한다. 소량의 다양한 상품들이 다양한 공급자로부터 창고로 인수된다. 그 후 다양한 상품들은 고객의 주문에 따라 제품구색으로 결합되어 고객에게 선적된다.

둘째, 창고는 분류기능을 수행한다. 단위적재수송(Unit Load Transport)을 통하여 창고로 들어온 대규모 수량이나 제품들이 단위미만화물선적(less than full load shipment)으로 소량으로 분류되어 고객들에게 선적되어 나간다.

[그림 8-2] 창고의 역할

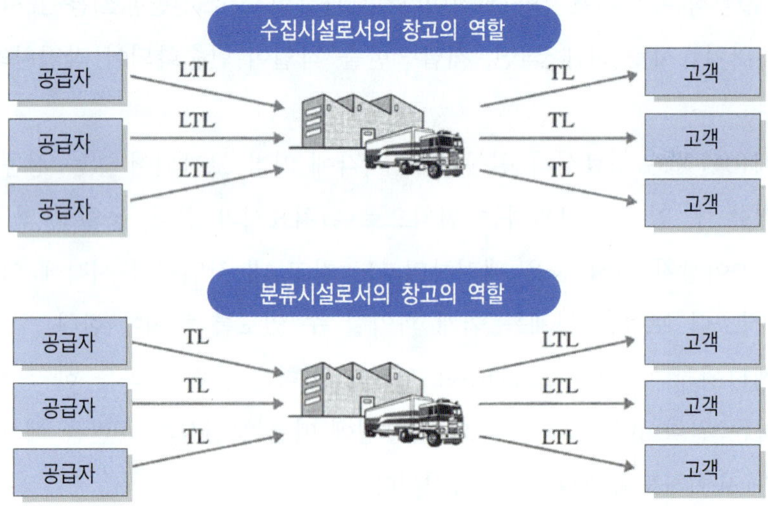

② 창고의 종류

1) 소유형태에 따른 분류

(1) 자가창고

자가창고란 자가상품을 보관하기 위해 자기가 직접 운영하고 관리하는 형태의 창고를 말한다. 기업은 자신의 보관시설을 보유함으로써 다음과 같은 이점을 기대할 수 있다.

첫째, 기업 자신의 목적에 맞게 맞춤형 창고설계를 할 수 있다. 예컨대 품목의 특성, 형상특성, 출화특성, 또는 수・배송 및 고객특성에 맞는 창고시스템의 설계가 가능하다.

둘째, 기계화를 통한 에너지 절약화를 도모하여 인원절감 및 생산성 향상을 기하는 직접적인 수단을 마련할 수 있다.

셋째, 자기 자신만을 위한 보관시설을 가지게 됨으로써 수주・출화의 일관화가 가능하다. 고객에 대한 서비스를 충실히 하기 위해서는 수주와 출화의 일관화는 불가결하다. 자가창고를 보유하고 있으면 외부의 변화에 신속히 대응할 수 있으며, 또한 문제발생시 수습이 용이하다.

넷째, 노하우의 축적이 가능하다. 자가창고의 운영을 통하여 노하우의 축적이 가능하게 되며, 자체적인 보관합리화를 통하여 물류비의 절감효과를 가져올 수 있다. 축적된 노하우를 통하여 현상의 개선, 차기 시스템에 반영 등 이용의 폭이 넓어지게 된다.

위와 같은 자가창고를 보유함으로써 얻는 이점도 있지만, 단점 또한 존재한다.

첫째, 창고건설에 막대한 자금이 필요하며 이것을 장기화 또는 고정화하지 않으면 안 된다. 이는 자금의 운용효율 및 유동성의 측면에서 커다란 장애요인이 될 수 있다.

둘째, 자가창고는 계절변동에 비탄력적이다. 어느 기업이나 사계절을 통하여 안정적인 출화는 어렵다. 즉, 성수기와 비수요기의 재고보유량에 극단적인 차이가 있게 된다. 자가창고에서는 이 연간변동이나 계절변동에 대해 창고의 공간을 탄력적으로 유지할 수 없다. 만일 보관량이 감소되는 경우 물류측면에서 낭비가 발생한다.

(2) 영업창고

영업창고란 다른 사람이 기탁한 물품을 보관하고, 그 대가로 창고요금을 받는 창고를 말한다. 〈표 8-1〉은 창고종류와 보관물품의 종류를 설명하고 있다.

영업창고의 창고요금은 보관료와 하역료로 구성되어 있다(〈표 8-2〉 참조). 보관료란 화물을 보관하는 것에 대한 대가로 지급하는 요금이며, 기본요금, 할증요금, 수수료 등을 포함한다. 하역료는 입・출고작업에 대한 보수로서, 요금은 대게 기본요금, 할증요금, 기타 요금으로 구성된다.

〈표 8-1〉 창고의 종류와 보관물품의 종류

창고유형	보관물품	물품내용
1급 창고	제 1종 물품	제2종 물품, 제3종 물품, 제4종 물품, 제5종 물품, 제6종 물품(포장되지 않은 곡물류 제외), 제7종 물품 이외의 물품
2급 창고	제 2종 물품	밀, 보리, 녹말, 사료, 소금, 야채류, 과실류, 건어물 및 염장어물, 가죽, 비료, 제철류, 기타 금속제품, 시멘트, 석고, 백묵, 석면, 석면제품
3급 창고	제 3종 물품	판유리, 유리관, 유기그릇, 도자기, 타일, 질그릇, 숯, 조개류, 해면류 기타 위의 물품에 유사한 물품
야적 창고	제 4종 물품	지금, 선철, 철재, 연관, 연판, 동판, 시멘트 제품, 광물, 흙, 돌, 자동차 및 차량, 목재, 빈 컨테이너, 빈 드럼통, 고철, 깨진 유리, 중고 타이어 등 야적이 가능한 곳
수면 창고	제 5종 물품	원목 등 수면보관이 가능한 물품
저장 창고	제 6종 물품	포장되지 않은 곡류, 분말 또는 액체로 된 물품
위험물 창고	제 7종 물품	소방법 제2조 규정에 의한 위험물 및 고압가스
냉장 창고	제 8종 물품	생농산물, 생축산물, 생수산물 또는 냉동가공품으로써 10도 이하에서 보관함이 적당한 물품

〈표 8-2〉 영업창고요금의 기본구성

구 분			내 용	
보관료	기본요금	종가율	기탁신고가격에 대하여	품목별 분류, 3급지별로, 통일정액
		종량율	중량 또는 체적에 대하여	
	할증요금		미납세, 정온장치, 유독, 오손, 미포장이나 불완전 포장 따위의 화물	
	수수료		특별한 사무처리, 창고증권발행	
하역료	기본요금		품목별분류, 3급지별로 통일정액	
	할증요금		야간, 휴일, 거대화물하역, 강행하역 등	
	기타요금		특수하역, 양목조정, 짐 고치기, 대기료 등	

영업창고를 이용하면 다음과 같은 장점이 있다.

첫째, 영업창고를 이용하면 필요에 따라 보관면적을 탄력적으로 조정할 수 있다. 만일 창고이용자가 특정기간 동안 보관시설이 필요하거나 불필요하다면, 필요한 만큼 공간을 빌리거나 덜 빌릴 수 있다. 수요의 특성에 따라 공간의 효율적인 운용이 가능하여 재고증감의 조정차원에서 보관량의 변동에 탄력성을 가질 수 있다.

둘째, 영업창고는 특성에 따른 하역시설을 가지고 있어 정확하고 신속한 작업을 기대할 수 있다.

셋째, 영업창고를 이용하면 시장사정이 변해서 보관장소의 위치를 변경해야 할 경우 쉽고 저렴한 비용으로 옮길 수 있다. 이것은 기업환경의 변화에 따른 최적 물류네트워크를 유지하는 데 필요한 유연성을 제공해준다.

넷째, 영업창고를 이용하면 창고시설에 대해 고정적으로 투자할 필요가 없다.

한편 영업창고의 단점을 살펴보면 다음과 같다.

첫째, 영업창고는 자기 창고와 비교해 볼 때 토탈물류시스템 하에서 생산, 재고, 판매 계획수립이 어렵다. 현장의 담당자가 재고보충량의 결정이나 출하시기 할당 등 토탈물류시스템을 구축하기가 어렵다.

둘째, 영업창고는 자가창고에 비해 창고나 사무실 등의 증・개축 및 신규 투자의 실험적 투입 등에 제약이 있다. 다시 말해 영업창고는 실무를 통한 경험을 반영한 시스템을 개선하는 데 한계가 있다. 이외에도 자사에 적합한 특유의 설비기능을 영업창고에서 이용할 수 없다는 것과 이용시간의 비탄력성이 영업창고의 단점으로 지적되고 있다.

(3) 임대창고

임대창고(리스창고)란 영업창고업자가 아닌 개인이 소유하고 있는 창고를 임대료를 받고, 다른 기업체 또는 개인에게 물품의 저장, 보관을 목적으로 제공하는 창고를 말한다.

임대창고를 이용하면 낮은 임대료율로 자신만의 보관공간을 확보할 수 있고, 임대기간에 따라 사용자가 보관공간이나 그와 관련된 제반운영을 직접 통제할 수 있다는 이점이 있다. 그러나 임대계약을 통해 특정기간 동안 공간임대료를 지급할 것을 보증하기 때문에 시장환경의 변화에 따라 보관 장소를 탄력적으로 옮기는 것은 불가능하다.

한편 위의 창고의 종류에 따른 비용곡선은 [그림 8-3]과 같다.

[그림 8-3] 창고의 종류에 따른 비용곡선

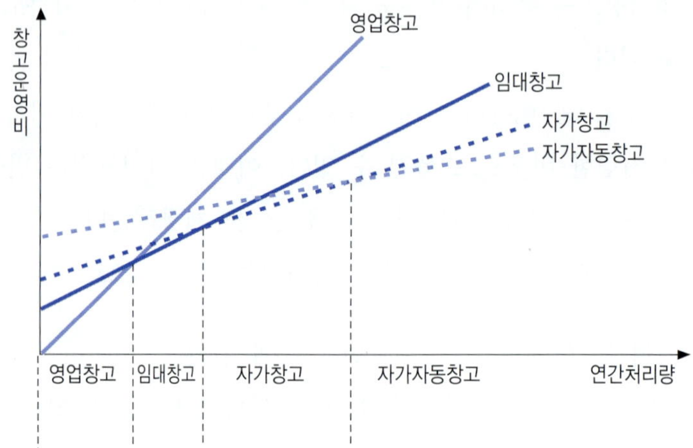

(4) 공공창고

관공서 및 이에 준하는 공익기업체가 공익을 목적으로 건설한 창고로서, 다음과 같이 세 종류로 구분된다.

① **공립창고** : 정부 및 지방자치단체가 항만지대에 건설하고 민간에게 운용을 위탁한 창고이다.

② **관설상옥**(官設上屋) : 상옥은 부두에 화물의 일시 보관을 위해, 또는 승객용으로 지은 지붕과 기둥만 있는 건물을 말한다. 따라서 관설상옥이란 문자 그대로 정부 또는 지방자치단체가 해·육 연결용의 화물판매용으로서 부두 또는 안벽에 상층을 설치하고 민간업체 또는 일반에 제공하는 창고를 말한다.

③ **관설보세창고**(官設保稅倉庫) : 관세법에 의거 창고업자가 세관의 허가를 받아 세관의 감독하에 수출입세 미납화물을 보관하는 창고를 의미한다.

[그림 8-4] 상옥의 건물구조

2) 기능에 따른 분류

(1) 저장창고

창고의 기본적인 기능인 저장, 보관에 충실한 재래형 창고이다.

[그림 8-5] 저장창고의 내부구조

(2) 유통창고

유통창고는 스톡(stock)기능보다 플로우(flow)기능이 더 중시되는 창고이다. 다시 말해서 단순한 저장이나 보관 기능 보다는 물류센터로서 고객의 주문에 대하여 신속하고 정확하게 대응할 수 있도록, 재고관리 및 유통가공 등의 기능이 보다 강화된 개념의 창고이다([그림 8-6, 8-7] 참조).

[그림 8-6] 유통창고의 내부구조

[그림 8-7] 유통창고의 기능

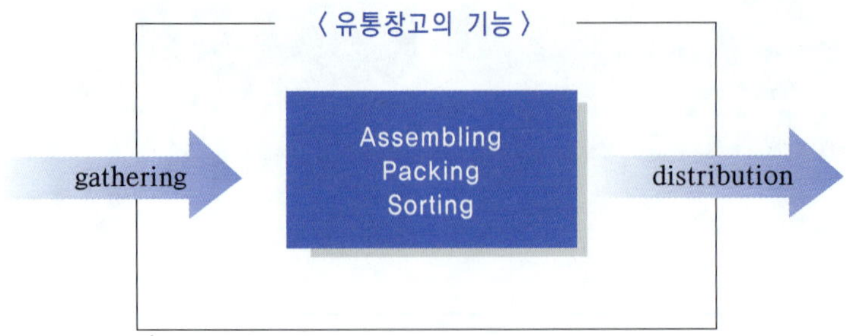

최근 들어 창고의 운영은 보관기능보다는 플로우(flow)기능 위주로 변화해 가고 있고 유통창고에 크로스도킹(Cross Docking)이라는 개념이 강조되고 있다([그림 8-8] 참조). 크로스도킹은 창고나 물류센터에서 수령한 상품을 창고에서 재고로 보관하는 것이 아니라 즉시 배송할 준비를 하는 물류시스템이다. 다시 말해 공급사슬에 관련된 거래업체들 간에 서로 협력을 바탕으로 기존의 push방식이 아닌 실질적인 상품수요와 예측수요를 근거로 상품을 공급하는 pull방식의 거래 관행을 말한다. 크로스도킹시스템 하에서는 제품들이 창고나 배송센터로 수송되면 그곳에서 제품을 하차하여 분류작업을 마친 다음 곧바로 재포장되어 점포로 이동된다. 이렇게 함으로써 보관 및 피킹작업 등을 제거할 수 있으며 물류비용을 상당히 절감할 수 있다.

[그림 8-8] Cross Docking

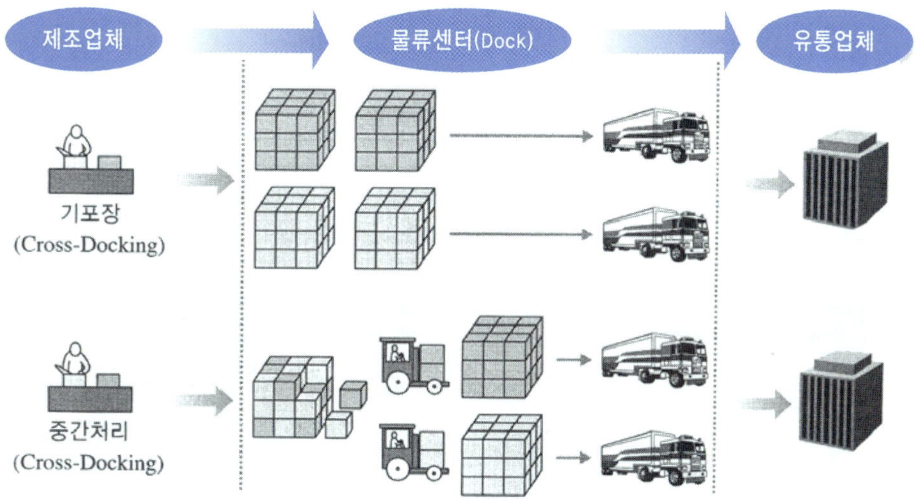

크로스도킹에는 기(旣)포장 크로스도킹과 중간처리 크로스도킹의 두 가지 유형이 있다. 기포장 크로스도킹은 유통업체점포의 주문에 따라 제조업체가 미리 선택한 팰릿, 케이스 등 패키지를 수령하고, 추가작업 없이 배송도크로 이동시키는 것을 말한다. 이 방법은 드물게 사용되는 방법으로서 사전에 제조업자가 납품할

상품을 각각의 점포별로 피킹 및 분류하여 팰릿에 적재하여 배송하게 된다.

중간처리 크로스도킹에서는 팰릿, 케이스 등 패키지를 수령하여 물류센터에서 소분류하고, 소분류된 패키지에 다시 라벨을 붙여 새로운 패키지로 만들어 점포로 배송하는 것을 말한다. 이렇게 만들어진 새로운 패키지는 다른 제조업체에서 배송되어 배달차량에 적재된 유사한 패키지와 함께 배송도크로 이동시키게 된다.

(3) 보세창고

보세창고(bonded warehouse)란 관세법에 근거를 두고 세관장의 특허를 받아 수출입 화물을 취급하는 창고를 말하며 수출입세를 미납한 화물을 보관하는 창고를 말한다.

보세창고에는 보세건설장, 보세판매장, 보세공장에 반입될 성질의 물품을 제외하고는 일체의 수입물품 또는 반송될 물품이 반입될 수 있다. 또한 통관을 하고자 하는 물품의 장치에 방해가 되지 아니하는 범위 내에서 세관장의 허가를 받아 다른 내국물품도 보세창고에 장치할 수 있다. 보세창고의 물품장치기간은 물품을 반입한 날로부터 1년이다. 그리고 세관장이 특별한 사유가 있다고 인정할 때에는 화주의 신청에 의하여 1년의 범위 내에서 그 기간을 연장할 수 있다.

[그림 8-9] 보세창고

3) 창고 내의 형태에 따른 분류

(1) 일반평면창고(재래식창고)

창고의 바닥면이 평평하게 건설된 창고를 말한다([그림 8-10] 참조). 일반적으로 가장 많이 사용되고 있는 재래식 창고는 창고내부에 아무런 설비도 없이 화물을 바닥에 적재한다. 그리고 경우에 따라 가볍고 중력에도 파손되지 않은 물품에 한해 2층 선반을 두어 보관하기도 한다.

[그림 8-10] 일반평면창고

(2) 기계화창고

기계화창고란 스태커 크레인, 랙 또는 컨베이어를 중심으로 기계시스템이 형성되어 있고, 이러한 기계들이 창고시설의 일부기능을 수행하는 형태의 창고를 말한다. 보통 랙(Rack)시설을 하고 지게차 및 크레인 또는 컨베이어 등에 의해서 운영되고 있다. 기계화창고라고 불리는 것의 대부분은 창고의 자동화를 지향하고 있으나, 엄밀한 의미에서 완전한 자동창고는 아니다.

(3) 랙창고

랙(Rack)창고는 화물이 입하에서 출화까지 자동화되어 있고, 단위화물을 주로 처리하는 창고시스템을 말한다. 랙창고의 구조는 강철 구조물로 만들어진 수직・단계적재형 선반으로 구성되어 있으며, 보통 높이가 50~70피트이지만 고층 랙 가운데 120피트나 되는 것도 있다([그림 8-11] 참조).

[그림 8-11] 랙창고

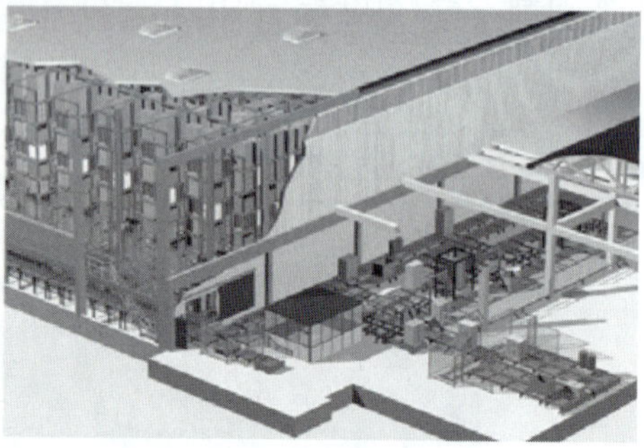

(4) 자동화창고

종전에는 물류센터에서의 작업이 노동집약적이었기 때문에 인건비를 어떻게 절감할 것인가가 중요한 과제였지만, 오늘날에는 출화시간의 단축, 즉 수주에서 물품의 인도까지의 시간인 리드타임을 어떻게 줄일 것인가가 중요한 과제가 되고 있다. 따라서 출화시간을 줄이기 위해 창고를 자동화시키고 있는데, 자재조달, 생산 및 판매관리의 중간과정에서 나타나는 보관관리를 컴퓨터통합생산(Computer Integrated Manufacturing : CIM)이나 자동제어기술을 결합하여 인텔리전트화한 인공지능창고를 자동화창고라고 한다.

자동화창고를 이용하면 자동화, 기계화를 통해 에너지절약을 기할 수 있고, 선입・선출방식에 의한 보관관리, 입・출고관리가 용이하다. 그리고 입・출고작업의 자동화에 의해 안전성과 작업환경의 개선을 도모할 수 있을 뿐 아니라, 화물의 손상도 방지할 수 있다.

이러한 자동화창고는 여러 가지 하부시스템으로 구성되어 있는데, 주요 구성요인을 살펴보면 화물을 적재하기 위한 랙과 랙에 화물을 입출고시키는 주행・승강장치인 스태커 크레인, 스태커 크레인을 횡으로 이동시키는 장치인 트레버서, 랙속에 화물이 저장되는 공간인 셀, 화물의 연속이동장치인 컨베이어 및 팰릿, 각종 빈(bin), 원격제어기 등이 있다(〈표 8-3〉, [그림 8-12] 참조).

〈표 8-3〉 자동화창고의 구성요소

자동화 창고의 구성요소	내 용
Rack	화물을 보관하는 철 구조물을 말한다.
Stacker Crane	Rack에 보관품을 출고 또는 입고시키는 장치이며, 그 종류에는 Pallet형 스태커 크레인과 Bucket형 스태커 크레인이 있다. Pallet형 스태커 크레인은 중량물이나 대용량물 혹은 정형화된 박스, 포대 등을 팰릿에 적재하여 팰릿단위로 입·출고하는 스태커 크레인을 말하며, Bucket형 스태커 크레인은 소량물, 경량물, 비정형화된 전자부품, 볼트, 너트 등을 별도의 Bucket을 사용하여 Bucket 단위로 입출고하는 스태커 크레인을 말한다.
Traverser	스태커 크레인을 횡으로 이동해 다른 통로로 이동시켜주는 장치이다.
Conveyor	입고하거나 출고할 때 작업장으로부터 Rack까지 연결시켜주는 자동운반장치로서, 기능에 따라 각종 컨베이어를 사용할 수 있으며, 작업형태, 조건에 따라 별도의 시스템 설계를 할 수 있다.
AGV (Automatic Guided Vehicle)	지상에 고정되지 않고, 무인으로 물품을 운반 및 이동, 적재하는 자동운반장치이다. 미리 설치해 둔 레일 위를 운행하여 반송하는 RGV(Rail Guided Vehicle)와 레이저스캐너에서 레이저빔을 발사하여 Reflector에 반사되는 빔의 각도를 측정하여 무인운반차의 위치와 주행을 결정하는 LGV(Laser Guided Vehicle)가 있다.
Inventory Computer	창고시스템과 재고를 관리하는 컴퓨터를 말한다.
기타 장비	이 밖에 DPS, RFID, 스캐너, Sorter, Bucket, 원격제어기 등이 있다.

[그림 8-12] 자동화창고 내부전경과 자동화창고 시스템

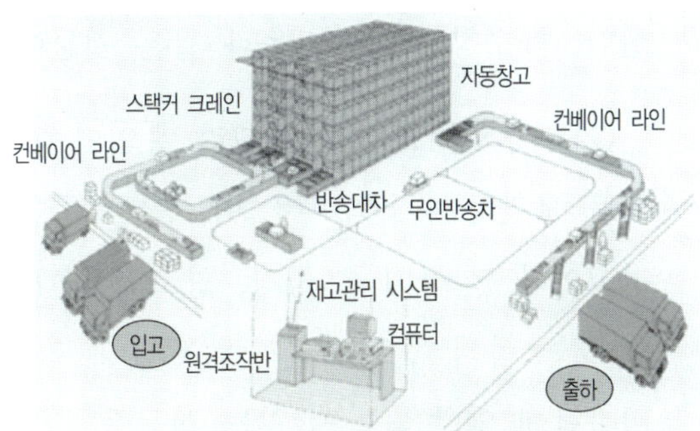

자동화창고는 수동제어, 자동제어 및 원격제어방식 등으로 작동된다. 자동제어는 물품종류가 많지 않은 소형창고에서 사용되며, 원격제어는 다품종 대량품의 처리에 용이하다. 최근의 고층 랙창고나 대형자동창고에서는 거의 모두 원격제어방식을 채택하고 있으며, 레이저 조정장치까지 개발되어 이용되고 있다.

자동화창고는 스태커 크레인(staker crane)의 운전방식에 따라 단일이동방식과 이중이동방식으로 구분한다. 단일이동방식은 스태커 크레인이 입출고 지점을 되돌아 올 때까지 저장과 반출 중 하나의 명령만을 받아 수행하는 방식이고, 이중운행방식은 스태커크레인이 입고작업 후 빈 상태로 돌아오는 것이 아니라 출고명령을 받아 그 화물을 싣고 돌아오는 방식을 말한다.

4) 보관기준에 의한 분류

(1) 보통창고

보통창고란 원재료, 부품, 제품 또는 상품 등을 보관하는 모든 창고를 말한다. 특종화물들을 제외한 보통화물(제1종 내지 제3종 물품)을 보관하는 창고로 일단 취급품목이 많고 물품의 형상이 각각이기 때문에 건물의 구조, 보관, 하역방식은 범용적인 것이 많다. 단층건물, 다층건물구조, 팰릿에 의한 고층 적재, 랙에 의한 보관, 컨베이어에 의한 하역작업이 이루어진다.

(2) 특수창고

특수창고란 보통창고 이외의 창고이며, 온도나 습도 등 특별한 보관환경을 필요로 하는 물품이나 위험물과 같이 특수한 것을 대상으로 하고 있는 창고를 말한다. 특수창고에는 다음과 같은 것들이 있다.

(가) **야적창고** : 야적창고란 옥외의 야천에 철재, 등판, 컨테이너 등 제2종 물품을 보관하는 구역이며, 벽, 울타리, 철조망 등을 설치하여 야적으로 보관하는 창고이다. 항구지구, 공장, 창고의 구내부지 등에 약간의 보관시설을 설치하고 담 또는 목책 등으로 둘러쌓고 있다. 강재, 목재, 석탄, 광석, 비금속광물제품 등 비바람에 영향을 받지 않는 화물을 주로 보관한다.

(나) **수면창고** : 수면창고는 수면조목장에서의 보관을 목적으로 하천, 해면을 이용하여 저수지를 만들고, 이것을 이용하여 목재 등을 보관하는 시설을 말한다. 창고 주위를 제방 또는 기타 공작물로서 방호하여 대량의 원목을 보관한다. 넓은 면적을 이용할 수 있는 수면을 사용하는 데 그 특징이 있다.

(다) **저장창고** : 저장창고는 주로 곡물(제4종 물품)을 대상으로 한 것이며, 항구에 설치되어 있다. 항구에서는 곡물저장을 위해 사이로(silo)를 두고 있다. 사이로는 원래 곡물 등을 부패하지 않도록 저장하는 설비지만, 저장용량이 매우 크므로 곡물에 한정하지 않고 재갈, 시멘트, 광석, 석탄, 비료 등을 위한 창고로도 이용된다.

(라) **위험물창고** : 위험물창고는 폭발물, 가스류, 인화성 물질 등과 같이 폭발성, 인화성, 독성, 부식성, 방사성 또한 병균오염의 우려가 있는 제5종 물품을 보관하는 창고를 말한다. 위험물창고는 보관하는 위험물의 종류에 따라서 소방법, 총포・도검・화약류 단속법, 고압가스안전관리법 등의 규정에 의한 위치구조 및 시설에 적합하도록 설계되어야 한다. 보관물의 종류가 위험물이기 때문에 창고의 시설이 자동화되어 있다. 위험물 자동창고는 건축법규상 옥내저장소에 해당되며, 스태커 크레인, 컨베이어 등 주요 부분이 방폭형으로 구성되며, 건축물은 내화구조로 구성되어 있다.

[그림 8-13] 위험물창고

(마) **냉동 · 냉장창고** : 냉동 · 냉장창고란 냉동 · 냉장실의 보관온도가 상시 섭씨 10도 이하의 저온상태에서 물품(제6종 물품)을 보관하는 창고이다. 냉장 및 냉동을 위한 자동온도 조절장치, 컴퓨터 제어시스템장치를 갖추고 있어 장기간 보관이 가능하며 외부공기와 완전차단을 위해 설계되어 있다. 최근에는 -40도에 달하는 창고도 있다.

창고건물에 일반적으로 4계층의 창고가 있는데, F급, C1급, C2급, C3급으로 구분하고 있다. F급은 -20도 이하, C1급은 -10도 이하에서 -20도 미만, C2급은 -2도 이하에서 -10도 미만, C3급은 10도 이하에서 -2도 미만의 온도로 냉장장치를 필요로 하는 물품을 보관한다.

[그림 8-14] 냉장창고

제2절 보관시설의 운영

Ⅰ. 입화

일반적인 보관시설 내의 작업공정은 ① 입화, ② 격납, ③ 보관・보충, ④ 피킹, ⑤ 유통가공, ⑥ 검품, ⑦ 포장, ⑧ 방향별 구분, ⑨ 적하준비 등 아홉 가지로 구성된다. 크게 분류하면 ①~③까지의 작업공정을 '입화작업'이라 하고, ④~⑨를 '출화작업'이라 한다. 입화란 화물을 창고 내에 적입하는 작업으로 영업창고의 작업시간과 비용 가운데 많은 부분을 차지하고 있다. 일반적으로 유통창고의 작업시간은 입화와 오더 피킹이 각각 35% 내외이고 출화가 25% 내외를 차지하고 있다. 따라서 입화작업의 능률화를 위해서는 기계화를 통한 인력작업의 최소화가 필수적인 요소이다. 입화시스템에는 입화된 화물의 임시보관, 검품 및 보관장소 등에 대한 사무능률화가 요구된다.

입화된 물품을 조사하여 자산으로 정리할 경우, 이것을 재고(inventory stock)라고 하며, 고객에 대한 서비스 수준과 경제성을 고려하여 적절한 재고량 및 보충을 검토하는 일을 재고관리라고 한다. 적정 재고는 물류 합리화에 따른 비용 절감을 위한 재고 관리상의 중요한 과제가 되고 있으며, 이를 위하여 여러 가지 과학적인 방법이 채택되고 있다. 그 방법의 하나가 ABC분석인데 이것은 주로 재고 품목별 중점 관리, 품목별 재고 배치 결정에 사용되고 있다.

예컨대 세제 하나만 보더라도 액체・분말, 가정용・공업용, 부엌용・세탁용 등 그 종류가 상당히 많기 때문에 기업이 판매를 하기 위해서는 여러 상품에 대한 재고 부담을 안아야 한다. 그것들 중에는 판매량이 많아 재고를 많이 갖고 있어야 하는 것, 보충해도 곧바로 나가버리는 것에서부터 특수한 용도에 쓰이기 때문에 가끔 조금씩 팔리는 것도 있을 것이다. 이와 같은 다종다양의 물품을 일률적으로 관리 하려면 사람의 손이 많이 필요하게 되어 보관비의 증가를 가져오게 되고 또한 창고 내의 보관 장소도 상품 출납의 완급(緩急)을 고려하지 않고 배치하면 상품 입출고 작업에 시간이 많이 소요되는 문제도 있다.

이 문제를 해결하게 위해서는 재고를 품목별로 재고 수량 또는 입·출고의 완급에 따른 비율을 금액으로 환산하여 재고 금액을 구하여 가장 많은 것부터 차례대로 배치하여야 하는데, 이것을 수량(또는 금액)의 전체 재고에 대한 비율과 품목수의 비율을 산출하여 그 누계 비율을 그래프로 나타내면 [그림 8-15]과 같은 곡선을 얻을 수 있다. 이 그림에서는 품목을 A, B, C로 구분하고 있다. A품목은 품목수는 적지만 재고 수량과 금액이 높은 특성을 가지고 있으며, C품목은 역으로 품목수는 많지만 재고 수량과 금액이 적고, B품목은 그 중간 특성을 가지고 있다. 따라서 A품목을 중점적으로 관리하면 적은 품목으로도 재고의 대부분을 엄중 관리할 수 있으므로 효과적이며 경제적인 관리를 할 수 있다. 또한 A품목의 보관 장소를 작업하기에 용이하도록 고려하면 입출고 작업도 효율적으로 할 수 있다. 이처럼 상품을 ABC로 구분하여 생각하는 방법을 'ABC 분석 또는 파레토(Pareto) 분석'이라고 한다.

[그림 8-15] ABC 분석(파레토분석)

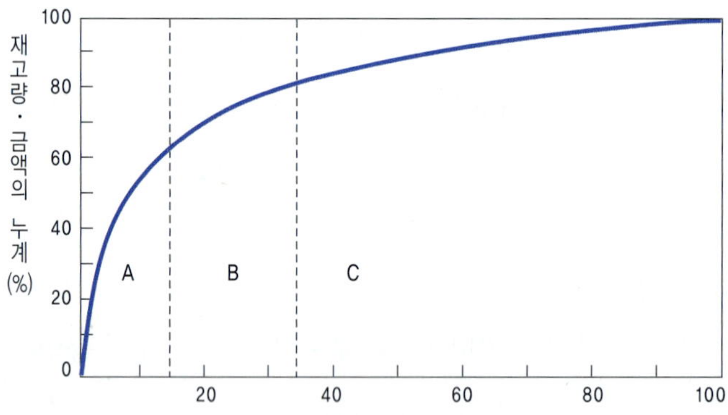

이 ABC 분석은 재고 배치에도 적용할 수 있다. 이것은 다종다양한 상품을 공장 창고에 재고로 둘 것인가, 아니면 소비지 근처 배송센터에 둘 것인가 하는 문제가 있다. 일반적으로 공장 창고에서 배송센터까지는 대형차에 의해 대량으로 수송하는데 비하여 배송센터에서 고객에게 배달하는 경우에는 소형차를 이용하여 소량으로 배송하기 때문에 톤·킬로당 수송비는 고객 쪽이 비교적 비싸다. 그런 이유에서 배송센터를 설치하여 총체적인 수송비의 절감을 꾀하고자 하겠지만 상품을 전부 보관할 수 있는 배송센터를 전국에 설치한다고 하면 보관비가 너무 많이 든다. 그래서 ABC 분석을 하여 연간 매상액이 큰 소품목을 A상품으로 하여 배송센터에 두면 보관비는 들겠지만 수송비에 대한 절감의 장점을 낳으면서 또 고객의 주문에 즉시 대응할 수 있어 질 좋은 서비스를 제공할 수 있다. 매상액이 적은 C품목은 창고에 보관해 두는 기간이 길기 때문에, 이것을 각 지역 배송센터에 재고로 두는 것은 매상고에 대한 재고금액이 상승하여 보관부담이 증대하게 된다. 그렇다고 공장 창고에 집중 보관하게 되면 고객에게 조달하는 기간이 길어져 서비스의 질은 약간 저하하겠지만, 물류비의 절감을 꾀할 수 있는 장점이 있다. B상품에 대해서는 공장창고와 배송센터로 나누어 보관하는 등 각각의 경우에 따라 결정한다.

그리고 재고관리의 경우에는 상품의 회전을 보는데, 회전이 빠르다고 하는 것은 입고에서 출고까지의 보관 기간이 짧다는 것으로 판매량이 많은 A상품이 일반적으로 여기에 해당된다. 재고의 회전을 나타내는 척도로써 재고 회전율이라는 것이 있는데 이것은 1년, 1개월의 한 기간에 대하여 다음과 같이 정리한 비율을 말하는 것이다.

$$\frac{\text{기간입고량} + \text{기간출고량}}{2} \div \frac{\text{기초재고량} + \text{기말재고량}}{2}$$

Ⅱ. 오더피킹

1 오더피킹의 개념

오더피킹(order picking)이란 고객의 발주내역에 따라 물류센터 및 창고 내에서 체계적인 로케이션 관리하에 보관 중인 상품을 집품하여 납품준비를 하는 물류활동을 말한다. 또한 오더피킹은 수주라는 수주활동의 일환으로서 상적 정보를 토대로 한 주문서, 출화전표, 납품표, 송장, 포장지시서 및 불출지시서 등 정보처리와 불출지시서에 의해 불출된 물품의 흐름을 파악하는 것이다.

오더피킹의 협의의 개념은 보관장소에서 물품을 꺼내어 주문별로 집화하는 것을 의미하며 광의의 개념에는 이러한 협의의 개념에다 거래처의 정보에 기초한 서류의 흐름과 물품의 피킹, 정돈, 포장 및 배송지역별 상차까지 포함하는 것으로 해석된다.

② 오더피킹 방식

오더피킹의 방식에는 다양한 방식이 존재한다. 최근 들어 창고작업 중 높은 생산성이 요구되는 부분이 오더피킹이라고 할 수 있으며, 그 이유는 일차적으로 많은 비용투입이 필요하고, 오더피킹 작업관리의 어려움이 있으며, 궁극적으로 품질과 고객 서비스를 향상하는 데 있어 중요한 활동이기 때문이다.

〈표 8-4〉 다양한 오더피킹 방법

오더피킹 방법	설 명
인력에 의한 방법	창고 내 인력이 직접 걸어서 혹은 운반기계 탑승을 통해 피킹하는 방법으로 다품종 소량 피킹에 주로 활용된다.
싱글 오더피킹하는 방법	한 명의 피커가 한 주문 내 전표에서 요구하는 모든 물품을 피킹하는 방법이다.
일괄 오더피킹하는 방법	여러 건의 주문전표를 합쳐서 피킹하는 총량 피킹 방법이다.
일정지역에서 오더피킹 (zone picking) 하는 방법	각 피커가 자신이 담당하는 작업 범위를 정해두고 주문전표 중 자신이 담당하는 작업 범위 내 물품만을 피킹하는 방법이다.
주기적 오더피킹 (wave picking)하는 방법	오더피킹 요청이 주기적(예를 들면, 매 시간, 오전 혹은 오후 등)으로 이루어짐으로써 제품의 흐름, 재고보충, 피킹 등에 대한 제어가 용이해진다. 일반적으로 오더피킹 요청 주기는 배송차량 스케줄과 연동이 되어 있다.

③ 오더피킹 설비

1) 보통랙

보관선반에 넣어 두었던 물품을 출고전표에 의해서 피킹할 경우는 전표에 기입 된 물품이 어디에 있는지를 찾아내는 것은 어려운 일이다. 따라서 보통랙에는 보관선반에 모든 번호가 붙여서 보관품목이 관리되고 있다.

보통랙을 사용하는 창고에서는 발행된 출고전표를 차례로 정리하여 창고 내에서 피킹작업을 하면 모든 출고작업이 끝난다. 컴퓨터에서 출고전표가 출력되는 경우는 로케이션 번호순으로 전표가 인쇄되도록 프로그램을 구성하면 용이하게 작업할 수 있다.

[그림 8-16] 보통랙

2) 플로우랙(Flow Rack : Sliding Rack)

플로우랙은 경사가 있는 컨베이어를 선반으로 한 것으로 물품을 컨베이어 뒤로부터 넣어 앞에서 피킹하기 때문에 선입선출이 가능한 기기이다. 회전선반이 피커의 장소에 물품을 자동적으로 이동시켜 주는 것에 비하여 이 플로우랙은 피커가 물품을 피킹하여 오는 방식이다. 이에는 표시장치부착 플로우랙, 자동 플로우랙 및 팰릿 플로우랙 등이 있다.

[그림 8-17] 플로우랙

3) 회전선반(Carousel)

회전선반의 가장 큰 특징은 물품이 피커의 장소로 이동되어 오는 것으로 다품종 소량 오더피킹에 적합하다. 오더피킹에 있어서 사람이 물품을 피킹할 때의 문제점을 물품이 어디에 있는지를 찾아다니는 시간과 찾은 물품을 갖고 오는 데 걸리는 데 반하여, 회전선반은 이 문제를 잘 해결해 주고 있다. 회전선반은 오더피킹의 파종작업에 사용할 수 있다. 회전선반에는 수평회전선반, 수직회전선반, 팰릿용 회전선반 등이 있다.

[그림 8-18] 수평회전선반과 수직회전선반

4) 단품단위 자동피킹 설비

단품단위 자동피킹 설비는 단품으로 보관해 두었다가 단품으로 출화하는 패턴으로 약품, 화장품과 같은 소형상장 단위의 출고나 전기부품의 콘덴서 등의 상당히 작은 물품과 피킹설비이다. 일반적으로 일정한 크기가 아니고 여러 가지의 크기가 있으며, 또한 식료품의 경우 통조림이나 병과 같은 물품도 포함되기 때문에 자동화나 기계화는 일정한 형태의 물품에 비해서 어렵다.

그러나 의약품이나 화장품의 배송센터의 경우 다품종소량이라고 해도 출고수량이 많은 곳에서는 어떻게 하든 간에 자동화를 하지 않으면 안되기 때문에 이 분야의 오더피킹의 자동화도 연구되고 있다. 단품단위 자동피킹 설비로는 여러 가지의 오더피킹머신도 개발되고 있지만 현재 그 종류는 많지 않지만, 주로 사용되는 기기로는 ① 스토어매틱, ② 아이티매틱, ③ MAS, ④ S형 피킹머신, ⑤ 스톡랙[2] 등이 있다.

5) 피킹용 집품대차

사람에 의한 피킹작업에는 수집능률을 도모하기 위한 대차나 피킹영역을 창출하는 적층랙이 이용되고 있다. 집품대차의 일반적인 형식은 그림과 같은 형태가 있는데, 저렴해서 널리 보급되고 있다. 피킹용 집품대차는 품목이 적은 집품에 적합하다. 품목이 많은 상품의 집품작업이나 출화 1건당 집품량이 많은 경우에는 [그림 8-19]와 같은 2단선반식 대차나 3단선반식 대차를 이용한다.

---

2) ① 스토어매틱 : 독일 아커사에서 개발한 방식이며 단품으로 선반에 보관되어 있는 물품을 소형 스태커크레인으로 피킹하는 일종의 자동판매기같은 피킹기기. ② 아이티매틱 : 선반에 보관되어 있는 물품을 크레인대신 상하로 움직이는 컨베이어에 연결된 피킹기기를 사용하여 피킹하는 기기. ③ MAS : 미국의 FMC사와 에이븐사가 개발한 방식으로 피킹속도가 1초당 3개정도로서 매우 빠르며 A자형으로 마주보게 나열한 매거진에 여러 종류의 단품을 쌓아둔 형태이다. ④ S형 피킹머신 : 외관이나 구조에 있어서는 MAS와 유사하며 현재 시세이도의 킨키 배송 센터에서 사용하고 있다. 피킹속도는 초당1개, 그러나 시스템적으로는 MAS와 다소 다른 방식. ⑤ 스톡랙 : 캐비넷의 서랍에 피킹할 물품을 넣어두고 필요한 물품이 들어 있는 서랍을 캐비넷의 앞에 배치되어 있는 컨베이어까지 끌어내면 컨베이어의 벨트에 붙어있는 고리에서 물품을 캐비넷 밑에서 꺼내는 구조로 되어 있다.

[그림 8-19] 피킹용 집품대차

6) 오더피킹 포크리프트

운전석이 포크와 같은 높이의 위치에 설치되고 포크와 동시에 승강하므로, 높은 곳에서의 피킹작업이 오퍼레이터 혼자서 가능한 배터리식 포크리프트이다. 오더피킹 포크리프트를 이용한 보관 시스템은 랙의 보관을 전제로 하며, 랙 바로 앞에는 전도방지를 위한 가이드 레일을 설치한다.

[그림 8-20] 오더피킹 포크리프트

Ⅲ. 분류

1 분류의 정의

분류(sorting)란 상품 명세에 따라 개별적인 정보를 갖고 있는 물품을 일정한 분류기준과 과학적인 로케이션 관리체계에 따라 일정한 위치에 집합시키는 물류 활동이다. 분류는 상품을 체계적으로 구분함으로써 상품인도에 대한 리드타임을 줄이고 정확성을 높이기 위한 활동인 것이다.

분류의 직접적인 목적은 제품을 형태, 크기, 중량 또는 고객별, 주문별, 목적지별 등으로 분류하는 것이지만, 시스템의 도입에 따른 기본적인 목적은 다음과 같다.

① 생산성의 향상
② 고객서비스의 향상
③ 에너지 절약화
④ 분류시간의 단축
⑤ 분류오류의 감소

분류시스템 도입의 주요 목적은 자동화에 의한 경비의 절감과 투자효과에 있으며, 중요한 포인트로서는 분류오류의 감소와 분류시간의 단축이라고 하는 것에 있음을 알아야 한다.

2 분류방식

1) 밀어내는(Pusher) 방식

화물을 컨베이어에 흐르는 방향에 대해서 직각으로 암(arm)으로 밀어내는 방식으로 구조가 간단해서 어떤 컨베이어와도 조합할 수가 있다.

[그림 8-21] Pusher 방식

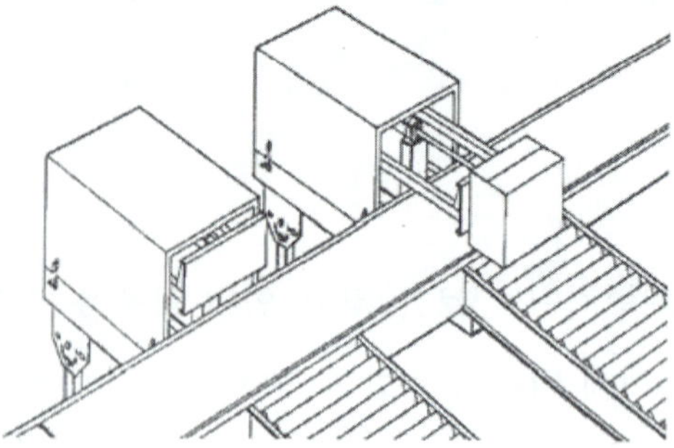

2) 다이버터(Diverter) 방식

진행하는 방향에 대해서 컨베이어 위에 비스듬히 놓인 암(arm)으로 물품을 분류한다. 이 방식을 사용한 경우에는 물품을 1개씩 분류하는 것도 가능하며 연속적으로 분류하는 것도 가능하다. 다이버터 암(arm)의 마찰이 문제가 될 경우, 마찰면에 롤러, 구동롤러, 구동벨트, 구동체인 등을 이용하기도 한다.

[그림 8-22] 다이버터 방식

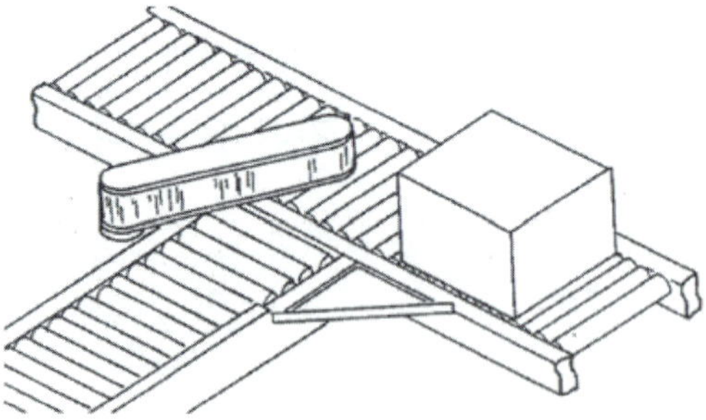

3) 이송(Transfer) 방식

이것은 구동롤러의 롤러와 롤러 사이를 이용해서 컨베이어의 이동방향에 직각으로 롤러의 면보다 낮게 몇 개의 체인을 회전할 수 있도록 해두고, 물품을 분류하기 직전에 체인을 회전시킴과 동시에 롤러의 면보다 다소 높게 물품과 함께 밀어올림으로써 컨베이어 위의 물품을 직각으로 분류하는 방법이다. 체인 대신에 구동 휠을 사용하는 것도 있다.

[그림 8-23] 이송 방식

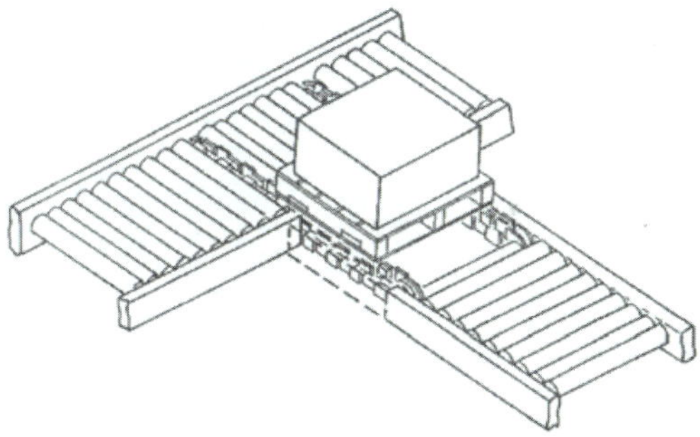

4) 운반(Carrier)체인 방식

여러 열의 운반체인으로 물품을 운반하고 그 체인 사이에서 회전하는 롤러를 노출되게 해서 분류하는 방식으로 노출된 롤러의 회전을 컨베이어의 진행방향에 대해 직각방향으로 하는 것으로써 분류가 가능하다.

[그림 8-24] 운반체인 방식

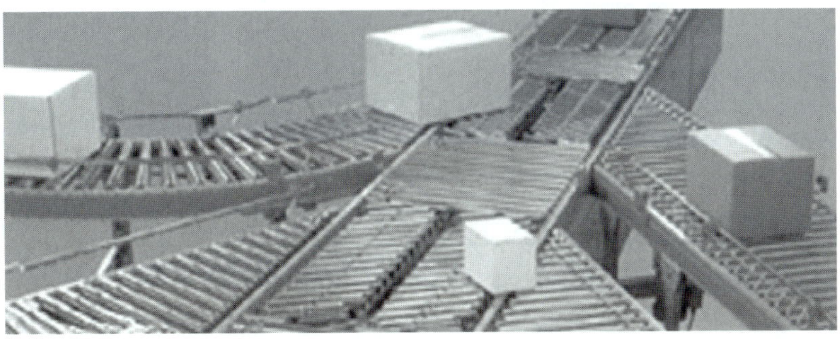

5) 슬랫 컨베이어(Slat Conveyor) 방식

이동 슬랫으로 밀거나 슬랫을 기울여서 분류하는 방식이다.

[그림 8-25] Slat Conveyor 방식

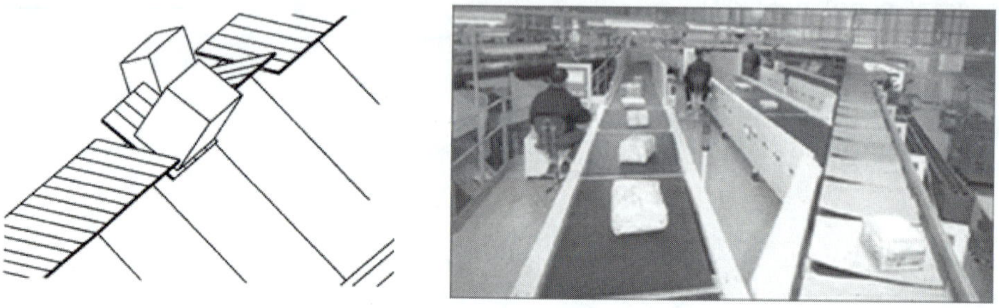

6) 경사트레이 컨베이어(Tilt Tray Conveyor) 방식

트레이 또는 버켓을 기울이거나 바닥면을 열어서 떨어뜨려 분류하는 방식이다.

[그림 8-26] Tilt Trag Conveyor 방식

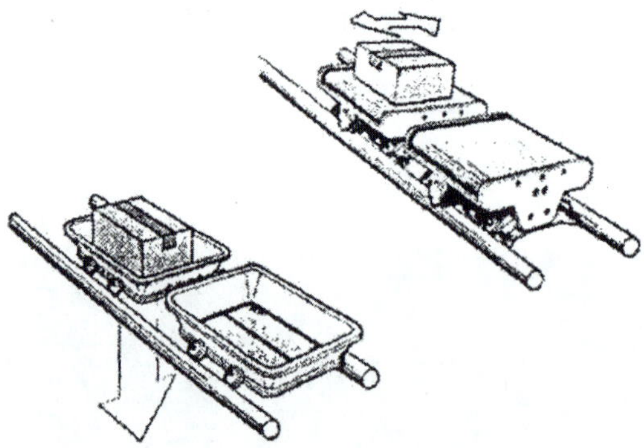

7) 사행식

경사진 벨트컨베이어의 옆면 가이드가 열리며 물품을 미끌어지게 하는 방식이다.

[그림 8-27] 사행식(sliding shoot)

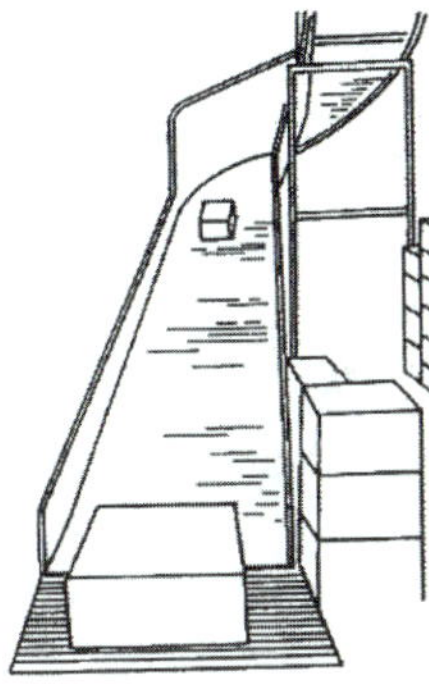

8) 슬라이딩-슈방식

반송 면에 튀어나온 기구를 넣어 단위화물을 함께 이동시키면서 압출하는 소팅컨베이어방식이다.

[그림 8-28] 슬라이딩-슈방식

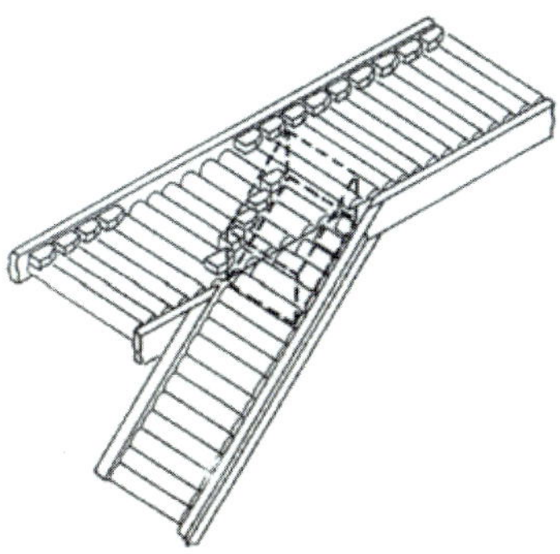

Ⅳ. 출고 · 출화

출고란 창고에서 물품을 내놓는다는 말이며, 전표에 의한 출고와 생산계획에 따라 자동 출화되는 것, 구두지시에 의거 긴급 출고되는 것 등이 있다. 출고대상자는 사내부의 관련부서와 사외의 타기업이 되는 경우가 있다. 전자는 소재 · 원재료 · 구입부품 등과 같은 것을 거래하는 대상이고, 후자는 제품 · 상품을 거래하는 대상이다.

외주공장의 경우는 타기업이지만 재료 · 부품을 지급받는 대상이 된다. 타기업에 나가는 것을 '출화'라고 부르고 있다.

일반적으로 출고 · 출화방법에는 다음과 같은 방법들이 있다.

① **선입선출법** : 창고의 현품들의 변질 · 감모 · 손상열화로 인하여 가치의 감소를 방지하고 수량 확인을 하여 먼저 입고된 것을 먼저 출고를 필요로 할 때 적용된다.

② **이중치장제** : 먼저 입고된 것과 나중에 입고된 것을 구분하여 먼저 입고된 대로 출고하고 그렇지 않으면 선입고된 것부터 출고하는 방법이다.

③ **순환치장제** : 입고와 출고물품을 구분하고 같은 일정방향으로 순환하는 방법이다.

④ **경사식 출고법** : 입고물품을 선반 위쪽부터 진열하고 선반 하위부분에서 출고를 시키는 방법이다.

제3절 보관시설

Ⅰ. 물류단지

물류단지는 유통창고 및 각종 화물 터미널이 많이 집결되어 수송, 보관, 하역, 포장, 정보가 동시에 이루어지는 물류기지화된 장소라고 할 수 있다([그림 8-29] 참조). 물류시설의 개발 및 운영에 관한 법률(물류시설법) 제2조 제6호에 의하면 물류단지란 "물류단지시설과 지원시설을 집단적으로 설치·육성하기 위하여 지정·개발하는 일단(一團)의 토지 및 시설로서 도시첨단물류단지와 일반물류단지를 말한다."고 규정하고 있다. 여기서 물류단지시설은 화물의 수송·집화·하역·분류·포장·가공·조립·통관·보관·판매·정보처리 등을 위한 시설을 말하며, 지원시설은 물류단지시설의 운영을 효율적으로 지원하기 위하여 물류단지 안에 설치되는 시설로서 가공·제조 시설, 정보처리시설, 금융·보험·의료·교육·연구·업무 시설 등을 말한다. 물류시설법에서 규정하고 있는 물류단지시설과 지원시설의 내용은 다음과 같다.

[그림 8-29] 유통단지의 개념도

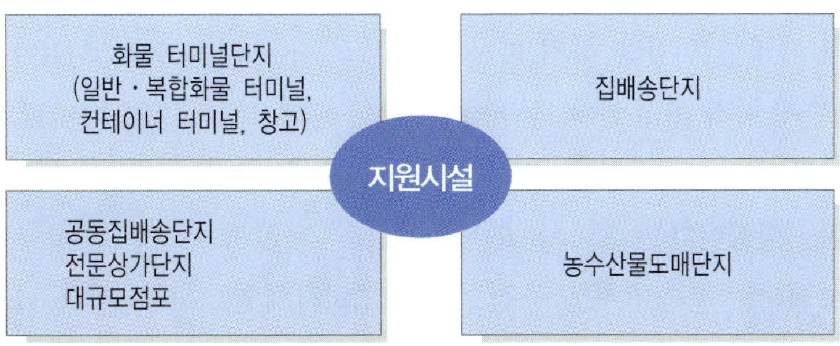

물류시설법에 규정된 물류단지의 시설내용을 살펴보면, 물류단지에 상품을 판매하기 위해 입주하는 점포, 상가 및 농수산물시장과 같은 상류시설들이 물류단지에 포함되어 있는 것을 알 수 있다. 따라서 물류단지는 물류(物流)시설 뿐 아니라 상류(商流)시설도 함께 포함하고 있는 종합물류시설로 이해할 수 있겠다.

Ⅱ. 배송센터

집・배송센터(집배센터)는 도매업, 대량소매업(양판점 및 백화점), 슈퍼체인, 편의점 등이 매일 상품의 집화와 배송을 동일 장소에서 실시한다는데 착안하여 나온 명칭이다.

즉, 개별기업 또는 협의체 등에서 유통창고의 집・배송기능을 강조해서 나온 용어이다. 배송센터는 유통단지나 공동집배송단지보다는 협의의 개념이며, 유통단지 가운데 순수한 물류기능만을 담당하는 화물터미널, 배송센터, 창고단지, 유통가공시설 가운데 일부분이라고 할 수 있다.

배송센터는 주로 민간기업에 의해 설치, 운영되고 있다. 즉, 다품종 대량품을 공급자로부터 수탁하여 수요자의 수주에 의하여 물품을 환적(수송과 집배, 검수), 보관(보관, 분류, 검수), 유통가공(가공, 조립, 포장, 검수), 정보처리 등을 통해 고객이 만족할만한 추가적인 서비스를 제공하고 있다.

즉, 집・배송시설을 중심으로 도매시설, 창고시설, 고객, 기타 물류시설, 트럭터미널 등과 유기적으로 연결되어 운영되고 있다. 이와 같이 현재 배송센터는 너무나 다양한 역할을 하기 때문에 여러 가지 용어로 불리고 있다. 그 운영과 취급 화물에 따라 유통센터, 물류센터, 운송센터, ICD, 트럭 터미널, 유통가공센터, 유통업무시설이 집단화된 공동 집배송단지 등으로 그 명칭이 다양하게 불리어지고 있는 상황이다.

배송센터는 운영주체를 중심으로 제조회사계열, 도매점계열, 소매점계열로 분류할 수 있다([그림 8-30] 참조).

[그림 8-30] 배송센터의 흐름

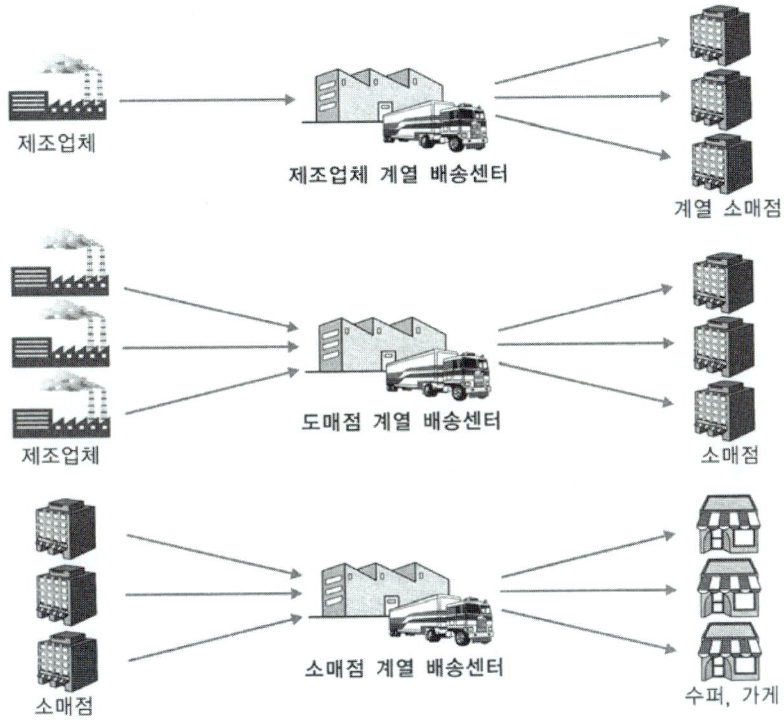

제조회사계열 배송센터에서는 가전제품, 화장품, 식품 및 자동차 등 유통적 지배력이 강한 제조회사가 배송센터를 통해 수주를 처리함으로써 물류경로를 단축하고 고객에 대한 신속한 배송체제를 수립한다.

도매점계열 배송센터에서는 각 제조회사의 상품을 상사나 도매업자가 주체가 되어 상품을 단독 또는 조합하여 소비지의 수주에 따라 소매점으로 배송한다. 도매점계열 배송센터는 독자적인 판매능력이 없는 제조회사와 독자적으로 상품 구색을 갖출 수 없는 슈퍼나 편의점 등에 유용한 형태이다.

대형소매점(백화점, 대형 양판점, 대형 전문상가)이 개개의 납품업자로부터 상품을 배송센터에 집약하여 산하 각 점포나 소비자에게 배송하는데, 이러한 형태의 배송센터를 소매점계열 배송센터라고 한다.

Ⅲ. 공동집배송단지

공동집배송단지는 다수의 유통업체가 각 업체의 집・배송센터를 대단위 단지에 집단화시킨 시설로서 다종 대량품을 공급자(생산업자, 도매업자, 산지직송업자)로부터 집화하여 이를 환적 분류・보관・재포장・정보처리 등을 수행하는 대표적인 물류공동화시설의 성격을 갖는다(〈표 8-5〉 참조).

〈표 8-5〉 공동집배송단지의 시설개요

구 분	내 용
배송시설	슈퍼마켓용 배송시설, 편의점 배송시설
공동관리이용시설	센터빌딩(사무실), 회의실, 연수실, 전산실, 운동장, 터미널(주차장, 주유소, 운송업체관리 사무실)
공공시설	도로, 공원, 운동장, 쓰레기처리장, 전기공급, 상・하수도 시설, 차단녹지

공동집배송단지는 참가업체의 성격과 각 업체의 집・배송센터가 갖는 기능에 따라서 공동건물식(하나의 건물에 다수업체의 집・배송센터를 단지화하는 형태), 연간식(각 업체의 집・배송센터를 연립식 건물에 집단화 하여 설치하는 형태), 가구식(하나의 거대한 단지를 질서있게 구획하여 원활한 단지 내 지도를 마련하여 다수의 구획단위로 구분하는 형태)으로 구분한다.

공동집배송단지는 유통단지 가운데 규모가 작은 단지의 일종이라 볼 수 있다.

따라서 공동집배송단지는 상품판매와 집배송을 원활하게 하기 위한 일시적인 보관형태의 물류단지로 볼 수 있다.

공동집배송단지는 다음과 같은 기능을 한다.

첫째, 공동집배송단지는 문자 그대로 공동배송의 기능이 있다. 개별업체가 단독배송하던 방식에서 다수업체의 배송물량을 통합, 권역별・지역별로 계획배송 및 혼재배송함으로써 차량의 적재효율을 높이고 배송횟수 감소 및 운반거리를 합리적으로 단축시켜 물류비용을 절감한다.

둘째, 공동집배송단지는 공동가공처리 기능이 있다. 보통 개별점포에서 상품을 선별, 절단, 세척, 혼합, 조리, 포장 등 가공처리하기 위해서는 각 점포마다 일정한 시설, 장소 및 전문인력이 필요하다. 공동집배송센터에서는 공동으로 가공처리작업을 수행함으로써 상품흐름의 원활화, 전문인력의 공동활용, 공간효용의 극대화로 전체물류비용의 절감에 기여한다.

셋째, 공동집배송단지는 물류정보를 종합관리 및 활용하는 물류정보센터의 역할을 한다. 물류정보시스템구축을 통해 수발주·출화업무의 전산화, 재고관리, 자동창고제어, 물류비계산 등의 업무를 효율적으로 수행하는 데 기여한다.

넷째, 공동집배송단지는 상품의 가격안정에 기여한다. 또한 개별업체의 보관수요를 통합·관리함으로써 업체별 보관시설 확보 및 관리에 따른 비용부담경감에 기여한다.

Ⅳ. 화물터미널

화물수송을 보다 신속하고 경제적으로 수행하기 위해서는 물류활동인 수송, 포장, 보관, 하역 및 정보기능이 종합적, 조직적으로 이루어져야 한다. 이러한 물류활동을 직·간접으로 보조해 주고, 특히 화물의 환적이나 재하역을 위한 구조물 및 시설을 화물터미널이라고 할 수 있다([그림 8-31] 참조).

[그림 8-31] 프랑스 Garonor 화물터미널

물류정책기본법 제2조 제4호에 따르면 물류시설이란 '화물의 수송 · 보관 · 하역을 위한 시설, 화물의 수송 · 보관 · 하역 등에 부가되는 가공 · 조립 · 분류 · 수리 · 포장 · 상표부착 · 판매 · 정보통신 등을 위한 시설, 물류의 공동화 · 자동화 및 정보화를 위한 시설, 그리고 물류터미널 및 물류단지'로 정의하고 있지만, 다음과 같은 시설들은 물류시설에서 제외된다.

- 항만구역 안에 있는 화물하역시설 및 화물보관 · 처리 시설
- 공항구역 안에 있는 화물의 수송을 위한 시설과 그 부대시설 및 지원시설
- 철도사업 또는 궤도사업을 경영하는 자가 그 사업에 사용하는 화물수송 · 하역 및 보관시설
- 집배송센터 및 공동집배송단지

Ⅴ. 복합화물터미널

복합화물터미널이란 화물의 집화, 하역, 분류, 외부포장, 보관 또는 통관에 필요한 시설을 갖춘 화물유통의 중심이 되는 장소로서 두 종류 이상의 수송수단 간의 연계운송을 할 수 있는 규모 및 시설을 갖춘 화물터미널을 말한다. 좀 더 구체적으로 말하면 복합화물터미널은 배송센터, 화물터미널, 수송수단 간 연계시설, 화물취급장, 화물정보센터, 내륙 ICD, 창고시설 및 공공편의시설을 갖춘 순수한 물류기능만 담당하는 간선물류거점(hub)을 지칭한다.

일부 복합화물터미널은 창고단지, 유통가공시설, 물류사업자의 업무시설 및 공동편의시설 등을 추가적으로 갖추고 있는데, 화물터미널(화물취급장, 화물자동차 정류장), 창고, 배송센터, 물류정보센터, 수송수단 간 연계시설 및 각종 공공편의 시설, ICD시설(CY 및 CFS)이 한 곳에 집적되어 있다. 이런 종류의 복합화물터미널은 도시외곽이나 항만외곽에 설치하여 도로, 철도, 해운 및 항공 등의 수송로를 집합 및 연계장소로 사용하고 있으며, 또한 수송과 보관업무 이외에도 수출입을 위한 통관기능까지 수행하는 장소로 이용되고 있다.

복합화물터미널의 기능은 다음과 같다.

첫째, 복합화물터미널은 수송수단과 교통망을 연결시켜 주는 연결점으로서의 역할을 담당한다. 불특정 화주를 대상으로 지역 간 화물의 수송 및 하역의 거점 역할을 담당하기도 하며, 환적(換積)기능을 구비하여 출발지에서 도착지까지 수송·하역·보관·포장 활동을 통하여 화물의 단위화 및 규격화를 실현하고, 나아가 기계화 및 자동화 등으로 에너지 절약화를 이루게 한다.

둘째, 복합화물터미널은 혼재장소로서의 역할을 담당한다. 소규모 화물의 로트화를 통해 혼재기능을 강화시킨다.

셋째, 복합화물터미널은 유통보관장소로서의 역할을 수행한다. 대량생산체제를 배경으로 하여 수주의 소량 분산화에 따라 보관횟수의 감소가 수송비를 절감하게 하여 보관활동의 수송과 재고조정의 관점에서 밀착화와 일체화를 가능하게 한다. 또한 기업입장에서 고객수요에의 신속한 대응이 경영전략상 필요하므로 위탁화물의 수송과 보관을 시스템적으로 연결시킨다.

넷째, 복합화물터미널은 화물형태의 변형장소로서의 역할을 수행한다. 상품의 가공, 조립, 포장, 판매단위의 소량화작업 등을 통하여 상품을 소비 가능한 형태로 변형시키고 수요구조를 적합하게 한다.

다섯째, 화물정보센터로서의 기능을 가지고 있다. 앞에서 말한 네 가지 기능을 효과적으로 수행하기 위하여 수송수단 예약, 탁송화물의 운행·도착정보, 재고관리정보 등의 정보서비스를 제공해 준다.

복합화물터미널의 주요시설은 〈표 8-6〉과 같다. 당일 집배송이 이루어지는 노선화물을 취급하는 화물취급장, 집배송에 보관기능을 추가하여 어느 정도 보관한 후 집배송되는 화물을 취급하는 배송센터, 전체 터미널의 운영을 관리하는 사무실과 편의시설 등으로 구성되어 있다.

〈표 8-6〉 복합화물터미널의 시설유형 및 내용

구 분	시설유형		시설내용	기 능	비 고
복합화물 터미널	화물취급장		화물취급장, 사무실, 홈, 정류장소, 집배차발착장소, 보행 및 운반통로	당일취급 화물처리	국내화물 취급
	보관 및 배송시설		상·하차 정차대, 보관창고, 배송센터	장비간화물처리	
	보조시설		관리동, 편익동, 화물정보센터	부대기능	
	공급처리시설		하수처리장, 변전소, 급유시설, 세차시설, 주차장	부대기능	
ICD	컨테이너	주요시설	CY, CFS	부대기능	수출입 컨테이너 화물 취급
		보조시설	CY운영건물, CY게이트, 섀시장치장	부대시설	
공동지원시설			도로, 공원 및 녹지, 철송취급장, 직입선, 작업선	기간시설	

Ⅵ. 내륙컨테이너기지

내륙컨테이너기지(inland container depot/clearance depot : ICD)란 항만 혹은 공항이 아닌 고정화된 설비를 가진 공용 내륙시설로서 모든 가능한 내륙수송형태에 의해 미통관된 상태에서 이송된 여러 종류의 화물(컨테이너를 포함)의 일시적인 저장이나 취급에 관한 서비스를 제공하는 복합화물터미널을 지칭한다([그림 8-32] 참조). ICD는 본래 Inland Clearance Depot, 즉 내륙통관기지를 뜻하는 것으로 1930년대 영국에서 일찍이 철도에 의하여 무개화차수송(Ferry Wagon Business)의 신속한 통관을 돕기 위해서 운영되었다. 그러나 현대에 있어서는 복합수송의 발달과 컨테이너화물의 확대로 인해 ICD는 두 가지 의미로 사용되고 있다. 일부에서는 컨테이너화물을 on-dock에서 처리할 수 없어 내륙(항만터미널과 내륙수송수단과 연계가 편리한 지역)에 컨테이너의 집화와 혼재(배송전에 일시보관)를 위한 컨테이너 장치장(inland container depot)을 지칭하기도 하며, 또 다른 일부에서는 이들 컨테이너화물에 통관기능까지 부여하고 있는 컨테이너통관기지(inland clearance depot)를 지칭하기도 한다.

[그림 8-32] ICD를 이용하는 경우의 컨테이너화물의 흐름

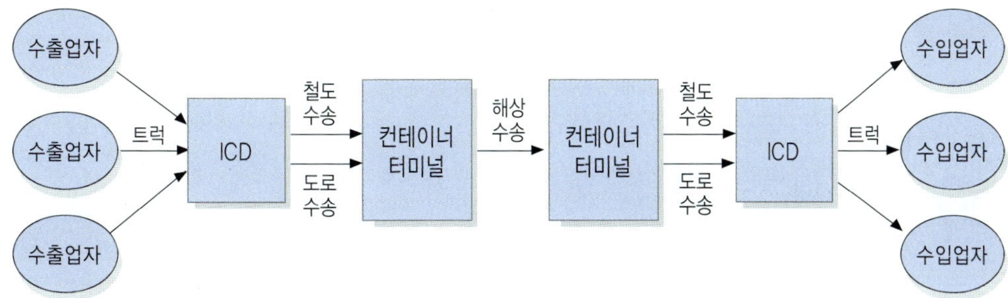

ICD의 주요기능은 [그림 8-33]과 같이 다양하다. ICD는 항만 내에서 이루어져야 할 본선 선적 및 양하작업과 마샬링기능(marshalling function)을 제외한 적입·적출기능, 장치보관기능, 집화분류기능, 포장기능, 통관기능을 수행하는 내륙통관기지로서의 역할을 담당한다. 또한 ICD는 공컨테이너 기지, 컨테이너 화물기지, 작업장 및 종합물류터미널과 같은 역할도 수행할 뿐만 아니라, 선사 및 대리점, 트럭회사, 포워더, 컨테이너 수리회사, 하역회사, 관세사, 포장회사 등을 유치하여 운영하기도 한다. 이와 같이 ICD는 지역항의 기능을 대신하고 내륙수송의 규모경제를 실현할 수 있게 하기 때문에 항만과 대도시의 혼잡을 동시에 완화시킨다.

[그림 8-33] ICD의 주요기능

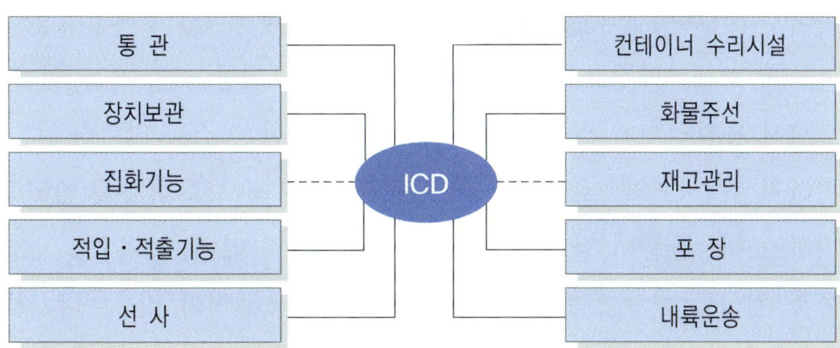

우리나라는 수도권의 경우 의왕 ICD, 영남권의 경우 양산 ICD가 있다. 이곳에서는 주로 화주를 위한 컨테이너의 장치 및 원활한 유통항만기능의 활성화, 도심교통의 적체해결 등을 위한 역할을 담당하고 있다.

Ⅶ. 보세구역

보세구역(bonded area)이란 수출입 및 반송 등 통관을 하고자 하는 외국물품을 장치하거나, 외국물품 또는 외국물품과 내국물품을 원재료로 한 제조, 가공, 기타 유사한 작업, 외국물품의 전시, 외국물품의 판매, 수출입 물품의 검사 등을 이행하기 위한 장소로서 세관장이 지정하거나 특허한 구역을 말한다.

보세구역은 지정보세구역·특허보세구역 및 종합보세구역으로 구분하고, 지정보세구역은 국가 또는 지방자치단체 등의 공공시설이나 장소 등 일정 구역을 세관장이 보세구역으로 지정한 지역을 말한다.

지정보세구역은, ① 지정장치장, ② 세관검사장으로 구분될 수 있는데, ① 지정장치장은 통관을 하고자 하는 물품의 장치와 검사를 위해 물품을 일시(6개월) 장치하기 위한 장소로서 세관구내창고, 공항·항만을 관리하는 법인이 운영하는 창고 등을 말한다. ② 세관검사장은 통관하고자 하는 물품을 반입하여 세관의 검사만을 받도록 한 장소로서 통상적으로 공항·항만 내에 위치하고 있다.

특허보세구역은 일반개인이 신청을 하면 세관장이 특허해주는 보세구역을 지칭한다. 특허보세구역은, ① 보세창고, ② 보세공장, ③ 보세전시장, ④ 보세건설장 및 ⑤ 보세판매장으로 세분되어 있다. ① 보세창고란, 가장 일반적인 보세구역으로서 통관하고자 하는 물품을 장치하기 위한 장소를 말한다. 즉, 외국물품을 장치하기 위한 구역으로 세관장의 특허를 받은 곳으로 허가를 받고 통관을 하지 아니하는 내국물품의 장치도 가능하다. 물품의 반입에는 허가를 받아야 하며, 반입물품 검사를 할 수 있다. ② 보세공장은 가공무역의 진흥이나 관세행정 목적을 위하여 설치된 장소로서 보세상태에서 제조, 가공 등의 작업을 하여 생산된 제품 등을 외국으로 수출하거나 국내에서 사용할 목적으로 국내로 수입될 수 있도록 특허된 구역을 말한다. ③ 보세전시장은 국내에서 개최되는 박람회, 전시회 등을 위하여 반입되는 외국물품을 보세상태에서 장치, 전시하거나 사용할 수 있는 장소를 말한다. ④ 보세건설장은 산업시설의 건설에 사용될 외국물품인 기계류, 설비품 또는 공사용 장비를 장치하거나 사용하여 보세상태에서 건설공사를 완료하고 수입통관을 하게 되는 구역을 지칭한다. 마지막으로 ⑤ 보세판매장은 외국물품을 우리나라를 출국할 여행자에게 판매하거나, 우리나라에 있는 외교관과 같은 면세권자에게 판매할 목적으로 설치된 판매장을 말한다.

종합보세구역은 외국인 투자유치를 촉진하기 위한 목적으로 1998년에 도입된 보세구역의 일종이다. 종합보세구역의 경우 관세청장은 직권으로 또는 관계 중앙행정기관의 장이나 지방자치단체의 장, 그 밖에 종합보세구역을 운영하려는 자의 요청에 따라 무역진흥에의 기여 정도, 외국물품의 반입·반출 물량 등을 고려하여 일정한 지역을 종합보세구역으로 지정할 수 있다. 종합보세구역에서는 보세창고·보세공장·보세전시장·보세건설장 또는 보세판매장의 기능 중 둘 이상의 기능을 수행할 수 있다.

Ⅷ. CY/CFS

1 CY

CY(Container Yard)는 본선으로부터 양하된 컨테이너는 물론이고, 본선에 선적될 컨테이너를 Stacking하고 보관하는 공간으로, 선적화물을 위한 대기장소 및 내륙운송을 위한 보관장소라고 할 수 있다.

CY는 컨테이너터미널 전체 면적의 약 70%를 차지하고 있는 공간으로, 컨테이너터미널의 대부분을 차지하는 공간으로 Stacking Area는 바둑판처럼 눈금이 그어져 있으며[3] 동시에 Y/Tractor 등 장비들의 이동로를 표시하는 Traffic Lane이

3) 1개의 컨테이너를 놓을 수 있는 공간을 1 TGS(Twenty Ground Slot)라 한다.

도색되어 있다.

CY에는 장비들의 상호 간섭이 최소화되도록 환적화물, 수출화물, 수입화물 등 화물의 성격에 따라 Stacking Area가 구분되어 있는데, 통상 수출용 컨테이너는 해측(海側)(sea-side)에, 수입용 컨테이너는 육측(陸側)(land-side)에 할당된다.

또 CY에는 특수컨테이너를 보관하는 별도의 특화된 구역이 있다. 이곳은 냉동컨테이너, high cubic container, 광폭컨테이너, 위험물컨테이너를 장치하는 공간으로 수출입 컨테이너와 떨어진 곳에 설치되어 있다. 또한 효율적인 선적작업을 위하여 본선의 입항 전에 선적될 화물들을 미리 정렬해 두는 공간, 즉 Marshalling Yard을 지정해 두는 곳도 있는데, 최근에는 Yard Planning 기술의 발달로 Marshalling Yard가 별도로 마련되지 않고 있다.

[그림 8-34] CY

② CFS

CFS(container freight station)는 터미널 내부나 부두 밖에 설치되어 화물을 컨테이너에 적입 및 인출하는 작업이 이루어지는 컨테이너화물 조작장이다. 컨테이너 한 개에 가득차지 못할 정도의 소량화물(Less than Container Load : LCL)을 화주로부터 인수하여 컨테이너에 적입하거나(Stuffing, Vanning), 또는 반대로 소량화물을 컨테이너로부터 끄집어내어(Unstuffing, Devanning) 화주에게 인도하는 장소이다.

또한 FCL(Full Container Load) 화물을 취급하기도 하며, Devanning된 화물을 보관하는 창고로 이용되기도 한다.

그 구조는 장기간화물보관에 적합한 일반창고와는 달리 트럭에서의 적재・양하, 컨테이너의 적재・양하를 위하여 출입구를 크게 하여 화물이 신속하게 트럭에서 컨테이너로, 컨테이너에서 트럭으로 이동 가능하도록 설계되어 있다.

또한 출입구를 많이 두어 컨테이너의 적・출입이 쉽고, 화물이 신속히 처리될 수 있도록 만들어져 있다. 일반적으로 건물의 양측을 Truck Side(산측(山側))와 Container Side(해측(海側))로 구분하고 있다. Truck Side에는 트럭만 이용하도록 지정하고, Container Side에는 컨테이너만 이용하도록 한정해 두고 있다. 거의 모든 CFS는 CY와 같은 곳에 있지만, 일부 CFS는 터미널 내 또는 그 인접지에 설치되어 있지 않은 경우도 있다.

[그림 8-35] CFS

Ⅸ. Off-Dock Container Yard

수출입 컨테이너화물은 항구에 있는 CY/CFS에 위치하는 것이 원칙이다. 그러나 컨테이너 부두 내의 On-Dock CY의 장치율, 장치기간의 증가로 컨테이너터미널의 장치능력이 제반기능을 발휘하지 못해 터미널 인근에 컨테이너 야적장소를 두게 되는데 이를 Off-Dock CY라고 한다.

과거 On-Dock CY가 컨테이너화물을 처리하기에 절대적으로 부족하여 대부분 컨테이너화물이 부두 내에서 통관 처리되지 못하고, Off-Dock CY를 경유하여 내륙이나, 부두로 운송됨으로써 불필요한 추가적 물류비 증가를 초래하였다. 그러나 2001년 양산 ICD의 개장으로 인해 부산지역에 산재해 있던 항만 밖 화물장치장(Off-Dock CY)의 수는 상당히 줄어들었다.

제4절 보관시설의 입지결정

Ⅰ. 보관시설 입지계획을 위한 고려요인

보관시설에는 유통창고형 보관시설과 공장창고형 보관시설이 있다. 유통창고형 보관시설은 그 범위를 확대하면 ICD나 배송센터 그리고 집배송단지나 복합화물터미널까지 확대할 수도 있다. 유통창고형 보관시설은 공장생산을 위해 생산용 자재나 시설용 자재를 보관하는 순수한 저장용 시설이 아니고 공장에서 출화한 상품의 원활한 시장유통을 통해 필요한 시설이다. 따라서 유통창고형 보관시설은 순수한 보관창고형 시설에 비해 재고의 회전율이 높기 때문에 입지선정에도 공장 내 또는 인근에 배치하는 공장창고형 보관시설과는 달리 교통의 편리성, 고객의 분포, 경쟁사의 물류거점 위치, 관계법규, 투자비용 및 운영비용 등의 요소를 감안해야 한다.

입지선정 문제를 해결하기 위하여 검토되어야 할 사항들은 다음과 같이 구분하여 생각할 수 있다.

- **지가의 검토** : 가격이 저렴한 유휴지를 물색하고, 용지의 이용도와 관계법을 검토한다.
- **교통사정의 검토** : 도시 내 또는 도시 간 도로교통, 철도 및 해운 등의 교통소통과 애로를 장기적으로 검토한다.
- **공공시설에의 입주 검토** : 복합화물터미널, 트럭터미널, 도매시장단지 및 공동집배송단지 등 공공기관이 유통근대화를 위해 건설하거나 제조업체, 유통업체에서 공동으로 건설하는 시설을 보관시설로 활용한다(시설의 공동화, 업무의 협업화, 규모의 합리화).
- **물리적인 토지의 특성 검토** : 지반연약, 출수위험, 전면도로, 창고용도, 오염도, 인접의 공해공단 유무 등을 검토해야 한다.
- **사회적 환경** : 보관시설 설립의 허가여부, 인근주민들과의 마찰여부(소음, 교통문제, 건설시 자연환경의 파괴)를 검토한다.
- **확장대상과 예비창고의 검토** : 상품취급량의 증대에 대비한 공간적 여유와 계절적 수요에 대비한 재고량의 과잉, 예비시설의 필요성 등을 검토한다.
- **보관시설의 현장 작업체계** : 인력, 설비, 장비, 작업방법, 업무프로세스 등을 검토한다.
- **법규 제조건** : 정보의 용지사용 관련 법적 문제, 환경문제 관련 제약조건 등을 검토한다.
- **기타 조건** : 제품을 취급하기 위한 냉동 또는 냉장 등 특수시설의 필요성, 기타 전제조건 등을 검토한다.

Ⅱ. 보관시설 입지결정을 위한 기법

보관시설 입지선정과 관련된 문제를 해결하기 위한 여러 가지 기법들이 제시되어 왔는데, 여기서는 일반적인 입지문제의 해결을 위한 몇 가지 방법을 살펴보고자 한다.

1 총비용 비교법

각 대안별로 관리비용을 산출하고 총비용이 최소가 되는 대안을 선택하여 입지를 결정하는 방법이다. 즉, A, B, C, D 지역을 검토한 결과 총비용이 최소가 되는 C 지역에 배송센터를 설립하는 것을 말한다.

〈표 8-7〉 A, B, C, D 지역 간 비용비교

(단위 : 백만원)

비용 \ 지역별	A지역	B지역	C지역	D지역
창고건설비	4,600	3,900	4,000	4,200
하역비	430	600	400	550
수송비	750	1,100	800	1,000
재고유지비	57	132	137	85
세금	33	28	63	35
합계	5,870	5,760	5,400	5,870

2 손익분기 도표법

일정한 물동량, 즉 입고량 또는 출고량을 전제로 하여 고정비와 변동비의 합을 비교하여 물동량에 따라 총비용이 최소가 되는 대안을 선택하는 방법이다.

입출고량 및 재고관리 수준의 변화에 따라 수반되는 변동의 변화를 반영시키기는 어렵다. 예컨대 아래와 같은 상황에서는 일정한 물동량(100만 단위) 이하 일 경우에는 고정비가 적은 C 지역이 타당하며, 그 이상일 경우에는 변동비가 적은 A 지역에 입지하는 것이 유리하다.

〈표 8-8〉 A, B, C 지역의 고정비와 변동비

비용 \ 지역		A지역	B지역	C지역
고정비	지본비용(연간) 연료 · 동력비(연간) 용수비(연간) 세금(연간)	400백만원 30백만원 7백만원 63백만원	420백만원 28백만원 7백만원 35백만원	300백만원 26백만원 6백만원 28백만원
	계	500백만원	490백만원	450백만원
변동비	하역비(단위당) 재고비(단위당) 수송비(단위당)	400원 800원 100원	450원 900원 50원	420원 810원 120원

[그림 8-36] 입지가능지역의 선택

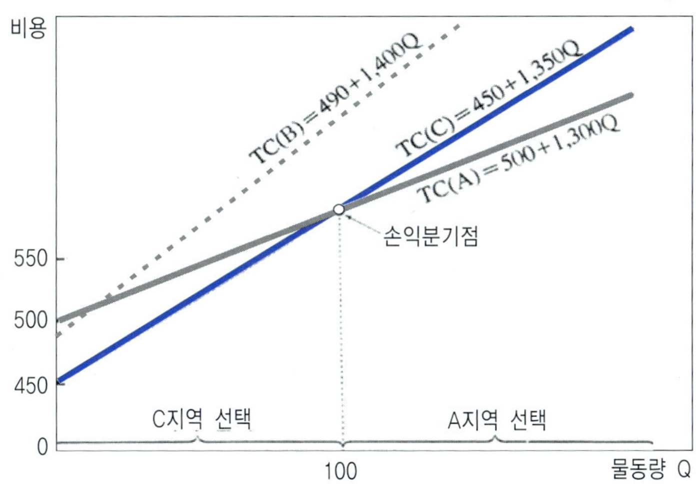

③ 무게 중심법

보관시설로 반입 및 반출되는 각 지점과 물류센터와의 거리에 거리당 운임과 물동량을 곱하여 총 수송비를 산출해서 보관시설의 입지를 결정하는 방법이다. 이 기법을 입지후보지 간의 물자 이동이 직선거리를 따라 이루어진다는 가정을 전제로 한다.

[그림 8-37] 최적입지장소

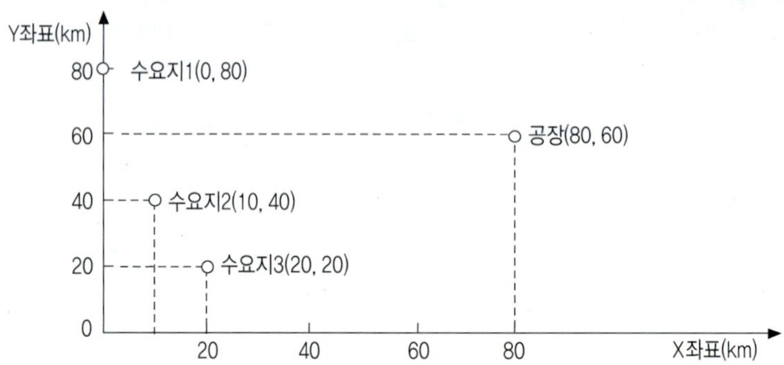

이 입지선정방법은 최적 무게중심(Exact Center of Gravity)법이라고 하는데, 단일 보관시설의 최적입지는 입지를 나타내는 좌표에 대한 두 개의 방정식을 통해서 구할 수 있다. 무게중심법을 통한 입지 선정방법은 다음과 같다.

예컨대 어떤 회사가 생산공장과 수요지(시장)를 가지고 있는데 보관창고를 설치하고자 한다. 각 시장의 수요는 수요지 1이 20톤/월, 수요지 2가 20톤/월, 수요지 3이 10톤/월 이다. 공장과 수요지를 연결하는 유통센터의 누적수송량은 시장수요에다 공장에서 유통센터로 가는 수요를 합하여야 한다. 최적입지장소 X, Y좌표가 44와 56이 되는 지점이 될 수 있다.

$$x = \frac{(0 \times 20 + 10 \times 20 + 20 \times 10 + 80 \times 50)}{(20 + 20 + 10 + 50)} = 44$$

$$y = \frac{(80 \times 20 + 40 \times 20 + 20 \times 10 + 60 \times 50)}{(20 + 20 + 10 + 50)} = 56$$

4 체크리스트법

보관시설 입지에 관련된 양적인 요인과 질적인 요인을 동시에 고려할 수 있다는 장점이 있다. 입지 가능한 부지에 입지 요인별로 점수를 계산하고 가장 높은 점수를 얻은 후보지를 선택하게 된다. 다음에서와 같이 보관시설을 A, B, C 후보지 중에 한 곳에 세우려고 한다. 보관시설 입지에 미치는 요인과 평가는 다음과 같다.

〈표 8-9〉 인지요인 분석표

입지요인	중요도	입지		
		A지역	B지역	C지역
지역사회의 태도	10	우수	보통	보통
수송의 편의성	20	좋음	우수	좋음
생활수준	20	보통	좋음	우수
인구수	15	보통	좋음	우수
경쟁업체	20	좋음	보통	나쁨
예상되는 투자수익율	15	보통	우수	좋음

각 입지 요인에 대한 평가 점수를 우수 9점, 좋음 7점, 보통 5점, 나쁨 3점을 부여하기로 한다면 입지 후보에 대한 평가 점수는 다음과 같으며, 이 중 B가 가장 점수가 높아 보관시설의 입지로 선택하게 된다.

〈표 8-10〉 입지요인 평가표

입지요인	중요도	입지		
		A지역	B지역	C지역
지역사회의 태도	10	10×9=90	10×5=50	10×5=50
수송의 편의성	20	20×7=140	20×9=180	20×7=140
생활수준	20	20×5=100	20×7=140	20×9=180
인구수	15	15×5=75	15×7=105	15×9=135
경쟁업체	20	20×7=140	20×5=100	20×3=60
예상되는 투자수익율	15	15×5=105	15×9=135	15×7=105
계	100	650	710	670

제5절 보관화물관리

Ⅰ. 자재관리

1 자재관리의 개요

자재는 물자와 재료로서, 물자(materials), 물건(thing), 물품(goods)을 말하며, 기업경영에 있어서 인적자원을 제외한 모든 물적 자원을 말한다. 자재는 좁은 의미와 넓은 의미의 두 가지로 해석되며 그 중 협의로는 직접자재(생산에 직접적으로 사용되는 것)와 간접자재(생산에 간접적으로 사용되는 것)를 지칭하고 있다.

광의의 개념으로 자재(material)는 생산 시스템을 구성하고 있는 물적·인적 요소까지를 포함하는 개념이다. 예컨대 토지·건물·기계공구와 같은 물적 시설과 동력·인력·수송과 같은 서비스, 그리고 생산을 위해 직접 투입되는 여러 가지 재료 등을 포함한다.

한편 협의의 자재는 제조를 위하여 직·간접적으로 투입해야만 하는 원료(raw material)와 재료를 의미한다.

자재관리(material management)란 생산활동을 원활하게 수행할 수 있도록 하기 위해서 자재, 즉 생산에 필요로 하는 모든 자재를 생산계획에 대응하여 원활하게 조달할 수 있도록 자재의 구매, 저장 등에 소요되는 경비를 최소로 하기 위한 일체의 관리수단을 자재관리라 한다.

종래에는 자재관리를 자재통제라고 좁은 뜻으로 보아, 주로 생산을 위해 사용되는 자재, 즉 원재료 및 부품을 준비하고 활동을 계획·통제하는 것으로 다루어져 왔었다. 그러나 오늘날에 와서는 자재관리를 광의로 보게 되어 주문생산인 경우엔 수주 그리고 계획생산인 경우에는 생산결정개시에 따른 계획면에서부터 원재료 및 부품이 제조공정과 연결되고, 완제품이 되었을 때는 재고관리는 물론 제품의 납기와 출하에 이르기까지의 모든 과정을 일관된 자재의 흐름으로 보고

이를 관리의 대상으로 하고 있다.

❷ 자재관리의 목적

자재관리의 일반적인 목적은 기업에서 필요로 하는 모든 자재와 그 관련 업무를 합리적으로 행하는 데 있다. 여기서 말하는 합리적이란 불필요한 그리고 쓸데없는 사무업무를 없애고 자금적인 낭비를 배제하며 소요노력을 최소화하고 시간적인 소비를 배제하며 공간을 유효하게 이용하여 업무를 원활하고 간단하게 행하는 일이다. 이것은 자재업무에 적용하여 실제적으로 표현하면 [그림 8-38]과 같이 된다.

[그림 8-38] 자재관리의 일반적인 목적

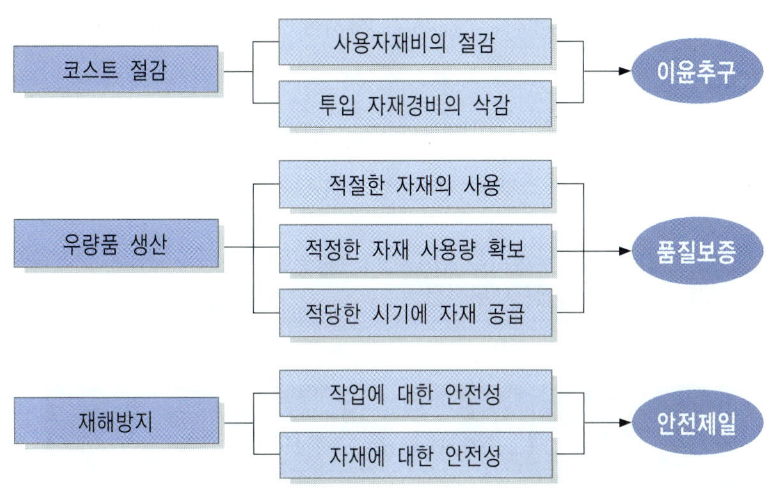

❸ 자재관리의 기법

1) JIT(Just-In-Time)

JIT는 일본 도요타 생산시스템에서 도입된 개념으로서 생산에 투입되는 모든 자재의 최소화를 추구하는 생산기법이다. 즉, 필요할 때마다 수요에 맞추어 자재를 공급할 수 있는 적시생산방식을 의미한다.

JIT(Just-In-Time)란 "알맞게 시간에 맞춘다."라는 의미로 해석할 수 있겠다. 따라서 종래의 생산방식처럼 단순히 '시간에 맞춘다.', '납기에 맞춘다.'라는 의미와는 전혀 다른 것이다. 이 기법은 공장의 현장과 모든 기업의 최대 악의 근원이라 할 수 있는 낭비를 철저하게 발췌하여 개선해 나가는 "철저한 낭비 배제의 기술"이라 하겠다.

바꾸어 말하면 JIT는 필요시마다 자재의 공급을 받기 때문에 철저한 낭비의 요인을 제거하는 것이 목표이며, JIT시스템의 원칙은 반드시 필요한 물자를, 필요한 양만큼, 필요한 장소에, 필요한 시간에 생산하고 보관하는 것이다.

JIT시스템은 수주물량만큼만 일명 끌어당기기 방식(Pull System)으로서 생산시스템상에서 후속공정이 수령해간 수량만큼 선행공정에서 생산해서 보충해 주는 방식을 말한다.

따라서 JIT시스템하에서는 소량을 적시에 생산할뿐더러 소량의 자재를 수시로 배달받을 수 있는 것이다. 자재를 소량으로 배달하기 위해서는 그들 또한 소량으로 제조해야만 할 것이다. 이렇듯 JIT시스템에서의 자재배달은 소량생산과 소량구매를 요한다. 곧 JIT시스템의 출발은 LOT크기 축소와 빈번한 생산 및 배달이다.

[그림 8-39] JIT형 생산공장 내부전경

[그림 8-40] JIT의 개요

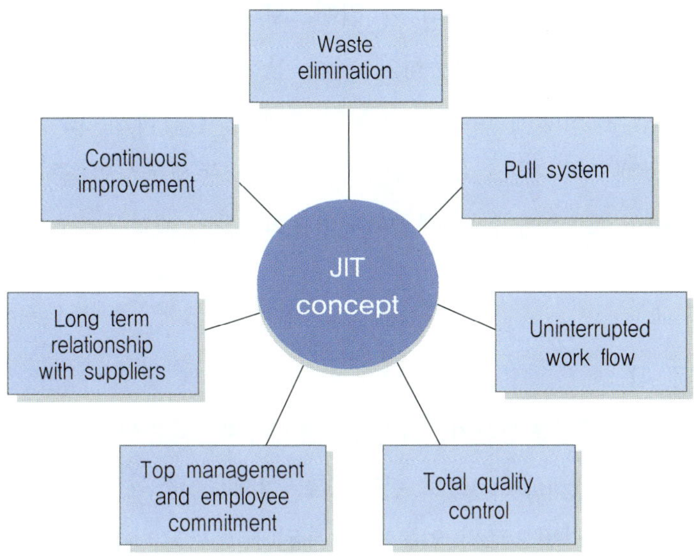

JIT시스템을 적용하여 얻을 수 있는 효과는 다양하나 중요한 몇 가지를 열거하면 다음과 같다.

첫째, 소량의 생산과 공급을 원칙으로 하므로 자재량은 낮은 수준으로 유지되고 따라서 자재유지비용이 절감된다.

단 소량의 생산과 공급을 위해서는 재작업, 대기시간, 장비고장 등을 줄임으로써 공정 사이의 완충재고의 필요성을 줄여야 한다.

둘째, 소량으로 생산하여 공급되기 때문에 공급된 물품 혹은 제품에 만약 불량품이 있으면 단시간에 발견할 수 있고 따라서 신속하게 필요한 조치를 취할 수 있다. 그 결과 불량품이 대량으로 생산되는 것을 방지할 수 있을 뿐더러 불량품의 발생원인을 신속하게 제거할 수 있다.

셋째, 품질향상을 위해 지속적인 노력을 투입하므로 장기적으로 부품을 재가공하거나 폐기처분하는 사태 등이 줄어들어 결국 부품구입비용이 감소되고 재가공에 투입되는 재가공비용이 감소한다. 장기적인 관점에서 품질향상에 대한 지속적인 노력은 일반적으로 비용을 감소시킨다.

넷째, 기본적으로 매일의 생산량과 구매량을 일치시킴으로써 공장으로부터 보관창고까지의 완제품의 흐름을 원활하게 할 수 있다.

다섯째, 납품업자는 공장의 한 일원으로 장기구매계약을 체결하여 소량의 물품을 하루에도 몇 차례 납품하게 하는 상호 협조체계가 이루어진다.

JIT시스템의 시행에 따르는 이상의 효과를 간단하게 요약하면 다음과 같다. 즉, 완제품재고의 감소, 리드타임의 감소, 노동생산성의 증가, 설비가용능력의 증가, 재작업 혹은 폐기처분에 따른 비용의 감소, 재료구입비의 감소, 소요면적의 감소 등이다.

2) JIT II

JIT II는 중간부품생산자, 원자재부품제공자, 최종생산자 영업을 묶어 하나의 가상기업(virtual company)으로 본다. 즉, 실제로 세 회사의 영업활동은 동일업무인데도 각각 분리됨으로써 업무가 중복된다고 보고, 이를 낭비로 여겨 원자재공급자, 중간부품공급자, 생산자, 판매자(유통업자), 구매자의 업무를 하나로 묶는 것이다. 각 당사자가 협력관계를 맺고 장기적으로 거래하기 때문에 낭비가 제거되어 효율이 높아진다. JIT II는 단순한 하청관계가 아닌 중요한 정보를 공유할 수 있는 파트너십이어야 한다.

JIT와의 기본개념은 같으나 발주회사의 제품 설계 단계부터 납품 회사 직원이 설계에 참여하는 것이 두드러진 차이점이며, 기본 사상은 "철저한 낭비의 배제"라고 할 수 있다. JIT는 계약관계를 전제로 하기 때문에 그 힘이 중간부품공급자 또는 최종 생산자 회사에 많이 있고 재고가 원자재납품업체로 전이되어 제품 원가 중 구매비용의 비율이 상승하여 원가통제 및 절감노력에 한계가 이르게 되는 역기능이 생길 수도 있어 이런 문제점을 보완한 것이 JIT II이다.

① JIT는 부품과 원자재를 원활히 공급받는 데 초점을 두고, JIT II는 부품, 원부자재, 설비공구, 일반자재 등 모든 분야를 대상으로 한다.

② JIT는 개별적인 생산현장을 연결한 것이라면, JIT II는 공급사슬(supply chain) 상의 파트너의 연결과 그 프로세스를 변화시키는 시스템이다.

③ JIT가 자사 공장 내의 무가치한 활동을 감소・제거하는 데 주력하고, JIT

II는 기업 간의 중복업무와 무가치한 활동을 감소·제거하는 것이다.

④ JIT가 공급자의 헌신을 바탕으로 한 이기적 시스템이라면, JIT II는 파트너십을 바탕으로 공급자와 구매자가 모두 이익을 볼 수 있는 윈윈(win-win) 게임이라 할 수 있다.

⑤ JIT가 물동량의 흐름을 주된 개선대상으로 삼는 데 비해, JIT II는 기술, 영업, 개발을 동시화(syncronization)하여 물동량의 흐름을 강력히 통제한다.

3) 자재소요계획(Material Requirement Planning : MRP)

자재소요계획(MRP)은 제품 생산계획에 기초하여 조립품, 부품, 원자재 등의 자재 소요에 대해 필요한 물품을 필요할 때에 필요한 만큼 구매하여 제조하기 위한 수배계획을 수립하는 생산정보시스템이다. 즉, 완제품의 생산수량 및 일정을 기초로 하여 그 제품생산에 필요한 원자재, 부품 등의 모든 자재의 소요량 및 소요시기를 역산하여 MRP를 수립함으로써 일정관리와 더불어 재고관리를 기하고자 하는 방법을 의미한다.

[그림 8-41] MRP

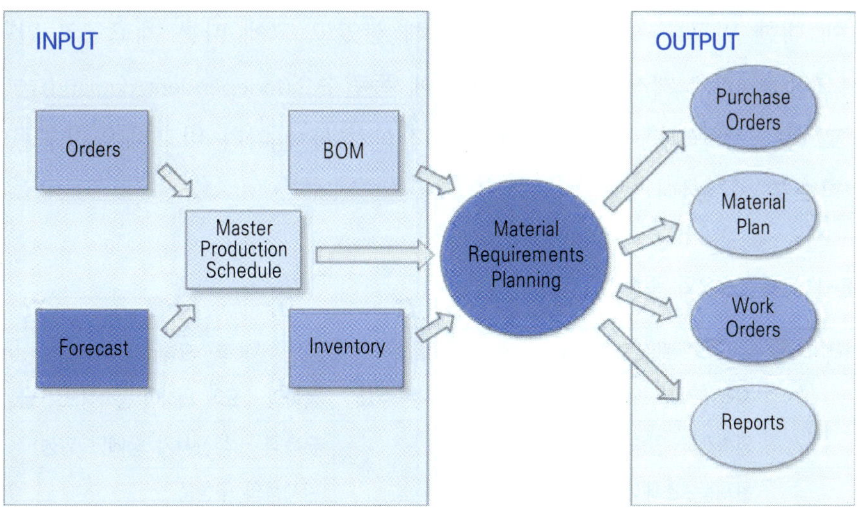

MRP 시스템은 최종제품을 생산하기 위하여 필요한 자재 혹은 품목의 소요량을 계산하는 것을 기본으로 하여 종속수요 품목의 생산계획 및 재고관리를 지원하는 전산화된 시스템이라 말할 수 있다. 즉, 최종제품의 주일정계획(master production schedule : MPS)을 달성할 수 있게 소요되는 자재를 적시에 적소에 적량을 공급하기 위하여, MRP 시스템은 첫째로 적정한 부품을 적시에 정량을 발주하여 재고수준을 통제하고, 둘째로 납기준수를 위해 각 품목의 생산 혹은 구매순위를 결정하는 등의 우선순위를 계획하고, 셋째로 생산시스템의 부하가 적정하도록 생산능력을 계획한다. 이러한 기본기능을 수행함으로써 MRP 시스템은 고객서비스향상, 시장수요에 대한 신속한 대응, 재고감소, 생산준비비용의 감소, 유휴시간의 감소 등의 효과를 가져다 준다.

MRP의 특징은 다음과 같다.

첫째, MRP는 독립수요와 종속수요를 동시에 고려한 자재관리 기법이다. 종속수요(dependent demand)라는 것은 상위품목의 수요의 결과로 파생하는 하위품목의 수요를 의미한다. MRP 시스템은 상위품목의 수요로부터 하위품목의 종속수요를 계산할 때, 그 종속수요의 시점을 정확하게 계산하여 시간차감(time phasing)을 한다. 시간차감이란 상위품목의 필요일자에 맞추기 위해서 하위품목의 필요시점 혹은 작업시작시점을 계산하는 것을 말한다. 참고로 독립수요와 종속수요에 대한 비교를 〈표 8-11〉에 제시해 놓았고 그에 따른 재고량의 변화 추이를 [그림 8-42]에 제시해 놓았다. 반면에 독립수요(independent demand)는 일반적으로 다른 품목의 수요와 관계없이 시간의 흐름에 따라 비교적 일정수준으로 계속적으로 발생한다.

〈표 8-11〉 독립수요와 종속수요

수요형태	독립수요(independent demand)	종속수요(dependent demand)
정의	시장조건에 의하여 독자적으로 발생하는 수요	품목의 수요에 의하여 종속적으로 발생하는 수요
발생형태	연속적 - 연중 계속적으로 발생	단속적 - 생산시기 중에만 발생
예	완제품, 스페어부품	완제품의 구성품
수요대응재고 확보	보충(replenishment) : 재고수준이 떨어지면 적시에 적량을 보충하여 절품을 방지	소요(requirement) : 소요시점에 소요량만큼 재고를 확보

[그림 8-42] 독립수요와 종속수요의 수요발생시점과 형태

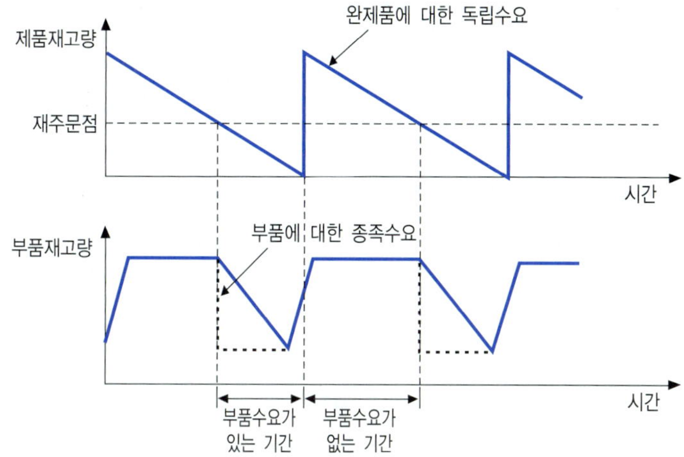

둘째, MRP 시스템은 각 부품의 발주량과 발주시점을 결정한다는 점에서 재고관리문제 뿐만 아니라 생산계획과 구매결정의 문제까지도 포함한다. 또한, 이들을 조정하고 통제하는 기능을 수행하기 때문에 생산계획 및 재고관리시스템으로 볼 수 있다.

셋째, MRP는 각 부품의 발주량과 발주시점을 결정할 때 막대한 계산량이 필요하며 이를 전산화하지 않고서는 감당할 수 없으므로 전산화된 시스템을 기본으로 한다.

MRP가 재고를 자산으로 본 전형적인 구미식 관리기법이라면, JIT는 재고를 제거해야 하는 문제의 근원이며, 부채의 성격으로 본 일본식 관리기법이다. 그러므로 MRP와 JIT는 재고를 보는 시각, 로트의 크기, 납품업자와의 관계, 불량품에 대한 허용정도, 설비의 보수 등에 대해 커다란 차이를 보이고 있다. 즉, MRP에서는 필요하다고 생각될 때에 필요한 양만큼 생산하지만, JIT에서는 요청받았을 때에 요청받은 양만 생산한다는 것이다.

〈표 8-12〉 JIT와 MRP의 비교

	JIT	MRP
재고개념	주문/요구에 대한 소요개념	계획에 대한 소요개념
목표	낭비제거(최소의 재고)	계획실행 시 필요량 확보
전략	요구(주문)에 따르는 풀시스템	계획대로 추진하는 푸쉬시스템
관리방식	간판방식	컴퓨터 처리
수요변화적응	생산성/잔업/생산능력조절	자재소요계획(MRP) 갱신
생산시스템	생산사이클타임 중심	주일정계획(MPS) 중심
생산계획	안정된 MPS 필요	변경이 잦은 MPS 수용
계획집행	생산계획	자재계획
생산간판	수납(외주)간판	작업전표/생산지시서/주문서
계획 우선순위	평균생산량을 기초로 품목별 일차적용	MPS에 기초한 소요품목의 일정계획
통제 우선순위	간판의 도착순	작업배정에 의거
자재요소 판단	간판	자재소요계획(MRP)
주문(생산)로트	준비비 절감을 위한 소로트	준비비+보유비의 경제적 로트
재고수준	최소한의 재고	리드타임 동안의 재고
공급업자와의 관계	동반자로서 장기거래	경제적 구매위주의 거래
품질	100% 양질추구, 품질문제는 현장에서 근원적으로 해결	약간의 불량을 인정, 품질 문제는 품질 담당 요원에 의해 규명
적용분야	반복생산의 일정 및 재고관리	비반복생산의 재고관리

4) 제조자원계획(Manufacturing Resource Planning II : MRP II)

MRP II란 MRP를 한 근간으로 하여 회계, 영업, 재무 엔지니어링 등의 여러 부서가 정보를 공유하는 통합기법을 말한다. MRP II는 MRP의 기능 외에 능력계획(capacity planning), 재무계획(financial plan), 통제기능(vendor/shop control), 시뮬레이션(simulation) 기능 등이 추가된 전사적인 자원계획(resource planning)을 할 수 있도록 지원하는 정보시스템이다.

MRP II의 목적은 조직 전체를 통하여 신속하게 정보를 통합하고 공유하는 데 있다. 신속하고 정확한 정보는 부서 담당자로 하여금 더 나은 의사결정을 가능하게 하고, 기업운영을 더 잘 통제할 수 있게 하며, 조직 외부환경의 변화에 보다 빠르게 대응하게 한다. 중요한 특징으로는 기업 내에 있는 여러 부서 간에 정보를 통합하고 공유할 수 있다는 점이다.

MRP의 차이점은 생산자원의 능력소요계획과 일정계획(scheduling)을 수립하는 것이다. MRP II는 제조활동의 계획관리뿐만 아니라 재무와 마케팅에서의 계획과 관리를 포괄한 시스템으로 기업에서의 모든 자원을 관리하는 전사적 정보시스템으로 확장된다.

5) 유통자원계획(Distribution Resource Planning : DRP)

MRP가 원료 및 부품 등에 관한 관리기법이라면, 유통자원계획(Distribution Resource Planning : DRP)은 생산이 완료된 완제품에 대한 관리기법이다. 즉, MRP는 완제품(독립수요)에 대한 수요로 유발된 부품(종속수요)에 대한 체계적인 주문기법인데, 그 개념을 판매에 적용한 것이 DRP이다.

DRP는 고객과 가장 가까운 곳에서 수요데이터를 얻고, 수요를 예측하여 이를 생산계획 수립에 빠르게 반영하는 것을 목적으로 한다. 즉, 제조업체의 완제품 창고 이후 소매점(도매점)에 이르는 유통망상의 재고를 줄이는 데 근본적인 목적이 있다. DRP는 완제품의 수요를 예상하여, 공장으로부터 최종소비자에게 도달하기까지 완제품의 수요를 예상하여, 공장으로부터 최종소비자에게 도달하기까지 완제품의 유통에 대한 기간별(time-phased) 계획을 수립하며, 수요에 맞춰 상품을 할당하는 푸쉬(push)시스템으로 분류된다.

6) 전사적 자원관리(Enterprise Resource Planning : ERP)

ERP는 전사적 자원관리(全社的 資源管理)로 불리고 있다. 즉, 기업활동을 위해 쓰여지고 있는 기업 내의 모든 인적・물적 자원을 효율적으로 관리하여 궁극적으로 기업의 경쟁력을 강화시켜 주는 역할을 하게 되는 통합기법이라고 할 수 있다.

ERP가 어느 날 갑자기 생긴 개념이 아니라 경영 및 정보기술(Information Technology : IT) 환경의 변화에 따라 자연스럽게 생긴 것이다. ERP는 생산주문의 효율적인 관리를 위한 시스템인 MRP에서 비롯된다. 1970년도에 등장한 MRP는 기업에서 가장 큰 고민거리 중에 하나인 재고를 줄일 목적으로 단순한 자재수급관리를 위한 시스템이었으나, 1980년도에 출현한 MRP II는 자재뿐만 아니라 생산에 필요로 하는 모든 자원을 효율적으로 관리하기 위한 것으로 MRP가 확대된 개념이다. 그러나 MRP, MRP II시스템은 IT자원이 충분히 뒷받침되어 주지 않아 만족할 만한 성과를 거두지 못한 것으로 평가되고 있다. MRP 시스템이 생산중심에서 출발하였다면 MRP II에서 확장된 개념의 ERP 시스템은 생산뿐만 아니라 인사, 회계, 영업, 경영자 정보 등의 경영관점에서 전사적 자원의 효율적인 관리가 주목적이다. ERP를 실현하기 위해서 공급되는 소프트웨어를 ERP 패키지라고 하는데, 이 패키지는 데이터를 어느 한 부분에서 입력하면 그 데이터가 공유되어 통합운영이 가능한 시스템이다.

[그림 8-43] 전사적 자원관리

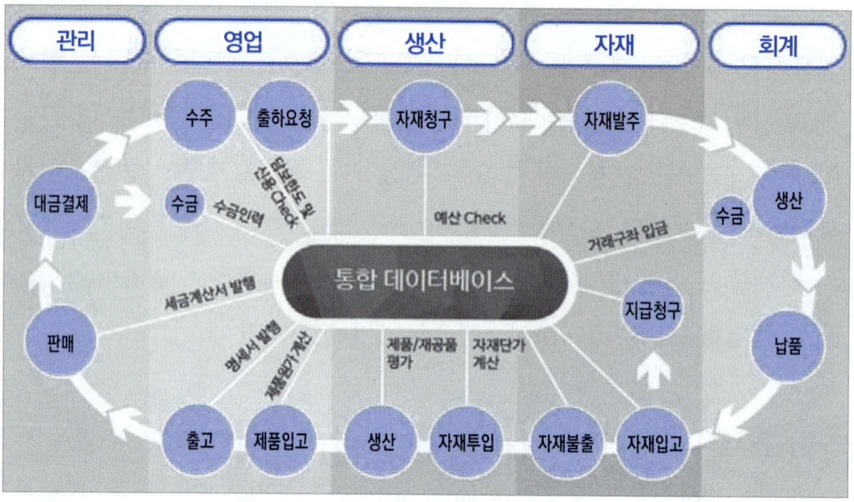

ERP는 다음과 같은 특징이 있다.

첫째, ERP 시스템의 가장 큰 특징 중의 하나가 영업, 생산, 구매, 재고, 회계, 인사 등 기업의 모든 프로세스를 통합적으로 관리해 준다는 것이다. 기업에서는 ERP 시스템을 통해 비즈니스에서 발행하는 모든 자료를 한곳에서 처리함으로써 정보시스템의 전사적 최적화를 추구할 수 있게 되고, 다양한 측면의 정보를 공유함으로써 기업의 의사결정에 중요한 정보를 제공해 주기도 한다.

둘째, ERP 시스템은 기업의 타 기종 시스템과 연동이 가능하고, 더불어 그룹웨어와도 연동이 가능하다. 이는 ERP 시스템이 다양한 업무 프로세스를 지원하기 때문이다. 예컨대 전자결제 시스템을 내장한 그룹웨어의 경우, 이는 ERP 시스템 내의 회계 모듈과 연동되기 때문에 기업의 모든 정보시스템을 연동시켜 사용할 수 있게 된다.

셋째, ERP를 도입하는 기업은 '최적 비즈니스 실행용'에 의해 제공된 '비지니스 프로세스 모델'을 이용해서 자사의 업무를 볼 수 있으며 이와 같이 자사의 업무 프로세스의 최적 비즈니스 실행용의 전환은 기업의 비즈니스 프로세스 리엔지니어링(BPR)을 실현할 수 있다.

넷째, ERP 시스템은 개방형 구조를 채택하고 있기 때문에 커넥터(Connector)와 어댑터(Adapter)를 이용해 시스템의 확장 및 연계가 가능하다. 또한 시스템 플랫폼도 특정 하드웨어와 소프트웨어에 의존하지 않고, 다양한 운영체계나 데이터베이스에서 운영할 수 있는 인터페이스를 가지고 있다. 반면 기존의 정보시스템의 경우 폐쇄적 구조로 다른 시스템과의 연동을 위해서는 대규모 수작업이 필요하거나 또는 처음부터 새로운 시스템을 구축해야 하는 문제점이 존재한다.

다섯째, 글로벌 기업에서 출시하는 ERP 시스템은 다국적 언어 지원 기능을 내포하고 있기 때문에 전세계에 산재한 본사와 지사를 갖춘 기업들에게는 매우 유용하다. 예컨대 ERP 시스템에서 사용하는 언어 또는 메뉴기능에 차이가 있지만, 회계처리, 업무처리, 회계관리, 제품구매 등 일반적인 업무와 관련된 모든 데이터를 통합적으로 처리할 수 있다. 이는 ERP 시스템이 어떤 특정 국가에 특정 기업의 표준 프로세스를 구현시켜 놓은 것이 아니라 각 사업별 유형에 따라 가장 모범적인 프로세스를 내장하고 있기 때문이다.

Ⅱ. 재고관리

1 재고관리의 개요

재고란 제품・반제품・재료 등의 형태로 보관하거나 수송하는 중의 자산을 말한다. 즉, 경제적 가치를 지닌 유휴상태의 자원 또는 미래에 사용하기 위하여 기업이 준비하여 보관하고 있는 유휴의 재화를 말하며, 그 종류로는, ① 생산에서 판매까지의 유통단계에 대한 유통재고, ② 공장에서의 생산재고, ③ 비축을 위한 재고 등이 있다(〈표 8-13〉 참조).

〈표 8-13〉 재고의 형태

수송중 재고	자재흐름체계를 통해 한 지점에서 다른 지점으로 이동중인 재고
투기성 재고	금, 은, 동과 같은 원자재는 작업에 필요한 양만큼 가격투기로 구매되는 재고
순환 재고	평균수요를 충족시키는 데 필요한 재고
안전 재고	재고에 대한 수요와 보충 조달기간의 변동에 대한 방지책으로 발생되는 재고
침몰(불용) 재고	재고기간동안 손상, 손실 및 판매중지된 진부화되는 재고

재고관리(inventory manufacturing, stock control)는 원재료·부품재공품 및 제품 등의 형태로서 기업 내의 존재하고 있는 재고의 양과 질을 적정하게 유지함으로써 생산활동이 원활히 진행되어 기업의 수익성이 높아짐과 아울러 재고투자가 적정화되도록 계획·통제하는 관리활동을 말한다. 재고관리는 원재료나 완제품 재고의 적정량을 보유함으로써 미래의 불확실성에 대한 절품을 방지함으로 고객서비스를 향상함과 동시에 재고비용에 대한 원가절감을 달성하는 데 중요하며 필요하다고 하겠다.

다시 말해 재고관리를 통하여 기업의 생산시스템에 원활한 자재공급을 제공하여 고객이 요구하는 제품이나 서비스를 경제적으로 제공하며 제품의 판매촉진을 도모할 수 있다. 또한 재고관리를 통해 고객의 서비스 수준을 만족시키면서, 절품으로 인한 손실과 재고유지비용 및 구매비용을 최적화하여 재고비용(절품으로 인한 손실, 재고유지비용 및 구매비용의 합계)을 최소화할 수 있다.

2 재고관리의 방식

1) 정량 발주방식(Fixed Order Quantity : FOQ)

정량 발주방식은 재고량이 일정수준까지 내려가면 일정량을 주문하여 재고관리를 하는 방식을 말한다.

현재의 재고량을 계속적으로 파악・유지함으로써 현재의 재고량이 발주점에 도달하면 고정주문량(Q)만큼 발주하는 시스템으로 수요에 있어 예상하지 못한 커다란 변동이 있는 품목의 재고관리에 자주 이용되는 방법이다. 이때의 발주점은 발주해서 입고될 때까지의 걸리는 조달시간(lead time) 중에 소비될 재고량과 안전재고량을 합한 만큼의 재고량을 보유한 시점이며, 발주량은 재고유지비용과 발주비용의 합계가 가장 낮은 경제적 발주량으로 계산한다.

[그림 8-44] 고정량 발주방식

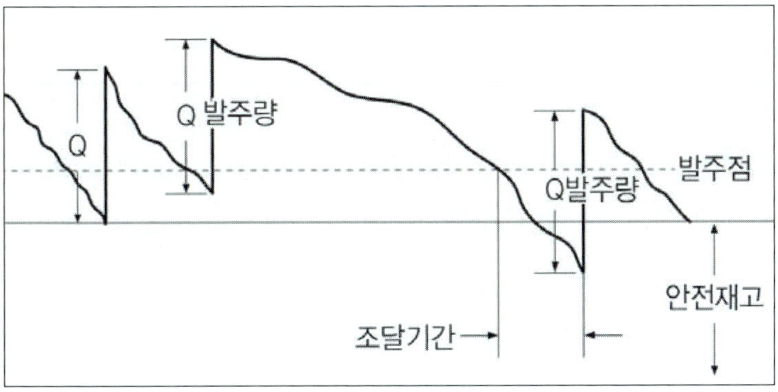

실제로 재고관리는 계속적인 실사를 실시해야 하며, 조달중에 사용해야 할 재고량은 예측에 의한 것이므로 수요율의 변동을 감안하여야 하므로 이를 위해 기업 내에서는 표준적인 절차를 마련할 필요가 있다.

2) 정기 발주방식(Fixed Order Interval : FOI)

정기 발주방식은 일정시점이 되면 정기적으로 적정한 양을 주문하는 방식이다. 이 방식은 주문시기를 중심으로 P 시스템이라고도 하며, 정기적으로 재고수준을 조사하여 목표재고수준에서 현재 재고수준을 뺀 양만큼 주문하므로 정기점검시스템(periodic review system)이라고도 부른다. 이 방식은 조달기간이 짧거나 주기적으로 조달을 받는 품목에 유리하고 또는 여러 품목을 동일한 업자로부터 구입하는 경우에 유용하다.

[그림 8-45] 정기 발주방식

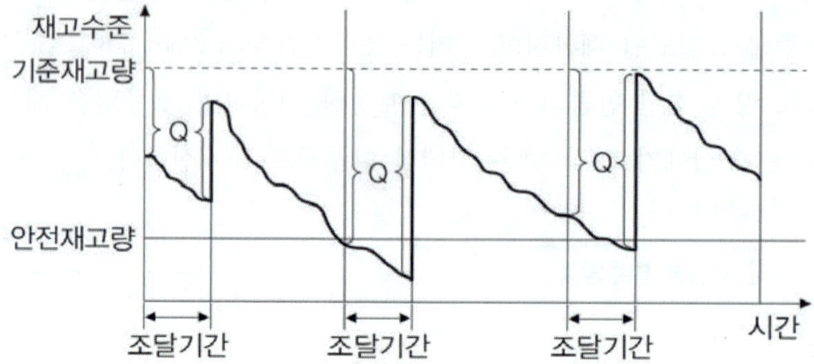

그리고 정기주문의 경우의 안전재고(safety stock, buffer stock)수준은 정량주문의 경우보다 더 높다. 정량주문시스템은 계속적인 재고조사를 행하므로 조달기간의 수요변동에 대비하면 된다. 그러나 정기주문의 경우에는 주문시기가 고정되어 있어 주문량으로 조정해야 하므로 전기간을 대비하는 안전재고가 필요하다.

정기 발주방식은 발주주기와 최대재고량에 의해서 결정되는데, 이 경우 발주량을 산정하는 방식은 다음과 같다.

> 발주량 = 최대재고량* - (현재고량 + 발주중의 미입고량)
>
> * 최대재고량 = 발주주기 중의 수요량 + 조달기간 중의 수요량 + 안전재고량
> = 수요율(발주주기 + 조달기간) + 안전재고량

3) 경제적 발주량(Economic Order Quantity : EOQ)

경제적 발주량이란 최소의 비용으로 재고를 얼마만큼 주문할 것인가를 결정하기 위한 모형을 말한다. 주문비용과 재고유지비의 합계의 총 비용이 최소가 되게 하는 1회 주문량을 말한다. 즉 기업이 재화를 발주하고 창고에 보관하는 경우 발생하는 발주비와 보관비를 전체적으로 최소로 하는 최적 발주량을 EOQ라고 한다.

일반적으로 발주 횟수를 늘리면 발주 비용이 증가하게 된다. 따라서 보다 큰 로트(lot)를 구하려고 할 것이다. 그러나 재고의 평균수준을 높이기 위해 재고유지비용이 증대하므로 보다 작은 로트를 구하려는 문제가 발생할 것이다. 이러한 상충되는 문제점을 해결하기 위해서는 재고유지비용과 발주비용의 합이 최소가 되는 선에서 발주량을 결정할 필요가 있는데, 이를 '경제적 발주량' 혹은 '경제적 로트 사이즈'(Economic Lot Size : ELS)라고 한다.

[그림 8-46] 경제적 발주량

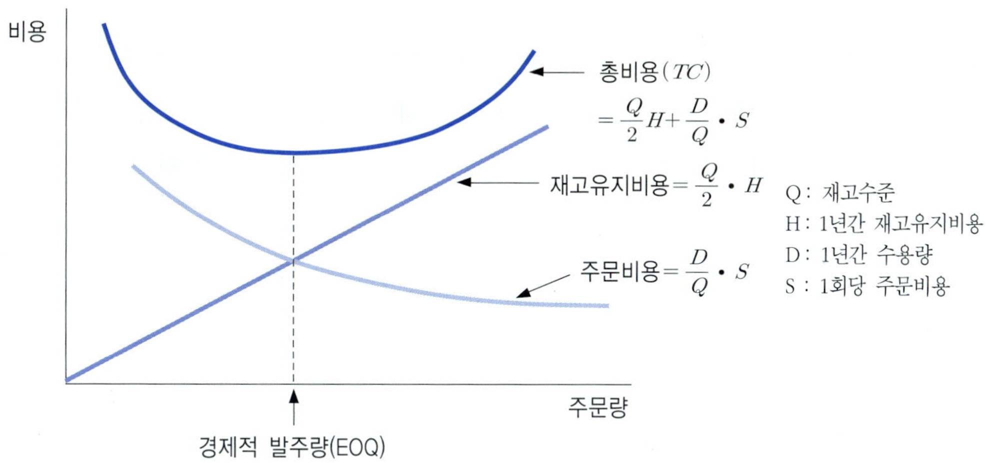

EOQ를 구하는 공식은 다음과 같다.

$$\text{경제적발주량} = \sqrt{\frac{2 \times \text{1회당주문비용} \times \text{1년간수요(판매)량}}{\text{1년간재고유지비용}}}$$

제9장 화물하역

제1절 하역의 개요

하역(material handling)이란 각종 Link설비(수송수단 등)에 화물을 싣고 부리는 것과 Node설비(창고 등 보관설비)에 대한 화물적재 및 입출고작업을 위하여 화물을 싣거나, 내리고, 또는 운반하는 작업과 이에 부수하는 작업을 총칭한다. 즉, 제품의 제조공정 및 검사공정을 제외한 물건을 싣고, 내리고, 이동하고, 집어넣고, 집어내고, 상품구색을 갖추는 등의 작업을 포괄해서 하역이라 할 수 있다.

하역은 물류시스템에 있어서 매우 중요한 역할을 하고 있다. 물건의 포장, 보관, 수송에 전후하여 행해지는 활동으로서 일련의 물류과정에 있어서 현재의 공정이나 작업을 다음 공정이나 작업으로 이어주는 연결수단의 역할을 수행하고 있다. 특히 하역의 핵심은 수송과 보관의 양끝에서 이루어지는 화물의 내림・반송작업과 공장이나 창고와 같은 작업장 간, 보관장소 간 또는 적하장소 간의 물건의 이동에 있다고 할 수 있다. 다시 말해 하역작업이 기능적으로 수송과 보관의 일부를 형성하고 있어, 하역 자체가 갖는 가치보다는 수송, 보관능력의 효율향상을 지원하는 역할이 크다고 할 수 있다.

하역작업을 나누어 살펴보면 여섯 가지의 요소가 있다.

첫 번째 구성요소는 수송기기 등에 물건을 싣고 내리는 적하작업이다.

두 번째 구성요소는 공장 또는 창고 내에서 화물을 비교적 짧은 거리로 이동시키는 운반작업이다. 생산, 유통, 소비 등 어떠한 경우에도 운반은 수반된다. 운반은 기본적으로 물건이 가로 또는 비스듬히 이동함을 뜻하는 개념으로서 하역의 개념에도 포함되어 있다.

세 번째 구성요소는 물건을 창고 등 보관시설의 정해진 장소에 이동하여 정해진 위치와 형태로 쌓는 작업인데, 이 작업 역시 하역에 포함된다.

네 번째 구성요소는 반출(picking)이다. 반출은 보관장소에서 물건을 꺼내는 것으로 정의할 수 있다.

다섯 번째 구성요소는 분류작업(sorting)이다. 분류작업은 물건을 품종별, 발송 방향별, 고객별 등으로 분류하는 것을 말한다.

마지막 구성요소인 정돈작업은 출화하는 물건을 수송기기에 바로 실을 수 있도록 상품구색을 갖추는 것을 말한다.

제2절 하역의 원칙

하역은 수송과 보관에 따라 발생하는 부수작업이다. 따라서 수송이 공간적 효용을 창출하고, 보관이 시간적 효용을 창출하는 데 비해 하역 그 자체로는 아무런 가치도 창출하지 않는다고 할 수 있다. 그러나 생산에서 소비에 이르는 전 유통과정에서 수많은 하역이 이루어지고 있으므로 하역의 합리화는 물적 유통에 있어서의 합리화에 큰 의의를 가진다고 할 수 있다.

하역기능을 합리화 또는 능률화하기 위해서는 몇 가지 화물취급상 기본원칙에 따라 수행하여야 하며, 이에 관한 원칙을 보면 다음과 같다.

1 하역의 경제성 원칙(Economical Handling)

불필요한 하역작업의 생략을 통하여 하역횟수를 줄이는 것을 말한다. 하역의 경제성을 실현시키기 위해서는 다음과 같은 세 가지 하부원칙을 고려해서 하역작업이 수행되어야 할 것이다.

- **운반순도의 원칙**(Purity) : 불필요한 과대포장을 하지 않는다.
- **최소 취급의 원칙**(Least Handling) : 꼭 필요한 작업만 한다.
- **수평, 직선의 원칙**(Straight Line) : 운반흐름을 수평과 직선으로 최단거리화한다.

② 이동거리(시간) 최소화의 원칙(Minimize Move and Time)

이것은 문자 그대로 하역작업의 이동거리 또는 시간을 최소화하는 것이다. 하역작업을 하지 않고 수송이나 보관이 가능하도록 한다면 그것이 가장 이상적인 시스템이라고 할 수 있겠지만 이는 현실적으로 불가능하다. 따라서 현실적으로 이동거리를 최소화하는 것보다는 이동하는 양(量)에 이동거리 또는 시간을 곱한 가격을 최소로 하는 것이 물류의 관점에서 볼 때 타당하다.

③ 활성화의 원칙(Live Load)

활성화의 원칙이란 물건이 언제라도 이동시키기 쉬운 상태로 대기시키는 것을 말한다. 여기서 '활성'이란 어떤 물건을 다음 작업공정이나 단계로 움직이거나 투입하기 쉬운 상태를 말한다.

활성은 어떤 작업대나 용기 등에 물건을 놓고 있는 상태나 방법에 따라 결정되는 것으로서 이 활성의 정도를 나타내는 것이 '활성지수'이고(〈표 9-1〉 참조), 이 지수를 사용하여 운반의 상황을 분석하는 것이 '운반 활성분석'이다.

〈표 9-1〉 활성지수

물품이 놓여진 상태	활성지수
바닥에 날개로 놓여 있음	0
상자 속에 들어 있음	1
팰릿 · 스키드 위에 놓여 있음	2
대차위에 놓여 있음	3
컨베이어 위에 놓여 있음	4

4 단위화의 원칙(Unit Load)

단위화(Unit Load)란 화물을 일정한 표준의 중량이나 크기로 묶는 것을 말하며, 이렇게 일정한 단위로 묶어 하역, 수송, 보관하는 방식을 유닛로드시스템(Unit Load System)이라 한다.

유닛로드시스템(Unit Load System)에서는 단위화 도구로 팰릿과 컨테이너 등을 상용하며, 단위도구들을 운반하기 위해 자동화된 하역기계를 활용한다. 화물의 단위화를 통해 인력작업을 기계작업으로 대체시켜 에너지 절약을 기할 수 있으며, 화물의 손상과 분실을 없애고, 하역작업의 능률화・효율화를 촉진시킬 수 있다.

5 기계화의 원칙(Mechanization)

기계화의 원칙이란 인력작업을 기계작업으로 대체하는 것을 말한다. 이것은 단순히 기계화를 촉진하는 것만을 의미하는 것이 아니라 인간과 기계의 결합도 포함된다.

우리나라에서 하역활동이 물류활동 중에서 가장 기술진보가 늦으며, 또한 이 분야는 아직도 인력의 의존도가 높아 가장 낙후된 분야로 지적되고 있다. 기계화, 자동화가 안 됨으로써 저생산성과 높은 인건비를 부담하게 되어 하역비 상승의 원인으로 작용한다. 따라서 하역의 기계화, 근대화를 통해 보다 높은 생산성과 경제성을 달성해야 할 것이다.

6 중력이용의 원칙(Gravity)

물체를 아래에서 위로 중력에 거슬러 이동시키는 것보다 '중력의 법칙'에 따라 위에서 아래로 이동시키는 편이 용이하며 보다 경제적이다. 창고시스템에서 플로우 랙(슬라이딩 랙) 등의 기기 등을 사용해서 화물을 보관하는 것은 중력이용의 원칙을 활용한 대표적인 예라고 할 수 있다.

⑦ 인터페이스의 원칙(Interface)

인터페이스의 원칙이란 하역작업 공정과 공정 간의 한계 또는 접점을 원활하게 하는 것이다. 자동창고에서 팰릿 상태로 반출시킨 활물을 트럭에 실을 때, 중간에 어떤 작업을 하지 않고 자동적재장치 등으로 직접 트럭에 싣는 것이 인터페이스의 원칙을 구현한 대표적인 예라고 할 수 있다.

⑧ 시스템화의 원칙(Systematization)

시스템화의 원칙이란 개개의 하역활동을 따로 보지 말고, 전체적으로 보는 것을 말한다. 즉, 하역활동을 하나의 유기체로서의 활동으로 간주하는 원칙이다. 종합적인 관점에서 시스템 전체의 균형을 염두에 두고 시너지 효과(synergy effect)를 올리는 것이 시스템화의 기본이라고 할 수 있다.

제3절 하역의 기기

Ⅰ. 하역기기의 선정 시 고려사항

하역기기는 물류활동의 과정에서 화물을 싣고・내림, 근거리 이동, 쌓기, 꺼내기, 분류, 정리 등의 작업에 사용되는 기기를 말한다. 하역기기의 선정은 최종적으로 경제성에 의해 결정할 수 있지만, 화물하역과 관련된 여러 가지 특성을 고려해서 하역기기를 선정해야 함은 당연하다. 여기서는 하역기기를 선택함에 있어서 고려해야 할 기본적인 요소에 관해 검토한다. 하역기기는 다음 다섯 가지 기본요인을 고려해서 선택해야 할 것이다.

첫째, 하역기기는 화물특성을 고려해서 선택해야 한다. 즉, 하역기기 선정 시

화물의 종류 및 특성을 배려하여 최적의 하역기기를 선정할 필요가 있다. 가령 비포장화물은 입자의 분포·비중·성장 등 화물의 특성을 고려하여야 하며, 포장화물의 경우에는 형장, 크기, 중량 등을 감안하여 기기를 선택해야 할 것이다.

둘째, 작업량, 계절변동, 취급품목의 종류, 운반거리 및 범위, 통로의 크기, 수송기관의 종류 등과 같은 작업특성(작업의 성질)을 감안하여 기기를 선택하도록 해야 한다.

셋째, 건물의 구조, 하중, 시설의 배치, 작업창고의 종류 및 화물의 흐름 등과 같은 작업환경의 특성을 고려하여 하역기기를 선정해야 한다. 다시 말해 창고가 전용인지 아니면 공용인지, 자사소유인지 아니면 임대인지, 창고 내 화물의 흐름이 어떠한지, 시설물의 배치 및 건물구조는 어떠한지 등을 고려해서 하역기기를 선택해야 한다.

넷째, 하역기기 자체의 특성을 고려해서 하역기기를 선정한다. 기기 선택 시 하역기기 자체의 안전성, 신뢰성, 성능, 탄력성, 기동성, 에너지 절약정도, 소음, 공해 등을 고려해야 할 것이다.

다섯째, 위의 네 가지 사항이 하역기기 선정에 있어서 중요한 고려사항이지만, 최종적으로 경제성(채산성)을 고려해서 기기를 선정해야 할 것이다. 다만 경제성은 한 가지 안(案)만 아니라 복수의 대체안을 마련해서 작성해야 한다.

Ⅱ. 장소별 하역기기

1 해상수송 기기

1) 컨테이너 하역장비

(1) 갠트리 크레인

[그림 9-1]과 같이 G/C(Gantry Crane)[1]는 컨테이너선에 컨테이너를 적재하거나

1) Gantry Crane(G/C)은 'Quay side Crane, Rail Mounted Quayside Gantry Crane'이라고 불리어 지고 있으나, 우리나라 KS규격으로 표시된 이름은 컨테이너 크레인(Container Crane : CC)으로 명기되어 있다.

양륙하기 위하여 특별히 설계된 대형기중기를 말하며, 에이프런(apron) 위에 부설된 철로 위를 본선과 평행하여 주행하면서 컨테이너를 선적 및 양륙한다. 작업시에 빔이 본선상에 돌출하면 스프레더(spreader)의 갈고리(hook)로 컨테이너를 집었다 놓았다 하여 본선에 하역한다.

(2) 트랜스테이너

[그림 9-1]과 같이 트랜스테이너(transtainer, transfer crane : T/C)[2]는 컨테이너 야드에서 컨테이너를 야드에 장치하거나, 적치된 컨테이너를 섀시(Chassis)에 실어주는 작업을 하는 컨테이너 이동장비이다.

[그림 9-1] 컨테이너 하역장비(1)

갠트리크레인(Gantry Crance)

트랜스테이너(Transtainer)

(3) 스트래들 캐리어

스트래들 캐리어(Straddle Carrier : S/C)는 [그림 9-2])와 같이 컨테이너터미널 내에서 하역과 운반을 행하는 하역장비로서 컨테이너를 양다리 사이에 끼고 운반한다.

---

2) Transfer Crane은 미국의 PACECO사가 개발하여 사용한 Transtainer의 새로운 명칭이다.

[그림 9-2] 컨테이너 하역장비(2)

Overhead Bridge Crane(B/C)

스트래들케리어(Straddle Carrier)

(4) 리치 스테커

[그림 9-3]과 같이 리치 스테커(Reach Staker)는 긴 붐(boom)을 이용하여 컨테이너를 야드에 적치, 위치이동 또는 하역작업을 하는 데 주로 사용하고 Full Container를 취급할 수 있는 컨테이너의 운반용 장비이다.

(5) 톱 핸들러

Side Picker(S/P)라고도 불리는 톱 핸들러(Top Handler)는 주로 야드 내의 공컨테이너를 적치 또는 하역작업을 하는 장비로서([그림 9-3] 참조), 리치 스테커와 매우 유사하다.

[그림 9-3] 컨테이너 하역장비(3)

리치스테커(Reach Staker)

톱핸들러(Top Handler)

(6) 무인운반차

[그림 9-4]와 같이 AGV(Automatic Guided Vehicle)는 갠트리 크레인에서 화물을 적재하고 야드의 지정된 장소까지 자동주행하여 수동 또는 자동으로 컨테이너박스를 적재하는 무궤도 차량을 말한다.

(7) 야드 트랙터

컨테이너 터미널에서 트레일러를 이동시키는 데 쓰이는 견인차량을 말하며 통상 Header라고도 한다([그림 9-4] 참조). 야드 트랙터(Yard Tractor : Y/T)는 섀시(chassis)와 결합된 컨테이너를 야드 내에서 엔진의 견인력으로 운반한다.

[그림 9-4] 컨테이너 하역장비(4)

무인운반차(Automatic Guided Vehicle)

야드트랙터(Yard Tractor)

야드샤시(Yard Chassis)

(8) 야드 섀시

야드 섀시(Yard Chassis)란 컨테이너 운반용으로 제작된 트레일러를 말한다([그림 9-4] 참조). 갠트리 크레인에 의해 하역된 컨테이너박스를 트랜스퍼 크레인이 취급 가능하도록 이송하는 중간수송장비로서 사용된다.

2) 일반화물/벌크화물 하역장비

(1) Unloader

부두에 설치되어 선박에서 화물을 하역할 때 전용으로 사용하는 크레인으로서, 육상의 타 운반설비인 벨트 컨베이어, 호퍼, 트럭 등에 이송하는 장비이다([그림 9-5] 참조).

[그림 9-5] 언로더

겐트리식 언로더

끌어당김식 언로더

(2) 이동식 크레인(Mobile Crane)

차륜(wheel) 또는 크롤러(crawler)를 구비하여 스스로 주행(또는 위치이동)할 수 있는 지브(jib)형 크레인을 말한다. 화물하역용으로 자주 사용되는 이동식 크레인에는 다음과 같은 종류가 있다([그림 9-6] 참조).

[그림 9-6] 이동식 크레인

Mobile Harbour Crane

Truck Crane

Wheel Crane

Crawler Crane

(3) Stacker/Reclaimer

스태커/리크레이머는 연속적으로 회전하게 하여 벨트, 쉽 언로더 등과 연계되어 야적되어 있는 석탄이나 광석을 전용으로 하역하는 장비이다([그림 9-7] 참조).

(4) Floating Crane

'Floating Derrick'이라고도 불리며, 상자형으로 된 수상구조물 위에 Jib Crane을 장착시켜 수상(水上)을 이동하면서 하역할 수 있도록 제작된 해상 크레인을 말한다([그림 9-7] 참조).

(5) Derrick

상단이 지지된 마스트를 가지며 마스트 또는 붐(boom) 위 끝에서 달아 상하 및 좌우로 이동시킬 수 있는 크레인을 말한다([그림 9-7] 참조).

[그림 9-7] 스태커/리크레이머, Floating Crane, Derrick

Stacker/ Reclaimer

Floating Crane

Derrick

② 철도수송 기기

화차상(貨車上)의 세미트레일러(이른바 Piggy Back)를 부려놓기 위해서는 일반적으로 Ramp Way를 설치하여 옮기는 방법이 사용되고 있으나 길게 연결된 화차(貨車) 가운데 특정의 세미트레일러(semitrailer)는 내려놓기에 매우 불편한 구조로 되어 있다.

그렇기 때문에 미국과 같은 나라에서는 세미트레일러를 적재 상태에서 부릴 수 있는 대형 리프트카가 사용되고 있는데, 이것을 Piggy Packer라고 한다([그림 9-8] 참조).

[그림 9-8] 철도수송 기기

Piggy Packer

③ 항공운송 기기

1) Dolly(Pallet Trailer)

항공화물 터미널과 항공기 간 단위탑재용기의 이동시에 가장 보편적으로 이용되는 장비이다([그림 9-9] 참조). 소형 트레일러와 유사한 형태이며, 자체 추진력이 없어 이용시에는 견인차(Tug Car)와 연결되어 운용된다.

2) Transporter

하역작업이 완료된 단위적재용기를 터미널에서 항공기까지 수평이동에 사용하는 장비로서 팰릿을 올려놓은 차량에 엔진을 장착하여 자주식으로 운행되는 차량을 말한다([그림 9-9] 참조). 기능면에서 Dolly와 유사하나 자체 추진력을 갖고 있는 점에서 Dolly와 구별된다.

3) Self-Propelled Conveyor

수화물 및 소형화물을 항공기의 하부 화물실(belly)에 낱개 단위로 탑재, 하역 시 사용되는 장비이다([그림 9-9] 참조). Narrow Body형 항공기의 하부격실에 수화물과 같은 소량화물을 적재 또는 양하할 때 주로 이용된다.

4) High Loader(Lift Loader)

단위탑재용기, 즉 컨테이너 또는 팰릿에 적재된 상태의 화물을 항공기에 탑재하거나 항공기에서 양하할 경우에 주로 이용되는 장비이다([그림 9-9] 참조).

[그림 9-9] 항공수송 기기

Dolly

Transporter

Self-Propelled Conveyor

High Loader (Lift Loader)

4 기타 하역기기

1) Stacker Crane

스태커 크레인이란 고층 랙창고 선반에서 화물을 넣고 꺼내는 크레인의 총칭이다. 화물의 입체장치방식으로서 화물보관상자를 수용하는 고층의 거대한 선반 배열과 이 선반 사이를 상하 왕복으로 움직이는 기중기로 구성되어 있다([그림 9-10] 참조).

스태커 크레인은 천장 기중기(bridge crane)와 비슷하나 호이스트(hoist) 대신에 마스트(mast)가 달려 있고, 마스트에 물건을 넣고 빼는 데 편리한 포크(fork)나 플랫폼(platform)이 부착되어 있다. 스태커 크레인은 사람이 수동으로 조종할 수도 있고 무선조종도 가능한데, 높이가 50피트 이상인 높은 랙에 주로 사용된다.

2) Cable Crane

두 지점 사이에 와이어로프를 매고 이를 이용하여 트롤리가 움직이도록 해서 화물을 올리는 작업을 하는 크레인이다([그림 9-10] 참조). 양단의 탑은 고정된 것과 여러 가지 종류의 이동할 수 있는 것이 있다. 양단 탑 사이의 거리는 보통 200~600m이며, 댐 콘크리트 타설(打設), 기계운반, 교량가설과 채석장의 석재운반 등에 사용된다.

[그림 9-10] 스태커 크레인과 케이블 크레인

Stacker Crane

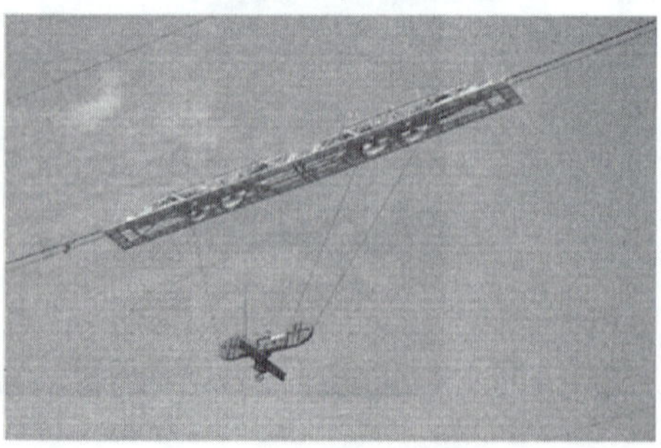

Cable Crane

3) 포크리프트 트럭

지게차라고 불리는 포크리프트는 작업 중에 화물을 내리고, 싣고, 운반하고, 꺼내고, 집어내고, 운반하는 등 복합작업을 할 수 있는 하역장비이다.

포크리프트는 여러 가지 형태의 자재를 옮기기 위해 트럭몸체와 작업장치로 구성되어 있는데, 트럭몸체는 카운터웨이트와 이동장치의 역할을 하고 있으며, 작업장치는 포크와 마스트로 나뉘어져 있다. 앞쪽에 2단으로 신축하는 마스트가 장착되어 있으며 수직프레임 구조로 되어 있다. 마스트에 맞물린 좌우 2개의 포크를 화물 밑에 밀어 넣고 수직프레임을 따라 화물을 들어 올린다. 포크는 보통 앞쪽으로 6도 뒤쪽으로 12도 경사시킬 수 있다. 앞바퀴에 큰 하중이 걸리고 앞바퀴를 중심으로 다소의 회전을 해야 하므로 뒷바퀴를 조향(操向)하고 앞바퀴를 구동(驅動)하는 것이 보통이다. 포크에는 취급하는 화물의 성질에 따라 갖가지 부속품을 장치할 수 있게 되어 있다. 포크리프트 트럭(Forklift Truck)을 통한 하역방식은 인력하역에 비해 화물의 파손을 줄일 수 있으며, 작업시간과 작업인력을 절감할 수 있는 장점이 있다. 그러나 낱개 화물은 작업 불가능하며, 운반거리에 제한이 있고, 작업노면이 좋아야만 작업이 가능하며, 화물이 스키드(skids : 짐깔개)나 팰릿과 같이 유닛화되어야 한다는 단점이 있다.

(1) **카운터밸런스형**(Counter Balance Type) **포크리프트**

포크 및 마스트를 차체전방에 장착하고 차체후방에는 차체의 안정을 유지하기 위해 카운터밸런스를 장착한 것으로 지게차의 가장 일반적인 형태이다([그림 9-11] 참조). 전륜구동, 후륜조향방식이 일반적이다. 포크는 작업자가 원하는 대로 앞・뒤로 움직이며(틸트기능), 마스터가 위・아래로 움직여 높은 곳에 있는 화물을 쉽게 올리고 내릴 수 있다.

(2) Rough Terrain Fork Lift Truck

바닥이 고르지 않은 작업장에서 사용할 목적으로 개발된 지게차로 특히 앞 바퀴가 크다([그림 9-11] 참조). 작업기의 구조에 따라 마스트장착(Vertical Mast) 차량과 신축붐(Telescopic Boom) 구조를 갖는 차량이 포함된다. 대형바퀴가 장착되어 기복이 심한 지면조건에서 작업이 유리하며, 야적지(storage yard)의 물품적재작업이나 중량물의 원재료 취급에 주로 사용한다.

[그림 9-11] 프크리프트 트럭의 종류(1)

카운터밸런스형(Counter Balance Type)

Rough Terrain Fork Lift Truck

(3) Order Picking Truck

오더 피킹 트럭은 전동지게차가 갖는 모든 기능 외에 포크와 함께 상승하는 운전석에서 작업자가 직접 화물을 랙에 적재하거나 피킹하는 기능을 갖춘 리치 타입 탑승식 지게차이다([그림 9-12] 참조). 공간의 최적활용을 위한 고층의 랙창고 또는 자동창고에서 화물의 입고, 적재, 주문처리를 위한 피킹, 반출작업 등을 수행하는 데에 효율이 높다. 오더피커는 물품보관 효율을 극대화하기 위하여 상대적으로 통로 폭을 최소화시킨 창고에서 사용되기 때문에 초협폭장비(very ronarw aisle truck)로도 불린다. 작업자가 탑승하는 관계로 인양높이에 제한이 있다.

(4) **리치 포크형**(Reach Fork Type) **포크리프트**

마스트 또는 포크가 전후로 이동할 수 있는 포크리프트이다([그림 9-12] 참조). 차체전방으로 튀어 나온 아웃트리거(outrigger)에 의해 차체의 안정을 유지하고, 그 아웃트리거 안을 포크가 앞·뒤로 움직이면서 하역작업을 하도록 되어 있는 지게차이다.

(5) 사이드 포크리프트(Side Forklift Truck)

이것은 파이프, 철강, 알루미늄새시, 원목과 같이 길이가 긴 물품의 운반 및 하역을 위해 설계된 차량으로서, 포크와 이것을 상하시키는 마스트를 차체 옆쪽에 갖춘, 측면주행을 일차적 목적으로 설계된 차량이다([그림 9-12] 참조). 하역할 때는 차체측면을 화물에 대고 포크를 뻗어서 화물을 실으며, 운반할 때는 포크를 내려 화물을 차체 위에 적재한 상태로 이동한다.

적재물의 길이방향으로 이동하기 때문에 강재나 알루미늄새시 등 길이가 긴 화물의 하역에 적합하다. 특히 폭이 좁은 통로에서도 화물을 실은 채로 이동할 수 있고, 하중중심이 전후차축의 중앙에 위치하여 긴 물품도 쉽게 균형을 잡을 수 있는 장점이 있다.

[그림 9-12] 포크리프트 트럭의 종류(2)

Order Picking Truck

리치 포크형(Reach Fork Type)

사이드 포크리프트(Side Forklift Truck)

(6) Lateral Stacking Truck

일반 지게차가 차체전면에 마스트와 포크가 있는 데 반하여 사이드형 지게차는 마스트와 포크를 차체측면에 설치한 지게차이다([그림 9-13] 참조).

(7) 보행식(Walkie Type) 포크리프트

운전자가 걸으면서 조종하는 비승차형 지게차이다([그림 9-13] 참조). 이 형태의 지게차는 작업자의 탑승설비가 없으며, 작업자가 지게차를 가동시킨 상태에서 걸어 다니면서 작업을 하게 된다. Pedestrian Controlled Truck, Walkie Forklift 라고도 불리며, 소형작업에서 주로 이용된다.

[그림 9-13] 포크리프트 트럭의 종류(3)

Lateral Stacking Truck

3방향 스태킹 크레인

보행식(Walkie Type) 포크리프트

4) Pallet Truck

물품운반 및 하역작업용으로 사용되는 모든 산업용 운반하역기기가 포함된다. 수동식(hand pallet truck), 반동력식(electric pallet)으로 구분된다. Hand Truck(손수레, 대차)으로도 불리며, 보행식 운반장비 중 가장 널리 사용되는 개인용 물류장비이다([그림 9-14] 참조). 포크 전방에 화물의 하중을 지지하는 로드휠에 연결된 링크기구에 의하여 차체가 항상 수평을 유지하게 되어 있다. 팰릿 하강 시 특수고안된 유압회로에 의해 물품에 손상이 없도록 부드럽게 착지하도록 고안되어 있다.

5) Hand Lifter

차체 전방으로 뻗어 나온 주행 가능한 아웃트리거에 의해 차체의 안정을 유지하고, 또한 포크가 아웃트리거의 위로 뻗어 있는 형태의 높이 적재(운반)용 지게차이다([그림 9-14] 참조). 이 형태의 지게차는 작업자의 탑승설비가 없으며, 작업자가 기기를 가동시킨 상태에서 걸어 다니며 작업을 하게 된다. 소규모 작업장이나 좁은 통로로 이루어진 적재장소를 가진 공장 및 창고에서 유용하게 사용되며, 레버조작으로 포크를 임의의 위치에서 정지하여 자유로이 상・하강시킬 수 있다.

[그림 9-14] Pallet Truck과 Hand Lifter

Pallet Truck

Hand Lifter ; 스테커(Stacker)

제4절 장소별 하역시스템

Ⅰ. 사내하역시스템

사내하역은 제조업자가 자사의 원료조달로부터 생산·판매에 이르기까지 발생되는 조달물류, 생산물류, 판매물류 등 전 과정에서 필요한 모든 운반과 하역 기능을 종합적으로 포괄한 것을 말한다.

사내하역에서는 하역의 기계화, 자동화가 물류합리화의 전제조건인 만큼 조건에 알맞은 하역기기의 선정이 매우 중요하다. 사내하역의 주안점은 기계화와 자동화 그리고 화물의 단위포장을 위한 팰릿화가 가장 중요한 요건이 된다.

Ⅱ. 철도역 컨테이너 하역시스템

철도역의 컨테이너 하역방식은 트레일러나 컨테이너를 철도의 무개화차 위에 적재하는 방식으로서 화차적재를 돼지의 등에 적재한 것과 같아 피기백(piggy back)방식이라고도 한다. 컨테이너의 철도하역시스템은 도로수송용의 트레일러를 그대로 철도의 평장물차에 싣고 수송하는 것으로 TOFC 방식과 COFC 방식이 있다.

1 TOFC

TOFC(Trailer on Flat Car) 방식은 초기의 피기백 운송방식으로서 컨테이너를 실은 상태인 트레일러 또는 트럭 자체를 열차의 화차 위에 적재하여 수송하는 방식이다. 즉, 철도 무개화차 위에 트럭 트레일러를 싣고 수송하는 방식을 말한다([그림 9-15] 참조).

트레일러를 화차 위에 직접 적재하기 때문에 별도의 하역장비가 필요하지 않으며, 철도측의 설비투자가 비교적 적다. 그러나 이 방식은 컨테이너와 트레일러가 하나로 되어있기 때문에 총중량이 클 뿐만 아니라, 컨테이너를 화차에 다단적(多段積)할 수 없기 때문에 넓은 철도터미널 공간이 필요하다.

TOFC와 유사한 방식으로 프랑스에서 처음 채택된 방식인 캥거루방식(Kangaroo System)이 있다. 캥거루방식은 피기백방식과 유사하나 트레일러 바퀴가 들어갈 수 있도록 화차의 상면(床面)부분이 약간 패여 있어 피기백방식에 비해 화물적재시 화차의 전체 높이가 낮아 터널통과 시 유리하다.

2 COFC

COFC(Container on Flat Car) 방식은 철도 화차 위에 컨테이너만 적재하는 방식을 말한다([그림 9-15] 참조). COFC 방식은 화물취급량이 비교적 적은 경우에 유리한 하역방식이라고 할 수 있다. COFC 방식에는 가로세로 이동방식, 매달아 싣는 방식3), 그리고 Flexi van방식4)이 있다. COFC 방식은 터미널에서 이단적

[그림 9-15] 철도역 컨테이너 하역시스템

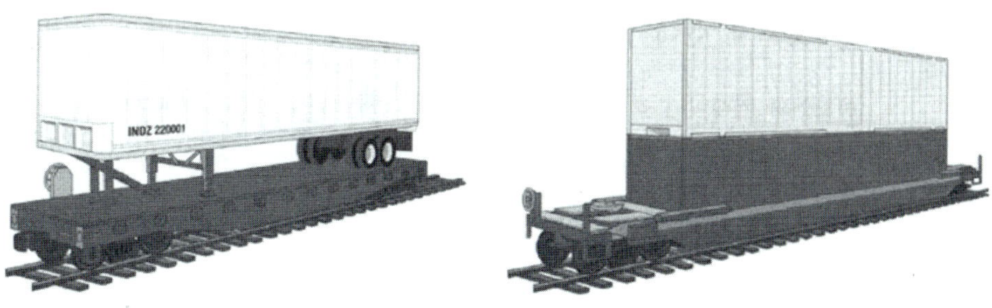

TOFC COFC

3) 대량의 컨테이너를 하역할 때 유리한 하역방식(하역장비-기중기류, 크레인 등을 이용)이다.

4) 화물자동차가 화차와 직각이 되게 후진하면, 화차의 회전판(Turn Table)에 90도 회전하여 컨테이너를 이동・적재하는 방식으로 하역 시 상당한 기동성이 발휘된다.

(double stack)이 가능하므로 TOFC보다 공간소요가 적게 소요되고 많은 양의 화물을 수송할 수 있는 장점이 있다. 그러나 TOFC와는 달리 컨테이너만 싣고 가기 때문에, COFC 방식은 기점과 종점에 각각 컨테이너를 화차 위에 올리기 위한 기중기, 지게차 등의 각종의 하역장비 등을 갖추어야 한다.

Ⅲ. 항만하역시스템

항만하역은 항만 안에서 항만하역업자가 화주 또는 선박운항업자의 위탁을 받아서 선박에 의하여 수송될 화물을 선박으로부터 인수 또는 화주에게 인도하거나, 선박에 의하여 수송될 화물을 항만 안에서 선박에 인도 또는 화주로부터 인수하는 행위와 이에 따른 선행 또는 후속행위로 정의할 수 있다([그림 9-16] 참조). 항만하역은 선내, 부선, 육상, 예부선(曳艀船)수송작업 등 크게 네 가지 작업 단계로 분류할 수 있다

[그림 9-16] 항만하역시스템

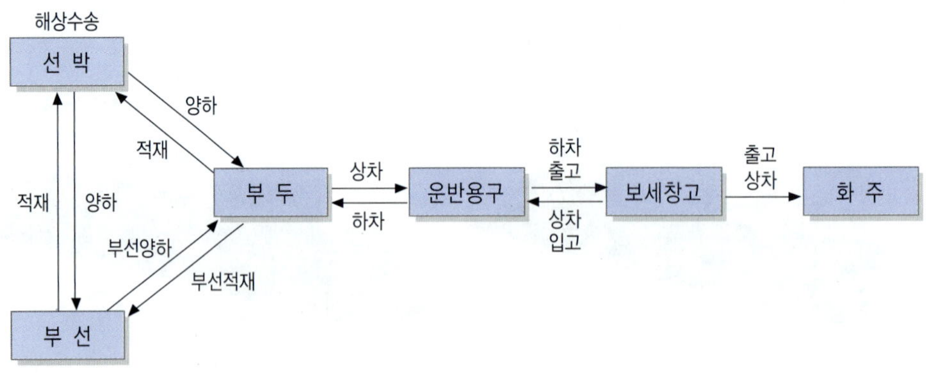

항만하역작업의 첫 번째 단계인 선내작업은 양하작업과 적재작업으로 구분할 수 있는데, '양하작업'은 본선 내의 화물을 부선 내 또는 부두 위에 내려놓고 고리(hook)를 풀기 전까지의 작업을 말하며, '적재작업'은 부선 내 또는 부두 위의 고리가 걸어진 화물을 본선 내에 적재하기까지의 작업을 의미한다.

두 번째 단계인 부선작업은 화물을 부선에 적재하거나 양하하는 작업을 의미한다. 부선작업은 부선양하작업과 부선적재작업으로 나눌 수 있다. '부선양하작업'은 안벽(quay)에 계류된 부선에 적재되어 있는 화물을 양하하여 운반구 위에 수송가능한 상태로 적재하기까지의 작업을 의미하여, '부선적재작업'은 운반구에 적재되어 있는 화물을 내려서 안벽에 계류되어 있는 부선에 수송가능한 상태로 적재하기까지의 작업을 의미한다. 부선작업은 입항 선박 수에 비해 부두안벽의 수가 부족하여 발생하고 있다. 부선을 이용한 하역은 접안하역에 비해 하역절차가 복잡하고 불합리한 것이 사실이지만 항만시설의 부족을 해소하는 하나의 방법으로 이용된다.

세 번째 단계인 육상작업은 상차, 하차, 출고상차, 하차출고작업으로 구분된다. '상차'란 선내작업이 완료된 화물을 고리를 푼 다음 운반구 위에 수송가능한 상태로 적재하기까지의 적업을 의미하며, '하차'는 운반구 위에 적재되어 있는 화물을 내려서 본선측에 적재작업이 이루어질 수 있을 때까지의 작업을 의미한다.

또한 '출고상차'는 창고 또는 야적장에 적치되어 있는 화물을 출고하여 운반구 위에 수송가능한 상태로 적재하기까지의 작업을 뜻하고, '하차출고'란 운반구 위에 적재되어 있는 화물을 내려서 창고나 야적장에 보관가능한 상태로 적치하기까지의 작업을 말한다.

네 번째 단계인 예부선(曳艀船)수송작업은 본선선측 물양장작업(안벽작업), '물양장 · 물양장작업', 일괄작업으로 구분된다. 본선선측에 계류된 부선에 수송가능한 상태로 적재된 화물을 수송하여 물양장에 계류하기까지의 작업 또는 물양장에 계류된 부선에 수송가능한 상태로 적재된 화물을 수송하여 본선선측에 계류하기까지의 작업을 '본석선측 물양장작업'이라 한다. 그리고 물양장에 계류된 부선에 수송가능한 상태로 적재된 화물을 수송하여 물양장에 계류하기까지의 작업을 '물양장 · 물양장작업'이라 한다.

한편 '일괄작업'이란 전용부두에 설치된 특수장비에 의하여 선박에서 창고나 야적장까지의 하역작업, 일반부두에서의 이송작업 및 창고나 야드에 적치되기까지의 과정이 연속적으로 이루어지는 작업을 의미한다.

Ⅳ. 항공하역시스템

1 항공화물의 단위화와 단위적재용기

1) 항공화물의 단위화

항공화물의 수송초기에는 인력에 의한 벌크화물(bulk cargo)의 탑재에서 시작하였으나 항공기의 대량화, 고속화, 저렴화를 위해 항공기의 대형화, 가동의 효율화, 지상 하역잡업의 기계화를 가능하게 한 것이 바로 항공화물의 컨테이너화와 팰릿화이다. 컨테이너와 팰릿이 개발된 추이는 인력에서 기계로, 개별탑재에서 단위탑재로, 단순수송관리에서 물류관리로 수송시스템 자체에 큰 변화를 가져오게 되었다.

IATA에서는 화물전용기의 보급과 관련해서 현재 사용하고 있는 88″×125″ 또는 88″×108″의 팰릿을 마스터 유닛 컨테이너(master unit container)로 하여 항공기의 종류에 따라 26종류의 표준컨테이너를 정하여 통일화시키고 있으며 마스터 유닛 컨테이너 단위의 운임설정 등 항공화물의 대량, 고속, 저렴수송을 목표로 하여 컨테이너화에 노력을 하고 있다. 그러나 아직 현 단계에서 항공화물의 수송상 최대의 계약인 항공기 내의 형상을 주체로 하여 컨테이너가 설계되어 있으므로 다른 수송기관과의 연계수송이 불가능함으로써 모든 수송기관과 일관하여 적용되지 못하고 있다는 단점이 있다.

2) 단위적재용기

단위적재용기(Unit Load Device : ULD)란 항공수송에만 사용되는 항공수송용 용기를 의미한다([그림 9-17] 참조).

[그림 9-17] 단위적재용기

팰릿 화물적재 상태

항공운송용 컨테이너

항공수송화물을 중량 또는 용적을 기준으로 일정하게 단위화하여 자본집약적 기계하역을 통해 하역의 합리화(하역 소요기간과 하역비용의 절감 등)를 실현하고 항공수송의 합리와를 가능하게 하는 수송용구이다. ULD의 종류에는 팰릿과 컨테이너, 이글루(Igloo)가 있다.

(1) 팰릿(PLT)

알루미늄 합금으로 만들어진 평판으로 팰릿 위에 화물을 운반하고자 하는 항공기의 내부모양과 일치되도록 적재 작업한 후 네트(net)나 스트랩(strap)으로 묶을 수 있도록 고안한 장비이다. 팰릿의 두께는 1인치 이하이며, 가장 자리에는 seat track이 있어 이 부분에 네트와 스트랩이 attachment fitting에 연결되어 고정된다. 대부분의 팰릿은 IATA가 제정한 표준규격에 의거해 제작되고 있다.

일반적으로 널리 이용되는 팰릿의 유형은 탑재되는 위치에 따라 주화물칸(main deck) 전용의 MDP(main deck pallet), 하층화물칸(lower deck) 전용의 LDP(lower deck pallet), 화물칸 측면용의 SCD(side cargo door), 그리고 전방화물칸용의 NCD (nose cargo door) 등이 있다.

팰릿의 규격은 가로와 세로의 크기로 나타내며, 가장 큰 규모의 96×235 1/2인치에서부터 88×125인치까지 여러 종류가 있다. 팰릿의 타입(type)은 각 규격별로 세로(높이)에 따라 A, B, C, D 등으로 구분되지만 기종에 따라 각각의 높이가 다르다.

[그림 9-18] 항공수송용 팰릿(96타입 팰릿의 예)

(2) **컨테이너**(CNTR)

팰릿과는 달리 별도로 보조장치 없이 항공기 내의 화물실에 탑재고정이 가능하도록 제작되어 있다. 팰릿과 마찬가지로 항공기에 고정되는 방식이 동일하고 컨테이너의 밑바닥이 항공기에 고정되도록 제작되고 있다.

(3) **이글루**(Igloos)

팰릿류와 함께 사용되어 공간을 최대한 활용하도록 고안되었다. 이글루는 비구조적 이글루와 구조적 이글루로 구분할 수 있는데, 비구조적 이글루(non-structural igloo)는 밑바닥이 없는 파이버 글라스(fiber glass) 또는 알루미늄 등의 재질로 만들어지며 항공기의 내부형태와 일치시켜 첫 면의 모서리 부분이 둥근 형태로 되어 있다. 구조적 이글루는 위의 비구조적 이글루를 팰릿에 고정시켜 놓은 것으로 적재된 화물을 네트(net)없이 고정시킬 수 있도록 제작되어 있다.

〈표 9-2〉 항공화물용 컨테이너의 유형

TYPE : AI Dom SAB-UAB Intl. 표준용량 : 393ft^3 규격 : 88×125×87인치 최대중량 : 13,300파운드 적재규격 : 475ft^3	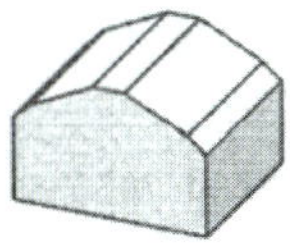	TYPE : LD6 Dom/AWC-AWF Intl. 표준용량 : 316ft^3 규격 : 25×60.4×64인치 최대중량 : 5,680파운드 적재규격 : 401ft^3	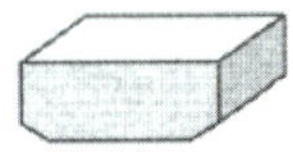
TYPE : A2, A3 Dom. AAA-SAA Intl. 표준용량 : 440ft^3 규격 : 88×125×87인치 최대중량 : 12,500파운드 적재규격 : 475ft^3	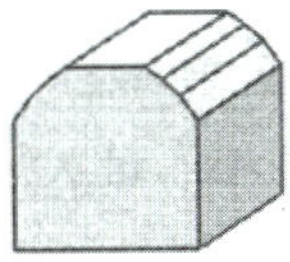	TYPE : LD7, LD9 Dom/AAP-AAR Intl. 표준용량 : 335ft^3 규격 : 125×88×64인치 최대중량 : 13,300파운드 적재규격 : 401ft^3	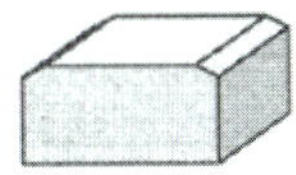
TYPE : FTC Dom/= Intl. 표준용량 : 151ft^3 규격 : 81×60.4×62.75인치 최대중량 : 4,500lbs 적재규격 : 174.5ft^3	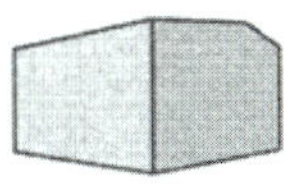	TYPE : LD8 Dom/ALE Intl. 표준용량 : 253ft^3 규격 : 196×60.4×60인치 최대중량 : 5,400파운드 적재규격 : 280ft^3	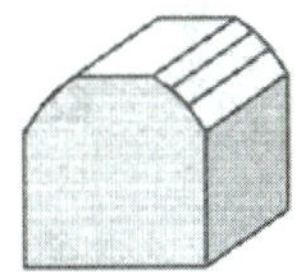
TYPE : LD2 Dom/APA Intl. 표준용량 : 151ft^3 표준용량 :60.4×64인치 최대중량 : 2,700파운드 적재규격 : 134ft^3	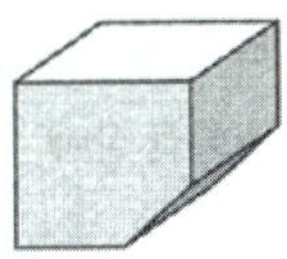	TYPE : LD10 Dom Intl. 표준용량 : 246ft^3 규격 :125×60.4×64인치 최대중량 : 5,680파운드 적재규격 : 257ft^3	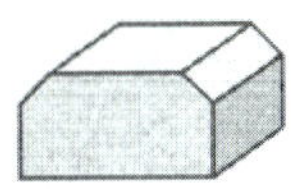
TYPE : LD3 Dom/APA-AKE Intl. 표준용량 : 150ft^3 규격 : 79×60.4×64인치 최대중량 : 3,500파운드 적재규격 : 166ft^3	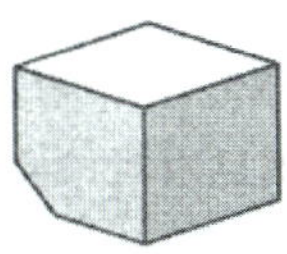	TYPE : LDW Dom.1= 표준용량 : 70ft^3 규격 : 98×42.2×41.6인치 최대중량 : 1,700파운드 적재규격 : 76ft^3	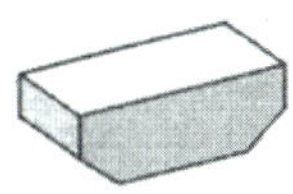
TYPE : LD4 Dom/DLP-DLF Intl. 표준용량 : 193ft^3 규격 : 96×60.4×64인치 최대중량 : 5,400파운드 적재규격 : 215ft^3	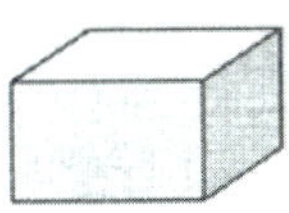	TYPE : MI Dom/ARA Intl. 표준용량 : 572ft^3 규격 : 125×96×96인치 최대중량 : 15,000파운드 적재규격 : 666ft^3	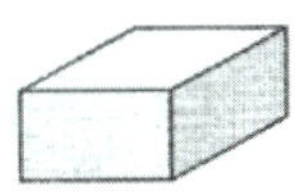
TYPE : LD5, LD11 Dom/AWB-AWD Intl. 표준용량 : 256ft^3 규격 : 125×60×64인치 최대중량 : 7,000파운드 적재규격 : 265ft^3	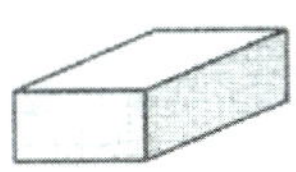	TYPE : M2 Dom/ASE-ASG Intl. 표준용량 : 1,077ft^3 규격 : 240×96×96인치 최대중량 : 25,000파운드 적재규격 : 1,286ft^3	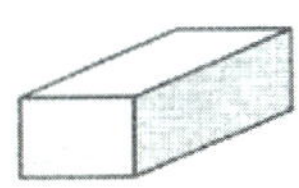

자료 : Air cargo from A to Z, Air Transport Association of America.

② 항공수송화물의 적재방식

[그림 9-19]와 같이 항공수송화물의 적재방식은 벌크화물적재, 팰릿적재, 컨테이너적재로 구분할 수 있다. 벌크화물적재(Bulk Loading)는 가장 원시적인 적재방식으로 주로 노동집약적인 인력하역(즉, 수작업에 의존하는 방식)을 의미하며 주로 Narrow Body형 항공기의 하부화물실에 화물을 적재할 경우에 한해 활용되고 있다.

[그림 9-19] 항공운송화물의 적재방식

Bulk Loading

Pallet Loading

Container Loading

화물전용기를 제외한 대부분의 항공기의 경우 객실의 밑바닥이 화물실로 되어 있으므로, 벌크화물하역방식으로 각각의 개별화물을 직접 적재한다. 벌크화물적재방식은 가장 원시적인 탑재방식이지만 좁은 화물실과 한정된 공간에서 탑재효율을 올리기 쉽기 때문에, 최근에도 제트기의 하부화물실에서와 같이 이 방법이 개선되어 사용되고 있다.

팰릿적재(Pallet Loading)는 항공수송용 팰릿에 화물을 적재하여 수송함으로써 하역효율 및 운송효율을 제고시킨 방식이다. 화물을 팰릿에 적재할 때 적재효율의 향상을 위해, 이글루(Igloo)를 조합하여 사용하고 있으며, 이글루를 사용하지 않고 팰릿 위에 항공기화물실의 윤곽을 고려하여 화물을 적재하고 그 위에 그물(net)을 친 후 방수목적의 비닐을 덮은 다음 테이프로 봉하는 방법도 사용되고 있다. 팰릿은 88″×108″와 88″×125″의 표준사이즈가 있다.

컨테이너적재(Container Loading)는 화물전용기 이외의 여객용 항공기에는 벌크화물적재와 같이 객실 밑의 하부화물실 bel(lower cargo compartment /ly compartment)에 화물을 탑재하는 방식이다. 일부의 항공사들은 하부화물실에 맞는 컨테이너를 개발했는데, 이를 Belly Container라고 부르기도 한다.

항공수송화물의 적재방식 중 가장 바람직한 방식으로 일정규격의 컨테이너에 내적한 상태로 수송함으로써 하역효율과 수송화물의 안전성을 재고시키고 문전수송을 실현시킬 수 있는 방식이라고 할 수 있다. 화물실의 입구에 있는 조정상자(control box)로 조작하여 화물실 바닥에 있는 전동식 롤러(roller)를 통해 자동으로 적재한다.

③ 항공화물의 하역절차

[그림 9-20]과 같이 항공화물의 하역절차는 수출·수입 프로세스로 나눌 수 있다.

수출항공화물은 수출통관절차에 따라 수출하고자 하는 화물을 세관에 신고한 후 신고수리를 받아 항공기에 적재하게 된다. 공항을 통해 수출되는 항공화물의 처리절차를 설명하면 다음과 같다.

첫째, 수출신고단계로서 수출자는 포워더에게 항공수송을 의뢰하고 포워더는 항공사에게 기적(機積)을 예약하고 화물을 화물터미널 장치장에 반입시킨다. 또한 포워더는 수출자에게 수출신고내역을 받아 관세사를 통해 수출신고서를 세관에 EDI 방식으로 전송한다.

둘째, 적하목록 제출단계로서 화물반입 후에 포워더는 적하목록(House Manifest)을 KTNET에 전송하며 ULD(Unit Load Device)에 적재 시 항공사는 선사적하목록(Master Manifest)을 작성하여 KTNET에 전송한다.

셋째, 탑재 및 이륙단계로서 화물을 접수, 검사, 무게/규격 계측 후에 화물을 분류하여 ULD 적입작업을 실시하며 세관에서는 House Manifest와 Master Manifest를 비교하여 오류가 없으면 항공기 이륙을 승인한다.

[그림 9-20] 항공화물터미널의 항공화물 처리절차

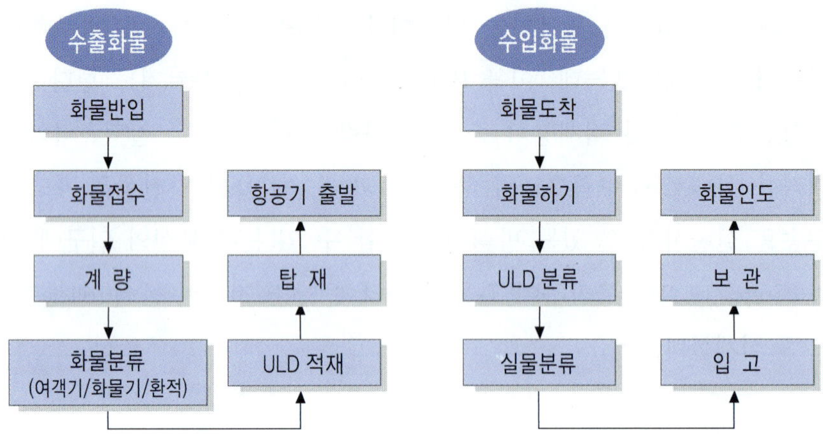

수입항공화물의 흐름은 항공기 도착, 화물하기(下機), 서면분류, 화물분류, 창고반입, 통관 EDI, 반출 순이다.

항공화물의 수입절차를 설명하면, 첫째, 적하목록 제출단계로서 항공사는 항공기 출발 직후에 Master Manifest를 적하목록취합시스템(Manifest Consolidation System)에, 포워더는 House Manifest 정보를 적하목록취합시스템에 EDI 방식으로 전송하며 입항전 적하목록 미제출 화물에 대한 정보는 KTNET에서 소싱을 준 입력대행사에서 입력한다.

둘째, 검사대상 선별단계로서 세관에서는 적하목록 정보를 사전 심사한 후 관리 대상화물을 선별하여 세관장이 지정한 별도구역에 장치하도록 지시한다.

셋째, 실물분류 및 반입단계로서 항공사는 적하목록취합시스템으로부터 작업지시서를 출력하여 화물분류를 실시하고 검사대상화물, 공항통관화물, 보세수송화물, 검역화물, 위험화물, 환적화물 등으로 구분한 후 적하목록 내용과 상이한 화물은 보류장에 별도 관리한다.

넷째, 수입신고단계로서 관세사는 수입신고할 화물에 대한 정보를 적하목록취합시스템으로부터 다운로드 받은 후 이 정보를 활용하여 수입신고서를 작성하고 세관에 전송한다. 세관에서는 검사 후 수입신고를 수리한다.

다섯째, 보세운송신고단계로서 보세운송업자는 보세운송할 화물에 대한 정보를 적하목록취합시스템으로부터 다운로드 받아 보세운송신고서를 작성하여 세관에 전송하며 세관에서는 전송된 보세운송신고내역을 확인하여 신고수리한다. 이에 보세운송업자는 보세운송신고필증을 자체시스템을 이용하여 출력 후 장치장에 제출하고 화물을 반출한다.

여섯째, 반출단계로서 세관에서 세관절차(수입신고, 보세운동신고, B/L통관 등)가 완료된 화물에 대한 정보를 해당 보세구역에 전송하게 되면 수입자(관세사) 또는 보세운송업자는 보세구역운영인에게 증빙서류를 제시하고 화물반출을 요청한다. 이에 보세구역운영인은 반출승인 내역과 대조확인 후 이상이 없는 경우 세관에 전자문서로 반출신고서를 제출하고 화물반출을 하게 된다.

제10장 화물포장

제1절 포장의 개요

포장은 물품의 수송, 보관, 거래, 사용 등에 있어서 그 가치 및 상태를 유지하기 위해 적절한 재료, 용기 등을 사용하여 보호하는 기술 및 상태를 말한다. 포장이 물류부문에서 차지하는 비율은 금액면에서 적은 편이다. 그러나 기업의 자재관리, 생산, 물류, 판매를 위한 공급채널을 연결하는 기본단위로 중요한 역할을 한다. 과거에는 포장을 단순히 물품의 수송, 보관, 취급, 사용 등에서 그 가치 및 상태를 보호하기 위하여 적절한 용기 등을 시행한 상태만을 포장이라고 보았다. 그러나 시대의 변화와 함께 포장의 역할, 기능, 목적이 변함에 따라 포장에 대한 의미가 달라졌다. 종전과는 달리 오늘날에 있어서 포장은 내용물을 싸는데 그치지 않고 보존용기 및 출하용기(shipping case)로서 가치를 지니게 하고, 또 나아가 판매촉진의 역할까지도 수행할 수 있는 것으로 보고 있다. 따라서 근대적 의미로 포장을 "물품의 생산에서 소비에 이르기까지 수송, 보관, 하역, 판매, 사용 등의 제 공정에 있어서 물품을 보호하고 취급을 용이하게 하고 그 물품의 판매를 촉진하게 하며 사용 및 사용 후의 처리를 용이하게 하기 위하여 제품에 시공한 기법 또는 시행한 상태"로 보아야 타당할 것이다.

제2절 포장의 기능

물적 유통에 있어서 포장의 기능을 요약하면 다음과 같다.

첫째, 포장은 상품을 보호한다. 상품은 생산에서 최종소비자에게 이르기까지 여러 단계의 취급과정을 거치게 된다. 그러므로 외부의 작업에 따른 충격의 흡수성과 견고성을 겸비한 보호장치가 필요하다. 포장은 수송, 하역, 보관 등과 같은 작업중에 물품이 손상되지 않도록 보호하는 역할을 한다.

둘째, 포장은 상품의 판매촉진을 도와준다. 종전에는 포장은 상품의 보호라는 측면에서 강조되어 왔으나 오늘날에는 보호성뿐만 아니라 판매촉진의 기능에 중점을 두고 있다. 포장을 통해 구매자가 상품을 선택할 수 있도록 도와줌으로써, 포장은 생산자에게 있어서는 상품은 PR할 수 있는 '말없는 세일즈맨'이 되고 있다. 상품은 생산된 물품 그 자체만으로는 상품이라 하기는 어려우며, 포장이 됨으로써 비로소 상품화되었다고 할 수 있다. 포장이 내용물과 일체를 이룸으로써 비로소 상품성이 있는 생산품이 되는 것이다.

셋째, 포장은 상품의 취급을 편리하게 한다. 생산품은 유통과정에서 여러 차례 하역과정을 거쳐야 하므로 이로 인하여 발생되는 충격을 완화하고 원활한 유통을 도모하기 위해서는 하역에 편리한 포장형태로 만들어져야 한다. 또한 상품이용자를 위해 쉽게 개봉하고, 사용 후 보관을 편리하게 할 수 있도록 포장이 이루어져야 한다. 오늘날에는 판매촉진을 위해 편리한 포장, 내용물을 쉽게 끄집어낼 수 있는 포장 등 판매자의 편리성을 강조한 포장이 중시되고 있다.

넷째, 포장은 상품의 설명 표시 및 취급상의 정보를 전달한다. 포장에 표시되어 있는 정보는 제품을 어떻게 이용하고, 보관하고, 처리해야 하는가를 알려 주는 종류일 수도 있으며, 혹은 그것이 해당 품목을 어떻게 취급해야 하는지에 관한 가이드를 제시하기도 한다.

제3절 포장의 종류

포장의 종류는 여러 가지 방법으로 분류할 수 있으나 형태별, 기능별, 포장방법별, 내용상태별, 그리고 내용품목별로 그 종류를 구분할 수 있다.

우선 포장의 형태를 기준으로 해서 단위포장(낱포장), 내부포장(속포장), 외부포장(겉포장)으로 구분할 수 있다([그림 10-1] 참조). 단위포장[개장, 낱포장 ; 개별포장, item packaging]이란 물품 하나 하나의 포장을 말하며, 물품의 상품가치를 높이고 물품을 보호하기 위해 적절한 재료, 용기 등을 물품에 가하는 기술 또는 상태를 의미한다.

내부포장[내장(內裝), 속포장, inner packaging]이란 물품이나 개별포장화물을 적절한 단위로 모아서 포장하거나 중간용기에 넣은 상태를 의미한다. 즉, 물품에 대한 수분, 습기, 광열, 충격 등을 방지하기 위해 적합한 재료 등으로 포장하는 것을 뜻한다.

외부포장[외장(外裝), 겉포장, outer packaging]이란 포장화물을 상자, 자루, 나무통, 병 등의 용기에 넣거나 또는 용기에 넣지 않은 채 결속하여 기호, 화인 등을 시행한 상태를 의미한다.

[그림 10-1] 포장진행 과정

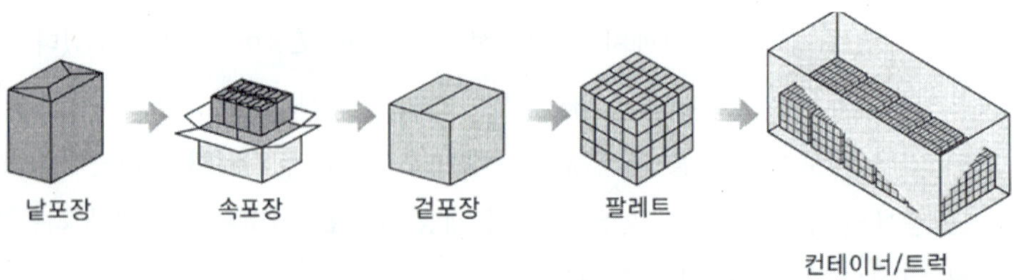

또한 포장은 기능에 따라 [그림 10-2]와 같이 공업포장(곤포)과 상업포장으로 구분해서 볼 수 있다.

[그림 10-2] 상업포장과 공업포장

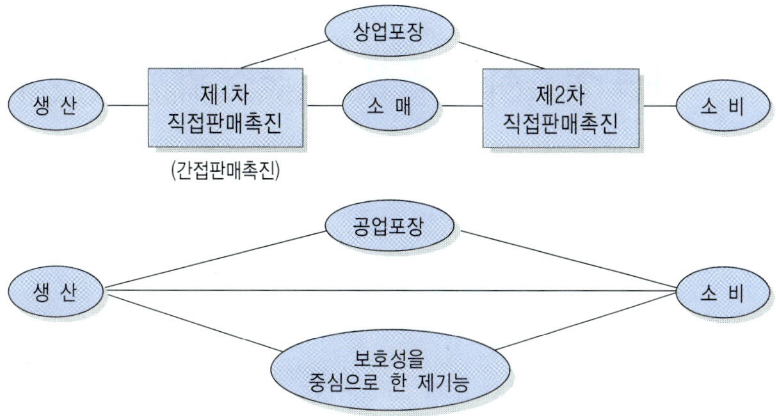

공업포장(수송포장, 외부포장)은 물품의 수송, 보관을 주목적으로 하는 포장으로서 수송포장이라고도 하며 외장에 해당된다. 공업포장은 내용물의 보호 및 취급의 편리성 기능에 중점을 두고 있기 때문에 물품이 안전하게 목적지에 도착하는 한 포장비는 낮을수록 유리하므로 오늘날에는 중포장에서 경포장으로 전환되고 있다.

상업포장(소비자포장, 단위포장, 소매포장)은 일반적으로 소매를 주로 하는 상거래에서 상품의 일부로서 또는 상품을 정리 · 취급하기 위한 판매포장을 말한다. 상업포장은 소매포장 또는 소비자포장이라 불리며, 판매촉진과 점포매매의 편리성, 작업의 효율화를 도모하는 것을 목적으로 한다.

한편 국내용 포장의 경우 주로 개별포장에 중점을 둔 판촉 위주의 포장이 강조되나, 수출용 포장의 경우는 장거리의 운송목적지까지 물품이 안전하게 도착하는 것이 중요하기 때문에 상품보호기능에 중점을 두고 포장된다. 또한 국내용 포장은 판매촉진을 위한 목적으로 주로 시행되기 때문에 상업포장의 성격을 지니고 있고, 외국으로 상품을 장거리 이동시키기 위한 목적으로 시행하는 수출용 포장은 공업포장(곤포)의 성격이 있다.

경(輕)포장은 내용물의 중량이 50kg 이하인 것을 의미하며, 중(中)포장은 내용물이 50~200kg인 것을 말한다. 그리고 내용물의 중량이 200kg을 초과하는 것을 중(重)포장이라고 한다.

제4절 적정포장과 포장합리화

Ⅰ. 적정포장

적정포장[appropriate(right) packaging]이란 상품의 품질보존, 취급상의 편의성, 판매촉진, 안정성 등 포장 본래의 기능을 만족시킴과 동시에 가장 합리적이며, 경제적인 포장을 말한다.

공업포장(곤포)에서는 유통과정에서 발생하는 진동, 충격, 압축 및 온·습도 등에 의해 물품에 파손 및 손상이 발생하여 그 가치 및 상태의 저하를 가져오지 않도록 하는 유통조건에 적합한 합리적인 보호를 이루도록 한 포장을 뜻하며, 상업포장에서는 과대, 과잉 및 거품포장을 시정함과 동시에 결함포장을 없애기 위한 그 설계상 보호성, 안전성, 단위, 표시, 용적, 내포장, 폐기물처리 등을 배려한 포장을 뜻한다.

우리나라에서는 과대포장에 의한 폐해를 줄이고 적정포장으로 유도하기 위하여 1974년에 제정된 한국공업규격(KS A1005)[1]에서는 상업포장의 적정기준을 설정하여 규제를 하고 있다.

한편 적정포장을 위한 고려요인은 〈표 10-1〉과 같다.

---

1) KS A1005에서는 적정포장이란 "상품의 품질보전, 취급의 편의성, 판매촉진 및 안전성 등 포장 본연의 기능을 만족시키는 가장 경제적인 포장이다."라고 규정하고 있다.

〈표 10-1〉 적정포장을 위한 고려요인

구 분	고려요인
생산자 측의 조건	제품의 적절한 보호 포장비 절감을 통한 원가절감 기업 및 제품광고의 효율성 제고 작업의 라인화 및 자동화를 위한 포장설계 재생의 활용성 제고
물류업자 측의 조건	하역의 용이성과 위험성을 고려한 중량과 용적단위 포장 유닛로드의 적합성 고려 포장강도의 표준화 표시마크, 물품의 구분, 선행지, 취급방법 등의 명확한 표시 수송수단과 하역수단 간의 적합성 고려 유통과정에서의 도난방지
판매자 측의 조건	개장과 재포장의 용이성 간단명료한 내용표시 판매시점에 효과 여부 소비자 감각에 부합되는 디자인
소비자 측의 조건	만족감의 제공 개장 및 재포장의 용이 포장의 처리나 재이용의 용이

Ⅱ. 포장합리화

적정포장을 통한 포장의 합리화를 위해서는 다음과 같은 원칙 아래 포장이 이루어져야 한다.

첫째, 포장의 크기를 대형화할 수 있는지 여부를 결정해야 한다. 다수의 업체와 거래하고 있는 경우에는 대량화를 통하여 비용을 절감할 수 있는지 검토되어야 한다. 포장의 대형화, 대량화를 통하여 대량수송, 하역작업의 기계화, 물류비 절감을 실현할 수 있다.

둘째, 포장을 할 때는 가능하면 비슷한 길이와 넓이를 가진 화물들끼리 모아 포장의 크기를 규격화, 통일화시켜야 한다. 이렇게 하면 1회당 발주단위가 커지게 되어 이를 통하여 규모의 이익을 가져올 수 있다.

셋째, 포장의 보호성에 벗어나지 않는 범위에서 사양의 변경을 통한 비용절감이 이루어질 수 있도록 검토하여야 한다.

넷째, 포장 재질의 변경을 통하여 비용절감이 가능하므로 재질을 한 등급 낮출 수 있는지 검토하여야 한다. 이 또한 내용품의 보호에 지장이 없는 범위 내에서 재질 변경 여부를 결정해야 한다.

다섯째, 물류활동에 필요한 장비나 기기 등을 수송, 보관, 하역 등 물류의 제반활동이 유기적으로 연결되도록 해야 한다.

포장의 규격, 구조, 품질 등을 공동으로 사용할 수 있도록 표준화하고 수송, 배송, 보관, 하역 등 물류의 제반활동이 유기적으로 연결되도록 시스템화할 필요가 있다.

제5절 포장시스템의 설계

Ⅰ. 포장재료

1 골판지

골판지(corrugated fiberboard)는 파형의 골을 만들 골심지에 라이너 원지를 접합시킨 것이다. 골판지의 유래를 살펴보면 1856년 영국의 Edward Charles Harley와 Edward Ellis Allen이 판지를 물결 모양으로 만들어 모자 땀받이(hat sweatband)로 사용하기 시작한 것에서 비롯되었다고 하며, 1875년경부터 공업적인 생산이 시작되었다고 한다.

한국에서 골판지 포장산업이 기업화되기 시작한 것은 1950년대부터였다. 1953년에 '신흥제지(주)'라는 회사에 의해 처음으로 골판지생산이 시작되었는데, 이곳에서는 주로 한국 주둔 UN군의 군수물자 포장과 수입상품 포장을 위한 박스를 생산하였다. 그 후 골판지는 '단보루', '골보드', '페이퍼보드' 등으로 불리어 오다가, 1964년 상공부 공고 제1164호 외부포장용 골판지가 KSA1502로 제정되어 '골판지'가 우리나라 공업표준용어로 공인되기에 이르렀다. 우리나라 공업표준용어인 골판지 및 골판지 상자에 관한 정의를 보면 "골판지란 파도 모양의 구조역학적 완충작용을 하는 골을 성형한 골심지의 편면 또는 양면에 liner를 접합하여 제조한 포장재"라고 설명하고 있다.

골판지는 파장판지 또는 주름진 판지로서 판지 바깥쪽의 평평한 부분에 사용되는 라이너(liner)와 안쪽의 골(flute)을 내는 부분 및 이중양면골판지 중간에 사용되는 골심지(medium paper)로 구성되어 있다.

골판지를 구성하는 골의 종류 및 단위 길이 당 골의 수는 KS A1502(외부포장용골판지)에 정해져 있는데, 일반적으로 사용되고 있는 골(flute)은 [그림 10-3]과 같이 A, B, C, E골 등이 있다. A, B, C골 중에서 A골은 KS규격에서 30cm당 골의 수는 34±2이고, 골의 높이는 4.5~4.8mm로서 가장 높다. 다른 골의 상자보다 사용되고 있다. 충격에 강하고, 완충기능이 있어 무거운 물품포장에 쓰이는 골이

[그림 10-3] 골의 종류

골의 종류	골의 두께 (mm)	골의 수 (30cm)	압축강도순위			완충성 순위	골 조율 (단 조율)
			수직	평면	평행		
A골 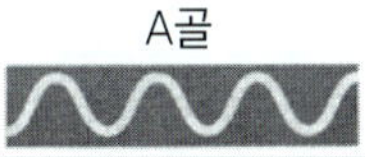	4.5~4.8	34±2	1	3	3	1	1.5~1.6
B골 	2.5~2.8	50±2	3	1	1	3	1.3~1.4
C골 	3.5~3.8	40±2	2	2	2	2	1.4~1.5
E골 	1.1~1.4	93±5	-	-	-	-	1.5~1.6
F골 	0.7~1.0	125±5	-	-	-	-	1.3~1.4
J골 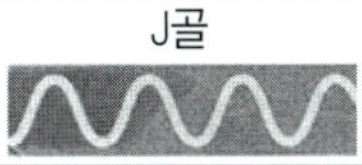	약 6.0	약 30	-	-	-	-	1.3~1.4

내압강도(수직압축 강도)와 완충 흡수력 면에서 우수하고, 판지가 두꺼워 가장 많이다. A골은 주로 전자제품, 의류, 생활용품 등 10kg 이내의 물품포장에 사용된다.

B골은 골의 수가 50±2로서 골의 높이는 보통 2.5~2.8mm이다. B골의 상자는 압축강도와 완충성면에서는 A골에 비하여 떨어지지만 절곡의 상태가 좋고, 평면 압축강도가 강하다. 또한 골의 밀도가 높고 강도가 강해 소형 택배용 박스로 많이 사용하고 있다. B골은 병, 캔과 같은 내용품자체의 내압강도가 강한 물품의 상자에 많이 사용되고 있다.

C골은 골의 수가 40±2골, 골의 높이는 보통 3.5~3.8mm로 A골과 B골의 중간이다. 아시아 지역에서는 A골을 많이 사용하고 있는 데 반해, 유럽・미국 등지에서는 C골을 많이 사용하고 있다.

E골은 골의 수가 93±5 정도이고, 골의 높이도 1.1~1.4mm 정도로 얇기 때문에 언뜻 보기에 판지 상자와도 별 차이가 없어 보인다. E골은 주로 낱포장 또는 내장상자의 재료로 사용되고 있다. E골보다 높이가 낮은 미니 골판지로서 F골, G골, N골, O골 등이 있으며, A골보다 골의 높이가 높은 J골, K골, S골 등의 명칭으로 특수골을 가진 골판지가 개발・보급되고 있다.

골판지의 종류는 라이너와 골의 결합형태에 따라, ① 편면골판지, ② 양면골판지, ③ 이중양면골판지, ④ 삼중골판지로 구분할 수 있다([그림 10-4] 참조).

[그림 10-4] 골판지의 종류

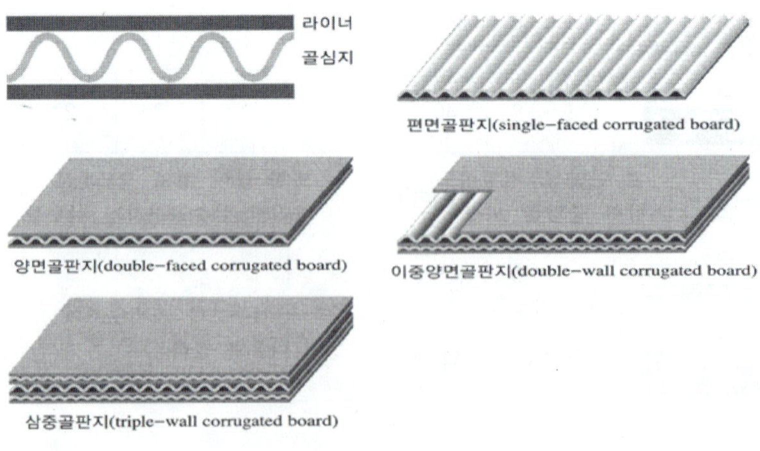

① 편면(single)골판지는 파형(波形)으로 골을 낸 골심지 원지(原紙)의 안쪽 면에 라이너를 붙인 것으로 주로 내부포장용에 많이 사용된다.

② 양면(double)골판지는 편면골판지에 라이너 원지를 1매 더 붙인 것으로 상자용으로 많이 사용되고 있다. 양면골판지는 외부포장용으로 사용되는 골판지로 KS A1502-1996에서는 품질기준에 따라 1종부터 4종까지 4단계로 구분하고 있다.

③ 이중양면(double wall)골판지는 A골과 B골을 조합시켜 만든 것이 일반적인데, 다른 골과도 조합시킨 이중양면골판지(AB 외에 AA, AC, AE, BC, BE골 등)도 있다. 이중양면골판지는 상자로 사용되는 경우는 손상되기 쉬운 상품이나 중량물의 포장에 사용되며, 장기간에 걸쳐 보존되는 내용물, 청과물 같이 수분포함률이 많은 내용물의 포장에 많이 사용된다.

④ 삼중(triple wall)골판지는 이중양면골판지에 편면골판지를 더 붙인 구조로서 목재상자, 곤포(중량물)상자를 골판지에로 전환하기 위한 목적으로 미국의 Triwall Container사가 개발했다. 삼중양면골판지는 내압강도, 내후성 등이 강하고 단열성, 기밀성도 우수하다. 따라서 삼중골판지는 나무상자로 포장되었던 중량물의 포장을 대신한 포장재료로 많이 사용되고 있다.

골판지는 많은 포장재료 중에서 상품포장의 근간을 이루고 있으며, 골판지수요의 질적·양적 변화는 국가의 산업구조나 소비구조의 변화를 그대로 나타낸다. 골판지의 특성을 정리해 보면 다음과 같다.

첫째, 트러스트구조로 성형된 골심지를 라이너로 샌드위치한 역학적 구조체로서, 강도성, 휨강성, 내충격성, 완충성 등이 뛰어나 내용물의 유닛화와 보호에 효과적이다.

둘째, 골판지는 다른 포장재료에 비하여 값이 싸고 경제적이다. 같은 크기의 나무상자에 비하여 목재의 사용량이 1/10 이하이므로, 목재자원의 이용합리화라는 측면에서도 매우 유익할 뿐만 아니라 값이 저렴하다.

셋째, 대량생산이 가능하고 생산성이 높다. 따라서 단납기, 다품종 소롯트화가 필요한 상품에 사용할 수 있다.

넷째, 중량이 가볍고, 접어서 보관할 수 있어 빈상자의 보관장소가 적게 든다.

다섯째, 골판지는 미장효과가 뛰어나다.

여섯째, 사용 후에는 고지원료로 회수, 재활용이 가능하다는 장점이 있다. 그런데 이러한 장점이 있는 반면, 골판지는 물이나 습기 등에 약하다는 결점이 있는데 이는 특수기능을 갖는 특수골판지의 개발로 보완되고 있다. 골판지는 소량의 주문에는 비능률적이고 비용이 비싸다는 단점이 있다.

2 지기

지기(紙器)[지함(紙函), Carton]이란 말 그대로 종이그릇이란 뜻으로 판지를 주재료로 사용한 상자형 용기를 말한다. 즉, 지기는 외부포장용 골판지상자를 제외하고 주로 판지를 재료로 한 상자, 트레이 등을 말한다. 넓은 의미로는 지함 이외에 종이통(紙筒), 지관(紙管), 종이폴더, 종이컵, 그리고 골판지상자까지 포함하기도 한다. 최근에는 각종 가공지의 개발, 플라스틱필름 포장재료의 진보, 포장시스템의 발전으로 지기는 단순히 포장재료로서 판지에 한정되지 않고, 종이를 베이스로 한 복합기능의 포장재료가 개발되고 있다. 또한 형태도 다양화되고 또한 내수성, 내유성, 방습성이 우수한 지기가 널리 사용되고 있다.

지기의 장점을 살펴보면 다음과 같다.

① 무미 · 무취하여 식품위생상 안전하고 위생적이다.
② 인쇄효과가 좋고 미장성이 우수하다.
③ 생산성이 좋다. 대량생산, 자동포장이 용이하다.
④ 엠보싱, 핫스탬핑, 코팅, 래미네이션 등 표면가공이 용이하다.
⑤ 각종 구조형태를 변화시키기가 쉽고 성형이 용이하다.
⑥ 유통이 편리하다. 수송 · 보관 · 관리가 간단하다.
⑦ 폐기처리가 용이하다.
⑧ 플라스틱 등 종이 이외의 소재와의 복합화가 용이하다.
⑨ 접착적성이 우수하여, 자동기계접착이 용이하다.
⑩ 코스트가 저렴하다.

지기는 위와 같은 장점을 지니고 있으나, 종이소재이므로 다음과 같은 단점이 있다.

① 지기는 종이로 만들어졌기 때문에 수분, 습도에 약하고 온도변화에 따라 강도변화가 일어난다.

② 종이 표면이 층층이 갈라질 수가 있다. 이러한 결점들은 플라스틱, 알루미늄 등의 금속과 래미네이팅하거나 코팅, 또는 다른 소재와의 복합화로 용이하게 커버할 수 있다. 또한 이러한 결점을 보완하기 위해 내수제·내유제 등을 가공하거나 다른 소재와 복합화하기도 한다.

한편 지기의 종류는 [그림 10-5]와 같다.

[그림 10-5] 지기의 종류

종 류	특 징
 접음상자(folding box)	포장자동화에 따른 인쇄지기 중 가장 많이 사용하고 있다. 판지에 직접 인쇄하고 바라는 형태대로 따낸 다음, 접어 내용물을 넣고 포장한다. 포장작업을 고속화할 수 있고, 수송, 보관상 매운 편리하고 다양한 인쇄가 가능하다.
 붙임상자(set-up box)	붙임상자는 0.2~0.8cm 두께의 판지를 마름질하여 접착하거나 철선으로 박아 제작한다. 호화스러운 외관으로 고급품의 포장에 많이 쓰이며, 디자인이 좋고 재사용이 용이하다는 장점이 있다.
 액체용 지기	내면에 PE(polyethylene)나 왁스로 코팅하여 내수성이 뛰어나다. 우유, 식음료수 등 액체 포장용기로 많이 사용되고 있다.
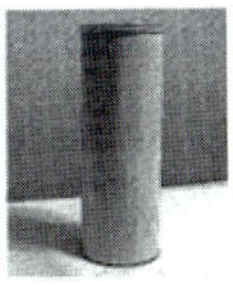 Composite Can	종이를 여러 겹으로 원통형으로 감아 튜브형태로 만들어 제조한 것이다. 바닥부분은 금속, 플라스틱, 알루미늄호일, 코팅지 등을 사용한다. 금속용기와 비교해 비교적 값이 싸고 폐기가 용이하나 살균이 어렵고 밀봉성이 떨어진다는 단점이 있다.

③ 나무상자

나무상자는 보통 나무상자와 요하부착(skid base) 나무상자로 분류되며, 그 각각이 밀폐판자를 대는 식과 살판자를 대는 식으로 이루어져 있다. 나무상자의 종류로는 보통나무상자, 스키드상자, 틀상자, 철묶음상자, 덧대기합판상자, 요하반, 바깥틀상자 등이 있다. 그리고 이들 상자들은 수출포장용으로 많이 사용되는데 그 재질은 주로 침엽수목재로 이루어져 있다.

나무상자의 장점은 다음과 같다.

① 재료의 입수가 용이하다.
② 가공이 비교적 간단하고 큰 기계 설비를 요하지 않는다.
③ 가격이 비교적 싸고 반복사용이 가능하다.
④ 강도가 크고, 수분, 습도에 강하다.
⑤ 내용물에 따라 자유자재의 용적 또는 형상을 용이하게 만들 수 있다.
⑥ 목재의 특질로서 충격에 강하고 유연성이 있다.

이러한 장점에도 불구하고 나무상자는 골판지와 비교하여 다음과 같은 여러 가지 문제점을 가지고 있다.

① 다른 외부용기에 비하여 용기의 질량 및 용적이 크다.
② 목재재질이 균일하지 못함으로 인해 강도 또한 균일하지 못할 수 있다.
③ 목재는 약간의 수분을 함유하고 있어 내용물에 나쁜 영향을 주고, 또한 건조가 진행됨에 따라 수축하여 변형하는 결점이 있다.
④ 제작에 대규모 설비를 요하지 않는 반면, 기계에 의한 대량생산이 어려워 인력가공에 의존한다.
⑤ 재사용이 가능한 반면 해체 및 빈상자의 폐기에 어려움이 있다.

④ 플라스틱 용기

플라스틱은 고분자물질(합성수지가 대부분이다)을 주원료로 하여 인공적으로 유용한 모양으로 만들어진 고체(섬유, 고무, 접착제 등은 제외)용 표장재료이다. 두께가 0.25mm 미만의 플라스틱 막 모양인 것을 플라스틱필름(plastic film), 두께가 0.25mm 이상인 얇은 판 모양인 것을 플라스틱시트(plastic sheet)라고 한다. 오늘날 가공식품 포장기술의 발전은 플라스틱포장재의 기술진보 덕분이라 할 수 있다. 근래에는 환경오염문제로 인해 침체기를 겪고 있지만 썩는 플라스틱개발, 단일필름 용도개발 등을 통하여 계속적인 기술개발이 이루어지고 있다.

플라스틱은 크게 열가소성수지와 열경화성수지로 나눠지는데 포장용도로는 주로 열가소성수지가 사용된다. 열가소성이란 열을 가하면 용해되나 냉각하면 원상태로 돌아가는 성질을 말한다. 포장재료로서의 플라스틱은 나무상자에 비해 가볍고, 오래 사용할 수 있고, 보수비용이 들지 않는다는 장점이 있다. 또한 착색이 용이하고 일체구조이므로 취급이 용이하고 관리하기 쉽다.

플라스틱으로 만든 포장은 취급이 안전하며, 물이나 습기에 강하다. 그러나 미끄러지기 쉽고, 표면에 흠집이 생기기 쉬우며 파손되기 쉽다. 그리고 파손 시 복구가 어렵고, 나무상자보다 가격이 비싸다는 단점을 지니고 있다. 그러나 플라스틱 컨테이너는 장점이 많고 성형가공이 쉽기 때문에 다양하게 이용되고 있다.

5 금속 포장재

스틸이나 알류미늄용기를 포함하는 금속용기는 채 200년의 역사가 되지 못하지만 상품의 유통에 큰 영향을 미치는 포장재료라 할 수 있다. 금속용기란 금속(도금강판, 알루미늄판 등)을 사용하여 만든 용기(주로 낱개포장 용기)를 말한다.

금속용기의 장점을 열거해 보면 다음과 같다.

첫째, 내용물의 장기보존성이 있다. 가스, 빛, 액체 등에 대한 차단성이 우수하기 때문에 내용물의 변질, 변색정도를 방지할 수 있다.

둘째, 금속포장용기는 자동 고속생산이 가능하고 다양한 형상으로 성형가능하다.

셋째, 금속용기는 운반 중 외력에 견딜 수 있는 충분한 강도를 지니고 있기 때문에, 금속포장상품은 대량수송 및 고속운반이 가능하다.

넷째, 재활용이 가능하다. 그러나 금속이라는 그 자체가 단점이라 할 수 있는

데, 금속은 내용품에 의하여 부식이나 고온, 고습하에서 발청될 수 있고, 또한 다른 용기에 비해서 무겁다.

Ⅱ. 포장기계

일반적으로 포장기계는 포장재료 및 용기의 생산기계공정(converting machinery)(주로 converters용), 포장라인에 사용되는 포장기계(packing machinery)(주로 packers, users용), 그리고 운송을 목적으로 한 포장기계로 구분할 수 있다. 즉 포장 재료를 가공하여 공급하고, 사용자가 소비자포장을 하여, 이를 집합포장하고, 다음 공정으로서의 수송포장과 팰릿 등 일관수송(유닛로드)을 위한 공정에서 사용되는 모든 기기를 포장기계에 포함한다.

포장기계는 〈표 10-2〉와 같이 분류하고 있다. 또한 포장기계의 주요 종류는 〈표 10-3〉과 같다.

〈표 10-2〉 포장기계의 분류

분 류	종 류
포장 대상품 및 포장재료의 공급방식에 따른 분류	전자동 포장기계 반자동 포장기계
포장 대상품의 취급 범위에 따른 분류	일반용 포장기계 겸용 포장기계 전용 포장기계
포장 종류에 따른 분류	단위포장・내부포장용 기계 외부 포장용 기계

주 : 단위포장・내부포장용 기계는 포장대상품이 최종 수요자에게 전달될 때까지 보호되는 포장을 하는 기계를 총칭하고, 외부포장용 기계는 포장 대상품의 수송, 보호 및 취급의 편리성을 위하여 포장하는 기계를 말한다.

〈표 10-3〉 포장기계의 주요 종류

종 류	특 징
수축포장장치 (Shrink Packing Equipment)	가열했을 때 수축성이 있는 필름으로 덮어씌우거나 둘러싼 후 열풍터널을 통과시켜 수축포장을 하는 장치의 총칭
스트레치 포장기 (Stretch Wrapping Machine)	주로 생선이나 청과물 등을 스트레치 필름으로 팽팽하게 잡아당겨 포장하는 기계로서 접착은 필름자체의 접착성을 이용, 팰릿에 적재하는 화물을 스트레치 필름으로 고정하는 기계를 팰릿 스트레치 포장기라 함
스트립 포장기 (Strip Packing Machine)	연포장 재료를 2매 겹쳐, 1개 또는 여러 개의 소형포장 대상품을 가운데로 하여 봉합하여 스트립 포장하는 기계(의약품 포장)
실링기(Sealing Machine)	열 봉합, 캡 봉합, 테이프 봉합 등 봉합하는 기계의 총칭
결속기(Clipper)	봉투의 입구부분을 조여 와이어 철재료 등으로 조이는 기계(끈, 밴드, 와이어, 테이프 등)
슬리브 포장기 (Sleeve Wrapping Machine)	1개 또는 여러 개의 개채로 된 포장 대상품의 4면을 연포장 재료로 통모양으로 싸는 기계
골판지 케이스 (Case Packing Machine)	골판지 케이스를 한 장씩 꺼내 조립하고 내용물을 채운 후 뚜껑을 봉합하는 기계
언케이서(Uncaser)	골판지 상자, 플라스틱 컨테이너 등에 넣은 포장대상물, 포장재료 등을 꺼내는 기계
케이스 조립기 (Case Forming Machine)	케이스를 일으켜 세워 저부 또는 단면의 플랩(flap)을 접어서 봉합기까지의 공정을 수행함
상자접합 봉합기(Case Tape Sealing Sealer Machine)	골판지의 플랩에 풀칠을 하고 접어서 압착, 봉합하는 기계
테이프 붙이기 봉합기 (Tape for Sealing Machine)	골판지의 플랩을 접어서 고무 또는 면 테이프나 접착테이프로 봉함하는 기계
결속기(Binding Machine)	수개의 물품 또는 포장물을 끈, 밴드, 와이어, 테이프 등을 한데 모아서 묶는 기계의 총칭으로 이에는 끈걸이 기계(tying machine), 밴드걸이 기계(binding machine), 와이어걸이 기계, 대봉기 등이 있음
수축터널(Shrink Tunnel)	컨베이어를 내장한 가열로 가운데로 가열수축성 필름에 포장된 물품을 통과시켜 수축시키는 장치
팰리타이저(Palletizer)	팰릿 위에 포장화물 또는 물품을 쌓아서 일정 단위로 수합하는 기능을 수행하는 기계
디팔레타이저(Depalletizer)	팰릿에 쌓은 포장화물 또는 물품을 순서있게 꺼내는 역할을 수행하는 기계
스테플러(Stapler)	골판지 케이스의 플랩을 스테플로 봉하는 기계

Ⅲ. 포장기법

포장기법은 포장하고자 하는 상품을 환경에 적합한 포장재료 및 용기를 사용하여 가장 적합하게 보호하기 위하여 적용되는 기술을 말한다.

유통과정 중 화물은 충격, 진동, 압축, 뒤틀림 등 외력이나 온도, 수증기 및 가스, 액체 등의 기상변화로부터 기인하는 장애 등과 같은 여러 가지 장애요인에 노출되게 된다. 따라서 포장의 본래의 기능인 보호기능을 만족시키기 위해서는 화물의 성격에 따라 포장기법을 알아야 할 필요가 있다.

일반적으로 상품의 포장기법으로는 방수·방습포장, 완충포장, 방청포장, 집합포장 기법 등이 있다.

1 방수·방습포장기법(Water/Vapor Proof Packing)

수송, 보관, 하역과정에서 포장내부에 물이 침투하는 것을 방지하기 위한 것이 방수포장이라 하며, 방습포장이란 물류과정에서 습기가 상품에 스며들지 않도록 방지하는 포장을 말한다.

방수포장과 방습포장을 반드시 겸하는 것은 아니지만 방수포장과 방습포장을 병용할 경우 방습포장은 내면에, 방수포장은 외면에 하는 것이 원칙이다. 낱포장 및 속포장재료로 사용되는 방수·방습 포장재료로서 플라스틱 포장재(PE필름, 차단성 필름 등), 가공지(알루미늄, PE 등과 합치한 포장재) 등과 기타 이와 동등 이상의 재질이 사용된다. 물품을 적입 후 입구를 열, 접착제, 테이프 등으로 봉함으로써 방수 및 방습 기능과 이물질의 투입방지로 물품을 보호한다.

2 방청포장기법(Corrosion Prevention Packing)

기계류와 같은 금속제품은 물류과정에서 녹이 생기는 경우가 있는데 녹으로 인한 품질과 성능의 저하를 없애고 항상 사용하기에 적합한 상태로 만들어 두기 위한 모든 수단과 방법을 방청포장(Corrosion Preventive Packing)이라고 한다.

이를 막기 위해서는 녹을 발생하게 하는 산소나 습기가 금속의 표면에 접촉이 되지 않도록 하기 위해 다음과 같은 방법을 쓴다. 그리스(grease), 기화성 방청제, 방청필름(Volatile Corrosion Inhibitor : VCI), 플라스틱 등이 사용되기도 하며, 이외에도 진공포장, 특수충전제 및 특수골판지 등이 개발되어 사용되고 있다.

③ 완충포장기법

물품이 물류과정에서 진동이나 하역의 충격에 의한 파손을 방지하고 외력이 물품에 직접 가해지지 않도록 외압을 완화시키는 포장기법을 완충포장기법이라 한다. 완충포장을 하기 위해서는 포장화물의 수송, 하역 등 어떠한 운동을 행하는가 또는 충격, 진동의 크기는 어느 정도인가에 대한 검토가 이루어져야 한다. 특히 완충포장의 설계에는 내용물의 중력, 허용가속도, 물류환경에 의해 예상되는 최대 낙하높이, 내용물과 완충재료와의 접촉면적 등을 파악해야 한다. 그리고 상품의 G팩터에 대한 조사도 필요하다.

〈표 10-4〉와 같이 G팩터란 물품을 충격 등으로부터 보호하기 위하여 발포(foam)플라스틱, 에어캡, 펄프몰드 등을 사용할 수 있다. 포장재료는 정밀한 설계와 충격시험 등을 통하여 재질 및 두께, 겉포장치수 등을 결정해야 한다.

〈표 10-4〉 품목별 G팩터의 예

품 목	G팩터
대형전자계산기	10 이하
미사일유도장치, 고급전자기기, 수정발진기, 정밀측정기기, 항공계기	15~20
대형전자관, 주파수변환장치, 정밀지시계기, 전자기기, 대형산업기기	25~40
소형전자계산기, 레지스터, 대형송신장치, 대형테이프레코더, 컬러 TV, 일반계기, 항공기장비품	40~60
TV, 테이프레코더, 카메라, 전구, 광학기기, 스테레오, 보온병, 이동무선장치, 1.8리터병, 계란	60~90
휴대무선장치, 냉장고, 라디오, 소형탁상시계, 2리터병, 맥주병	90~120
기계류, 소형진공관, 일반자재, 도자기	120 이상

④ 집합포장방법

집합포장(assembly packing)은 운송포장의 취급 시 기계하역의 대상이 되는 비교적 대량화물의 집합체로서 낱개의 포장상품을 하나의 단위화된 화물로 만드는 것을 말한다. 집합포장은 밴드 결속, 테이핑(taping), 슬리브(sleeve), 꺽쇠고정, 틀, 대형 골판지 상자, 쉬링크(shrink) 포장, 스트레치(stretch) 포장 등이 있다([그림 10-6] 참조).

[그림 10-6] 집합포장수단

밴드 결속 가장 많이 사용 종이, 플라스틱, 나일론, 금속밴드 등의 재료로 집합포장	**테이핑(taping)** 용기 표면에 접착테이프로 집합포장 용기 표면이 손상될 수 있음
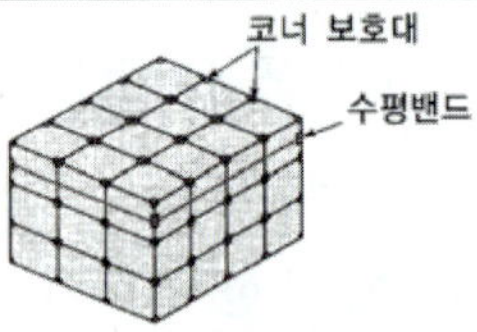	
슬리브(sleeve) 보통 필름으로 슬리브를 만들어 수직 4면을 감싸는 방법	**쉬링크 포장(shrink)** 수축 필름의 열수축력에 의해 집합포장
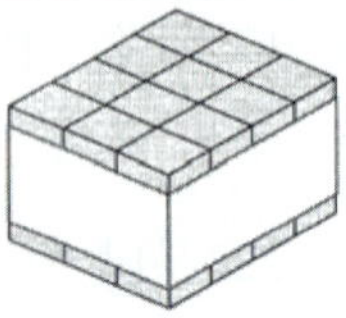	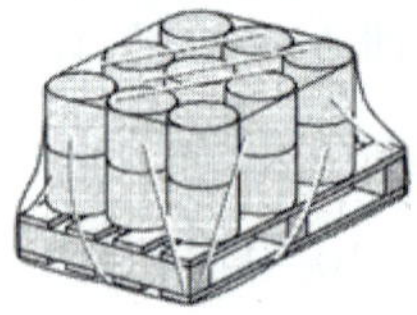
스트레치 포장(stretch) 스트레치 필름의 접착성을 이용 스트레치 필름은 대개 3겹	**꺽쇠/물림쇠** 상자가 고정되도록 꺽쇠나 물림쇠를 박는 방법
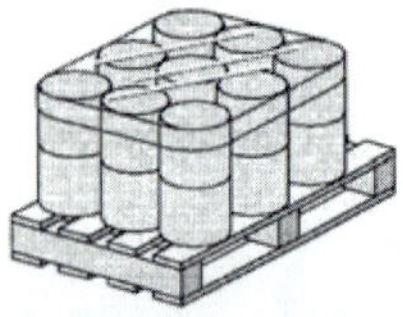	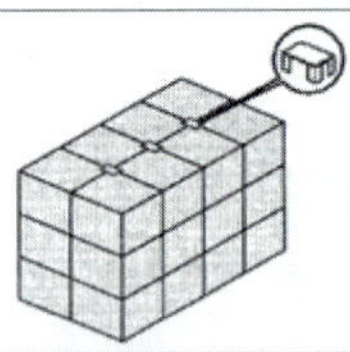
틀 주로 수평이동에 이용 위·아래를 틀로 고정	**대형 골판지 상자** 골판지 칸막이 판이나 덮개로 고정 보호재(깨짐/손상방지), 고정패드, 덮개, 틀, 칸막이판, 덧받침대, 충진물 등
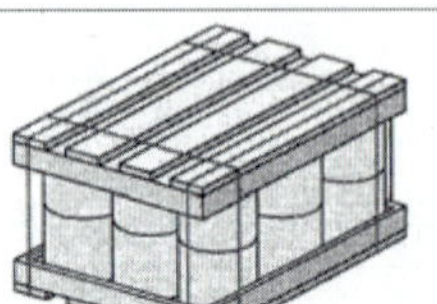	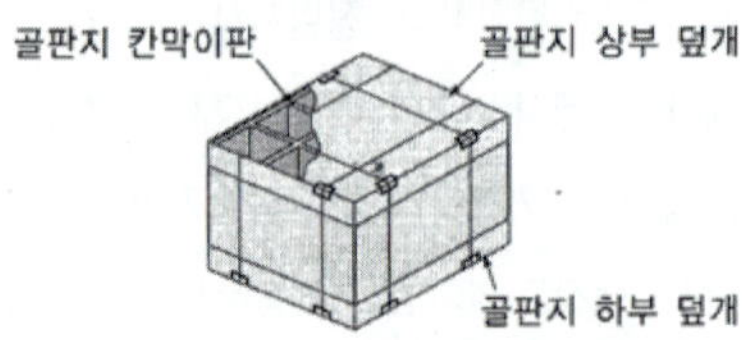

이때 집합포장에 사용되는 보호재로는 코너패드(corner pad), 덮개(tray cap), 틀, 덧받침대, 충전물 등이 이용된다.

이러한 집합포장수단을 이용해 여러 가지 방식으로 집합적재를 할 수 있는데, 집합포장기법에서 팰릿의 집합적재 방식은 [그림 10-7]과 같다.

[그림 10-7] 팰릿 집합적재 방식

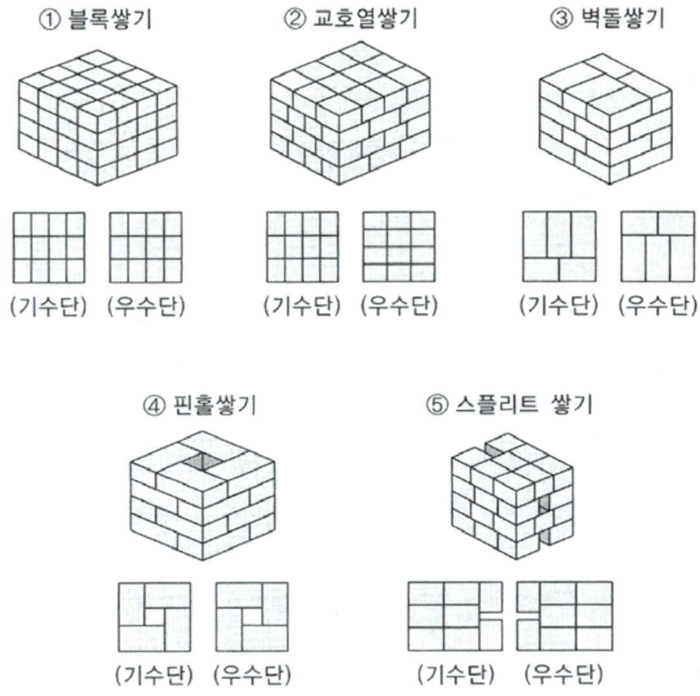

① **블록쌓기** : 가장 단순한 쌓기 방식으로 포장방향이 아래에서 위까지 같아지게 쌓는 방법으로 짐이 갈라질 염려가 있고 안정감이 없다.

② **교호열쌓기** : 짝수층과 홀수층을 90도 회전시켜 쌓는 방법으로 짐이 갈라질 염려가 없으나 정방향의 팰릿에서만 적용할 수 있다.

③ **벽돌쌓기** : 벽돌을 쌓듯이 가로와 세로를 조합하여 일단을 배열하고 홀수층과 짝수층을 180도 회전시켜 쌓는 방법을 말한다.

④ **핀홀(pinhole)쌓기** : 풍차형으로 쌓고 중앙에 빈 공간이 생기게 하여 각 단에서 포장의 방향을 바꾸어 쌓는 방식으로 장방형의 팰릿의 적재에 사용된다.

⑤ **스플리트(split) 쌓기** : 벽돌쌓기의 변형된 형태로, 벽돌쌓기를 할 때 화물과 팰릿의 치수가 일치하지 않는 경우 물품 사이로 부분적으로 공간을 만드는 방법이다. 화물이 갈라질 염려가 없고 안정감이 있어 장방형 팰릿에 적합하다.

제6절 화물취급표시

Ⅰ. 화인의 의의

화인(Case Mark, Shipping Mark)이란 포장화물의 외장에 기입하는 특정한 기호, 번호, 목적지, 취급상의 문구 및 기타의 표시 등을 총칭하는 것으로, 화물취급자로 하여금 다른 물품과의 구분, 매수인의 사용편의 및 수송서류와 물품과의 대조에 편의를 주는 데 그 목적이 있다.

국제무역에 있어 화인이 부정확하면 다른 화물과 혼동을 가져와 하역착오, 화물의 이동착오, 불착 등의 직접적인 원인이 되며 또한 통관 시 문제가 발생하는 등 확인과정에서 시간과 비용상 큰 손실을 주므로 화인은 반드시 두 곳 이상에 방수잉크를 사용하여 기입하여야 한다. 화인은 화물의 분류를 원활히 수행하고 화물의 수송 및 보관 시 필요한 화물 취급상의 지시, 주의를 포장에 표시하기 위하여 매수인이 매도인에게 요구하는 경우가 많다.

Ⅱ. 화인표시의 방법

포장시공에 있어서 그 형태의 결정은 내용물의 성격에 따라 달라지듯이 화인의 표시는 외장의 형태와 위치 및 면적에 따라 그에 맞는 방법을 선택하여야 한다.

화인의 표시방법을 보면 〈표 10-5〉와 같다.

〈표 10-5〉 화인의 표시방법

종 류	사용 방법
스탬핑(stamping or printing)	화인할 장소에 고무인이나 프레스기 등을 사용하여 찍는 것
카빙(carving or embossing)	금속제품에 사용하는 방법으로 직접 내용상품에 쇠로 된 각인을 찍거나 주물의 경우 주물을 주입할 때 미리 화인을 해두어 제품완성시 화인이 나타나도록 하는 방법
레이블링(labeling)	견고한 종이나 직포에 필요한 표시를 미리 인쇄해 두었다가 일정한 장소에 붙이는 것
태그(tag)	종이나 직포 또는 양철, 알루미늄, 플라스틱판 등에 일정한 표시내용을 기재한 다음 다시 철사나 기타 다른 적절한 방법으로 묶는 것
스티커(sticker)	태그 방법과 비슷하나 태그와는 달리 못으로 박거나 혹은 특정방법에 의하여 고착시키는 것
스텐실(stencil)	나무상자에 널리 쓰이는 방법으로 기름기가 많은 무거운 종이나 셀룰로이드판, 플라스틱판, 알루미늄판 등의 시트(sheet)에 글자를 파두었다가 잉크나 페인트 등을 붓이나 스프레이를 이용하여 칠하는 방법

Ⅲ. 화인표시의 종류

〈표 10-6〉, [그림 10-8]과 같이 화인의 종류는 기본적으로 여덟 가지가 있으며 이외에도 필요에 따라 증감이 될 수 있다. 증감이 되는 화인은 매도인의 편의에 의한 것이 아니라 매수인의 요구에 의한 것이므로 상대방의 지시에 따라 달라진다. 아래에 열거한 화인을 모두 표시해야 하는 것은 아니지만, 주화인(main mark), 목적지표시(destination mark), 상자번호(case number), 원산지표시(origin mark) 등은 필수적으로 표시해야 한다.

[그림 10-8] 화인표시의 예

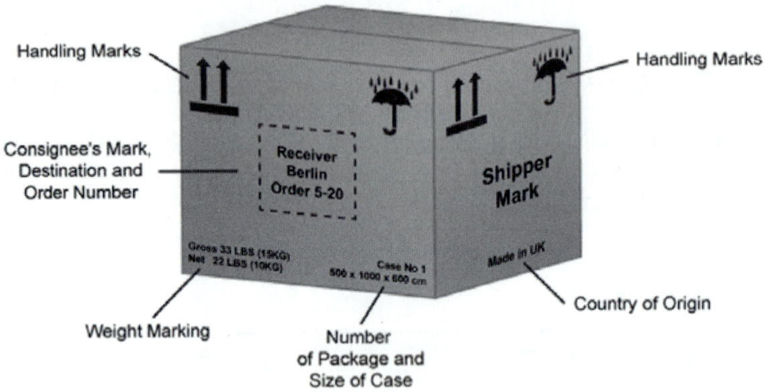

〈표 10-6〉 화인표시의 종류

종 류	내 용
주표시(main mark)	주표시는 화인중 가장 중요한 표시로서 타상품과 식별을 용이하게 하는 기호. 이것은 송하인이나 수하인을 표시하는 특정한 기호에 대표문자를 넣어 만드는 것이 통례로서 대개 회사의 상호를 넣어 표시하는 경우가 많다.
부표시(counter mark)	내용물품의 직접 생산자나 혹은 수출대행사 등이 붙이는 기호. 주 표시의 보조로서 같은 그룹의 화물 중 구별을 할 필요가 있을 때 이용된다. 주 표시의 위쪽이나 밑쪽에 기재하게 되나 기재되지 않는 경우도 있다.
품질표시(quality mark)	내용품의 품질이나 등급을 표시
상자번호(case number)	송장(Invoice), 적하목록(Manifest) 기타 운송서류와 대조하여 식별, 확인하기 위하여 상장 겉면에 표시하는 일련번호
목적지표시(port mark or destination mark)	화물이 다른 곳으로 잘못 운송되는 것을 막기 위한 필수적인 화인으로서 반드시 표시해야 하는 화인이다. 'New York via Panama'와 같이 경유지를 표현하거나, 'Busan in T/S'와 같이 환적화물을 표시한다. 또한 양륙지선택화물과 같이 양륙항이 결정되지 않은 optional cargo에 대해서는 'Kwangyang and/or Buasn'이나 'Kwangyang Busan Option'으로 표시된다.
수량표시(case mark)	단일포장이 아닌 2개 이상의 경우 번호를 붙여 수량을 표시한다.
주의표시(care mark, side mark, caution mark)	내용물의 성격, 품질, 형상 등에 따라 취급시의 주의를 표시하는 것을 말한다. 화물의 선적 또는 수송시에 취급상의 주의를 표시한 것으로 보통 포장의 측면에서 표시하기 때문에 side mark라고 한다. 주의표시에는 USE NO HOOKS, WITH CARE KEEP DRY, THIS SIDE UP, OPEN HERE, FRAGILE 등이 있다.
원산지표시(origin mark)	관세법규에 따라 수출물품은 원산지명을 표시하도록 되어 있다. 주로 생산국을 외장의 맨 아래에 표시한다.

주 : 기타 위에서 언급한 8가지 표시 외에도 특정한 경우 매수인의 요청에 따라 상품분류(nomenclature), 내용품번호(stock no. or item no.), 총중량(gross weight), 용적(cubic feet) 및 신용장번호(L/C no.) 혹은 수입허가번호(I/L no.)를 추가하여야 한다.

목적지표시와 상자번호가 없는 화물을 무화인 화물(No Mark Cargo : NM)이라 하는데, 무화인 화물의 경우 불착(Non Delivery) 등으로 화주에게 커다란 손해를 주는 경우가 많다. 화인의 내용이 결여되었거나 불명확하여 화물사고가 발생하면 화주 측의 책임으로 처리된다. 화인의 내용이나 형태는 통상 Sales Note나 Purchase Note에 표시된다.

Ⅳ. 화인표시의 주의사항

화인을 표시하는 경우 주의하여야 할 사항은 다음과 같다.

① 기재사항의 누락이나 오류가 발생하지 않도록 세심한 주의를 한다.
② 화인은 물에 씻기지 않도록 방수잉크를 사용한다.
③ 외부의 힘에 의하여 파손 또는 탈락이 안 되도록 한다.
④ 문자 획의 굵기가 동일하도록 한다. 중요하다고 굵게 표시해서는 안 된다.
⑤ 기재되는 사항은 분명하게 읽을 수 있도록 한다.
⑥ 표시방법은 기재장소나 포장형태에 따라 적절한 방법을 선택한다. 일정한 장소에 화인을 표시하는 것이 아니라, 적절한 장소에 표시해야 한다.
⑦ 표시장소는 가장 알기 쉽게 판독할 수 있는 장소에 한다.
⑧ 주의표시는 관심을 끌 수 있도록 붉은 색으로 표시하는 것이 좋다.
⑨ 일체의 표시는 문자의 배열이 정연하고 짜임새 있도록 표시한다.

Ⅴ. 일반화물의 취급표시

일반화물에 대한 취급표시는 〈표 10-7〉과 같다.

〈표 10-7〉 일반화물의 취급표시

번호	호 칭	지시표지	지시내용
1	깨지는 것(FRAGILE)		운송화물이 깨지기 쉬우므로 주의하여 취급할 것을 표시한다.
2	취급주의 (HANDLE WITH CARE)		충격을 주지 않도록 조심스레 취급할 것을 표시한다.
3	갈고리 금지 (USE NO HOOKS), (DO NOT PUNCTURE)		운송포장화물의 취급 시 갈고리 사용을 금지하는 표시이다.
4	위(THIS WAY UP)		화물의 올바른 윗방향을 표시하여 반대·가로쌓기를 하지 않을 것을 표시한다.
5	직사광선·열차폐 (PROTECT FROM HEAT)		직사광선 및 열로부터 차폐하는 것을 표시한다.
6	방사선 방호(PROTECT FROM RADIOACTIVE SOURCES)		방사원에서 격리 또는 방사선을 방지하는 것을 표시한다.
7	거는 위치(SLING HERE)		슬링을 거는 위치를 표시한다. 표지는 표시보기와 같이 상대하는 2면 각각에 표시한다.
8	젖음 방지(KEEP DRY)		물이 새지 않도록 보호할 것을 표시한다.
9	무게중심 위치 (CENTER OF GRAVITY)		화물의 무게중심 위치를 표시한다. 표지는 표시보기와 같이 무게중심이 위치가 쉽게 보이도록 필요한 면에 표시한다.
10	불안정(UNSTABLE)		쓰러지기 쉬운 화물임을 표시한다.
11	굴림금지(DO NOT ROLL)		굴려서는 안됨을 표시한다.

번호	호 칭	지시표지	지시내용
12	손수레 삽입금지 (NO HAND TRUCK HERE)		손수레를 끼워서는 안되는 부위를 표시한다.
13	위쌓기 제한 (STACKING LIMITATION)		위에 쌓을 수 있는 최대무게를 표시한다. 표지의 상부에는 최대 허용무게를 수치로 표시한다.
14	쌓는 단수 제한(LAYER LIMIT)		겹쳐 쌓을 수 있는 총단수를 표시한다. 표지 위의 수치는 최대허용 겹쳐쌓기 총단수 10단 쌓기의 보기를 표시한다.
15	온도 제한 (TEMPERATURE LIMITATION)		허용되는 온도범위 또는 최저·최고온도를 표시한다.
16	화기 엄금 (KEEP AWAY FROM FIRE)		타기 쉬우므로 화기를 접근시켜서는 안된다는 것을 표시한다.

제7절 포장표준화

I. 포장표준화의 의의

포장표준화는 물류비 절감의 기본이 되며 물류관리의 핵심이라고 할 수 있다. 물류시스템에 있어서 물품의 크기, 중량, 형태가 서로 다르고 종류도 다양하다면, 시간적으로나 공간적으로 이동과 변화가 많이 발생하게 될 것이다. 물류의 각 기능이 연결되는 곳에서 작업의 비효율성이 발생하게 되는데 이것을 해결하는 방법이 포장을 표준화하는 것에 있다고 할 수 있다. [그림 10-9]와 같이 물동량의 흐름에 있어 기본매체인 단위포장이 표준화되어 있지 않다면 수송, 하역, 적재, 보관 등의 각 단위가 아무리 잘 되어있더라도 제기능을 발휘할 수 없게 될 것이다. 포장표준화는 팰릿, 랙시설, 장비, 전산정보 등의 물류표준화를 하기 위한 전제조건이며, 자재조달에서부터 생산, 물류, 판매에 이르기까지 모든 과정을 전체적으로 최적화하고 동기화하기 위한 핵심요소라고 할 수 있다.

표장표준화란 수송, 보관, 하역 등 물류의 각 단계에서 사용되는 시설・장비를 규격화하여 이들 간 호환성과 연계성을 확보하기 위해서 포장물동량의 취급단위를 단위화시키는 것을 말한다. 포장표준화의 효과를 살펴보면, ① 포장설계를 간소화함으로써 포장비, 포장재료비, 포장작업비 등을 절감하고, ② 보관, 수송, 하역의 효율화로 물류비를 절감하고, ③ 판매 시 이용의 효율화로 판매효율이 향상되며, ④ 제품가격의 인하효과로 시장에서의 경쟁력이 강화된다. ⑤ 또한 포장재료를 합리적으로 사용하여 포장폐기물의 감소효과를 고려할 수 있다. ⑥ 한편 포장업자의 측면에서는 포장의 표준화로 포장재료의 판매량이 감소할 우려가 있을 수 있으나, 포장재료의 치수, 재료종류의 감소 등이 합리화로 재고원가가 절감되어 이익의 향상이 가능해진다.

[그림 10-9] 물동량의 흐름

Ⅱ. 포장표준화의 요소

포장의 표준화는 포장치수, 포장강도, 포장재료 및 포장기법으로 구분될 수 있으나, 이 중에서 포장치수와 포장강도는 가장 핵심적인 요소라고 할 수 있다([그림 10-10] 참조).

포장치수의 표준화는 포장치수와 물류시설, 물류기기의 공간을 계열화하여 물류활동의 공간효율을 높이려고 하는 것이다. 포장치수의 표준화를 통해 포장용기의 부적공간(dead space)를 최소화하고, 적재효율을 향상시킬 수 있다.

[그림 10-10] 포장표준화의 5대 요소

치수표준화
- 표준팰릿 선정
- 기존 포장재 치수 조사
- 겉포장 치수 표준화
- 속·낱포장 치수 표준화
- 사내포장 표준치수 제정

강도표준화
- 기존 포장 강도 조사
- 유통환경 조사
- 품목별 적정 강도 설정
- 표준강도 설정

관리표준화
- 포장재 구매기준 및 사후관리 기준 제정
- 수입검사 및 사후품질 관리의 계속성 유지
- 포장개발을 위한 기반 조성

기법표준화
- 생활 패턴형, 마케팅 형태변화에 대응한 포장기법 적용
- 물류여건에 대응하는 원가 절감형 포장법 개발

재료표준화
- 겉포장 재료 표준 설정
- 속·낱포장의 적정재질의 기준 설정
- 환경대응형 포장재료의 개발

포장강도의 표준화는 상품에 손상이 가지 않을 정도의 포장을 통해 과대포장 혹은 과소포장에 의해 불필요한 낭비나 파손 가능성을 최소화하는 것에 목적이 있다. 화물의 흐름에 있어 포장은 치수표준화가 가장 중요한 요소이지만 제품보호의 적정성이라는 포장 본연의 목적에서 보면 강도의 표준화는 간과해서 안될 요소이다. 물적 유통의 여러 가지 과정과의 연관성 및 종합적인 원가절감 측면을 고려할 때 치수표준화는 그 효과를 보려면 오랜 시간을 두고 기다려야 한다. 그러나 강도표준화는 주로 포장재료의 적정화와 관련이 있으므로 원가절감 효과가 빠르게 나타난다.

포장재료 및 포장기법의 표준화는 강도 및 치수의 표준화에 상호 관련되어 있다. 따라서 포장표준화를 추진하고자 할 때는 넓은 범위의 종합적인 관점에서 시도해야 한다. 전 세계적인 물류활동을 추구해 나아가기 위해서는 국내 독자적인 국내 독자적인 포장표준화 보다는 국제적인 차원에서 협조형 표준화 추진이

바람직하다. 이와 같이 포장표준화는 치수의 표준화, 강도의 표준화, 재료의 표준화, 기법의 표준화 등 4대 요소로 나눠진다. 하지만 실무추진 시 포장관리의 표준화가 성공여부를 가르는 핵심요소이므로 이를 추가하여 5대 요소라고 정의한다.

Ⅲ. 포장표준화의 범위

포장표준화를 추진하는 데 있어서 그 범위는 특정포장단위를 공동으로 집단의 규모에 따라, ① 사내표준화, ② 업계표준화, ③ 국가표준화, ④ 국제표준화로 나눠진다.

① 사내표준화란 자사 내에서 포장규격을 일정 종류로 단순화하고 포장강도 역시 기준을 세워서 관리해야 한다는 것을 의미한다. 규모가 큰 제조업에서는 사용하는 팰릿 치수가 다양하고 포장규격도 매우 많아지게 된다. 따라서 기업의 물류환경, 제품특성 등을 고려하여 가장 유리한 규격의 팰릿 치수를 선정하고 제품포장규격을 이에 맞추어 조정하는 것이 사내표준화의 핵심적이라고 할 수 있다(예: 기업별 사규 제정).

② 업계표준화란 같은 성격의 제품을 생산하는 업체들 간에 포장규격을 통일하는 것을 의미한다. 예컨대 음료업계는 1,100mm×900mm 팰릿을 사용하고 비료, 시멘트, 곡물포대 등의 생산업체들은 1,350mm×1,100mm 팰릿을 사용하는 추세이므로 제품의 규격들도 이에 맞추어져 있다. 동종 업계간에는 상대방의 물류시설을 교환사용할 수 있고 제품규격들이 유사하므로 과도한 경쟁을 지양할 수 있는 등의 이점이 있지만 국가표준화에는 커다란 장애요인으로 작용할 수 있다(예: 업종별 표준제정).

③ 국가표준화는 각 나라에서 제각기 국가전체의 표준규격을 설정해 놓은 것을 의미하며 우리나라의 KS, 일본의 JIS, 영국의 BS, 독일의 DIN, 미국의 ASTM 등을 들 수 있다. 우리나라의 포장규격관련 국가규격은 KS A1002 '운송포장 계열치수'가 있다(예: KS, JIS, BIN, BS 등).

④ 국제표준화는 세계적으로 통용되는 규격으로서 ISO 규격에 의한 표준화를 의미한다. 포장표준화의 기본이 되는 일관운송용 평팰릿규격은 세계의 경제블록마다 달라 현재 6종으로 되어 있다. 표준화의 본질적인 의미를 되새겨볼 때 ISO 표준규격이 이렇게 많다는 것은 여러 가지 문제가 있다고 보여진다(예: ISO).

Ⅳ. 포장표준화 관련 기구

1 국제표준화기구

표준화에 관한 대표적 국제기관으로서 국제표준화기구(International Organization for Standardization : ISO)가 있다. ISO는 국제규격통일협회(International Federation of the National Standizing Association : ISA)의 사업을 이어 1947년 설립된 비정부기구이다. 국제표준화사업은 관계각국의 이해를 논의하는 형태로 조정을 통해 국제적으로 통일된 규격을 만들고 각국이 그 실시를 촉진, 도모하는 데 있으며 국제 간의 통상을 용이하게 함과 아울러 그 경제 등 제반부문에 걸친 국제협력을 추진하는 것을 목적으로 하고 있다.

ISO의 회원으로는 한 국가에서 가장 대표적인 하나의 표준기관만이 회원자격을 인정받게 된다. 우리나라는 1963년 6월 공업진흥청(현 기술표준원)이 우리나라의 대표기관으로 ISO에 가입하여 현재에 이르고 있으며, 국제표준화활동을 적극 추진하기 위하여 1985년에 ISO 기술위원회를 신설하여 국제규격안(Draft International Standard : DIS)을 심의하고 있다.

2 물류전문 표준화기구

물류에 관한 규격화에 관해서는 ISO안에 물류전문부회(TD-4)가 있고 그 산하에는 〈표 10-8〉과 같이 11개의 전문위원회(Technical Committee)가 설치되어 분야별로 물류표준화를 추진하고 있다. 우리나라는 현재 TC 6, TC 51, TC 104, TC 110, TC 122에는 P멤버(정회원)로, TC 20, TC 52, TC 86, TC 96, TC 101에는 O멤버(옵서버회원)로 가입되어 있다.

〈표 10-8〉 ISO 내의 물류전문위원회

구 분	분 야
TC 6	종이, 판지, 펄프 표준심의위원회
TC 20	항공기 및 우주운반기 표준심의위원회
TC 51	유닛로드 하역용 팰릿 표준심의위원회
TC 52	식품용 금속밀봉용기 표준심의위원회
TC 63	유리용기의 나사 표준심의위원회
TC 86	냉동 표준심의위원회
TC 96	크레인, 승강기 및 관련 굴착장치 표준심의위원회
TC 101	연속운반장치 표준심의위원회
TC 104	프레이트 컨테이너 표준심의위원회
TC 110	산업용차량 표준심의위원회
TE 122	포장 표준심의위원회

3 한국산업규격

산업표준화는 1993년에 새로운 이념을 확립하고 그 사업의 국가적 통일성 확보와 발전을 도모하는 것을 목적으로 '산업표준화법'이 제정되어 지금의 산업표준화제도가 마련되었다.

산업표준화는 과도하게 다양화·복잡화되어 무질서화되는 상태를 방지하고 규격제정을 통하여 인위적으로 단순화·통일화하는 것이다. 그 대상범위는 제품·서비스 등에 관한 용어, 기호, 품질, 성능, 안전성, 평가방법 등 여러 가지에 걸쳐 있지만 그 목적은, ① 공동언어의 설정, ② 인터페이스(물품, 정보 등의 접속)의 정합성 또는 호환성, ③ 다양성의 조정(단순화, 분류, 계층화 등), ③ 적절한 품질의 명확화, ④ 소비자 이익의 보호 등이다.

이 법률에 기초하여 제정된 한국공업규격(Korea Industrial Standard : KS)은 전기,

기계, 화학 등 광산업품에 관한 제품규격(제품의 치수, 품질·기능 등을 규정), 방법규격(시험, 검사 측정방법을 규정) 및 기본규격(용어, 기호, 단위 등을 규정)이 약 10,000여 개 제정되었다. 이 중에는 물류관계규격(약 300개)도 포함되어 있다. 최근 국제표준화의 요구에 대응하기 위해 KS의 국제정합화(ISO 규격, IEC 규격에의 정합)를 추진 중에 있다.

제8절 포장과 유닛로드시스템

Ⅰ. 유닛로드시스템의 의의

포장표준화의 주요 내용의 하나는 팰릿 적재 시 적재효율이 극대화될 수 있도록 포장규격을 조정하는 것이다. 포장이 표준화되면 팰릿의 적재효율이 높아지고 궁극적으로 원가도 절감된다. 포장표준화에는 팰릿의 표준화가 선행되어야 하고, 이에 정합하는 포장규격을 개발해야 한다. 포장표준화는 적재단위(Unit Load System : ULS)의 근간으로 물류효율화와 직결된다.

유닛로드시스템(Unit Load System, Pallet Load, Palletization, Unitization)이란 화물을 일정한 중량이나 크기로 단위화시켜, 기계화된 하역작업과 일관된 수송방식으로 물류의 여러 가지 과정들을 표준화시키는 것이다. 유닛로드시스템의 목적은 화물취급단위에 대한 단순화·표준화를 통해 기계하역을 보다 용이하게 하고 하역능력 향상과 비용절감을 꾀하는 동시에 수송 및 보관업무의 효율적 운용과 수송포장의 간이화를 가능케 하는 데 있다. Unit Load의 대표적인 형태는 팰릿 또는 컨테이너를 이용하거나 혹은 물품을 밴드로 묶거나 집합포장으로 처리한 상태가 일반적이다.

일반적인 유닛로드는 기계하역에 적합하도록 표준화된 형태이어야 하며, 그러한 의미에서 유닛로드는 내용물이 각각이더라도 동일규격의 팰릿이나 컨테이너에 적재함으로써 동일한 모습의 화물로 취급되어야 한다. 다만 그렇다고 해서 오로지 하나의 규격으로만 한정되어야 하는 것은 아니며 필요에 따라서는 여러 개의 규격이 존재하여도 무방하다. 유닛로드시스템의 장단점을 보면 다음과 같다.

1) 장점

- 하역 시 파손, 오손, 분실 등을 방지하여 품질보증이 확실하다.
- 수송수단(트럭, 기차, 항공기, 선박 등)의 운용효율이 높다.
- 하역의 기계화로 작업생산성이 높다.
- 포장이 간단하여 포장비가 절감된다.
- 적재를 높게 할 수 있어 적재공간의 효율이 높다.
- 시스템화가 용이하다.

2) 단점

- 컨테이너와 팰릿 확보에 많은 경비가 소요된다.
- 자재관리에 시간과 비용이 추가된다. 빈 팰릿, 빈 컨테이너의 회수 및 이동 중의 관리, 지역적인 소요량의 조정·관리 등 라인 시스템의 구축 및 관리가 필요하다.
- 하역용기 등 고정시설투자가 필요하다.
- 지게차와 같은 하역기기가 작업할 수 있는 넓은 공간을 확보해야 한다. 가령 선반에 있는 물품을 손으로 내릴 경우(manual picking) 70cm의 공간이 필요하나, 지게차를 사용할 경우에는 2m 정도의 공간이 필요하다.
- 적재효율이 저하된다. 팰릿 자체의 공간이 적재효율을 저하시키므로 회전율을 제고하여 이를 보완해야 한다.

단점 가운데 위의 3개 항목은 팰릿풀 시스템을 이용하게 되면 단점을 해소할 수 있다.

Ⅱ. 유닛로드시스템 실행의 원칙

유닛로드시스템은 각각의 물품을 한 개의 유닛로드로 하여 하역의 기계화로 출발지에서 도착지까지 안전하게 보관하고 수송할 수 있는 적재방법이다. 따라서 유닛로드시스템은 다음의 3원칙을 기반으로 하고 있다.

① 기계화의 원칙

각각의 물품을 1개의 유닛로드로 하고 활성화되도록 하려면 하역과 발송의 기계화가 가능한 상태가 되어야 한다.

② 표준화의 원칙

하역, 운반의 기계화를 위해 팰릿 크기와 형상을 표준화하는 것은 물론이고, 적재화물의 포장치수와 하역작업 등의 표준화를 추진하는 것이 필요하다.

③ 하역의 최소원칙

유닛로드가 출발지에서 목적지까지 수・배송되기까지 가능한 하역횟수를 최소화(least handling)하여야 한다.

Ⅲ. 유닛로드시스템 실행의 효과

유닛로드시스템의 실행효과를 요약하면 다음과 같다.

첫째, 화물을 유닛로드화함으로서 인건비가 절감된다. 팰릿화(palletization)나

컨테이너화(containerization)함에 따라 하역작업이 각종 장비에 의해서 기계화가 되므로 많은 인력이 절약된다.

둘째, 물동량의 흐름이 신속해진다. 하역단위가 대형화되어 빠른 속도로 하역이 가능하므로 물동량의 유통속도가 빨라지게 되어 물류비용의 절감과 물류생산성이 향상된다.

셋째, 표준화 작업이 가능하다. 표준화된 단위로 포장, 하역, 수송, 보관되므로 물류의 전 과정에 있어서 작업의 표준화가 가능하게 된다. 또 재고파악이 용이하고 서류절차를 간소화할 수 있다.

넷째, 운송장비의 효율적인 이용이 가능하다. 트럭, 철도화차, 컨테이너, 선박 등 수송장비에 상・하차작업이 신속하게 이루어지므로 하역작업 대기시간이 대폭 단축되어 수송장비들의 운행시간이 늘어난다. 따라서 수송비의 절감과 수송장비의 운행회전율이 향상된다.

다섯째, 포장비용의 절감과 물동량을 단위화된 크기로 작업하므로 포장의 간이화가 가능하게 되고 인력작업과 비교하여 포장자재비용의 절감이 가능하게 된다.

여섯째, 화물을 유닛로드화함으로써 자동화 설비 및 장비의 이용이 가능하다. 물동량을 단위화함으로써 각종 운반하역장비, 보관시설, 포장기계의 이용이 가능하게 된다.

일곱째, 적재효율을 향상시킬 수 있다. 물동량을 표준화된 단위로 규격을 설정하게 되므로 창고내부 적재공간의 효율을 향상시킬 수 있고 운송장비 적재함의 적재효율을 제고시킬 수 있다.

Ⅳ. 유닛로드시스템의 형태

1 팰릿(Pallet)

1) 팰릿의 의의

한국산업규격 KS A0013(물류용어)은 팰릿을 "하역운반기기에 의한 물품취급을 편리하게 하기 위해 싣는 면을 가진 것"이라고 정의하고 있고, 또한 KS A1104 (팰릿 용어)에서는 팰릿을 "유닛로드시스템을 추진하기 위해 사용되며 물품을 하역, 운송, 보관하기 위하여 단위수량으로 한데 모아서 쌓아 놓을 면을 가진 것"이라고 규정하고 있다. 즉 팰릿이란 "화물을 하역, 수송, 보관하는 보조수단으로 단위화물을 적재할 수 있는 면과 포트(fork)의 차입구(差入口)를 가진 하역대"라고 정의할 수 있다.

한편 팰릿의 장・단점은 다음과 같다.

〈표 10-9〉 팰릿의 장・단점

장 점	단 점
・노력을 절감할 수 있으며 하역작업시간이 단축된다. ・하역기계의 사용이 가능하게 되며 기동성이 증가하고 안전한 작업도 기대할 수 있다. ・표준화・규격화가 가능해지며 종합물류시스템이 촉진된다. ・물품의 보호・관리가 용이해진다.	・작업이 간헐적이어서 연속적인 작업을 할 수 없다. 또한 운반거리가 길면 작업능률이 저하된다. ・넓은 도로를 필요로 하며 아울러 노면정비가 필요하다. ・팰릿 자체의 관리가 어렵다. ・운송기관에의 물품적재량이 줄어든다.

2) 팰릿의 종류

(1) 형태에 의한 분류([그림 10-11] 참조)

[그림 10-11] 팰릿 형태에 의한 분류

팰릿의 종류	내 용
평팰릿 	상부 구조물이 없고 포크를 사용할 수 있는 삽입구가 있는 팰릿
상자형 팰릿 	상부구조물이 적어도 3면의 수직측판을 가진 팰릿(KS A2167)
기둥형 팰릿(post pallet) 	기둥이 있는 팔레트(KS A1620). 기둥에는 고정식, 조립식, 접는 식이 있으며 연결테두리를 한 것도 있음
롤상자 팰릿 	바퀴가 있는 박스 팰릿(KS A2167과 통합)
콜드 롤상자 팰릿 	보냉식 롤 박스 팰릿(KS A2167)
시트 팰릿 	특수접속장비를 갖춘 푸시풀 지게차로 하역할 때 물품을 그 위에 적재하기 위하여 사용되는 판지·플라스틱 등으로 만들어진 튼튼한 시트로 '슬립 시트'라고도 함. 저가격으로 1회용으로도 가능하고 부피도 적지만 푸시풀 지게차가 고가임이 문제임(KS A2166)
스키드 	주로 핸드트럭으로 하역할 수 있도록 만들어진 단면 팰릿(KS A1611)
종이 팰릿 	골판지와 지관의 조합으로 만들어지고 1회용으로 사용하는 경우가 많음

(2) 형식에 의한 분류([그림 10-12] 참조)

[그림 10-12] 팰릿 형식에 의한 분류

2방향 삽입 팰릿 : 삽입구가 2방향으로 되어 있는 팰릿 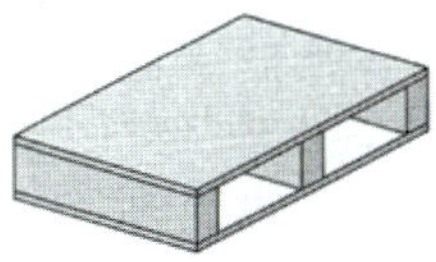	4방향 삽입 팰릿 : 삽입구가 전후 좌우 4방향으로 되어 있는 팰릿 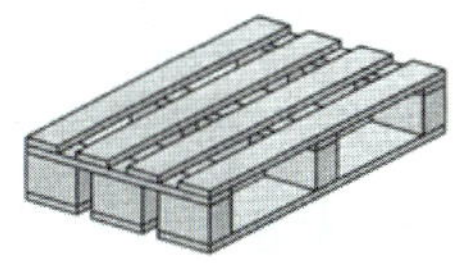
단명형 팰릿 : 판이 한쪽에만 있는 팰릿 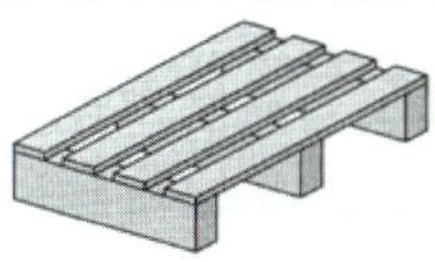	편면사용형 팰릿 : 판이 양쪽에 있지만 한 쪽 면만을 사용하는 팰릿 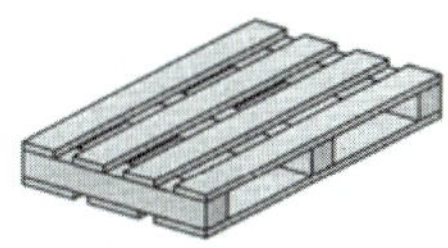
양면사용형 팰릿 : 판이 양쪽에 있고 양쪽면을 다 사용할 수 있는 팰릿 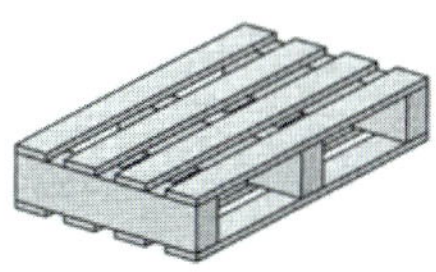	날개형 팰릿 : 날개형태가 있는 팰릿 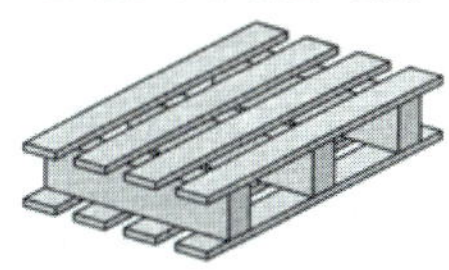

(3) 용도에 의한 분류

국제규격 ISO 445(팰릿용어)가 개정되어 그 규격에는 용도별의 팰릿을 〈표 10-10〉과 같이 분류하고 정의하고 있다.

〈표 10-10〉 팰릿 용도에 의한 분류

종 류	내 용
디스포저블 팰릿 (disposable pallet)	1회에 한정하여 사용하는 것을 목적으로 한 팰릿으로서 '쓰고 버리는 팰릿'으로 불리고, One way 팰릿이라는 용어로는 사용되고 있다.
리유저블 팰릿 (reusable pallet)	반복하여 사용하는 것으로서 팰릿의 제품규격은 종이팰릿을 제외한 반복 사용하는 모든 팰릿에 대해서 규정하고 있다.

종 류	내 용
캡티브 팰릿(captive pallet)	1개 사업소의 규범내에서나 혹은 한정된 운송시스템에서 사용되는 팰릿이다.
익스체인지 팰릿(exchange pallet)	해당 사업자 간의 협정에 의해 결정된 동일사양이 팰릿으로 호환성있는 팰릿이다.
풀 팰릿(pool pallet)	위의 익스체인지 팰릿을 예를 들면 업계마다 팰릿을 통일화하여 상호교환하여 이용하는 것이나 풀팰릿은 업계를 초월하여 광범위하게 이용되는 호환성이 있는 팰릿이다.

3) 팰릿 표준화

(1) 우리나라 표준팰릿

팰릿은 1930년대에 미국의 내화벽돌업계에서 최초로 개발되었다. 그 후 여러 업계로 도입이 확산되어 오던 중 제2차 세계대전 당시 미군이 병참물자를 하역하고 운송하는 데 혁신적인 수단으로 활용되었으며, 1950년에는 호주나 유럽 등 세계 각국의 산업분야에 보급되기 시작했다. 우리나라에는 6.25 전쟁으로 1,000mm ×1,300mm 규격의 팰릿이 사용되었다.

현재 국내에서 사용되는 팰릿은 100여종이 되며 규격에 따라 다시 분화되어 총 500여 종이 된다. 우리나라는 1974년 7종의 팰릿을 표준규격으로 정해놓고 표준화를 시도해 왔지만 그 비율이 매우 저조했다. 그동안 정부는T11(1,100mm×1,100mm)만을 표준 팰릿로 지정하여 권장해 왔으나, T11과 함께 적재효율이 높은 T12(1,200mm×1,000mm)까지 확대했다. 우리와 교역이 많은 국가에서 주로 사용하는 팰릿은 T12이며, 일본만 T11을 주로 사용하고 있다.

(2) 국제 표준팰릿

한편 팰릿의 국제표준규격은 합의에 이르지 못해, 지역별로 각각 다른 규격을 채택하고 있다. 즉 EU는 1,200mm×800mm(영국 1,200mm×1,000mm), 미국과 캐나다는 1,219mm×1,016mm, 일본, 한국, 대만은 1,100mm×1,100mm를 국가표준규격으로 삼았다. 중국은 2006년 팰릿 규격을 개정하면서 1,200mm× 1,000mm 및 1,100×1,100mm를 표준으로 확정하고 1,200mm×1,000mm를 우선 권장하고 있다.

팰릿 규격의 표준화는 제2차 세계대전 후 ISO가 유럽주도로 운영됨에 따라 1,200 mm시리즈를 표준팰릿으로 지정하였으나 미국, 일본, 호주 등에서 ISO 6780을 개정해야 한다는 의견을 제시하면서 현재 6종류로 정해졌다(〈표 10-11〉 참조).

〈표 10-11〉 ISO 규격의 국제팰릿 종류(ISO 6780)

- 1,200mm×800mm (유럽 18개국이 공동으로 운영하는 표준팰릿, 해상용 ISO 컨테이너 사용에는 비효율적)
- 1,140mm×1,140mm (해상용 컨테이너에 의존하는 미국, 캐나다, 영국 등의 지원하에 채택)
- 1,219mm×1,016mm (미국의 표준팰릿 48×40(inch) 규격, 미국 이외의 국가에서는 사용하지 않음)
- 1,100mm×1,100mm (한국, 일본 등 아시아 표준팰릿)
- 1,067mm×1,067mm
- 1,200mm×1,000mm

4) 팰릿풀 시스템

(1) 팰릿풀 시스템의 의의

일관팰릿화의 진전을 저해하는 가장 큰 요인은 공(空)팰릿의 회수가 어렵다는 점이다. 이것은 상품의 편도운송에 의해 팰릿이 지역적으로 편재해 있기 때문이다. 더구나 상품의 수요에는 계절적 변동이 있기 마련인데, 예컨대 크리스마스나 연말의 수요를 충족시키기 위해서 막대한 수량의 팰릿을 항상 보유한다면 비수기(非需期)에는 남아돌게 된다. 장소가 부족하여 야적이라도 하게 되면 파손, 손상염려도 있다.

이러한 문제점을 해결하기 위해서 생겨난 것이 팰릿풀 시스템(Pallet Pool System : PPS)이다. 팰릿풀 시스템은 팰릿의 규격, 치수 등을 표준화하여 상호호환이 되도록 함으로써 팰릿을 공동으로 이용토록 하여 물류의 합리화와 물류비의 절감에 기여하고자 하는 제도이다.

팰릿풀 시스템을 이용하면 다음과 같은 장점이 있다.

첫째, 팰릿의 장거리 회송이 불필요하다. 즉 회수운반지가 발생치 않는다. 자사소유의 팰릿으로 일관 팰릿화를 실시하게 되면 가장 애로가 되는 것은 도착지에서 공팰릿이 발생하게 되면 발송지로 회수하여야 하고, 이때 장거리 회수운임이 들고, 회수하려면 수송단위가 될 때까지 기다려야 하므로 소요일수가 길어져 팰릿 비용이 많이 들게 된다. 이러한 장거리 팰릿 회수의 문제점을 해결하게 되는 것이 팰릿풀의 중요한 임무이다. 팰릿풀 시스템은 전국 각 지역에 팰릿 집배소를 운영하고 있으므로 필요한 지역의 공장에서 팰릿을 반납할 수 있으므로 장거리 회수문제를 해결하게 된다.

둘째, 팰릿 수요에 탄력적으로 대처할 수 있다. 모든 기업의 물동량은 항상 변동하고 있다. 따라서 계절적이고 일시적인 팰릿 수요에 자사 팰릿으로 대응하는 것은 팰릿이 불필요한 경우에도 많은 공팰릿을 보유하고 보관하게 되어 엄청난 비용을 낭비하게 된다. 따라서 필요할 때에 팰릿풀 시스템에서 공급받고 불필요할 때 반납하는 팰릿풀 시스템을 이용하게 되면 팰릿 비용을 대폭 절감할 수 있게 된다.

셋째, 팰릿 회수관리의 어려움을 해소할 수 있다. 팰릿은 물동량과 함께 전국 각지로 분산되어 발송되고 여러 종류의 팰릿이 혼합되어 사용되는 경우에 팰릿 구입자나 사용자 또는 무단사용 등의 이해관계로 다툼이 발생하게 되며, 회수 팰릿 단위가 소량이 되어 곤란하게 되고 팰릿 선별 등 수많은 어려운 문제를 야기하게 된다. 전국적인 풀을 통하여 팰릿을 공동으로 이용하게 되면, 팰릿 회수 네트워크에서 이 문제를 해결할 수 있다.

물류개선의 요체는 결국 '팰릿 회전율'을 높이는 데 있다. 팰릿풀 시스템을 이루기 위해서는 호환성을 가진 팰릿을 불특정 다수의 이용자가 공통으로 사용해야 한다. 그러기 위해서 각 나라의 정부나 민간단체에서는 규격팰릿을 지정하기도 한다. 팰릿풀 시스템에는 다음과 같은 네 가지 방식이 있다.

(2) 팰릿풀 시스템의 운영방식

(가) **즉시교환방식** : 이 방식은 철도시스템이 잘 발전되어 있는 유럽에서 국유철도를 중심으로 실시되어 왔다. 송하인이 화물을 팰릿에 적재한 후 국유철도를 통해 탁송하면 이와 교환으로 도착지역에서 같은 수의 공팰릿을 지급받게 된다([그림 10-13] 참조). 이 방식에 있어서 수하인은 도착역에서 인수한 적재 팰릿과 같은 수의 공팰릿을 국유철도 측에 인도하게 된다. 이 방식은 비교적 간단한 방법이지만, 역에서의 교환이 반드시 동수교환(同數交換)이 안 될 수 있다. 또한 대차결제(貸借決濟)가 나중까지 남게 되고, 교환하는 팰릿의 치수나 품질이 다를

수가 있다.

그리고 팰릿교환을 위해서는 국철이나 수하인이 항상 여분의 팰릿을 보유하고 있어야 한다는 단점이 있다.

[그림 10-13] 즉시교환방식

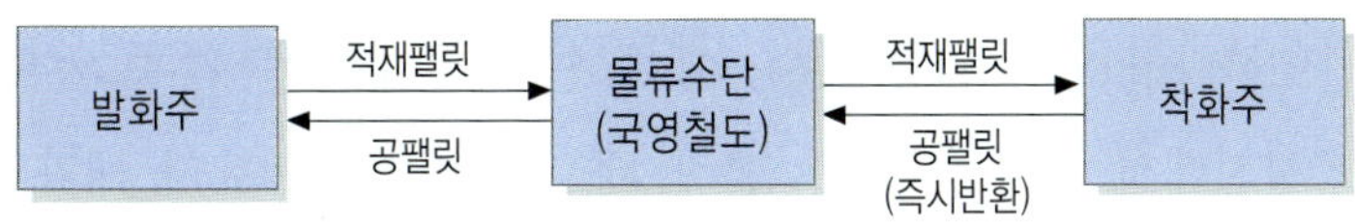

(나) **렌탈방식** : 리스・렌탈(lease & rental) 방식은 호주에서 시작하여 정착화된 방식으로 후에 미국, 캐나다, 일본 등지로 전파된 제도이다. 이 방식에서는 수하인의 가까운 데포(depot)에서 팰릿을 빌려서 착화주의 가까운 데포(depot)에 팰릿을 반납한다([그림 10-14] 참조).

이 방식은 송하인은 각각 팰릿을 보유하지 않아도 되고, 필요할 때마다 필요한 수량만큼을 수시로 빌려서 사용하고, 사용 후에는 반납하면 된다. 따라서 이 방식을 사용하면 팰릿 이용에 대한 수급파동을 조정할 수 있다. 또한 교환방식에 비해 필요한 팰릿의 수를 줄일 수 있다.

[그림 10-14] 렌탈방식

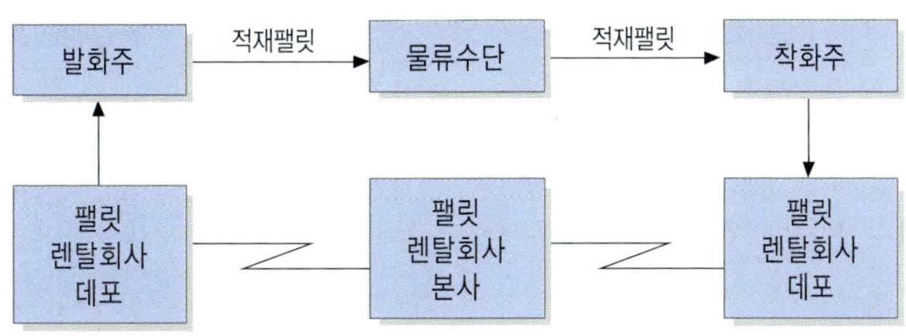

(다) **교환 · 리스병용방식** : 교환 · 리스병용방식은 앞에서 다룬 교환방식과 리스렌탈 방식의 단점을 보완한 방식으로 화주가 A지점으로부터 B지점으로 화물을 운송하는 경우 송하인, 수하인, 수송회사는 각기 가까운 대여회사의 팰릿 데포(depot)에서 필요한 양의 팰릿을 렌탈한다.

송하인은 팰릿에 화물을 적재하여 A지점에서 수송회사의 빈 팰릿과 교환하고, 운송회사는 이를 B지점까지 수송한 후 수하인이 렌탈한 빈 팰릿과 교환하여 화물을 인도한다([그림 10-15] 참조). 이때 송하인, 수하인, 수송회사는 빈 팰릿이 회수되는 시점에서 가장 가까운 팰릿 데포에 반환함으로써 대차관계를 정리하게 된다. 교환 · 리스병용방식은 교환방식과 리스 · 렌탈방식보다는 편리한 방식이라고 할 수 있다. 그러나 실질적인 면에서 대여 팰릿과 교환 팰릿을 모두 관리해야 되기 때문에 운영상의 어려움이 많아 활성화되지 못하고 있다.

[그림 10-15] 교환 · 리스병용방식

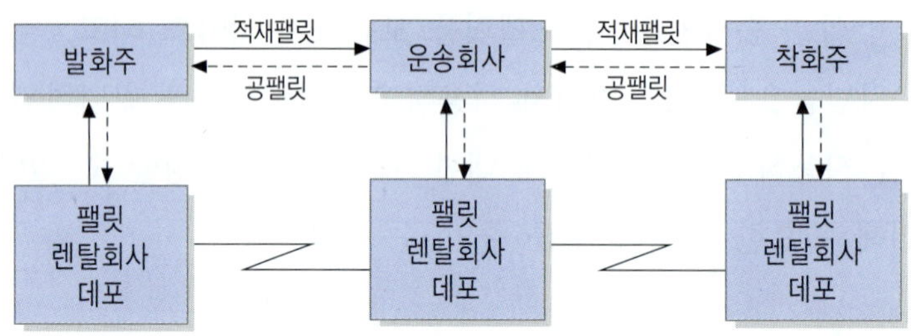

(라) **대차결제방식** : 대차결제방식은 교환방식의 장점을 보완하기 위하여 1968년 스웨덴의 팰릿풀 회사에서 개발한 제도로 국유철도 역에서 팰릿를 즉시 교환할 필요는 없고, 팰릿 화물이 도착한 날로부터 3일 이내에 반환하면 되며 소정일수를 초과한 반환과 분실은 정해진 변상금을 지급하게 되어 있다([그림 10-16] 참조).

[그림 10-16] 대차결제방식

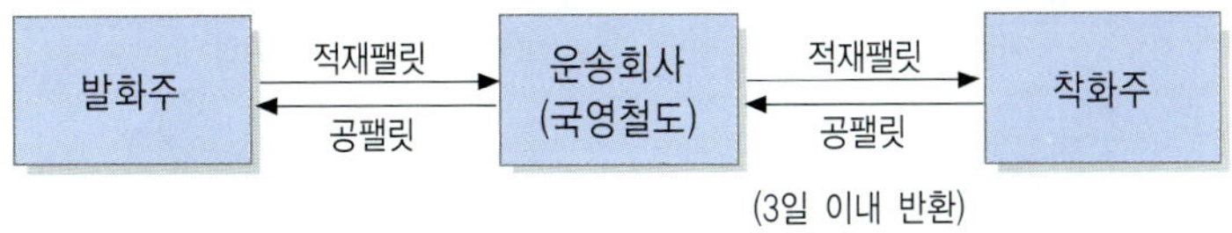

(3) 팰릿풀 시스템의 운영형태

(가) **기업단위** : 기업이 자사 팰릿을 팰릿 대여전문회사로부터 일괄 대여하여 자산 거래처의 유통단계까지 독점적으로 이용하는 시스템이다([그림 10-17] 참조). 반송팰릿의 유효이용이 어렵고 생산활동에 따라서는 팰릿의 정체 및 유휴감소가 곤란하다.

[그림 10-17] 기업단위의 팰릿풀 시스템의 운영형태

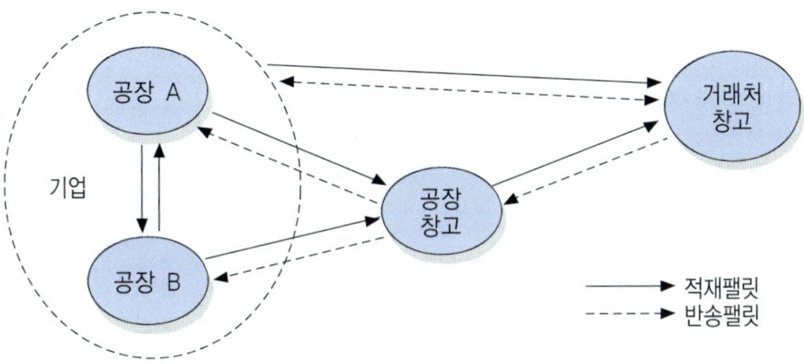

(나) **업계단위** : 각각의 기업이 자사의 팰릿을 소유하되 업계가 일정한 규율하에 공동이용하는 형태로서 팰릿 적재화물은 기업 간 공동유통창고를 통해 소비단계까지 확대하여 이용하는 시스템이다([그림 10-18] 참조). 팰릿 이용효율면에서는 큰 차이가 없으나 반송면에서 이점이 있다.

[그림 10-18] 업계단위의 팰릿풀 시스템의 운영형태

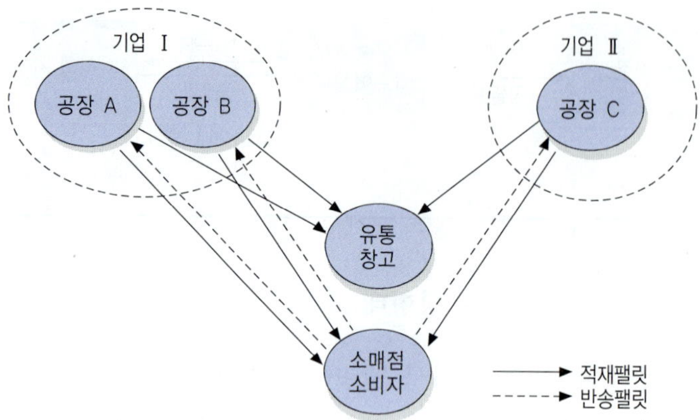

(다) **개방적 팰릿풀 시스템** : [그림 10-19]와 같이 가장 이상적인 형태로서 제3자가 소유하는 팰릿을 공동사업소에서 렌탈하여 공동으로 이용하기 때문에 팰릿의 유통범위가 극대화된다. 기업의 수요변동에 따라 일시적인 유휴 팰릿을 감소시키며, 공팰릿의 회수율이 증가하여 이용효율이 제고된다.

[그림 10-19] 개방적 팰릿풀 시스템

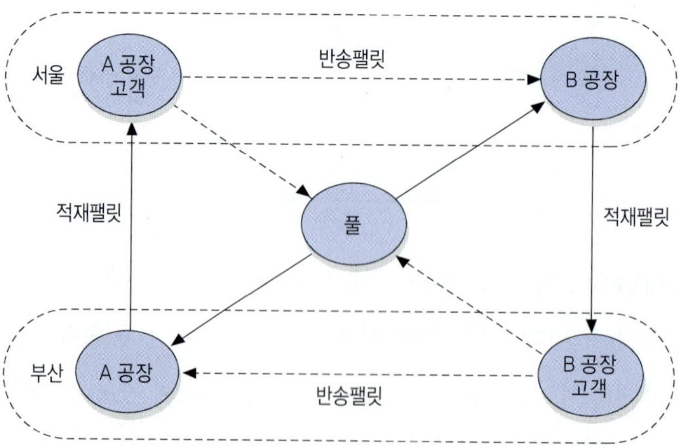

2 컨테이너

1) 컨테이너의 의의

컨테이너는 화물의 단위화(unitization)를 목적으로 하는 수송도구로 1920년대 미국의 철도화물수송에서 처음으로 등장하였으며, 해상수송에 있어서는 제2차 세계대전 중에 미군이 군수물자의 수송에 사용하였다.

각종 수송수단에의 적응성과 호환성을 갖춘 컨테이너를 세계 최초로 개발한 곳은 미국의 New York Central 철도회사인데, 이 회사는 1921년에 철도사상 처음으로 컨테이너서비스를 개시하였으며 1929년에는 영국의 철도에도 컨테이너가 채택되었으나 유럽국가를 비롯한 세계 여러 나라에서 철도컨테이너가 본격적으로 도입된 것은 제2차 세계대전 이후이다.

해상운송에 있어 컨테이너화(containerization)는 1956년에 미국에서 연안해상 컨테이너 운송을 시작한 데 이어 1966년에 미국의 Sealand사가 북대서양항로에 처음으로 컨테이너전용선(full container ship)을 투입함으로써 재래항로의 컨테이너화가 본격적으로 개시되었다.

1964년 국제표준화기구(ISO)의 총회에 내놓은 규격 안(案)에 의하면 컨테이너는 화물운송용의 용기이고 다음의 요건을 구비해야 한다고 규정하고 있다.

ISO 규격 요건에 의하면 컨테이너는, ① 내구성과 반복사용에 적합한 강도일 것, ② 상품운송을 단일 또는 다수의 수송방식에 의해서 도중에 다시 채우지 않고 용이하게 수송가능하도록 특별히 설계되어 있을 것, ③ 하나의 수송방식에서 다른 수송방식으로 환적할 경우 쉽게 하역이 가능한 장치가 붙어 있을 것, ④ 넣고 꺼내는 것이 쉽게 설계되어 있을 것, ⑤ 내용적이 $1m^3$ 이상이어야 한다고 되어 있다.

컨테이너에 사용되는 재료는 목재, 합판, 강철, 알루미늄, 경합금, 섬유강화플라스틱(Fiber Glass Reinforced Plastic : FRP) 등 다양하다. 또 취급화물 종류에 따라 일반용, 액체용, 자동차용, 냉동용, 보온용 등 여러 종류가 있으며, 그 크기도 운송차량이나 용도에 따라 다양하다.

2) 컨테이너의 종류

(1) 재질에 따른 분류

컨테이너에 사용되는 재료는 목재, 합판, 강철, 알루미늄, 경합금, 섬유강화플라스틱(FRP) 등 다양하다. 하지만 가장 일반적으로 사용되는 재질은 철재, 알루미늄, FRP이며, 사용되는 재질에 따라 다음과 같이 구분할 수 있다.

① **철재컨테이너**(steel container) : 제조원가가 저렴하여 대부분의 컨테이너가 이에 속하나 무겁고 녹이 스는 단점이 있다.

② **알루미늄컨테이너**(aluminium container) : 가볍고 외관이 아름다우며 내구성이 좋은 장점이 있으나 제조원가가 비싼 것이 단점이다.

③ **섬유강화플라스틱컨테이너**(FRP container) : FRP를 합판표면에 접착제로 붙인 컨테이너이다.

(2) 크기에 따른 분류

현재 해상운송에서 사용되고 있는 컨테이너 20ft(가로 × 세로 × 길이 : 8′×8′6″× 20′), 40ft(가로 × 세로 × 길이 : 8′× 8′6″× 40′), 40ft High Cubic Container (8′× 9′6″ × 20′(or 40′)) 등이 주로 사용되고 있는데 국제적으로 유통되고 있는 컨테이너 국제표준기구의 ISO표준 규격을 사용하도록 권고하고 있다(〈표 10-12〉, [그림 10-20] 참조).

이 중 20ft(약 6m) 컨테이너를 TEU(Twenty-feet Equivalent Unit)라 하여 물동량의 산출을 위한 표준적인 단위로 삼고 있으며, 이 단위는 컨테이너선박의 적재능력의 표시기준이 되기도 한다. 40ft High Cubic Container는 높이가 높기 때문에 나라에 따라서는 국내통행을 제한하기도 한다.

〈표 10-12〉 컨테이너 화물적재 사양 (철재 Dry container 기준, 단위 : 톤/CBM)

규격	공컨테이너 중량	최대적재중량 (ISO 기준)	실제최대중량 (국내)	최대적재 부피	평균적재 부피
20	2.08~2.2	20.32	17.5	33	25
40	3.88~4.05	30.48	20.0	67-68	55

[그림 10-20] 컨테이너 marking

(3) 용도에 따른 분류

컨테이너의 사용되는 용도에 따라 〈표 10-13〉과 같은 여러 가지 종류가 있다.

〈표 10-13〉 용도에 따른 분류

종 류	내 용
일반용도 컨테이너(dry cargo container) 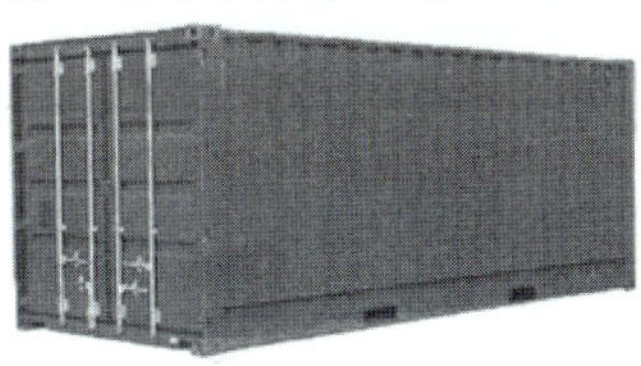	건화물 컨테이너는 운송용의 대표적인 표준컨테이너로서 문은 위, 뒤, 옆의 세 방향 중의 하나로 여닫을 수 있도록 되어 있다.
기계식 냉동 컨테이너(reefer container) 	생선, 육류, 과일, 야채 등 냉동식품이나 약품류의 운송에 사용되는 컨테이너로서 단열성을 가진 컨테이너 본체와 냉동 유닛(Refer Unit)으로 구성되어있고, -28도에서 +26도까지 온도조절이 가능하다. 냉동기의 전원은 CY에서는 육상전원, 해상에서는 선내전원, 육상운송중에는 샤시의 발전기를 이용한다.

종 류	내 용
통풍 컨테이너(ventilated container) 	통풍을 요하는 화물을 컨테이너로 운송할 때 사용되는 컨테이너로 일반적인 컨테이너와 외견상 비슷하나 화물의 신선도를 유지하기 위해 외부공기와 접촉컨테이너 위쪽과 아래쪽에 구멍이 있어 환기가 될 수 있도록 고안되어 있다. 주로 커피 등 농산물을 운송할 때 사용된다.
오픈 톱 컨테이너(open top container) 	특수컨테이너의 일종으로 일반 dry cargo container의 지붕과 측면벽, 양단벽의 상부가 개방되고 쌍방에서 하역이 가능하며, 개구부(開口部)는 방수가 될 수 있도록 천막용 덮개(canvas cover) 등으로 싼 컨테이너이다. 중량물이나 장척물을 크레인으로 컨테이너의 위쪽으로부터 적재 및 하역할 수 있도록 되어 있다.
프랫 랙 컨테이너(flat rack container) 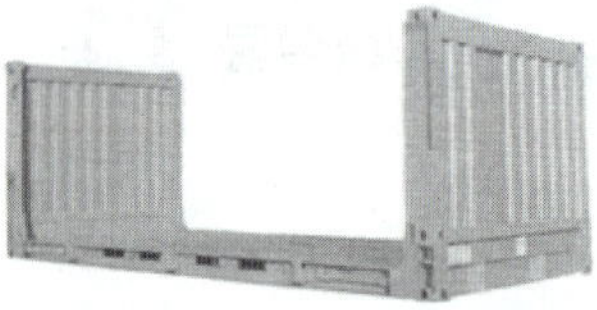	승용차, 기계류 등과 같은 중량화물을 운송하기 위한 컨테이너로 전후좌우 및 쌍방에서 하역할 수 있는 특징을 갖고 있다. 기계류, 강재, 목재 등 비교적 무겁고 흔들리더라도 지장이 없는 화물의 운송에 적합하다.
플랫폼 컨테이너(platform container) 	바닥만 있는 컨테이너 기계류, 철강 등 중량물의 운송에 적합하다. 중량물이나 부피가 큰 화물을 운송하기 위한 컨테이너로서 길이 6.75m, 너비 4.10m, 높이 4.5m, 중량 40톤까지의 화물을 적재할 수 있다.
탱크 컨테이너(tank container) 	식용유, 술, 장류 등의 식품 및 유류, 화공약품 등과 같은 액체상태의 화물을 일반 건화물용 컨테이너와 같은 방식으로 하역잡업을 하기 위해 특별히 고안하여 만들어진 액체용, 위험물용, 고압용 컨테이너이다. 드럼형 탱크를 장착하고 있다.
솔리드벌크 컨테이너 (solid bulk container) 	곡류, 사료 등 곡물류나 가루형 화물 운반에 적합한 컨테이너를 말한다. 컨테이너 지붕에 설치된 2~3개의 맨홀을 통해 화물을 집어넣도록 되어 있다.
가축용 컨테이너(livestock container) 	가축용 컨테이너는 소・말・양 등의 생동물 운송용 컨테이너로 통풍이 잘 되도록 옆면과 전후양면에 창문이 있고, 옆면 하부에 청소・배수구 등이 있다. 옆면에 모이통이 붙어 있는 것도 있으며, 통상 상갑판에 적재된다.

제11장 화물정보

제1절 물류정보의 개요

Ⅰ. 물류정보의 개념

기업활동을 영위하는 데 가장 기초가 되는 것 중의 하나가 정보이고, 물류부문에서도 정보의 역할은 대단히 중요하다. 정보의 기본적인 소재는 자료(data)이고, 수집된 자료를 분석하거나 필요한 처리를 통하여 사용자가 원하는 형태로 표현하여 제공하면 의사결정에 유효한 정보(information)가 된다.

축적된 물류정보는 물류활동의 원활화를 위해 필수 불가결한 요소로서 생산에서 소비에 이르기까지 수행되는 운송, 보관, 하역, 포장 등의 제 기능을 유기적으로 결합할 뿐만 아니라, 총체적인 관점에서 물류관리의 효율성을 제고시키는 역할을 수행한다. 즉 물류정보(logistics information)란 물류관리의 주요 단계별 활동인 운송, 보관, 하역, 포장 등 물류의 제 기능들을 수행하면서 구해진 자료 및 정보를 축적·조합하여 전체적인 물류관리를 효율적으로 수행할 수 있도록 정리·분석된 자료를 의미한다. 이러한 정보를 가공, 생산하여 정보의 이용가치를 높이는 것이 물류정보가 지향해야 할 부분이다.

Ⅱ. 물류정보의 종류와 특징

1 물류정보의 종류

물류정보는 수주정보, 재고정보, 생산정보(도매업의 경우는 구매지시정보), 출화정보, 물류관리정보 등 여러 단계로 분류할 수 있다.

기업의 물류활동은 상류활동에 의해 고객으로부터 주문을 받아 수주처리하는 일에서부터 시작된다고 할 수 있다.

따라서 수주정보를 기본적으로 현재 파악된 상품의 재고정보를 배당하게 되는데, 이때 물품의 재고가 부족한 경우 공장에서는 구입지시서에 의해 구매수배를 하게 되며, 배당된 재고는 출화준비를 위해 출화정보를 기본으로 반출장소로 이동되어 출화된다.

출화된 물품은 마지막으로 물류관리부문이 물류활동을 관리・통제할 수 있도록 납품완료통지, 물류비, 창고, 차량 등 물류시설, 용기의 가동률 등을 물류관리정보로서 수집하게 된다.

국제물류에서는 이와 같은 사항 외에도 계약이행을 위하여 화주, 화물운송기기, 화물운송, 항만, 수출화물검사, 화물하역, 보험, 화물통관 등과 같은 많은 정보를 필요로 한다([그림 11-1]참조).

2 물류정보의 특징

① 정보의 원천, 처리부문, 전달대상이 다양하다.
② 정보의 양이 많고 다양하다.
③ 영업, 생산 등 기업 내 타 부서 간에 연관성이 높다.
④ 화물흐름과 정보흐름에 동시성이 요구된다.
⑤ 평상시와 폭주(peak time)시 정보량에 차이가 크다.

[그림 11-1] 물류정보의 종류와 특성

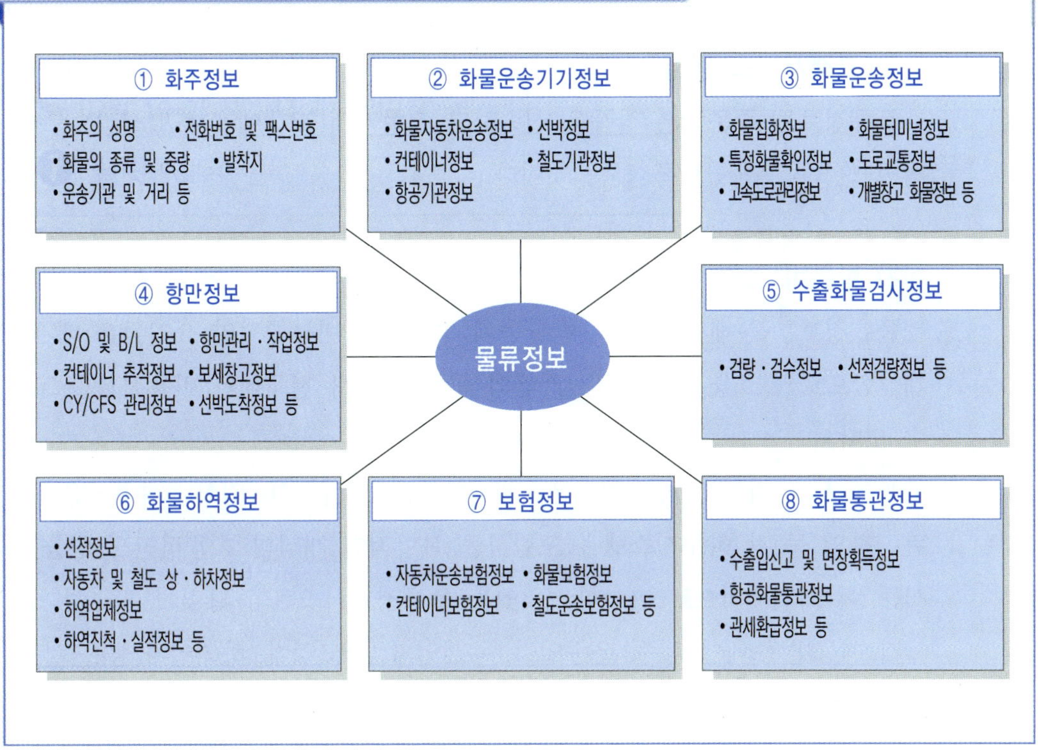

Ⅲ. 물류정보의 기능과 목적

1 물류정보의 기능

상거래를 구체적으로 실현하기 위해 운송, 보관, 하역, 포장, 유통가공 등의 제 기능이 통합된 정보시스템을 구축하여 전체적인 효율화를 꾀한다. 또한 상거래의 활성화를 위해 운송, 보관, 하역, 포장, 유통가공의 기능을 신속하고 정확하게 전달한다.

② 물류정보의 목적

1) 고객서비스 향상

물류정보는 주문받은 상품을 신속하고 정확하게 고객에게 도달시킴으로써 고객이 만족할 수 있도록 하는 것이다.

2) 물류비 절감

물류정보를 통해 물류의 제반활동에 수반하는 비능률적인 요인들은 배제하고 개선함으로써 효율적인 물류시스템의 운용을 통해 전체적인 비용절감을 고려할 수 있다.

물류시스템의 핵심인 일관운송체제를 위해 화물의 집화·배송·운송·보관·하역 등 각 하부시스템을 포함하는 복합적인 개념의 효율적인 운영을 위해서는 이를 전체적으로 관리할 수 있는 물류정보시스템의 확립이 필요하다.

각 기능별 주체인 화주, 운송업자, 주선업자, 창고업자, 하역업자 등을 상호 연결하는 정보를 효율적으로 수집·처리·공급·관리함으로써 물류서비스의 목적인 효율성, 경제성, 신속성, 안전성 등을 촉진하는 데 기여할 수 있기 때문이다.

제2절 물류정보시스템

Ⅰ. 물류정보시스템의 개념

기업이 자료를 수집하고 보관하고, 처리하는 주목적은 전략적인 차원에서 운영적인 차원에 이르기까지 필요한 의사결정을 하기 위한 것이다. 이러한 활동들은 오랫동안 비공식적으로 행해져 왔다. 그러나 컴퓨터의 용량이 커지고 처리속도가 빨라짐에 따라 자료처리절차는 더욱 체계화되고 있다. 물류관리에 있어서 물류정보시스템(Logistics Information System : LIS)은 물류서비스의 제고와 비용절감을 통해 기업의 경쟁력 우위를 확보하기 위해 물류활동과 관련된 제반정보가 이루어질 수 있도록 지원하여 주며, 또한 수·배송, 보관, 하역, 포장, 유통가공 등의 물류활동을 유기적으로 결합하여 종합적인 물류효율화를 도모하도록 지원해 주는 시스템이라고 할 수 있다. 물류정보시스템은 효율적인 물류활동을 지원하기 위한 정보를 합리적, 유기적으로 결합, 제공함으로써 물류비용 절감 및 고객서비스 향상을 도모하고 경쟁기업에 대한 상대적 우위를 확보하는 것을 궁극적인 목표로 하고 있다. 물류정보시스템을 구축하기 위해서는 시스템 전체의 기본적인 구성을 명확히 하고 연관된 하부시스템의 관계를 명확히 정의한 다음 우선순위가 높은 하부시스템부터 단계적으로 시스템화를 해야 한다.

Ⅱ. 물류정보시스템의 특징

1 네트워크를 통한 원거리 간의 정보시스템

물류정보시스템은 그 성격상 동일한 장소에 있지 않은 부서 간, 사용자 간에 통신망을 이용하여 정보를 제공하고 업무를 지원하는 격지 간 정보시스템의 특성을 가지고 있다. 예컨대 수·배송, 운송, 보관, 하역과 같은 업무를 지원하기 위해 VAN 및 LAN과 같은 통신망을 통해 고객, 협력회사, 물품공급자를 하나로 통합하여 밀접하게 연결해 주는 역할을 한다.

2 조직 간의 정보시스템

물류정보시스템은 그 업무내용상 조직 내부에서 주로 적용되는 일반적인 경영정보시스템(MIS)과 달리, 기업과 기업 간의 거래에서 둘 이상의 조직이 함께 사용하는 조직 간 정보시스템의 성격을 가지고 있다.

③ 실시간 정보시스템

물류정보시스템을 통하여 실시간(real time)에 정보를 수집하고 처리·분석하여 물류관리 및 의사결정업무를 지원하는 것이 유용한 경우가 많이 있다. 회계정보시스템과 같은 다른 정보시스템도 조정과 운영 간에 상호작용이 존재하나 정보의 교환과 갱신을 위한 시간이 정해져 있기 때문에 역동성이 그렇게 중요하지 않다. 이에 반하여 물류정보시스템은 조정과 운영정보의 흐름 간에 역동적 정보교환을 필요로 한다. 주문관리단위를 통해 이 시스템에 미래에 주문이 들어오면 이러한 주문정보는 물류, 제조, 그리고 조달계획에 반영되어야 한다. 이러한 정보교환은 시스템이 동적이므로 한 시점에 이루어질 수 없고 계속적으로 이루어져야 한다. 통합된 조정계획과 운영활동을 이루기 위해서는 상당한 양의 정보교환이 필요하다. 예컨대 POS(point of sale)시스템을 통해 각 상품별로 판매상황을 실시간으로 정확하게 분석할 수 있으며, EOS(electronic ordering system)와 JIT(just in time)시스템을 통해 수·발주업무를 단순하고 정확하게 처리할 수 있다.

④ 데이터 중심 시스템

물류관리에 응용되는 정보시스템은 데이터 중심적인데, 그 이유는 이 시스템이 고객, 제품, 시설 그리고 물류와 관련된 모든 정보를 수용해야 하기 때문이다. 그리고 각 활동과 관련되어 이 시스템은 과거, 현재 그리고 물류와 계획된 모든 정보를 저장하고 있어야 한다. 예컨대 각 주요 고객, 제품 그리고 시설에 대하여 물류관리에 응용되는 정보시스템은 그들의 과거 주문, 현재 주문, 그리고 예상되는 주문에 관한 정보를 유지하고 관리해야 한다. 이에 추가하여 이 시스템은 이러한 사항들과 관련된 원가에 관한 정보를 동시에 수용해야 한다.

Ⅲ. 물류정보시스템의 기능

1 기획 · 통제기능

물류정보시스템은 창고에 보관된 제품의 주문정보와 조달에 필요한 리드타임 정보 및 수요예측정보를 제공하여 기업의 생산량을 예측하고 재고량을 결정하는 데 활용된다. 또한 사전에 설정된 설비 및 시설활동 목표 및 서비스수준 목표와 실제 달성된 활용도와 서비스수준을 비교함으로써 물류활동의 통계자료로 사용할 수 있다.

2 조정기능

물류정보시스템을 통해 정보의 공유가 가능해짐으로써 생산계획과 조달계획을 조정할 수 있다. 그러나 이것이 가능하려면 공급사슬기업 간, 관련기업 간 정보시스템이 통합적으로 운용되어야 한다.

통합정보시스템을 구축하기 위해서는 첫째, 정보시스템 내의 어떤 하위시스템(예 조달물류정보시스템)의 자료가 타 하위시스템(예 판매정보시스템)에도 사용할 수 있도록 설계되어야 한다.

둘째, 모든 분산된 자료를 공통된 지역에 보관함으로써 공통의 데이터베이스를 구축할 수 있어야 한다.

셋째, 밀접하게 관련된 활동을 통합하여 수행하는 것이 필요하다.

넷째, 각 하위시스템이 각종 지원설비인 컴퓨터설비, 데이터베이스, 정보네트워크, 분석도구 등을 공동 이용할 수 있어야 한다.

③ 고객서비스 및 커뮤니케이션 기능

고객의 주문은 항상 정기적・계획적으로 이루어지는 것은 아니며 부정기적으로 예기치 못하게 발생되는 경우가 많다. 고객의 인터넷 주문 시 최초로 접촉하게 되는 것은 정보시스템의 반응성, 신속성, 편리성이 필수적이다. 기업으로서는 항상 고객에 대한 커뮤니케이션 경로가 적절하게 유지되고 있는지 점검함으로써 쉽게 주문이 이루어지도록 하여야 한다.

한편 물류정보시스템의 핵심기능은 [그림 11-2]와 같다.

[그림 11-2] 물류정보시스템의 핵심기능

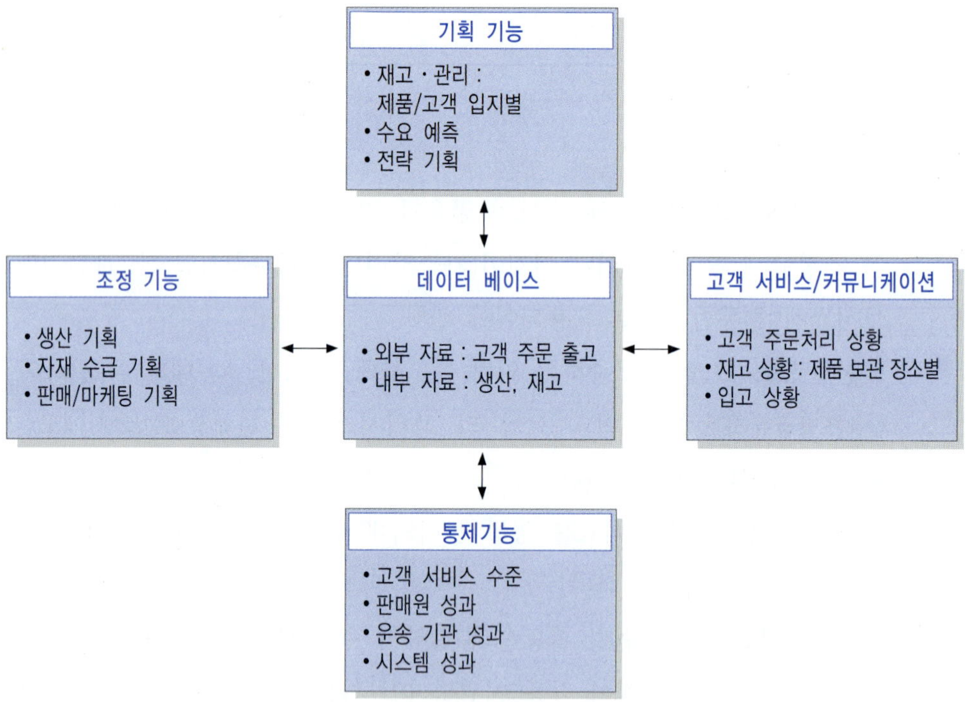

Ⅳ. 물류정보시스템의 내용

물류정보시스템은 크게 수주・출화처리시스템, 수・배송관리시스템, 창고(보관)관리시스템, 도매정보시스템, 물류관리정보시스템 등으로 분류할 수 있다.

1 수주・출화정보시스템

수주처리는 거래활동의 출발점이며 수주정보는 물류활동의 기초가 된다. 기업 내 수주 관련 부서에서 주문을 집약하는 방법은 전용회선에 의해 본사와 각 지점 그리고 물류거점을 온라인 시스템으로 연결하여 컴퓨터나 기타 통신수단을 통해 수집된다.

일반적으로 수주・출화정보시스템에서 이루어지는 절차를 살펴보면 다음과 같다. ① 유통센터나 창고 등의 재고량, 발주점, 배송능력, 거래선의 주소 등을 컴퓨터에 입력시킨다. ② 거래선에서 전화나 팩스 또는 판매차량의 순회 등에 의하여 발주하면 수주정보를 영업소나 지점의 단말기에서 입력하여 본사 컴퓨터 센터의 호스트컴퓨터에 전송한다. ③ 본사 컴퓨터센터의 호스트컴퓨터는 각종 수주를 처리하여 인근의 출하창고를 선정하여 창고에 설치되어 있는 단말기에 출하지시서를 전송한다. ④ 적재효율을 계산하여 적합률을 선정하거나 운송효율을 계산하여 배송완료보고를 입력하고 배송을 관리한다. ⑤ 출화하면 출화정보를 입력하고 배송을 완료하면 배송완료보고를 입력하고 배송을 관리한다. ⑥ 수주정보와 출화정보에서 수주잔고를 계산하고 수주관리나 판매관리 등을 한다. ⑦ 수주정보에서 재고관리를 하고 출화 정보에서 실재고의 관리를 한다. ⑧ 수주정보나 재고정보의 문의에 대응하고 영업활동을 지원한다.

2 재고관리시스템

재고를 정확히 파악하는 것은 생산계획 또는 매입계획을 수립하는 데 필수적이다. 또한 주문량에 따라 적정재고를 유지하면서 불필요한 재고를 통제하는 것은 비용절감에 도움이 된다. 재고가 다품종이거나 보관시설이 원격지에 분산되어 있을 경우에는 이러한 재고를 정확하고 신속하게 파악하는 것이 쉽지 않다. 재고관리시스템은 보관시설의 재고를 즉시 파악할 수 있도록 하는 데 도움을 준다.

③ 창고관리시스템

"창고관리시스템(Warehouse Management System : WMS)"은 최소비용으로 창고의 면적, 작업자, 설비 등 경영자원을 유효하게 활용하고, 보관시설 및 품목별로 재고상황 기록을 적정하게 유지·관리하는 창고관리시스템을 말하는 것으로 물류센터에서 화물을 관리하기 위한 정보시스템의 총칭을 말한다.

그러나 이러한 물류정보화 시스템이 단순히 창고 내에서 이루어지는 재고관리만을 위한 것은 아니다. WMS의 목적은 창고 내에서 이루어지는 모든 활동, 즉 오더와 상품의 흐름에 대한 제어, 입고와 피킹에 대한 최적화, 창고 공간 효율성 최적화, 장비와 인적자원에 대한 최적화, 물류흐름상의 정보에 대한 실시간 제공을 지원하는데 있다.

즉 창고에서 이루어지는 모든 내용을 데이터베이스화하여 필요한 모든 곳에 필요한 정보를 실시간으로 제공하며, 그 정보를 이용하여 기업은 원활한 기업활동을 위한 신속한 의사결정을 할 수 있도록 하는데 그 의미가 있다.

[그림 11-3] 창고관리시스템

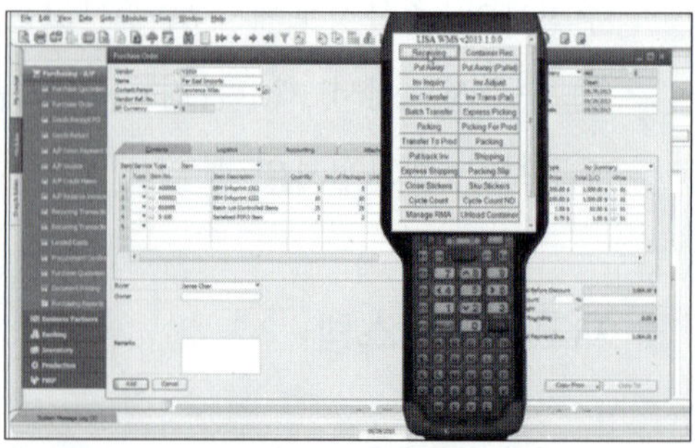

따라서 기업은 WMS(창고관리시스템)의 도입을 통해 창고를 효율적으로 관리함으로써 기업이 얻을 수 있는 수많은 이익을 창출할 수 있다.

첫째, 제품에 대한 물류흐름 정보를 고객사에게 실시간으로 제공할 수 있다. 고객사가 원하는 제품을 직접 확인하고 그 재고 여부 및 배송과 관련된 정보를 얻음으로써 자신의 구매행위에 대한 기업의 서비스 행위를 직접 느낄 수 있다.

둘째, 제품의 재고율을 적정상태에서 유지시킬 수 있다. 제품 및 원자재의 정확한 수량을 파악함으로써 생산을 제어하고 불필요한 원자재의 구입을 사전에 예방할 수 있으며 고객사의 요구에 맞추어 언제든 필요한 제품을 고객사가 원하는 곳에 원하는 시간에 배송할 수 있다.

셋째, 입고와 피킹에 소요되는 시간 및 인적자원을 절감하여 물류 흐름을 가속화 시킬 수 있다. 이전까지 매뉴얼로 이루어지던 과정을 디지털화함으로써 입고과정에서 발생할 수 있는 오류를 사전에 예방하고 화물이 입고됨과 동시에 화물의 위치를 파악할 수 있다. 또한 정확한 피킹 작업을 통해 정확한 배송이 이루어 질 수 있고 피킹에 필요한 시간과 작업인원을 혁신적으로 줄일 수 있다. 창고효율성의 증가와 화물의 위치를 로케이션으로 관리할 수 있기 때문에 물류센터의 어떤 곳, 어느 위치에 제품을 보관하여도 누구나 쉽게 화물을 관리할 수 있는 유연성이 있다. 이것은 물류센터의 공간 효율을 증대시켜 한정된 공간에 더 많은 화물을 보관할 수 있게 된다.

넷째, 업무량의 감소를 들 수 있다. 기존 물류센터에서 이루어지던 화물의 재고 파악과 피킹에 관련된 업무량을 혁신적으로 감소시켜 업무효율을 높임과 동시에 인건비 절감 효과를 가져 올 수 있다.

다섯째, Paperless 작업을 실현한다. 입고와 출고에 관련된 작업에 수행되었던 모든 서류들을 바코드 및 무선 단말기(PDA)로 서류를 일일이 확인하던 서류작업을 대체할 수 있다.

4 수 · 배송관리시스템

수 · 배송관리시스템은 주문상황에 대하여 적기에 배송체제의 확립과 최적운송계획을 수립함으로써 운송비를 절감하는 체제이다.

따라서 출화계획의 작성, 관련출화서류의 전달, 화물 및 운송차량의 추적과 확보, 적정한 배송경로의 설정, 차량적재효율의 분석, 운임계산의 명확성 등을 컴퓨터와 통신기기를 이용하여 처리하게 된다.

[그림 11-4] 수 · 배송관리 시스템

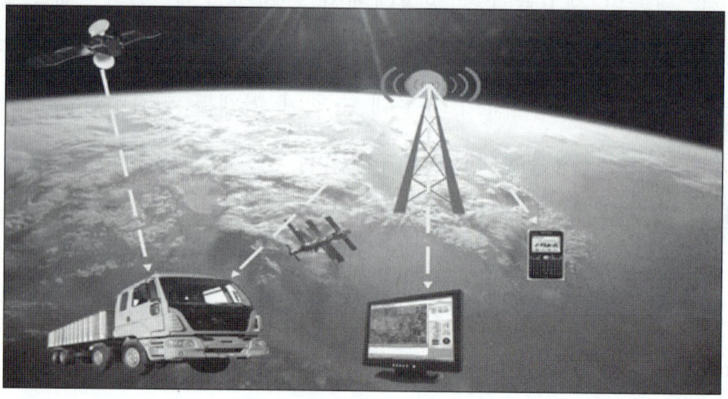

5 물류관리정보시스템

물류관리정보시스템은 수주에서 시작하여 배송에 이르기까지 전과정을 계획(plan), 실시(do), 평가 또는 통제(see)하는 시스템으로써 앞에서 설명한 각종 정보시스템을 총괄하기 때문에 중복되는 경우가 많다.

각 단계별로 살펴보면 〈표 11-1〉과 같다.

〈표 11-1〉 각 단계별 물류정보처리기능

구 분	계획(plan)	실시(do)	통제(see)
수주	수주방법 선정 주문정보 전달수단 설정	주문처리 재고확인 신용한도확인 하역능력확인 출하지시서 작성 납품서 작성 납입지연관리	수주통계분석 반품관리 납품관리

구 분	계획(plan)	실시(do)	통제(see)
재고관리	수탁장소의 수 및 위치 결정 상품재고 적정배치 재고예산 설정 표준재고 회전율설정 서비스율 설정	재고조회 응답 취소처리 입출고처리 이송처리 현품재고조사	재고예산과 재고실적이 대비 표준재고 회전율과 실적재고 회전율의 대비 과잉재고분석 견품재고분석 재고상품의 철저화, 파손분석 보관비용계산 보험료 계산
발주	발주방법 선정 주문정보 전달수단 선정	발주 미입물품파악, 독촉	발주통계분석
창고관리	창고결정(영업 · 자가창고) 창고용량결정 창고설비설계 보관형식설계 창고설비투자의 경제계산	자동화창고운전 운송장소지시 고장대책 창고설비 보전정비 배치관리	창고설비 가동분석 선반현황표 고장분석 수선비용계산 보전정비비용계산
하역	하역방법 설계 하역기기 투자의 경제계산	하역작업지시 검품	하역비용분석 하역기기 가동분석
포장	포장형식결정 화물형태결정 포장규격결정 자동포장설계	포장재료관리 포장공정관리 이종포장지시 팔레트관리 빈 컨테이너관리	포장비용분석 사고통계
운송과 배송	운송수단선정 운송경로선정 운송로트결정 다이어그램 시스템 설계 배송센터의 수 및 위치선정 배송지역결정	배차수배 화물적재지시 배송지시 발송정보 착화지에의 연락 반송화물 정보관리 화물의 추적파악	운임계산 차량적재 효율분석 차량가동분석 반품운임분석 빈 용기운임분석 오송분석 교차운송분석 사고분석
집화	집화방법선정 집화경로선정 다이어그램 시스템 설계	집화지시 납입자에게 연락	집화운임계산
종합시스템	물류종합시스템 설계 수요예측	주문처리의 흐름추적	종합실정 파악 및 분석 종합적 유통비용분석 서비스 시간 및 서비스율 분석

1) 계획단계

물류를 시스템화하기 위한 물류네트워크 설계, 운송기관 설계, 고객서비스 수준의 결정, 배송센터 등 물류시설의 배치계획 검토

2) 실시단계

영업부문과 생산부문이 사전 교섭과정을 통하여 새로운 계획이 라인부문에서 시행될 수 있는 체제의 구축

3) 평가단계

계획 및 실시된 재고량의 변동, 물류시설의 가동률, 물류비, 서비스수준, 납기 등 실적을 파악하고 그 결과를 분석하여 다음 계획에 반영

Ⅴ. 물류정보시스템의 운영기술

1 VAN

1) VAN의 정의

부가가치통신망(Value Added Network : VAN)은 1960년대 후반부터 미국에서 탄생한 것으로, 각국의 공중통신망 사업자(데이터통신처리사업자 또는 회사)로부터 통신회선을 빌려 여기에 컴퓨터와 통신장비들을 연결시켜 통신망을 구축하고, 이 통신망으로 공중통신업자가 제공하지 않는 새로운 부가기능 서비스를 제공하는 것을 말한다. 그러므로 VAN은 통신회선에 정보처리기능을 결합하여 통신과 정보처리를 온라인 네트워크로 융합시킨 것이다. 이러한 VAN의 목적은 제3자가 개재하지 않은 기업의 컴퓨터(혹은 단말기) 간에 직접 통신회선을 연결하여 기업 간에 자료를 교환하는 데 있다. VAN이란 컴퓨터 사이에 단순한 데이터를 전달하는 것이 아니라 도중의 변환처리과정을 통하여 부가가치를 발생시키게 한다는 의미에서 부가가치통신망이란 이름이 연유되었다.

서유럽에서는 통신오류제어, 속도변환, 메시지변환, 동시통보 등의 부가서비스를 제공하는 데 VAN이 많이 활용되고 있으나, 우리나라에서는 최근 기업 내적으로는 기업 내부의 업무시스템의 정보화에서부터 기업 외적으로는 국내외의 각종 기업업무정보를 효율적으로 활용하기 위한 VAN 시스템구축이 활발하게 이루어져 왔다. 즉 최근 개발하여 운영중인 물류 VAN은 화주기업들과 운송회사들 간의 물류정보의 원활한 교환을 통해 참여기업들의 물류효율성 제고는 물론 사회적으로도 자원절약형 물류를 가능하게 하는 획기적인 대안으로서 평가받고 있다. VAN과 직접연결형 통신망과의 차이는 직접 통신망을 구축하려는 기업이 통신망처리를 하는 부분을 VAN 회사에 위탁하여 통신망의 구축 및 복수기업의 기업 간의 자료교환처리를 미리 VAN 회사의 컴퓨터시스템을 공동이용하는 형태로써 통신망을 구축하는 데 있다. 이와 같은 VAN 통신망은 EDI 통신망과 함께 현재 CALS/EC의 주통신망으로 활용되고 있다.

2) VAN시스템의 유형

① **업계형 VAN :** 업계형 VAN에는 기업 간 수평공동형 VAN 혹은 동업계에서 제조업체 간 VAN, 업계종합형 VAN 등이 있다. 일용잡화, 가공식품, 과자, 완구, 의류품, 가정잡화 등을 취급하는 업계는 주로 제조업과 도매업 간의 공동이용형 기업 간 데이터정보교환네트워크를 가지고 있다.

② **거래계열별 VAN :** 단일기업형(수직형) VAN과 업계종합형 VAN으로 나눌 수 있는데, 단일기업형VAN은 핵심적 기업이 중심이 되어 자사의 거래계열 전체에 VAN 시스템을 전개한다.

③ **지역유통 VAN :** 그 지역의 복수의 중소 소매업과 도매업의 공동이용형 자동발주시스템 네트워크이다. 이 방식은 소매업으로부터 받은 발주 데이터를 각 도매점에 제공해 주는 일만 수행한다.

④ **기간 VAN :** 국가차원에서 운영되는 VAN으로써 금융, 상업, 공업 등의 부문을 광범위하게 연결한다.

⑤ **국제 VAN :** 국제적인 규모의 VAN이다.

3) VAN의 도입효과

VAN의 도입에 따른 경제적 효과는 다음과 같다. 정보전달 경로의 단축효과로 인하여 기존의 다단계 정보유통경로가 소비자 단말기를 통해 바로 정보파악이 가능해져 종전보다 훨씬 유통경로가 단축된다. 또한 상이한 업종 간의 정보교환을 통해 업무제휴가 가능해져 산업구조의 고도화를 이루어 사회발전에 기여하게 되고, 온라인을 통해 즉시 정보교환이 가능해져 본사, 지사 및 대리점 간의 시간, 거리개념을 극복시켜 업무효율성을 높이고 본사에서는 종합적인 경영관리가 가능해진다. 그리고 정보의 보편화를 통해 사회적 기회균등보장과 이에 따른 산업발전효과를 가져올 수 있다. 이는 정보수집능력이 우수한 대기업에 한정된 정보를 중소기업도 활용 가능하게 됨으로써 더 많은 업체들이 정보분석을 통한 경영효율성을 제고시킬 수 있다.

마지막으로 VAN 사업자의 네트워크 공동이용은 이를 사용하는 업체에 기회비용효과를 준다. 개개의 기업이 VAN 체제를 구축하기 위해서는 대형컴퓨터를 설치하는 것보다는 VAN 사업자의 호스트 컴퓨터를 이용하는 것이 비용, 인력, 기술면에서 보다 효율적이기 때문이다.

2 EDI

1) EDI의 정의

종전에는 서면문서화된 정보를 우편이나 팩스를 통해 전달하였다면, 최근에는 전자화된 정보를 전자적 통신매체를 통해 최단시간에 세계 각국으로 전송할 수 있게 되었다. 이러한 전자적 매체를 통한 전자적 정보의 전달체계를 소위 전자자료교환(Electronic Date Interchange : EDI)이라고 한다. 즉 국제무역에 있어서의 선적요청서(S/R), 주문서(purchase order), 상업송장(commercial invoice) 등 기업 간에 교환되는 수출입 허가(E/I 및 I/L), 수출입신고서(E/D 및 I/D), 수출입면허장(E/P 및 I/P) 등 기업과 행정관청 사이에서 교환되는 행정서식을 일정한 형태를 가진 전자메시지로 변환처리하여 상호 간에 합의한 통신표준에 따라 컴퓨터와 컴퓨터 간에 교환되는 전자문서교환시스템을 EDI라 할 수 있다. UN경제위원회가 정의한 바에 따르면, EDI란 상거래 또는 행정절차에 관련된 자료 및 메시지를 구조화하기 위해 합의한 표준규약(protocol)을 사용하여 컴퓨터 간에 행해지는 상거래 또는 행정절차의 전자적 전송이라고 설명하고 있다. 보다 구체적으로 보면, EDI는 ① 상거래 또는 행정절차에 관한 자료 또는 메시지를, ② 다른 기업이나 조직에 있는 컴퓨터와, ③ 통신회선을 매개로, ④ 해당기업의 컴퓨터가 처리하는 서식(format) 등에 맞게 변환될 수 있도록, ⑤ 어떤 합의된 표준에 의거하여 전송하는 것이라고 할 수 있다.

2) EDI의 구성요소

EDI의 구성요소에는 통신방법의 표준화에 관한 EDI 표준, 전자문서의 송수신을 위한 소프트웨어, 양 당사자를 연결시켜 주는 통신네트워크, 그리고 EDI 거래에 따른 약정 등이 있다. 각각에 대하여 간략히 소개하면 다음과 같다.

EDI 표준이란 EDI 사용자 간에 교환되는 전자문서의 내용, 구조, 통신방법 등에 관한 일련의 규칙 및 지침이라 할 수 있다. 즉 EDI 표준이란 컴퓨터시스템을 보유한 거래당사자 간에 전자문서의 자유로운 교환을 보장하는 공통언어라 할 수 있다.

다음으로 전자문서의 송수신을 위한 소프트웨어란 사용자에게 편리하게 문서를 작성할 수 있도록 개발된 응용프로그램을 말하며, 이는 비표준화된 양식의 정보를 표준화된 양식으로 바꾸어 통신표준에 맞게 변환시켜 송수신할 수 있도록 해주는 것을 말한다.

그리고 통신네트워크란 전자문서의 통신을 위한 통신망으로써 기존의 종이서류방식에의 우체국의 역할과 같다고 할 수 있다.

마지막으로 EDI는 기업 내부의 업무처리 전산화가 아니라 서로 다른 업무처리시스템을 가지고 있는 거래상대방과의 자료교환이기 때문에, EDI 업무처리에 따른 제반 사항들에 대해 거래당사자 간에 미리 거래약정을 맺는 것이 매우 중요하다. EDI 거래약정으로는 EDI로 처리할 전자문서 및 적용시킬 표준, 시스템 운영, 오류발생이나 분쟁발생 시의 해결방법 등을 들 수 있다.

[그림 11-5] EDI

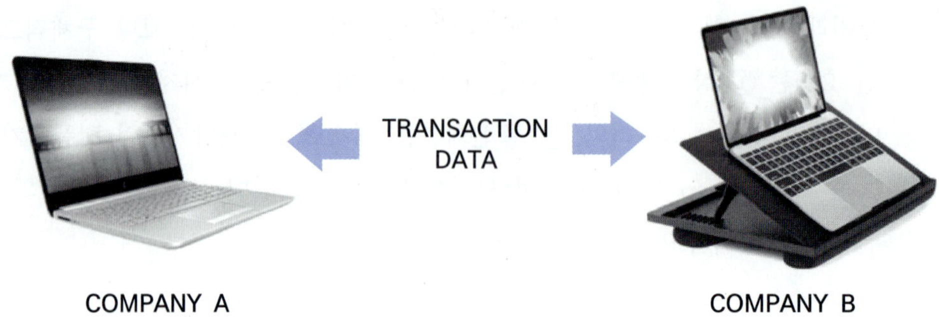

3) EDI의 도입효과

EDI를 도입함으로써 이룰 수 있는 구체적인 효과를 간략하게 설명하면 다음과 같다.

① 기재내용상의 오류발생을 감소시킬 수 있다.
② 시간을 절약하여 생산성을 증대시킬 수 있다.
③ 사무처리비용 및 인건비 등의 운영비를 절감시킬 수 있다.
④ 신속·정확한 주문과 전달을 통하여 고객서비스를 증대시킬 수 있다.
⑤ 신속한 의사결정이 가능하다.
⑥ 다른 정보통신망과의 연계에 의해 다각적인 정보망 구축이 가능하다.

3 CALS/EC

1) CALS

(1) CALS의 정의

CALS는 초기에는 컴퓨터에 의한 서류교환 및 자료전달 등의 물류활동(computer aided logistics)이 중심이 되었으나, 점차 발전하여 컴퓨터의 지원을 통한 조달 및 물류활동지원(computer aided acquisition & logistics support)이 중심이 되었다. 그 후 제품의 연속획득 및 수명주기지원(continuous acquisition & life-cycle support)체제로 그 개념이 확대되었다가, 전자상거래가 활성화됨에 따라 모든 물류활동의 광속과 같은 전자거래(commerce at light speed)의 개념으로 발전되었다. CALS의 정의의 변천만큼이나 여러 가지로 정의되어 있다.

미국 국방성의 MIL핸드북(1998)에 보면 CALS란, 표준 및 정보통합기술을 이용하여, 군장비품 등의 설계개발생산, 취득(조달), 관리 및 후방지원이라는 수명주기(life cycle) 전반에 걸친 경비의 절감, 리드타임의 단축과 품질의 향상을 행하기 위하여 관・민일체의 전략적인 어프로치라고 정의하였으며, 일본전자공업진흥협회(1995)는 "원재료 조달에서의 생산, 판매까지의 기업활동에 관한 정보를 전산 네트워크화하여 기업이나 국가의 틀을 넘어서 공유하고자 하는 발상・사고이다."라고 정의하였다.

이러한 CALS의 여러 정의를 정리하면 제품 또는 시스템의 요구, 설계, 개발, 생산, 운용, 보수, 폐기라는 전 사이클 활동에 '표준화' 및 '정보통합기술'을 적용하여, 라이프사이클 코스트의 절감, 개발 리드타임의 단축 및 품질향상을 목표로 하되 '전자정보고속도로'라는 네트워크를 토대로 하여 글로벌한 기업활동을 실현하는 것이라고 정의할 수 있다.

(2) CALS의 목표

CALS가 도입되기 위해서는 관련기업과 산업 간에 공유되는 정보의 표준화는 물론 입력・교환을 표준화하며, 정보교환과 공유를 위한 규칙이 체계화되어야 한다. 표준화된 정보와 정보기술을 기본으로 하여 도입된 CALS는 기업 내의 업무를 통합함은 물론 ISDN 네트워크에 의해 기업 간 또는 산업 간의 연계가 이루어져야 한다. 제품생산과 관련된 업무과정의 모든 정보를 표준화하여 기업활동을 통합하게 되는 것이다. 또한 기업 간에 개별적이거나 중복된 정보의 흐름이 산업 내 표준을 통해 기업 간 정보의 공유를 가능하게 하는 것이 CALS의 목표이자 이상이라 할 수 있다.

2) EC

정보기술의 발달로 개인형 소형 컴퓨터의 기능이 향상되고 그 가격이 낮아짐에 따라 컴퓨터는 TV나 전화기와 같은 하나의 생활필수품으로 등장하게 되었다. 또한 통신기술의 급속한 발달로 전화선을 이용한 통신뿐만 아니라 전용회선이나 위성 등을 이용한 최첨단 통신서비스가 널리 보급되기에 이르렀다. 이러한 요인들에 근거하여 오늘날 새로운 유형의 상거래방식이 도입되고 있는 바, 이것이 곧 전자상거래(electronic commerce)이다.

원래 전자상거래라는 용어는 1989년 Lawrence Livermore National Laboratory에서 미국 국방성의 프로젝트를 수행하는 과정에서 처음으로 사용되었으며, 1993년 미국 연방정부의 구매/조달업무에서 이 용어를 전면적으로 사용하면서 일반화되기 시작하였다. 처음에는 전자상거래가 인터넷과는 관계없이 정보기술을 이용하여 종이문서가 없는 환경을 조성하기 위해 제안되었으며, 따라서 주로 EDI와 같은 기업 간 거래에 한정시켜 사용되었다. 그러나 1994년 World Wide Web(WWW)의 출현에 따라 인터넷이 확산되면서, 전자상거래는 기업 간 거래뿐만 아니라 기업과 소비자 간의 거래 및 개인과 공공기관과의 거래에 이르기까지 그 적용범위가 넓어져 가고 있다.

이처럼 인터넷의 등장에 따라 전자상거래가 확산된 주요 요인은 과거 별도의 소프트웨어를 구매하고 비싼 통신료를 지급해야 했던 기존의 사설 데이터시스템이나 VAN을 이용하는 경우보다 인터넷을 이용할 경우 그 비용이 매우 저렴하고 이용이 간편해졌기 때문이라 할 수 있다.

3) CALS/EC

인터넷과 같은 컴퓨터망을 통한 전자상거래(EC)가 부상하면서 CALS가 여기에 흡수되어 CALS/EC로 용어가 변환되었다. 향후 CALS/EC에 EDI가 결합되어 CALS EC/EDI로 확대해 나갈 것으로 예상된다.

4 POS

1) POS의 정의

POS(Point of Sales) 시스템이란 종래의 키인(Key In) 방식에 의한 레지스터가 아닌 광학적 자동판독방식의 레지스터에 의해 단품별로 수집된 판매정보와 매입, 배송 등의 활동에서 발생하는 각종 정보를 컴퓨터로 처리하여 각 부문이 유용하게 활용할 수 있는 정보로 가공·전달하는 시스템으로, 소매업의 종합경영 정보시스템을 의미한다.

POS 시스템은 점포활동에 수반되어 발생하는 정보 중에서 컴퓨터에 입력할 필요가 있는 정보를 POS 터미널에서 일원적으로 수집하여, 경영활동에 이용하는 시스템으로 '판매시점 정보관리시스템'이라고 불리고 있다.

2) POS 시스템의 구성

POS 시스템을 기기적인 측면에서 보면 바코드, 스캐너, POS 터미널, 스토아컨트롤러 등으로 구성되어 있다. POS 시스템의 업무흐름을 보면서 시스템구성을 설명하면 다음과 같다. ① 우선 POS시스템이 제기능을 발휘하기 위해서는 모든 상품에 바코드가 인쇄되어 있어야 한다. ② 상품판매 또는 화물관리 시, 판매자 또는 관리자는 바코드를 스캐너로 읽어 들인다. ③ 이렇게 읽어 들인 정보는 점내에 설치된 컴퓨터로 전송된다. ④ 컴퓨터에는 항상 그 상품의 최신 가격 및 상품명 또는 화물관련정보 등의 정보가 있으며, 정보를 POS 터미널로 다시 보내어 영수증 또는 접수증을 출력하고 판매 또는 관리정보는 컴퓨터 내에 차곡차곡 쌓아 둔다. ⑤ 이렇게 모아둔 정보를 이용해 상품 또는 화물별 판매량, 재고량 등 필요에 따라 여러 가지 정보를 만들어 볼 수 있다. 또한 이 정보는 온라인을 통해 본부로 송신되기도 한다. POS 터미널은 과거의 금전등록기 기능에 바코드나 신용카드의 판독기능과 함께 기록, 통신 등의 기능도 지니고 있다.

3) POS 시스템의 도입효과

일반적으로 POS 시스템의 필요성은 상품 및 화물관리, 고객관리, 종업원관리 등의 효율화로 집약된다. 단품별로 매출정보를 수집, 보관함으로써 그 정보에 기초한 상품 및 화물관리를 효과적으로 수행할 수 있다. 월별, 주별, 일별 매출정보를 기초로 정확한 마케팅 정책을 수립할 수 있으며 상품계획에 있어서도 인기상품 및 비인기상품 리스트를 통해 현상황에 맞는 시기적절한 상품구색을 갖출 수 있다. 또한 이익관리와 상품관리의 분석자료를 이용해 상품에 대한 매출변화 또는 화물의 물류, 유통 상황을 즉시 파악할 수 있으므로 상품과 화물의 현재 상황과 앞으로의 대처방법 등을 즉시 이행할 수 있다. 고객관리 측면에서 볼 때 고객의 연령 및 성별, 구입금액 등의 정보를 통해 고객동향을 빠르고 쉽게 파악할 수 있다.

5 EOS

1) EOS의 정의

EOS(Electronic Ordering System)란 보충발주시스템으로 불리는 바와 같이 매장에 진열된 상품을 보충하기 위해 필요한 수량을 발주하는 시스템을 말한다. EOS는 매장의 공간을 효율적으로 하기 위해서 랙을 정리 정돈하면서, 랙 등에 보충해야 할 수량을 휴대형 단말기에 입력하여 이 데이터를 본부에 송신하는 것이다.

2) EOS의 도입효과

① 발주시간의 단축, 발주오류의 감소로 발주작업의 효율성을 제고시킬 수 있다.

② 신속, 정확한 발주체계가 갖추어지므로 많은 양의 물품확보가 불필요해져 재고제로화가 가능하여 재고관리비용이 절감되며, 창고를 진열공간으로 활용할 수 있다.

③ EOS 시스템에 의해 오납, 결품이 감소되어 검품에 필요한 시간 · 인력이 절약된다.

④ 전표업무를 절감시킬 수 있다.

⑤ 원활한 발주관리시스템이 갖추어지면 POS 시스템과 병행하여 효율적인 점포종합관리시스템을 구축할 수 있다.

⑥ 수주 및 반품 처리 업무의 효율성을 제고시킬 수 있다.

⑦ 납품 후 발주 등 비정상적인 거래를 근절시킬 수 있다.
⑧ 다양한 고객의 요구에 대응할 수 있는 서비스 체제의 향상을 가져온다.
⑨ 수·발주데이터를 토대로 하여 보다 합리적인 영업관리를 할 수 있다.
⑩ 납품에 필요한 배차횟수감소, 인력절감과 시간단축을 이루어 효율적인 물류체제를 확립할 수 있다.

6 TRS

1) TRS의 정의

주파수 공용통신(Trunked Radio System : TRS)은 이동통신과 무전기를 결합한 통신시스템이다. 거대한 셀을 여러 곳에 배치하고, 그 셀을 이용하여 통신을 하되, 동시사용으로 입력된 여러 사용자들에게 동시에 통신을 할 수 있다. 같은 주파수대역을 공유하며 한 사람이 말하면 여러 사람이 한꺼번에 듣는 무전기와 비슷한데, 그것을 전국규모로 가능하게 한 무선통신 서비스이다. 무전기와 다른 점이라면 그 주파수 채널을 여러 단체가 공유하면서, 어느 채널을 쓴다고 정하는 게 아니라 남는 채널을 찾아가면서 함께 쓰게 되어 주파수 효율이 높다는 점이다. 일반 이동전화와 달리 전화를 걸 필요도 없이 거의 즉시 여러 명에게 동시다발적으로 전송이 가능하기 때문에 개인용이 아니라 물류기업과 같은 단체용으로 그 효율이 매우 높다. 또한 일반 전화망과 연결되어 전화도 가능하기 때문에 이동전화의 기능과 무전기의 두 가지 기능을 할 수 있다. TRS는 저렴한 비용으로 가입자 간의 그룹통화, 개별통화와 같은 다양한 통신방법이 가능하나, 통화시간의 제한이 있고 같은 망의 가입자 이외의 불특정 다수와는 통신할 수 없는 단점이 있다.

2) 특징

TRS 서비스의 특징으로는 먼저 일대 다수의 무선통신이 가능하다는 것이며, 가입자는 현재 소속된 중계국의 어느 채널이라도 사용이 가능하고, 또한 일제통신(group call), 개별통신, 긴급통신, 공중전화망과의 접속, 그리고 데이터 전송이 가능하며, 가입자가 소속된 중계국의 어떠한 채널이라도 이용이 가능하다는 점을 들 수 있다.

주파수공용통신은 아날로그 방식과 디지털 방식으로 구분할 수 있으며 현재 주로 채택되고 있는 디지털 TRS의 경우 음성 및 데이터를 디지털 신호로 세분해 미리 정해진 순서대로 각 채널을 이동하면서 전송시키는 FHMA(Frequency Hopping Multiple Access) 방식을 사용, 기존의 아날로그 방식에 비해 채널당 최대 25~30배 정도 많은 주파수를 수용할 수 있으며 음성을 포함한 다양한 형태의 데이터 송수신 기능과 다양한 부가서비스, 보안성, 통화품질 등에서 장점이 있지만, 단방향 통신망이 가능하다는 단점이 있다.

3) TRS의 도입효과

① **물류비용절감** : 신속・정확한 배차관리, 최적・최단거리 운행경로 선정, 합리적 배차계획 수립 및 업무추리시간 단축

② **고객서비스 개선** : 신속한 화물배송, 정확한 배송시간의 약속

③ **효율적 차량관리**

④ **부가적 서비스** : 운전자에 교통정보, 기상정보 등의 생활정보 제공, Pager 기능, 음성사서함, 팩스사서함기능 등

7 GPS

1) GPS의 정의

GPS(Global Positioning System)란 인공위성을 이용한 위치확인 통신망으로 위성으로부터 전파를 수신하여 그 소요시간으로 운송차량의 위치를 산출하는 것으로 선박이나 트럭 등의 위치관측에 사용된다. 위치정보는 GPS 수신기로 3개 이상의 위성으로부터 정확한 시간과 거리를 측정하여 3개의 각각 다른 거리를 삼각 방법에 의하여 현 위치를 정확히 계산할 수 있다. 나침반과 달리 위성항법시스템은 위도・경도・고도의 위치뿐만 아니라 3차원의 속도정보와 함께 정확한 시간까지 얻을 수 있다.

인공위성을 이용한 항법시스템 GPS는 미국 국방성의 주도로 개발이 시작되었

으며, 위성그룹과 위성을 감시・제어하는 지상관제 그룹, 그리고 사용자가 그룹으로 구성되어 있다. 위성 그룹은 모두 24개의 NAVSTAR (navigation satellite timing and ranging) 위성으로 구성되었으며, 22,000km의 지구상공에 있는 6개의 원궤도에 원자모형처럼 분포되어 있다.

2) GPS의 도입효과

① 차량 운행 경로의 상황파악 및 업무지시 가능
② 교통혼잡 시 신속하고 정확한 교통정보 제공
③ 물류거점의 대기시간 감소 및 화물 수용률 증대
④ 효율적인 배차관리로 공차 운행의 최소화 및 물류비용 절감
⑤ 차량의 적재율 향상으로 배송비용 절감
⑥ 소비자 욕구에 신속한 대응
⑦ 물류정보시스템의 효율적인 구축 및 자동화 실현
⑧ 차량 및 근무자의 합리적 관리
⑨ 운항중인 선박의 관리 및 통제

8 RFID

1) RFID의 정의

RFID(Radio Frequency Identification)(IC 태그, 전자태그)는 제품에 붙이는 태그(tag)에 생산, 유통, 보관, 소비의 전과정에 대한 정보를 담고 자체 안테나를 갖추고 있으며, 리더(reader)로 하여금 이 정보를 읽고, 인공위성이나 이동통신망과 연계하여 정보시스템과 통합하여 사용되는 활동, 또는 칩을 말한다. RFID 시스템은 태그와 판독기 및 이를 처리하는 애플리케이션(application)으로 구성되며, 주로 개별 상품, 케이스(박스), 팔레트 등에 태그를 부착하여 사용하며 판독기를 통해 태그에 정보를 읽고 쓸 수 있다.

RFID는 바코드에 비해 환경오염에 강하며, 메모리를 가지고 있어 정보의 읽고 쓰기가 가능하고, 상자 등에 쌓여 있어도 투과되어 인식될 수 있으며, 다중 고속 인식이 가능한 특징을 갖는다.

스마트 태그(smart tag) 또는 RFID는 무선신호를 통해 비접촉식으로 사물에 부착된 얇은 평면 형태의 태그를 식별하여 정보를 처리하는 시스템으로서, 판독 및 해독기능을 하는 RFID 판독기와 정보를 제공하는 RFID 태그, 운용소프트웨어 및 네트워크로 구성된다.

RFID는 물류, 교통, 보안, 안전 등의 다양한 응용분야에 활용되면서 높은 관심을 모으고 있으며 유망기술의 하나로 대두되고 있다. 응용서비스의 예로서 쇼핑센터의 도난방지, 맹인을 위한 말하는 약품과 같은 안전시스템, 위조방지장치, 동물추적장치, 자동차안전장치, 개인출입 및 접근허가장치, 자동요금징수시스템, 생산관리, 운송컨테이너 화물추적시스템 등 다양한 분야가 가능하며 일부는 이미 산업현장에서 유용하게 활용되고 있다.

2) RFID의 구성과 특징

RFID는 안테나가 포함된 리더기(interrogator)를 통하여 무선 통신에 의해서 접촉하지 않고 태그(transponder)의 정보를 판독하거나 기록하고 프로토콜로 데이터를 교환하는 태그서버 등으로 구성된 일종의 무선통신시스템이며, 무선 IC 태그라고도 한다.

각 부분의 기능을 보면 리더기는 RFID 태그에 읽기와 쓰기가 가능하도록 하는 장치이고 안테나는 주파수와 프로토콜로 태그에 저장된 데이터를 교환하도록 구성되어 있다. 태그는 데이터를 저장하는 핵심기능을 담당한다. RFID는 비접촉식으로 여러 개의 태그를 동시에 인식할 수 있고 먼 거리에서 이동 중에도 인식이 가능하다. 또한 장애물의 투과기능도 지니고 있기 때문에 교통분야에도 적용 가능하며 반영구적인 사용이 가능하다는 장점이 있다. 또한 태그에 대용량의 데이터를 반복적으로 저장할 수 있으며, 데이터의 인식속도도 타 매체에 비해 빠르다. RFID 태그는 모양과 크기가 다양하며 전원 공급 여부에 따라 능동형 태그와 수동형 태그, 그리고 사용하는 주파수 대역에 따라 저주파 시스템과 고주파 시스템으로 나뉜다(〈표 11-2〉 참조).

〈표 11-2〉 RFID태그 구분

분류기준	구분	특　징
전원여부	능동형 태그	· 내장 배터리 사용 · 읽기, 쓰기 · 다양한 크기의 메모리 · 최장 사용기간 10년(온도와 전원에 따라 다양) · 데이터 교환범위 ; 30~100m
	수동형 태그	· 내장 배터리나 외부전원 공급 없음 · 간단한 구조 · 저렴한 비용 · 반영구적 수명 · 짧은 가독 거리 · 높은 출력의 판독기 필요 · 전형적인 형태 : Read-only Tag(변경되지 않는 32~128비트의 데이터가 삽입되어 있음)

향후 RFID는 현재 많이 사용되고 있는 바코드를 대신할 가능성이 있다. 바코드에는 가격, 제조일과 같은 제한된 정보만 담을 수 있는 반면 RFID는 기억용량에 제한이 없어 기존바코드에 기록할 수 있는 가격, 제조일 등 정보 외에 제품의 원산지, 제품의 중간 이동과정, 제품의 현재 상태, 제품의 구매이력 등 다양한 정보를 담을 수 있다는 장점이 있다. RFID 기술은 메모리 용량의 확대와 인식거리의 연장, 더 빠른 프로세스 등을 개선함으로써 그 활용도가 증가할 것으로 전망된다.

[그림 11-6] RFID의 작동원리

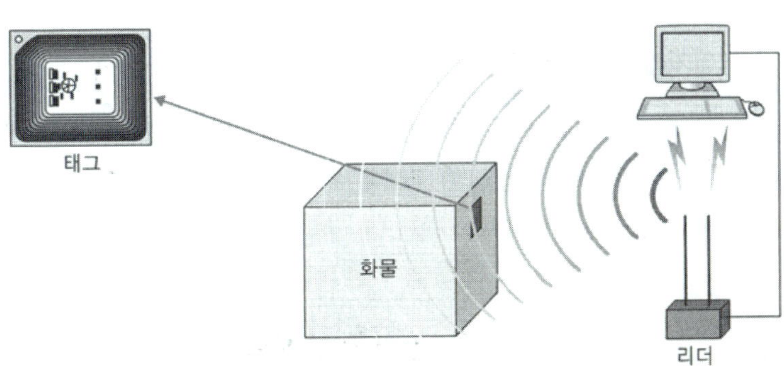

9 Bar Code

1) Bar Code의 정의

바코드는 굵거나 가는 바(검은 막대)와 스페이스(흰 막대)의 조합에 의해 영숫자 또는 특수 기호를 광학적으로 판독하기 쉽게 부호화한 것이다. 이것을 인용하여 정보의 표현과 정보의 수집, 해독을 가능하게 한다.

문자나 숫자를 나타내는 검은 바와 흰 공간의 연속으로 바와 스페이스를 특정하게 배열해 이진수 0과 1의 비트로 바뀌게 되고 이들을 조합해 정보로 이용하게 된다.

이들은 심벌로지라고 하는 바코드 언어에 의해 정의된 규칙에 의해 만들어진다. 즉 바코드는 컴퓨터 내부 로직의 기본인 0과 1의 비트로 이루어진 하나의 언어이다.

바의 두께와 스페이스의 폭의 비율에 따라 여러 종류의 코드 체계가 있다. 이 인쇄된 코드는 바코드 인식 장치에 빛의 반사를 이용해서 데이터를 재생시켜 재생된 데이터를 수집·전송하는 것이다.

현재 세계적으로 사용되는 코드로는 국제표준코드(Global Standards #1 : GS1)이며, 기존의 세계공통상품코드(Universal Product Code : UPC), 유럽공통상품코드(European Article Number : EAN) 등을 표준화하였다. EAN/UPC International과 EPC Global이 통합되어 GS1이 되었다.

2) 국제 바코드 표준체계

(1) 국제거래단품식별코드(Global Trade Item Number : GTIN)

거래단품은 공급사슬 상에서 가격이 매겨지거나 주문 단위가 되는 상품을 말하며, 소비자에게 판매되는 모든 낱개 상품뿐만 아니라 묶음 상품, 기업 간 주문 단위로 이용되는 골판지 상자 단위도 거래단품의 범주에 포함된다.

GTIN의 종류에는 GS1-8(8자리), GS1-13(13자리), GS1-14(14자리)가 있으며, 이를 전산으로 처리할 경우에는 모두 14자리로 입력해야 하므로 각 코드의 앞에 '0'을 채워 14자리로 만든 후 데이터베이스에 입력한다.

[그림 11-7] Bar Code 숫자의 구성

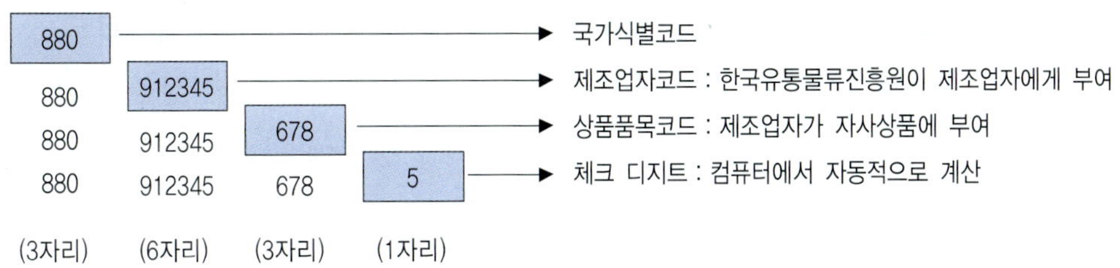

(2) Bar Code의 종류

(가) 1차원 바코드

① GS1-13(다품목 코드) : 이 코드는 13자리의 숫자로 구성된 코드로 현재 전 세계에서 사용되고 있는 국제표준이다. 국가식별코드의 3자리 숫자는 국가를 식별하는 코드로 대한민국은 항상 880으로 시작되며, 세계 어느 나라에 수출되더라도 우리나라 상품으로 식별된다. 그러나 국가식별코드가 원산지를 나타내는 것은 아니다. 1981년까지 EAN(European Article Number)에 가입한 국가는 국가식별코드가 2자리이며, 1982년 이후에 가입한 국가는 국가 식별코드가 3자리이다.

제조업자코드는 한국유통물류진흥원에서 제품을 제조하거나 판매하는 업자에게 부여하며 업자별로 고유코드가 부여되기 때문에 같은 코드가 중복되어 부여되지 않는다. 상품의 제조업자를 나타내는 코드로 5자리 다품종 업체에 63000~69999번까지 부여된다.

제조업자코드 다음의 4자리는 상품품목코드로서 제조업자코드를 부여받은 업자가 자사에서 취급하는 상품에 임의적으로 부여하는 코드이며, 0000~9999까지 총 10,000품목의 상품에 코드를 부여할 수 있다.

체크디지트는 스캐너에 의한 판독 오류를 방지하기 위해 만들어진 코드로, 바코드가 정확하게 구성되어 있는가를 보장해주는 컴퓨터 체크디지트를 말한다.

② GS1-13(표준형 B) : 이 코드는 취급상품의 품목수가 상대적으로 적은 업체

를 위한 코드이다. 국가식별코드는 국가를 식별하기 위한 숫자로 2~3자리로 구성된다. '82년 이전 EAN International에 가입한 국가는 2자리이며, '82년 이후에 가입한 국가는 3자리가 부여되었다. 제조업자코드는 상품의 제조업자를 나타내는 코드로 6자리로 구성되어 있다. 상품품목코드는 각각의 단품을 나타내는 코드로 총 1,000 품목에 부여할 수 있다. 체크디지트는 스캐너에 의한 판독 오류를 방지하기 위해 만들어진 코드로 modulo 10방식에 의해 계산된다.

③ **GS1-14**(표준물류코드) : 물류표준바코드인 GS1-14는 업자간 거래단위인 물류단위(Logistics Unit), 주로 골판지박스에 사용되는 국제표준물류바코드로서 생산공장, 물류센터, 유통센터 등의 입·출화 시점에 판독되는 표준바코드를 말한다.

GS1-14는 통상적으로 동일 상품이 집합포장된 경우에 사용되기 때문에 물류식별코드를 제외한 단품코드인 GS1-13은 박스 안에 들어있는 개별포장의 GS1-13과 일치한다. GS1-14는 포장재를 개봉하지 않고도 직접, 내용물의 개별포장이 무엇인지를 자동적으로 판독하여 식별하기 위해 개발된 것이다.

[그림 11-8] 표준물류코드의 체계

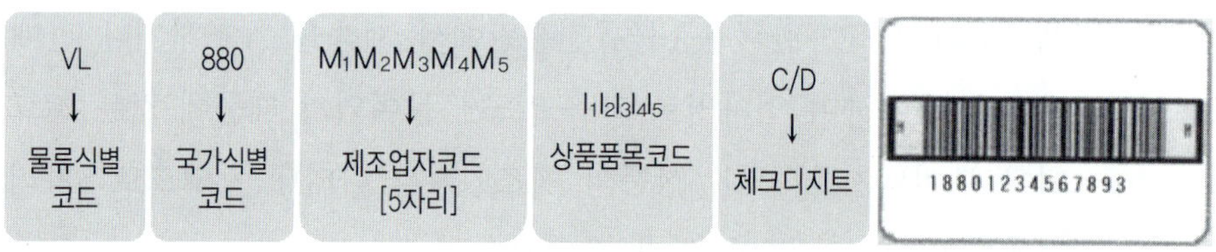

표준물류바코드를 활용할 경우 그 이점은 다음과 같다.

- 물류센터 내 검품, 거래처별·제품별 소팅, 로케이션관리의 자동화
- 물류센터 내 실시간 재고파악을 통한 재고관리의 효율화
- 생산에서 배송까지의 제품이동의 신속·정확화 : 수주에서 납품까지의 리드타임 단축 등
- 물류단위 중심의 EDI 거래 촉진

〈표 11-3〉 물류식별코드

물류식별 코드	내 용
0	박스 내 소비자 구매단위가 혼합되어 있는 경우 : GTIN에 따른 식별코드 구분
1~8	박스 내에 동일한 단품만이 들어 있는 경우 : 물류식별코드는 박스에 포함된 단품 개수의 차이를 구분
9	추가형(Add-on)코드가 있는 경우 : 계량형 상품

④ **GS1-128** : GS1-128은 물류단위(박스, 팔레트, 컨테이너 등)에 다양한 정보를 표시하고자 하였으며, 기업간 · 산업간에 상호호환이 가능한 표준정보를 담을 수 있는 코드에 대한 욕구가 발생하면서 등장하였다.

GS1-128은 코드를 인쇄한 기업에 관계없이 어느 국가, 어느 장소, 어떤 기업에서도 사용 가능한 개방화된 표준이며, 기업들이 필요로 하는 새로운 정보가 발생할 경우, 기존의 시스템에 대한 변경이 전혀 불필요하여 새로 정의하여 사용할 수 있는 이점을 갖고 있다.

GS1-128의 정보의 정보는 다음과 같다.

- **식별번호** : 상품식별, 물류단위식별, 변형된 제품식별, 제품모델번호, 카탈로그식별, 회수자산식별
- **추적번호 및 일자표시** : 상품, 물류단위에 대한 추적/배치 · 로트번호/일련번호, 유효기간, 생산일자, 포장일자, 최대사용일자
- **척도단위** : 창고공간관리시스템, 운송서비스에 대한 물류측정단위에 사용, 상품내용물이 주문자 또는 상품특성에 따라 변하는 경우
- **로케이션관리** : 배송처, 청구처, 구매처, 원산지
- **기타** : 롤제품, 쿠폰, 기업 내부 활동

(나) 2차원 바코드

2차원(2D) 심볼로지는 양축(X방향, Y방향)으로 데이터를 배열시켜 평면화시킨 것으로 1980년대 등장했다. 1차원 바코드와 비교해 보았을 때 2차원 코드의 장점은 다음과 같다.

[그림 11-9] 2차원 바코드

다층형 (stack) 코드	하나의 심볼 안에는 최소 2개 이상의 열을 포함 PDF 417 Code 16K Code 49
매트릭스형 (matrix) 코드	정방형의 동일한 폭의 흑백 요소를 모자이크식으로 배열하여 데이터를 구성하기 때문에 심볼은 체크 무늬 형태 Maxicode Code Datamatrix ArrayTag Dot Code

- 하나의 심볼에 대용량의 데이터를 포함시킬 수 있음
- 좁은 영역에 많은 데이터를 고밀도로 표현할 수 있음
- 공간 이용률이 매우 높음
- 심볼이 오염되거나 훼손되어 데이터가 손상되더라도 오류를 검출하여 복원하는 능력이 탁월함
- 심볼 인쇄 및 판독이 쉽고 심볼의 판 360도 다방향으로 할 수 있음
- 한국어를 비롯한 모든 외국어 그리고 그래픽 정보까지도 표현할 수 있음

3) Bar Code 부착방법

(1) 소스마킹(source marking)

소스마킹이란 바코드 부착 방법의 하나로, 제조업자에서 직접 바코드를 붙이는 것을 말한다.

해당 상품의 정보를 나타내는 바코드를 상품의 포장이나 용기에 인쇄하는 한국의 경우 코드관리기관인 한국유통물류진흥원에서 표준바코드를 부여받아 사용

한다.

소스마킹을 통해 대형 할인점 및 서점, 백화점 등 유통 서비스업자의 POS시스템 도입에 따라 전세계적으로 활용되며, 이를 통해 제조업자는 생산 계획, 광고 효과, 시장점유율 등을 정확하게 파악할 수 있고, 유통업자는 매출의 등록과 계산을 간편하고 신속하게 처리함은 물론 상품의 판매동향을 비교·분석할 수 있다.

(2) 인스토어 마킹(instore marking)

인스토어 마킹이란 소스마킹과는 달리 소매업자에서 상품 하나하나에 자체적으로 설정한 바코드 라벨을 붙이는 것을 말한다. 주로 소스마킹을 실시할 수 없는 생선·정육·채소나 과일 등 청과물에 제한적으로 사용한다. 소스마킹된 상품은 상품마다 고유식별번호를 가지고 있어 같은 품목에 대하여 전세계 어디서나 동일 번호로 식별되지만, 인스토어 마킹의 경우에는 같은 품목이라도 소매업자마다 번호가 달라질 수 있다.

〈표 11-4〉 소스마킹과 인스토어마킹

소스마킹		인스토어마킹
마킹장소	제조업자 또는 판매원이 부착	점포, 가공센터에서 부착
표시내용	국가식별코드(3자리) 제조업자코드(4자리) 상품품목코드(5자리) 체크디지트(1자리)	별도의 표준코드 체계
대상상품	공장 제조상품	정육·생선·청과 및 소스마킹이 안된 가공식품, 잡화
활용지역	전세계 공통사용	인스토어마킹을 실시하는 업체에서 사용가능
비용	포장지에 직접인쇄 비용절감	바코드 라벨 각각 부착 : 인원필요

10 블록체인

블록체인(Block Chain)이란 '누구나 열람할 수 있는 디지털 장부에 거래 내역을 투명하게 기록하고, 여러 대의 컴퓨터에 이를 복제해 저장하는 분산형 데이터 저장기술'이다. 블록체인은 분산원장(distributed ledger) 또는 공공 거래 장부라고도 불리며, 암호화폐로 거래할 때 발생할 수 있는 해킹을 막는 기술에서 출발했다. 이 블록체인 기술을 자세히 말하면 인터넷상에서 서로 알지 못하는 다수의 상대방과 거래를 할 때 블록으로 연결된 데이터를 중앙 서버가 아닌 사용자들의 개인 디지털 장비에 분산/저장하여 공동으로 관리하는 탈중앙화된 개방형 정보공유 저장기술이라고 할 수 있다.

블록체인은 크게 개방형(Public)과 폐쇄형(Private)으로 나눌 수 있다. 블록체인 네트워크에 누구나 참여할 수 있고, 참여한다면 동일한 역할과 권한이 주어지는 것이 개방형 블록체인이라면 폐쇄형 블록체인은 네트워크 참가자의 허가를 통해 참가를 제한한다. 물류와 공급망관리에서 활용되는 블록체인은 폐쇄형 블록체인이라고 할 수 있다.

이러한, 블록체인을 무역거래에서 이용할 경우 거래내용의 위변조가 불가능하여 계약의 신뢰를 향상시킬 수 있다. 또한, 신속한 처리 및 실시간 정보 업데이트가 가능하게 되어 계약의 진행상황을 실시간으로 파악할 수 있다. 그리고 블록체인 기술이 물류관리에 적용될 경우, 공급사슬의 가시성과 투명성을 제고시킬 수 있다. 전 물류과정의 파트너들과 실시간으로 정보를 공유함으로써 물류 효율성 및 안정성을 혁신적으로 개선할 수 있다.

[그림 11-10] 운송주체별 블록체인 도입 효과

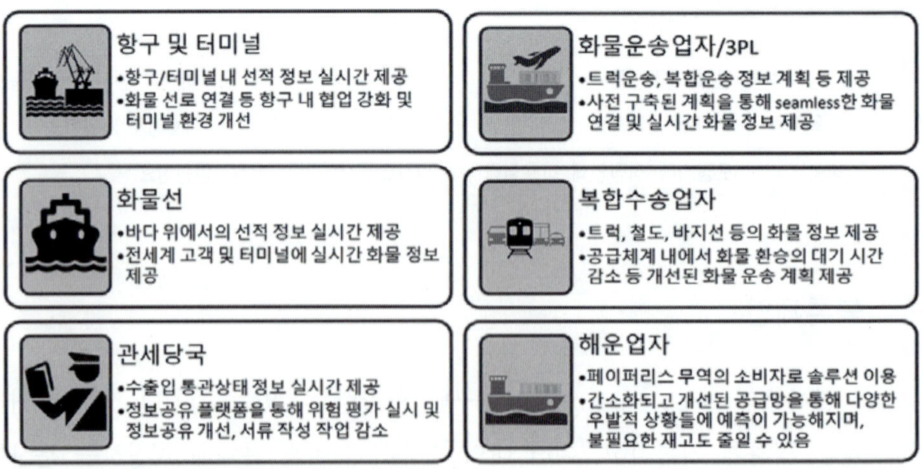

블록체인 기술은 물류산업에 영향을 주고 있는데, 큰 범주로 살펴보면 다음과 같은 4가지로 정리할 수 있다.

첫째, 가격 하락과 속도 개선이다. 블록체인을 이용해 제품 추적을 효과적으로 할 수 있다면 서비스 가격의 하락과 최적화, 속도 개선을 가능하게 할 수 있다. 고객의 입장에서 보면 언제나 제품 추적이 가능하고, 운송과정은 이전보다 더 투명하게 만들 수 있는 것이 바로 블록체인 기술이다. 운송과정에서 발생되는 모든 과정은 특정 사건이 언제 일어났는지 기록되며, 예상치 못한 관세가 발생한다면 이를 공지하는데도 유용하게 사용될 수 있다. 물류 서비스 제공자 입장에서 블록체인 기술을 도입한다는 것은 제품 추적을 위해 만들어지는 데이터베이스에 계속 투자를 할 필요가 없다는 것을 뜻한다. 이는 전체적인 서비스 가격의 하락을 가져오고 동시에 최적화와 속도 개선에 더 집중할 수 있게 된다는 것을 의미한다.

둘째, 관리상의 효율성 및 연속성의 제고이다. 블록체인은 분산적, 공개적, 효율적, 비용 절감, 안정성 등의 특징을 가진 기술로 현재 물류업체들이 겪고 있는 신원 확인, 물류, 제품 추적 등과 같은 다양한 문제를 한꺼번에 해결할 수 있다. 특히 블록체인을 이용하면 오프라인 신원과 디지털 신원을 동시에 변경할 수 없는 원장(immutable ledger)에 저장하기 때문에 물품을 본인에게 직접 전달해야 하는 경우에 꼭 필요해지는 '신원 확인'이라는 불편한 요소를 쉽게 해결할 수 있다. 블록체인의 보안 특성은 관리의 효율성을 높일 뿐 아니라 센서 등을 이용하면 관리의 연속성을 증대할 수도 있다. 다양한 장치를 이용한 구매가 이뤄지게 되면 블록체인의 분산적인 확인과 제어 시스템은 각 장치에 안전하게 데이터를 움직일 가능성을 부여할 수 있다. 블록체인을 이용한 장치 관리는 정보를 수집하는 능력을 개선할 수도 있으며 전체적인 시스템에 요구되는 유지비를 낮출 수도 있을 것이고 효율성 역시 제고할 수 있을 것이다. 그뿐만 아니라 블록체인의 이용은 배송하는 물품의 확인에도 도움이 된다. 각 물품이 작은 센서를 내장하고 있다면 각 운송 단계에서 파트너들끼리의 관리 연속성을 유지, 관리할 수 있다.

셋째, 배송업체 간 네트워크 불일치 해결이다. 온라인을 통한 구매량이 높은 요즘, 빠르고 정확한 배송은 물류기업들에게 있어서 당연한 숙명처럼 받아들여

지고 있다. 물동량으로 인한 배송지연 사태 등이 발생하며 소비자들은 불편함을 겪게 된다. 특히, 해외 구매 시에 이러한 문제는 더욱 쉽게 찾아볼 수 있는데 이와 같은 일련의 문제의 가장 큰 원인은 배송업체들의 네트워크가 통일되어 있지 않기 때문이다. 해외 구매의 경우 배송과정이 더욱 복잡한데, 각 배송업체들이 통일되지 않은 자사의 독자적인 시스템을 사용하는 지금과 같은 환경에서는 소비자가 부담해야 하는 추가적인 요금이 발생하는 요인이 될 수 있다. 국경을 벗어나지 않는다면 원활한 배송을 이루기 위해 자국의 통신망을 사용할 수 있지만 전 세계적으로 국경을 넘어 상호 통신망을 형성하는 배송업체는 거의 없어 실시간 정보를 원하는 소비자에게는 이 부분 역시 큰 불편함으로 다가오는 것이 현실이다. 블록체인은 이러한 문제를 해결할 수 있는 유력한 열쇠이다.

마지막으로 글로벌 공급사슬에 편리성 제공이다. 블록체인은 개인 간 거래가 이루어질 수 있도록 디지털 사용자 간 네트워크를 만들며, 제3자에 의한 수정이 불가능하다. 또한, 공개된 형태의 기술이기 때문에 불필요한 중복을 제거할 수 있고, 중개인 역시 필요하지 않다. 비트코인과 같은 공개된 블록체인들은 익명으로 누구나 열람할 수 있다. 반면, 허가를 받아야 접속이 가능한 비공개 블록체인들은 동업자들 간의 공급사슬 내부에서 주로 사용된다. 이러한 비공개 블록체인들은 안전성, 확장성 및 개인정보 보안을 제공하는데 이는 기업이 비즈니스에 필요로 하는 것들이다.

찾아보기

ㄱ

ㄴ

ㄷ

ㄹ

ㅁ

ㅂ

ㅅ

ㅈ

ㅊ

ㅋ

□ 저자 약력 □

한낙현 경남대학교 (학사)
서강대학교 (석사)
와세다대학교 (박사)
현, 경남대학교 무역물류학과 교수

정준식 중앙대학교 (학사, 석사)
Cardiff University (석사, 박사)
현, 경남대학교 무역물류학과 교수

저자와의 협의하에 인지생략

국제물류관리론

2021년 12월 20일 제1판 1쇄 인쇄
2021년 12월 30일 제1판 1쇄 발행

저 자 한 낙 현 · 정 준 식
발행인 김 광 식
조 판 아 람 기 획

07285
발행처 서울특별시 영등포구 선유로3길 10, 617호
도서출판 **탑 북 스**
등 록 2009.12.21 제 2016-000101 호
전 화 02)365-2223 팩스 02)365-2224

정가 25,000 원
ISBN 979-11-90247-53-5-93320